# 障害者差別解消法
## 事業者のための対応指針(ガイドライン)
不当な差別的取扱い・合理的配慮の具体例

中央法規

# 目次

## I 障害者差別解消法の概説
1. 障害者差別解消法制定の背景 ─────────── 3
2. 障害者差別解消法の目的と概要 ─────────── 4
3. 障害者差別解消法・基本方針のポイント ─────── 6
4. 対応要領・対応指針のポイント ─────────── 10
5. 障害者差別解消支援地域協議会 ─────────── 20

## II 総則
- 障害を理由とする差別の解消の推進に関する法律
  （平成25年6月26日法律第65号） ─────────── 22
- 障害を理由とする差別の解消の推進に関する法律施行令
  （平成28年1月29日政令第32号） ─────────── 30
- 障害を理由とする差別の解消の推進に関する法律施行規則
  （平成28年1月29日内閣府令第2号） ─────────── 32
- 障害を理由とする差別の解消の推進に関する基本方針
  （平成27年2月24日閣議決定） ─────────── 33

## III 全府省庁対応指針（ガイドライン）
内閣府 ─────────────────────── 49
国家公安委員会 ───────────────────── 61
金融庁 ─────────────────────── 71
消費者庁 ────────────────────── 83
復興庁 ─────────────────────── 93
総務省 ─────────────────────── 103
法務省 ─────────────────────── 115
　債権管理回収業・認証紛争解決事業 ─────────── 115
　公証人・司法書士・土地家屋調査士 ─────────── 125
　更生保護事業 ───────────────────── 135

外務省 ——————————————————————— 147

財務省 ——————————————————————— 157

文部科学省 —————————————————————— 169

厚生労働省 —————————————————————— 195
 福祉事業者向け ————————————————————— 195
 医療関係事業者向け ———————————————————— 259
 衛生事業者向け ————————————————————— 311
 社会保険労務士の業務を行う事業者向け ———————————— 363

農林水産省 —————————————————————— 389

経済産業省 —————————————————————— 399

国土交通省 —————————————————————— 411

環境省 ——————————————————————— 441

【参考】
内閣府本府における障害を理由とする差別の解消の推進に関する対応要領
（平成27年11月2日内閣府訓令第39号）————————————— 451

## IV 関係法規

●障害者の権利に関する条約
（平成26年1月22日条約1）————————————————— 462

●障害者基本法
（昭和45年5月21日法律第84号）——————————————— 486

# I
# 障害者差別解消法の概説

## 1　障害者差別解消法制定の背景

　近年、障害者の権利擁護に向けた取組が国際的に進展しており、平成18年に国連総会において、障害者の権利及び尊厳を保護し、促進すること等を目的とする「障害者の権利に関する条約」(いわゆる「障害者権利条約」)が採択された。我が国は、平成19年に権利条約に署名し、以来、同条約の締結に向けて、国内法の整備を始めとする取組を進めてきた。

　障害者権利条約(以下「権利条約」という。)は、合理的配慮の否定を含めた障害に基づくあらゆる形態の差別の禁止について、締約国に全ての適当な措置を求めている。我が国においては、平成16年の障害者基本法改正の際に、障害者に対する差別の禁止が「基本的理念」として明示され、さらに、平成23年の同法改正の際には、権利条約の趣旨を踏まえ、同法第2条第2号において、社会的障壁について、「障害がある者にとつて日常生活又は社会生活を営む上で障壁となるような社会における事物、制度、慣行、観念その他一切のものをいう。」と定義されるとともに、基本原則として、同法第4条第1項に、「何人も、障害者に対して、障害を理由として、差別することその他の権利利益を侵害する行為をしてはならない」こと、また、同条第2項に、「社会的障壁の除去は、それを必要としている障害者が現に存し、かつ、その実施に伴う負担が過重でないときは、それを怠ることによつて前項の規定に違反することとならないよう、その実施について必要かつ合理的な配慮がされなければならない」ことが規定された。

　障害者差別解消法は、障害者基本法の差別の禁止の基本原則を具体化するものであり、全ての国民が、障害の有無によって分け隔てられることなく、相互に人格と個性を尊重し合いながら共生する社会の実現に向け、障害者差別の解消を推進することを目的として、平成25年6月に制定された。我が国は、本法の制定を含めた一連の障害者施策に係る取組の成果を踏まえ、平成26年1月に権利条約を締結した。

## 2 障害者差別解消法の目的と概要

障害者差別解消法(正式名称は「障害を理由とする差別の解消の推進に関する法律」)は、日常生活及び社会生活全般に係る分野を広く対象とし、大きく分けて2つの事項を定めている。一つは「差別を解消するための措置」、もう一つは「差別を解消するための支援措置」である。ただし、雇用分野における障害者差別を解消するための措置については、障害者雇用促進法の関係規定に委ねることとされている。

### (1)「差別を解消するための措置」

本法は、障害を理由とする差別について、「不当な差別的取扱いの禁止」と「合理的配慮の提供」の2つに分けて整理している。

法は、行政機関等及び事業者に、その事務又は事業を行うに当たり、以下のように規定している。

① 障害を理由として障害者でない者と不当な差別的取扱いをすることにより、障害者の権利利益を侵害してはならない(第7条第1項、第8条第1項)
② 障害者から現に社会的障壁の除去を必要としている旨の意思の表明があった場合において、その実施に伴う負担が過重でないときは、障害者の権利利益を侵害することとならないよう、当該障害者の性別、年齢及び障害の状態に応じて、社会的障壁の除去の実施について必要かつ合理的な配慮をしなければならない(事業者は「努めなければならない」)(第7条第2項、第8条第2項)

具体的に、どのようなことが「不当な差別的取扱い」に当たるのか、どのようなことが「合理的配慮」として求められるのかは、個々の場面の状況に応じて判断されるものであり、あらかじめ法律で列挙することは困難である。このため、法は、政府の施策の総合的かつ一体的な実施に関する基本的な考え方を示す基本方針の策定(第6条)、行政機関等における当該機関の職員の取組に資する対応要領、主務大臣による事業分野別の対応指針の策定(第9条、第11条)を規定しており、さらに、対応要領・対応指針の中で、「不当な差別的取扱い」や「合理的配慮」の具体例を示すこととされた。

実効性の確保のため、主務大臣は、自らが定めた対応指針に照らして特に必要があると認めるときは、事業者に対して、報告を求め、又は助言、指導若しくは勧告をすることができることとされている(第12条)。なお、主務大臣の報告の求めに従わなかった場合や、虚偽の報告を行った場合には、20万円以下の過料が科される(第26条)。

# I 障害者差別解消法の概説

## 障害を理由とする差別の解消の推進に関する法律
## (障害者差別解消法〈平成25年法律第65号〉)の概要

### 障害者基本法 第4条 基本原則 差別の禁止

| 第1項 | 第2項 | 第3項 |
|---|---|---|
| 障害を理由とする差別等の権利侵害行為の禁止 | 社会的障壁の除去を怠ることによる権利侵害の防止 | 国による啓発・知識の普及を図るための取組 |
| 何人も、障害者に対して、障害を理由として、差別することその他の権利利益を侵害する行為をしてはならない。 | 社会的障壁の除去は、それを必要としている障害者が現に存し、かつ、その実施に伴う負担が過重でないときは、それを怠ることによって前項の規定に違反することとならないよう、その実施について必要かつ合理的な配慮がされなければならない。 | 国は、第1項の規定に違反する行為の防止に関する啓発及び知識の普及を図るため、当該行為の防止を図るために必要となる情報の収集、整理及び提供を行うものとする。 |

⬇ 具体化

### Ⅰ. 差別を解消するための措置

**不当な差別的取扱いの禁止**
- 国・地方公共団体等 【法的義務】
- 事業者 【法的義務】

**合理的配慮の提供**
- 国・地方公共団体等 【法的義務】
- 事業者 【努力義務】

#### 具体的な対応

(1) 政府全体の方針として、差別の解消の推進に関する基本方針を策定(閣議決定)
(2) 国・地方公共団体等 ⇒ 当該機関における取組に関する対応要領を策定
    ※地方の策定は努力義務
    事業者 ⇒ 主務大臣が事業分野別の対応指針(ガイドライン)を策定

**実効性の確保** ● 主務大臣による事業者に対する報告徴収、助言、指導、勧告

### Ⅱ. 差別を解消するための支援措置

| 相談・紛争解決 | ● 相談・紛争解決の体制整備 ⇒ 既存の相談・紛争解決の制度の活用、充実 |
| --- | --- |
| 地域における連携 | ● 障害者差別解消支援地域協議会における関係機関等の連携 |
| 啓発活動 | ● 普及・啓発活動の実施 |
| 情報収集等 | ● 国内外における差別及び差別の解消に向けた取組に関わる情報の収集、整理及び提供 |

施行日:平成28年4月1日(施行後3年を目途に必要な見直し検討)

## （2）「差別を解消するための支援措置」

　障害を理由とする差別の解消を効果的に推進するためには、障害者本人やその周囲からの相談に対して的確に応じるとともに、障害を理由とする差別に関する紛争の防止や解決を図ることができるよう、社会全体として体制整備を図ることが重要である。また、国民一人ひとりの障害に関する正しい知識の取得や理解が深まり、それぞれの立場において差別解消に向けた自発的な取組がなされることが期待される。このため、法は、国や地方公共団体における既存の機関等の活用・充実を図ることによる「相談・紛争解決の体制整備」（第14条）、障害者にとって身近な地域における「障害者差別解消支援地域協議会における関係機関等の連携」（第17～20条）を規定するとともに、国民各層の障害に関する理解を促進するための「普及・啓発活動の実施」（第15条）、「国内外における差別及び差別の解消に向けた取組に関わる情報の収集、整理及び提供」（第16条）などを規定している。


## 3　障害者差別解消法・基本方針のポイント

### （1）「障害者」の範囲

　法の対象となる障害者は、いわゆる「社会モデル（※）」の考え方を踏まえた障害者基本法に規定する「障害者」と同じものである。つまり、「身体障害、知的障害、精神障害（発達障害を含む。）その他の心身の機能の障害がある者であって、障害及び社会的障壁により継続的に日常生活又は社会生活に相当な制限を受ける状態にあるもの」が対象となる。したがって、いわゆる「障害者手帳をもっている人」に限るものではない。

---

※社会モデル
障害者が日常・社会生活で受ける制限は、心身の機能の障害のみならず、社会における様々な障壁と相対することによって生ずるものという考え方

---

Ⅰ 障害者差別解消法の概説

## 障害を理由とする差別の解消の推進に関する基本方針の概要

### 第1　差別の解消推進に関する施策の基本的な方向
法制定の背景／基本的な考え方（法の考え方など）

### 第2　差別の解消措置に関する共通的な事項

**1 法の対象範囲**
- 障害者　　心身の機能の障害がある者であって、障害及び社会的障壁により継続的に日常生活又は社会生活に相当な制限を受ける状態にあるもの
- 事業者　　商業その他の事業を行う者
- 対象分野　日常生活及び社会生活全般が対象（雇用分野は障害者雇用促進法の定めるところによる）

**2 不当な差別的取扱い**
<u>障害者に対して、正当な理由※なく、障害を理由として、財・サービスや各種機会の提供を拒否する、場所・時間帯などを制限する、障害者でない者に対しては付さない条件を付けることなどによる、障害者の権利利益の侵害を禁止</u>
※客観的に見て正当な目的の下に行われ、目的に照らしてやむを得ないといえる場合

**3 合理的配慮**
<u>行政機関等や事業者が、事務・事業を行うに当たり、個々の場面において、障害者から社会的障壁の除去を必要としている旨の意思の表明があった場合に行われる必要かつ合理的な取組であり、実施に伴う負担が過重でないもの</u>
（例）段差に携帯スロープを渡す／筆談、読み上げ、手話などによる意思疎通／休憩時間の調整　など

### 第3、4　差別の解消措置に関する基本的な事項

**1 基本的な考え方**
- 不当な差別的取扱いの禁止　⇒　行政機関等及び事業者において<u>一律に法的義務</u>
- 合理的配慮の提供　　　　　⇒　行政機関等は<u>法的義務</u>、事業者は<u>努力義務</u>

**2 対応要領／対応指針**　位置付け、作成手続き、記載事項

**3 地方公共団体等における対応要領に関する事項【※対応要領のみ】**
対応要領の作成は<u>努力義務</u>
（国は技術的助言などの支援）

**3′ 主務大臣による行政措置【※対応指針のみ】**
事業者からの照会・相談への対応
報告徴収、助言、指導、勧告

### 第5　その他重要事項

| | | |
|---|---|---|
| **1** | 環境の整備 | 合理的配慮を的確に行うためのバリアフリー化等の事前的改善措置 |
| **2** | 相談等の体制整備 | 既存の組織・機関等の活用・充実 |
| **3** | 啓発活動 | 行政機関等／事業者における研修、地域住民等に対する啓発活動 |
| **4** | 地域協議会 | 差別解消の取組を推進するため、地域の様々な関係機関をネットワーク化 |
| **5** | 施策の推進 | 国内外の情報の収集・整理、必要に応じて基本方針、対応要領及び対応指針の見直し |

（平成27年2月閣議決定）

### （２）対象となる事業者

　法の対象となる事業者は、分野を問わず、商業その他の事業を行う者である（地方公共団体の経営する企業及び公営企業型地方独立行政法人は、事業者となる。）個人事業者やボランティアなどの対価を得ない無報酬の事業を行う者、非営利事業を行う社会福祉法人や特定非営利活動法人なども、同種の行為を反復継続する意思をもって行っている場合は事業者として扱われる。

### （３）「不当な差別的取扱い」の考え方

　障害者に対して、正当な理由なく、障害を理由として、財・サービスや各種機会の提供を拒否すること、提供に当たって場所や時間帯などを制限すること、障害者でない者に対しては付けない条件を付けることなどにより、障害者の権利利益を侵害することは、不当な差別的取扱いとして禁止されている。なお、障害者割引の適用や各種手当の給付など、障害者に対する必要な特別の措置は、不当な差別的取扱いとはならない。

### （４）「正当な理由」があると判断した場合

　（３）で記した「正当な理由」となるのは、障害を理由として、財・サービスや各種機会の提供を拒否するなどの取扱いが、客観的に見て正当な目的の下に行われたものであり、その目的に照らしてやむを得ないと言える場合である。正当な理由に当たるか否かについては、個別の事案ごとに、障害者、事業者、第三者の権利利益（例：安全の確保、財産の保全、事業の目的・内容・機能の維持、損害発生の防止等）及び行政機関等の事務・事業の目的・内容・機能の維持等の観点に鑑み、具体的場面や状況に応じて総合的・客観的に判断することが必要である。正当な理由があると判断した場合は、障害者にその理由を説明するとともに、理解を得るように努めることが望ましい。

### （５）「合理的配慮」の考え方

　個々の場面において、障害者から社会的障壁の除去を必要としている旨の意思の表明（※）があった場合に、実施に伴う負担が過重でないときは、障害者の権利利益を侵害することとならないよう、合理的配慮を提供することとされている。行政機関等においては、率先して取り組む主体として法的義務が課されているが、事業者については、障害者との関係が分野ごとに様々であることから努力義務とされている。

> ※意思の表明
> 意思の表明に当たっては、言語（手話を含む。）のほか、点字、拡大文字、筆談、実物の提示や身振りサイン等による合図、触覚による意思伝達などの必要な手段（通訳を介するものを含む。）により伝えられる。（障害者の家族、支援者・介助者、法定代理人等、コミュニケーションを支援する者が本人を補佐して行う意思の表明も含む。）

　合理的配慮は、行政機関等及び事業者の事務・事業の目的・内容・機能に照らして、本来の業務に付随するものであること、障害者でない者との比較において同等の機会の提供を受けるためのものであること、事務・事業の目的・内容・機能の本質的な変更には及ばないことに留意する必要がある。合理的配慮は、障害の特性や求められる場面に応じて異なり、さらに、その内容は技術の進展、社会情勢の変化等に応じて変わり得るものである。基本方針では、現時点における具体例として、物理的環境への配慮（例：車椅子利用者のために段差に携帯スロープを渡す）、意思疎通の配慮（例：筆談、読み上げ、手話などによるコミュニケーション）、ルール・慣行の柔軟な変更（例：障害の特性に応じた休憩時間の調整）の3類型に整理している。

　合理的配慮は、障害者等の利用を想定して事前に行われる建築物のバリアフリー化、介助者等の人的支援、情報アクセシビリティの向上等の環境の整備（第5条）を基礎として、個々の障害者に対して、その状況に応じて個別に実施される措置であり、各場面における環境の整備の状況により、合理的配慮の内容は異なることとなる。

## （6）「過重な負担」に当たると判断した場合

　合理的配慮を行うにあたり「過重な負担」になると判断した場合においても、個々の場面において、次の考慮要素に照らし、代替措置の選択も含め、双方の建設的対話による相互理解を通じた柔軟な対応が求められる。総合的・客観的な考慮の結果、過重な負担に当たると判断した場合は、障害者にその理由を説明するとともに、理解を得るように努めることが望ましい。

(過重な負担の考慮要素)
- ✔ 事務・事業への影響の程度（事務・事業の目的・内容・機能を損なうか否か）
- ✔ 実現可能性の程度（物理的・技術的制約、人的・体制上の制約）
- ✔ 費用・負担の程度
- ✔ 事務・事業規模
- ✔ 財政・財務状況

## 4 対応要領・対応指針のポイント

### (1) 対応要領とは

　行政機関等は、その職員が、「不当な差別的取扱いの禁止」や「合理的配慮の提供」について適切に対応するために、基本方針に即して、具体例を盛り込んだ「対応要領」を作成することとされている（地方公共団体等は努力義務）。対応要領は、行政機関等が事務・事業を行うに当たり、職員が遵守すべき服務規律の一環として定められる必要があり、作成に当たっては、障害者その他の関係者の意見を反映させるために必要な措置を講じることが求められる。（地方公共団体が作成する際には、これらに準じることが望ましいとされている。）

　各行政機関等に共通して見られる記載事項は、次のとおり。

[対応要領・各省庁に共通して見られる記載事項]

第1条　目的
第2条　不当な差別的取扱いの禁止
第3条　合理的配慮の提供
第4条　監督者の責務
第5条　懲戒処分等
第6条　相談体制の整備
第7条　研修・啓発

I　障害者差別解消法の概説

> 〔別紙〕対応要領に係る留意事項
> 第1　不当な差別的取扱いの基本的な考え方
> 第2　正当な理由の判断の視点
> 第3　不当な差別的取扱いの具体例
> 第4　合理的配慮の基本的な考え方
> 第5　過重な負担の基本的な考え方
> 第6　合理的配慮の具体例

### (2) 対応指針とは

　事業を所管する各主務大臣は、「不当な差別的取扱いの禁止」や「合理的な配慮の提供」(事業者は努力義務)について、事業者が適切に対応・判断できるようにするため、基本方針に即して、具体例を盛り込んだ「対応指針」を作成することとされている。作成に当たっては、障害者その他の関係者の意見を反映させるために必要な措置を講じることが求められている。

　各主務大臣の対応指針に共通して見られる記載事項は、次のとおり。

> **［対応指針・各省庁に共通して見られる記載事項］**
>
> 第一　趣旨
> 1　法の制定の経緯
> 2　法の基本的な考え方
> 3　対応指針の位置付け
> 第二　障害を理由とする不当な差別的取扱い及び合理的配慮の基本的な考え方
> 1　不当な差別的取扱い〔基本的な考え方、正当な理由の判断の視点 等〕
> 2　合理的配慮〔基本的な考え方、過重な負担の基本的な考え方 等〕
> 第三　事業者における相談体制の整備
> 第四　事業者における研修・啓発
> 第五　主務大臣の事業分野に係る相談窓口
> 〔別紙〕不当な差別的取扱い及び合理的配慮の具体例

※別紙に記載されている具体例は、あくまでも例示であり、記載されているものだけに限られないことに留意する。

(3) 構成・内容に特色のある対応指針
【文部科学省】
・別紙に、「学校教育分野」、「スポーツ・文化芸術分野」における留意点を記載
【厚生労働省】
・「福祉事業者」、「医療関係事業者」、「衛生事業者」、「社会保険労務士の業務を行う事業者」向けの4つの対応指針を作成
・障害種別ごとの主な特性・対応、障害特性に応じた対応の具体例を記載
・参考ページに、「身体障害者補助犬法」などの関係法令・施策を紹介
【国土交通省】
・不当な差別的取扱い及び合理的配慮の具体例について、所管する9つの事業分野(「不動産業」「設計等業」「鉄道事業」「一般乗合旅客自動車運送業」「一般乗用旅客自動車運送業」「対外旅客定期航路事業」「国内旅客船業」「航空運送業」「旅行業」)ごとに作成
・合理的配慮の具体例について、過重な負担の程度との関係から、「積極的に提供を行うべき」、「提供することが望ましい」の2つに分類して記載

I　障害者差別解消法の概説

## 不当な差別的取扱い・合理的配慮の具体例

×：不当な差別的取扱いの例　　○：合理的配慮の例

### 行政機関など ▶（各省庁等）

※これらの具体例の多くは、各対応指針の具体例にも共通してみられる。

- × 窓口対応を拒否する、順番を遅くする、書面や資料を渡さない
- × 説明会などへの出席を拒む、必要のない付き添い者の同行など、過剰に条件を求める

- ○ 駐車スペースを施設近くにする（来庁者数に応じて施設に近い一般車両区画も障害者用とする）
- ○ 段差がある場合に補助する（キャスター上げ、携帯スロープなど）
- ○ 高いところにある資料を取って渡す、資料を押さえて見やすいように補助する
- ○ 順番を待つことが苦手な障害者に対し、周囲の理解を得た上で手続き順を変更する
- ○ 会場の座席など、障害者の特性に応じた位置取りにする
- ○ 疲労や緊張などに配慮し別室や休憩スペースを設ける
- ○ 筆談、読み上げ、手話などを用いる
- ○ 案内の際、歩く速度を障害者に合わせる
- ○ 書類記入の依頼時に、記入方法等を本人の目の前で示したり、わかりやすい記述で伝達したりする
- ○ ホームページなど外部情報の発信の際、動画に字幕（文字情報）、テキストデータを付す

## 学校など ▶ (文部科学省ほか)

× 学校への入学出願の受理、受験、入学、事業等の受講、研究指導、実習等校外教育活動、入寮、式典参加の拒否、正当な理由のない条件を付加する
× 試験等において合理的配慮を受けたことを理由に、試験結果を評価対象から除外したり評価に差をつける

○ 聴覚過敏の児童生徒のために机・いすの脚に緩衝材をつけて教室の雑音を軽減する
○ 視覚情報の処理が苦手な児童生徒のために黒板周りの掲示物の情報量を減らす
○ 支援員等の教室への入室や授業・試験でのパソコン入力支援等を許可する
○ 意思疎通のために絵や写真カード、ICT機器(タブレット端末等)等を活用する
○ 入学試験において、別室受験、時間延長、読み上げ機能等の使用を許可する

## 病院・福祉施設など ▶ (厚生労働省(医療従事者／福祉事業者)ほか)

× 本人を無視して、介助者・支援者や付き添い者のみに話しかける
× 仮利用期間を設けたり、他の利用者の同意を求めるなど、他の利用者と異なる手順を課す

○ 施設内放送を文字化したり、電光表示板で表示したりする
○ 車椅子の利用者が利用しやすいようカウンターの高さに配慮する
○ 障害者に配慮したナースコールの設置を行う
○ 障害の特性に応じた休憩時間調整など、ルール、慣行を柔軟に変更する

## 交通（鉄道・バス・タクシー・飛行機など）▶（国土交通省）

× 身体障害者補助犬の帯同を理由に乗車を拒否する
× 障害があることのみをもって、乗車を拒否する

○ 券売機の利用が難しい場合、操作を手伝ったり、窓口で対応したりする（鉄道）
○ 停留所名表示器などの設置のほか、肉声による音声案内をこまめに行う（バス）
○ 車いす等の大きな荷物のトランクへの収納の手助けを行う（タクシー）
○ 障害のある利用者が化粧室に行く際に、移動を手伝う（飛行機）
○ 障害の特性を理解した上で、適切な接遇・介助を行えるよう教育・研修を行う

## 住まい ▶（国土交通省（宅地建物取引業者））

×「障害者不可」「障害者お断り」と表示・広告する
× 障害者向け物件は扱っていないと門前払いする
× 障害者の希望に対し、必要な調整を行うことなく仲介を断る
× 障害を理由とした誓約書の提出を求める

○ 最寄駅から一緒に歩いて確認したり、中の様子を手を添えて案内する
○ 障害者の求めに応じてバリアフリー物件等があるかを確認する
○ 物件案内時に携帯スロープを用意したり、車いすを押して案内する

### 銀行など ▶ (金融庁ほか)

○ 自筆が困難な障害者からの要望を受けて、本人の意思確認を適切に実施した上で、代筆対応する
○ 「筆談対応いたします」などのプレートや、主な手続きを絵文字等で示したコミュニケーション・ボードを用意する
○ ATM 操作が困難な顧客に声かけし、適切な対応をとる
○ 取引、相談等の手段を、非対面の手段を含めて複数用意する

### 小売店など ▶ (経済産業省ほか)

○ 困っていると思われるときは、まずは声をかけ、手伝いの必要性を確かめてから対応する
○ 障害者用の駐車場について、健常者が利用することのないよう注意を促す
○ 注文や問合せ等に際し、インターネット画面への入力によるものだけでなく電話等でも対応できるようにする
○ 精算時に金額を示す際は、金額が分かるようにレジスター又は電卓の表示板を見やすいように向ける、紙等に書く、絵カードを活用する等して示すようにする
○ お金を渡す際に、紙幣と貨幣に分け、種類毎に直接手に渡す
○ 商品宅配時において具体的要望があった際に、品物を家の中の指定されたところまで運ぶ

# I 障害者差別解消法の概説

**飲食店など ▶（厚生労働省（衛生事業者）ほか）**

..........................................................................

× 身体障害者補助犬の同伴を拒否する
× 保護者、介助者の同伴を条件とする

○ エレベータがない施設の上下階に移動する際、マンパワーで移動をサポートする
○ ホワイトボードを活用する、盲ろう者の手のひらに書く（手書き文字）など、コミュニケーションにおいて工夫する
○ メニューを分かりやすく説明したり、写真を活用したりする

## 「合理的配慮サーチ」（合理的配慮等具体例データ集）について

　障害者差別解消法は、「不当な差別的取扱い」を禁止し、「合理的配慮の提供」を義務付けている（事業者は努力義務）。

　具体的に、どのような場合が「不当な差別的取扱い」に当たるのかは、具体的場面・状況に応じて異なり、また、「合理的配慮」として何をすればよいのかは、障害の特性や具体的場面・状況に応じて、多様かつ個別性の高いものである。

　このため、内閣府では、具体例を収集・整理した「合理的配慮等具体例データ集『合理的配慮サーチ』」を立ち上げ、利用者のニーズに応じた情報提供ができるよう、検索機能のほか、障害種別ごと、生活の場面ごとに具体例を一覧できる仕組みを構築している。

　合理的配慮の概念は、未だ社会に定着しているとは言えず、現時点で掲載できる具体例は少数にとどまっている。「建設的対話」を通じた「合理的配慮」の取り組みを、広く社会で共有し、浸透させることが重要であり、今後、法の施行とも相まって、さらに具体例を収集・蓄積し、内容を充実させていく予定である。

### （4）主務大臣の権限行使

　事業者においては、各主務大臣が作成する対応指針を参考にして、それぞれが自主的に障害者差別の解消に向けて取り組むことが期待される。しかしながら、例えば、ある事業者が法に違反する取扱いを繰り返していることが明白であり、自主的な改善を期待することが困難である場合など、主務大臣が特に必要があると認めるときは、報告徴収、助言、指導、勧告をすることができることとされている。

　こうした行政措置に至る事案を未然に防止するため、主務大臣は、事業者に対して、対応指針について十分な情報提供を行い、事業者からの照会・相談に丁寧に対応するなどの取組を積極的に行うこととされている。

Ⅰ　障害者差別解消法の概説

合理的配慮サーチ　http://www8.cao.go.jp/shougai/suishin/jirei/

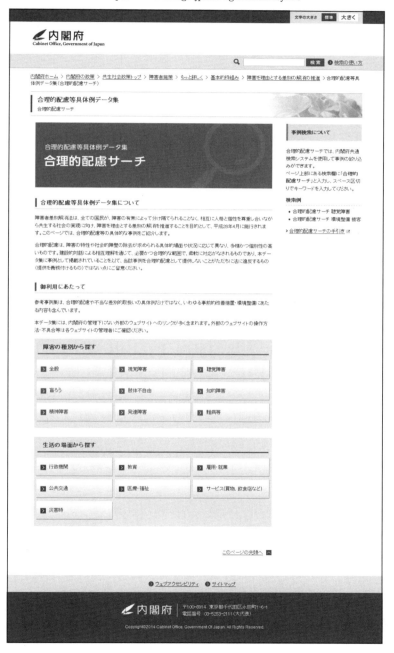

## 5 障害者差別解消支援地域協議会

### (1) 障害者差別解消支援地域協議会の意義

　　　障害者差別の解消を効果的に推進するには、障害者にとって身近な地域において、主体的な取組がなされることが重要となる。

　　　地域において日常生活、社会生活を営む障害者の活動は広範多岐にわたり、障害者差別に関する相談等を行う際、最初から権限のある機関を適切に選んで相談することは容易ではない。また、相談等を受ける機関においても、相談内容によっては、当該機関だけでは対応できない場合があると思われる。

　　　このため、地域の様々な関係機関が、お互いに「顔の見える」関係を築き、それぞれの機能や取組を知り、地域における相談事例を共有することなどを通じて、障害者差別を解消するための取組を主体的に行うネットワークとして、「障害者差別解消支援地域協議会」を組織することができることとされている。

### (2) 地域協議会の設置～手引きの活用～

　　　法の施行に向けて、内閣府では「モデル事業」を実施し、複数の地方公共団体において地域協議会の立上げに先行的に取り組んでいただいたほか、地域協議会に期待される役割などについて有識者に御意見をいただくための「在り方検討会」を開催してきた。これまでの議論等を踏まえ、地方公共団体の担当者の方々に実際に地域協議会を設置していただくための参考資料として、「地域協議会設置の手引き」を作成しており、添付資料として、モデル的に先行して取り組んだ地方公共団体の事例集も掲載しているので参照いただきたい。

　　　この手引きを活用し、より多くの地方公共団体において地域協議会が組織されることを期待するものである。

---

〔地域協議会設置の手引き〕
http://www8.cao.go.jp/shougai/suishin/pdf/kyogikai_manual.pdf
〔地域協議会の在り方検討会について〕
http://www8.cao.go.jp/shougai/suishin/sabekai.html

---

※Ⅰの本文は内閣府政策統括官（共生社会政策担当）付障害者施策担当各資料を基に作成

# II

## 総則

# ●障害を理由とする差別の解消の推進に関する法律

〔平成25年6月26日〕
〔法律第65号〕

目次　　　　　　　　　　　　　　　　　　　　　　　　　　　　　　　頁

　第1章　総則（第1条—第5条）……………………………………………………22
　第2章　障害を理由とする差別の解消の推進に関する基本方針（第6条）………24
　第3章　行政機関等及び事業者における障害を理由とする差別を解消するための措置
　　　　　（第7条—第13条）…………………………………………………………24
　第4章　障害を理由とする差別を解消するための支援措置（第14条—第20条）…26
　第5章　雑則（第21条—第24条）…………………………………………………27
　第6章　罰則（第25条・第26条）…………………………………………………28
　附則

## 第1章　総則

（目的）

**第1条**　この法律は、障害者基本法（昭和45年法律第84号）の基本的な理念にのっとり、全ての障害者が、障害者でない者と等しく、基本的人権を享有する個人としてその尊厳が重んぜられ、その尊厳にふさわしい生活を保障される権利を有することを踏まえ、障害を理由とする差別の解消の推進に関する基本的な事項、行政機関等及び事業者における障害を理由とする差別を解消するための措置等を定めることにより、障害を理由とする差別の解消を推進し、もって全ての国民が、障害の有無によって分け隔てられることなく、相互に人格と個性を尊重し合いながら共生する社会の実現に資することを目的とする。

（定義）

**第2条**　この法律において、次の各号に掲げる用語の意義は、それぞれ当該各号に定めるところによる。

　一　障害者　身体障害、知的障害、精神障害（発達障害を含む。）その他の心身の機能の障害（以下「障害」と総称する。）がある者であって、障害及び社会的障壁により継続的に日常生活又は社会生活に相当な制限を受ける状態にあるものをいう。

　二　社会的障壁　障害がある者にとって日常生活又は社会生活を営む上で障壁となるような社会における事物、制度、慣行、観念その他一切のものをいう。

　三　行政機関等　国の行政機関、独立行政法人等、地方公共団体（地方公営企業法（昭

和27年法律第292号）第3章の規定の適用を受ける地方公共団体の経営する企業を除く。第7号、第10条及び附則第4条第1項において同じ。）及び地方独立行政法人をいう。

四　国の行政機関　次に掲げる機関をいう。

　イ　法律の規定に基づき内閣に置かれる機関（内閣府を除く。）及び内閣の所轄の下に置かれる機関

　ロ　内閣府、宮内庁並びに内閣府設置法（平成11年法律第89号）第49条第1項及び第2項に規定する機関（これらの機関のうち二の政令で定める機関が置かれる機関にあっては、当該政令で定める機関を除く。）

　ハ　国家行政組織法（昭和23年法律第120号）第3条第2項に規定する機関（ホの政令で定める機関が置かれる機関にあっては、当該政令で定める機関を除く。）

　ニ　内閣府設置法第39条及び第55条並びに宮内庁法（昭和22年法律第70号）第16条第2項の機関並びに内閣府設置法第40条及び第56条（宮内庁法第18条第1項において準用する場合を含む。）の特別の機関で、政令で定めるもの

　ホ　国家行政組織法第8条の2の施設等機関及び同法第8条の3の特別の機関で、政令で定めるもの

　ヘ　会計検査院

五　独立行政法人等　次に掲げる法人をいう。

　イ　独立行政法人（独立行政法人通則法（平成11年法律第103号）第2条第1項に規定する独立行政法人をいう。ロにおいて同じ。）

　ロ　法律により直接に設立された法人、特別の法律により特別の設立行為をもって設立された法人（独立行政法人を除く。）又は特別の法律により設立され、かつ、その設立に関し行政庁の認可を要する法人のうち、政令で定めるもの

六　地方独立行政法人　地方独立行政法人法（平成15年法律第118号）第2条第1項に規定する地方独立行政法人（同法第21条第3号に掲げる業務を行うものを除く。）をいう。

七　事業者　商業その他の事業を行う者（国、独立行政法人等、地方公共団体及び地方独立行政法人を除く。）をいう。

（国及び地方公共団体の責務）

**第3条**　国及び地方公共団体は、この法律の趣旨にのっとり、障害を理由とする差別の解消の推進に関して必要な施策を策定し、及びこれを実施しなければならない。

（国民の責務）

**第4条**　国民は、第1条に規定する社会を実現する上で障害を理由とする差別の解消が重

要であることに鑑み、障害を理由とする差別の解消の推進に寄与するよう努めなければならない。

(社会的障壁の除去の実施についての必要かつ合理的な配慮に関する環境の整備)

**第5条** 行政機関等及び事業者は、社会的障壁の除去の実施についての必要かつ合理的な配慮を的確に行うため、自ら設置する施設の構造の改善及び設備の整備、関係職員に対する研修その他の必要な環境の整備に努めなければならない。

## 第2章　障害を理由とする差別の解消の推進に関する基本方針

**第6条**　政府は、障害を理由とする差別の解消の推進に関する施策を総合的かつ一体的に実施するため、障害を理由とする差別の解消の推進に関する基本方針(以下「基本方針」という。)を定めなければならない。

2　基本方針は、次に掲げる事項について定めるものとする。

　一　障害を理由とする差別の解消の推進に関する施策に関する基本的な方向

　二　行政機関等が講ずべき障害を理由とする差別を解消するための措置に関する基本的な事項

　三　事業者が講ずべき障害を理由とする差別を解消するための措置に関する基本的な事項

　四　その他障害を理由とする差別の解消の推進に関する施策に関する重要事項

3　内閣総理大臣は、基本方針の案を作成し、閣議の決定を求めなければならない。

4　内閣総理大臣は、基本方針の案を作成しようとするときは、あらかじめ、障害者その他の関係者の意見を反映させるために必要な措置を講ずるとともに、障害者政策委員会の意見を聴かなければならない。

5　内閣総理大臣は、第3項の規定による閣議の決定があったときは、遅滞なく、基本方針を公表しなければならない。

6　前3項の規定は、基本方針の変更について準用する。

## 第3章　行政機関等及び事業者における障害を理由とする差別を解消するための措置

(行政機関等における障害を理由とする差別の禁止)

**第7条**　行政機関等は、その事務又は事業を行うに当たり、障害を理由として障害者でない者と不当な差別的取扱いをすることにより、障害者の権利利益を侵害してはならない。

2　行政機関等は、その事務又は事業を行うに当たり、障害者から現に社会的障壁の除去を必要としている旨の意思の表明があった場合において、その実施に伴う負担が過重でないときは、障害者の権利利益を侵害することとならないよう、当該障害者の性別、年

齢及び障害の状態に応じて、社会的障壁の除去の実施について必要かつ合理的な配慮をしなければならない。

(事業者における障害を理由とする差別の禁止)

**第8条** 事業者は、その事業を行うに当たり、障害を理由として障害者でない者と不当な差別的取扱いをすることにより、障害者の権利利益を侵害してはならない。

2 事業者は、その事業を行うに当たり、障害者から現に社会的障壁の除去を必要としている旨の意思の表明があった場合において、その実施に伴う負担が過重でないときは、障害者の権利利益を侵害することとならないよう、当該障害者の性別、年齢及び障害の状態に応じて、社会的障壁の除去の実施について必要かつ合理的な配慮をするように努めなければならない。

(国等職員対応要領)

**第9条** 国の行政機関の長及び独立行政法人等は、基本方針に即して、第7条に規定する事項に関し、当該国の行政機関及び独立行政法人等の職員が適切に対応するために必要な要領(以下この条及び附則第3条において「国等職員対応要領」という。)を定めるものとする。

2 国の行政機関の長及び独立行政法人等は、国等職員対応要領を定めようとするときは、あらかじめ、障害者その他の関係者の意見を反映させるために必要な措置を講じなければならない。

3 国の行政機関の長及び独立行政法人等は、国等職員対応要領を定めたときは、遅滞なく、これを公表しなければならない。

4 前2項の規定は、国等職員対応要領の変更について準用する。

(地方公共団体等職員対応要領)

**第10条** 地方公共団体の機関及び地方独立行政法人は、基本方針に即して、第7条に規定する事項に関し、当該地方公共団体の機関及び地方独立行政法人の職員が適切に対応するために必要な要領(以下この条及び附則第4条において「地方公共団体等職員対応要領」という。)を定めるよう努めるものとする。

2 地方公共団体の機関及び地方独立行政法人は、地方公共団体等職員対応要領を定めようとするときは、あらかじめ、障害者その他の関係者の意見を反映させるために必要な措置を講ずるよう努めなければならない。

3 地方公共団体の機関及び地方独立行政法人は、地方公共団体等職員対応要領を定めたときは、遅滞なく、これを公表するよう努めなければならない。

4 国は、地方公共団体の機関及び地方独立行政法人による地方公共団体等職員対応要領の作成に協力しなければならない。

5 前3項の規定は、地方公共団体等職員対応要領の変更について準用する。

（事業者のための対応指針）

**第11条** 主務大臣は、基本方針に即して、第8条に規定する事項に関し、事業者が適切に対応するために必要な指針（以下「対応指針」という。）を定めるものとする。

2 第9条第2項から第4項までの規定は、対応指針について準用する。

（報告の徴収並びに助言、指導及び勧告）

**第12条** 主務大臣は、第8条の規定の施行に関し、特に必要があると認めるときは、対応指針に定める事項について、当該事業者に対し、報告を求め、又は助言、指導若しくは勧告をすることができる。

（事業主による措置に関する特例）

**第13条** 行政機関等及び事業者が事業主としての立場で労働者に対して行う障害を理由とする差別を解消するための措置については、障害者の雇用の促進等に関する法律（昭和35年法律第123号）の定めるところによる。

## 第4章　障害を理由とする差別を解消するための支援措置

（相談及び紛争の防止等のための体制の整備）

**第14条** 国及び地方公共団体は、障害者及びその家族その他の関係者からの障害を理由とする差別に関する相談に的確に応ずるとともに、障害を理由とする差別に関する紛争の防止又は解決を図ることができるよう必要な体制の整備を図るものとする。

（啓発活動）

**第15条** 国及び地方公共団体は、障害を理由とする差別の解消について国民の関心と理解を深めるとともに、特に、障害を理由とする差別の解消を妨げている諸要因の解消を図るため、必要な啓発活動を行うものとする。

（情報の収集、整理及び提供）

**第16条** 国は、障害を理由とする差別を解消するための取組に資するよう、国内外における障害を理由とする差別及びその解消のための取組に関する情報の収集、整理及び提供を行うものとする。

（障害者差別解消支援地域協議会）

**第17条** 国及び地方公共団体の機関であって、医療、介護、教育その他の障害者の自立と社会参加に関連する分野の事務に従事するもの（以下この項及び次条第2項において「関係機関」という。）は、当該地方公共団体の区域において関係機関が行う障害を理由とする差別に関する相談及び当該相談に係る事例を踏まえた障害を理由とする差別を解消するための取組を効果的かつ円滑に行うため、関係機関により構成される障害者差別

解消支援地域協議会（以下「協議会」という。）を組織することができる。
2　前項の規定により協議会を組織する国及び地方公共団体の機関は、必要があると認めるときは、協議会に次に掲げる者を構成員として加えることができる。
　一　特定非営利活動促進法（平成10年法律第7号）第2条第2項に規定する特定非営利活動法人その他の団体
　二　学識経験者
　三　その他当該国及び地方公共団体の機関が必要と認める者

（協議会の事務等）
**第18条**　協議会は、前条第1項の目的を達するため、必要な情報を交換するとともに、障害者からの相談及び当該相談に係る事例を踏まえた障害を理由とする差別を解消するための取組に関する協議を行うものとする。
2　関係機関及び前条第2項の構成員（次項において「構成機関等」という。）は、前項の協議の結果に基づき、当該相談に係る事例を踏まえた障害を理由とする差別を解消するための取組を行うものとする。
3　協議会は、第1項に規定する情報の交換及び協議を行うため必要があると認めるとき、又は構成機関等が行う相談及び当該相談に係る事例を踏まえた障害を理由とする差別を解消するための取組に関し他の構成機関等から要請があった場合において必要があると認めるときは、構成機関等に対し、相談を行った障害者及び差別に係る事案に関する情報の提供、意見の表明その他の必要な協力を求めることができる。
4　協議会の庶務は、協議会を構成する地方公共団体において処理する。
5　協議会が組織されたときは、当該地方公共団体は、内閣府令で定めるところにより、その旨を公表しなければならない。

（秘密保持義務）
**第19条**　協議会の事務に従事する者又は協議会の事務に従事していた者は、正当な理由なく、協議会の事務に関して知り得た秘密を漏らしてはならない。

（協議会の定める事項）
**第20条**　前3条に定めるもののほか、協議会の組織及び運営に関し必要な事項は、協議会が定める。

## 第5章　雑則

（主務大臣）
**第21条**　この法律における主務大臣は、対応指針の対象となる事業者の事業を所管する大臣又は国家公安委員会とする。

（地方公共団体が処理する事務）

**第22条** 第12条に規定する主務大臣の権限に属する事務は、政令で定めるところにより、地方公共団体の長その他の執行機関が行うこととすることができる。

（権限の委任）

**第23条** この法律の規定により主務大臣の権限に属する事項は、政令で定めるところにより、その所属の職員に委任することができる。

（政令への委任）

**第24条** この法律に定めるもののほか、この法律の実施のため必要な事項は、政令で定める。

### 第6章 罰則

**第25条** 第19条の規定に違反した者は、1年以下の懲役又は50万円以下の罰金に処する。

**第26条** 第12条の規定による報告をせず、又は虚偽の報告をした者は、20万円以下の過料に処する。

### 附 則（抄）

（施行期日）

**第1条** この法律は、平成28年4月1日から施行する。ただし、次条から附則第6条までの規定は、公布の日（平成25年6月26日）から施行する。

（基本方針に関する経過措置）

**第2条** 政府は、この法律の施行前においても、第6条の規定の例により、基本方針を定めることができる。この場合において、内閣総理大臣は、この法律の施行前においても、同条の規定の例により、これを公表することができる。

2　前項の規定により定められた基本方針は、この法律の施行の日において第6条の規定により定められたものとみなす。

（国等職員対応要領に関する経過措置）

**第3条** 国の行政機関の長及び独立行政法人等は、この法律の施行前においても、第9条の規定の例により、国等職員対応要領を定め、これを公表することができる。

2　前項の規定により定められた国等職員対応要領は、この法律の施行の日において第9条の規定により定められたものとみなす。

（地方公共団体等職員対応要領に関する経過措置）

**第4条** 地方公共団体の機関及び地方独立行政法人は、この法律の施行前においても、第10条の規定の例により、地方公共団体等職員対応要領を定め、これを公表することがで

きる。

2　前項の規定により定められた地方公共団体等職員対応要領は、この法律の施行の日において第10条の規定により定められたものとみなす。

（対応指針に関する経過措置）

**第5条**　主務大臣は、この法律の施行前においても、第11条の規定の例により、対応指針を定め、これを公表することができる。

2　前項の規定により定められた対応指針は、この法律の施行の日において第11条の規定により定められたものとみなす。

（政令への委任）

**第6条**　この附則に規定するもののほか、この法律の施行に関し必要な経過措置は、政令で定める。

（検討）

**第7条**　政府は、この法律の施行後3年を経過した場合において、第8条第2項に規定する社会的障壁の除去の実施についての必要かつ合理的な配慮の在り方その他この法律の施行の状況について検討を加え、必要があると認めるときは、その結果に応じて所要の見直しを行うものとする。

# ●障害を理由とする差別の解消の推進に関する法律施行令

〔平成28年1月29日
政 令 第 32 号〕

　内閣は、障害を理由とする差別の解消の推進に関する法律（平成25年法律第65号）第2条第4号ニ及びホ並びに第5号ロ、第22条並びに第23条の規定に基づき、この政令を制定する。

（法第2条第4号ニ及びホの政令で定める機関）

**第1条**　障害を理由とする差別の解消の推進に関する法律（以下「法」という。）第2条第4号ニの政令で定める特別の機関は、警察庁とする。

2　法第2条第4号ホの政令で定める特別の機関は、検察庁とする。

（法第2条第5号ロの政令で定める法人）

**第2条**　法第2条第5号ロの政令で定める法人は、沖縄科学技術大学院大学学園、沖縄振興開発金融公庫、株式会社国際協力銀行、株式会社日本政策金融公庫、原子力損害賠償・廃炉等支援機構、国立大学法人、大学共同利用機関法人、日本銀行、日本司法支援センター、日本私立学校振興・共済事業団、日本中央競馬会、日本年金機構、農水産業協同組合貯金保険機構、放送大学学園及び預金保険機構とする。

（地方公共団体の長等が処理する事務）

**第3条**　法第12条に規定する主務大臣の権限に属する事務は、事業者が行う事業であって当該主務大臣が所管するものについての報告の徴収、検査、勧告その他の監督に係る権限に属する事務の全部又は一部が他の法令の規定により地方公共団体の長その他の執行機関（以下この条において「地方公共団体の長等」という。）が行うこととされているときは、当該地方公共団体の長等が行うこととする。ただし、障害を理由とする差別の解消に適正かつ効率的に対処するため特に必要があると認めるときは、主務大臣が自らその事務を行うことを妨げない。

（権限の委任）

**第4条**　主務大臣は、内閣府設置法（平成11年法律第89号）第49条第1項の庁の長、国家行政組織法（昭和23年法律第120号）第3条第2項の庁の長又は警察庁長官に、法第11条及び第12条に規定する権限のうちその所掌に係るものを委任することができる。

2　主務大臣（前項の規定によりその権限が内閣府設置法第49条第1項の庁の長又は国家行政組織法第3条第2項の庁の長に委任された場合にあっては、その庁の長）は、内閣府設置法第17条若しくは第53条の官房、局若しくは部の長、同法第17条第1項若しくは第62条第1項若しくは第2項の職若しくは同法第43条若しくは第57条の地方支分部局の

長又は国家行政組織法第7条の官房、局若しくは部の長、同法第9条の地方支分部局の長若しくは同法第20条第1項若しくは第2項の職に、法第12条に規定する権限のうちその所掌に係るものを委任することができる。

3 　警察庁長官は、警察法（昭和29年法律第162号）第19条第1項の長官官房若しくは局、同条第2項の部又は同法第30条第1項の地方機関の長に、第1項の規定により委任された法第12条に規定する権限を委任することができる。

4 　金融庁長官は、事業者の事務所又は事業所の所在地を管轄する財務局長（当該所在地が福岡財務支局の管轄区域内にある場合にあっては、福岡財務支局長）に、第1項の規定により委任された法第12条に規定する権限を委任することができる。

5 　主務大臣、内閣府設置法第49条第1項の庁の長、国家行政組織法第3条第2項の庁の長又は警察庁長官は、前各項の規定により権限を委任しようとするときは、委任を受ける職員の官職、委任する権限及び委任の効力の発生する日を公示しなければならない。

　　附　則（抄）

（施行期日）

**第1条**　この政令は、平成28年4月1日から施行する。

## ●障害を理由とする差別の解消の推進に関する法律施行規則

〔平成28年1月29日〕
〔内閣府令第2号〕

1　障害を理由とする差別の解消の推進に関する法律第18条第5項の規定による公表は、障害者差別解消支援地域協議会の名称及び構成員の氏名又は名称について行うものとする。
2　前項の規定による公表は、地方公共団体の公報への掲載、インターネットの利用その他の適切な方法により行うものとする。

　　　附　則

この府令は、平成28年4月1日から施行する。

## ●障害を理由とする差別の解消の推進に関する基本方針

〔平成27年2月24日
閣 議 決 定〕

　政府は、障害を理由とする差別の解消の推進に関する法律(平成25年法律第65号。以下「法」という。)第6条第1項の規定に基づき、障害を理由とする差別の解消の推進に関する基本方針(以下「基本方針」という。)を策定する。基本方針は、障害を理由とする差別(以下「障害者差別」という。)の解消に向けた、政府の施策の総合的かつ一体的な実施に関する基本的な考え方を示すものである。

## 第1　障害を理由とする差別の解消の推進に関する施策に関する基本的な方向

### 1　法制定の背景

　近年、障害者の権利擁護に向けた取組が国際的に進展し、平成18年に国連において、障害者の人権及び基本的自由の享有を確保すること並びに障害者の固有の尊厳の尊重を促進するための包括的かつ総合的な国際条約である障害者の権利に関する条約(以下「権利条約」という。)が採択された。我が国は、平成19年に権利条約に署名し、以来、国内法の整備を始めとする取組を進めてきた。

　権利条約は第2条において、「「障害に基づく差別」とは、障害に基づくあらゆる区別、排除又は制限であって、政治的、経済的、社会的、文化的、市民的その他のあらゆる分野において、他の者との平等を基礎として全ての人権及び基本的自由を認識し、享有し、又は行使することを害し、又は妨げる目的又は効果を有するものをいう。障害に基づく差別には、あらゆる形態の差別(合理的配慮の否定を含む。)を含む。」と定義し、その禁止について、締約国に全ての適当な措置を求めている。我が国においては、平成16年の障害者基本法(昭和45年法律第84号)の改正において、障害者に対する差別の禁止が基本的理念として明示され、さらに、平成23年の同法改正の際には、権利条約の趣旨を踏まえ、同法第2条第2号において、社会的障壁について、「障害がある者にとって日常生活又は社会生活を営む上で障壁となるような社会における事物、制度、慣行、観念その他一切のものをいう。」と定義されるとともに、基本原則として、同法第4条第1項に、「何人も、障害者に対して、障害を理由として、差別することその他の権利利益を侵害する行為をしてはならない」こと、また、同条第2項に、「社会的障壁の除去は、それを必要としている障害者が現に存し、かつ、その実施に伴う負担が過重でないとき

は、それを怠ることによつて前項の規定に違反することとならないよう、その実施について必要かつ合理的な配慮がされなければならない」ことが規定された。

法は、障害者基本法の差別の禁止の基本原則を具体化するものであり、全ての国民が、障害の有無によって分け隔てられることなく、相互に人格と個性を尊重し合いながら共生する社会の実現に向け、障害者差別の解消を推進することを目的として、平成25年6月に制定された。我が国は、本法の制定を含めた一連の障害者施策に係る取組の成果を踏まえ、平成26年1月に権利条約を締結した。

## 2 基本的な考え方

### （1）法の考え方

全ての国民が、障害の有無によって分け隔てられることなく、相互に人格と個性を尊重し合いながら共生する社会を実現するためには、日常生活や社会生活における障害者の活動を制限し、社会への参加を制約している社会的障壁を取り除くことが重要である。このため、法は、後述する、障害者に対する不当な差別的取扱い及び合理的配慮の不提供を差別と規定し、行政機関等及び事業者に対し、差別の解消に向けた具体的取組を求めるとともに、普及啓発活動等を通じて、障害者も含めた国民一人ひとりが、それぞれの立場において自発的に取り組むことを促している。

特に、法に規定された合理的配慮の提供に当たる行為は、既に社会の様々な場面において日常的に実践されているものもあり、こうした取組を広く社会に示すことにより、国民一人ひとりの、障害に関する正しい知識の取得や理解が深まり、障害者との建設的対話による相互理解が促進され、取組の裾野が一層広がることを期待するものである。

### （2）基本方針と対応要領・対応指針との関係

基本方針に即して、国の行政機関の長及び独立行政法人等においては、当該機関の職員の取組に資するための対応要領を、主務大臣においては、事業者における取組に資するための対応指針を作成することとされている。地方公共団体及び公営企業型以外の地方独立行政法人（以下「地方公共団体等」という。）については、地方分権の観点から、対応要領の作成は努力義務とされているが、積極的に取り組むことが望まれる。

対応要領及び対応指針は、法に規定された不当な差別的取扱い及び合理的配慮について、具体例も盛り込みながら分かりやすく示しつつ、行政機関等の職員に徹底し、事業者の取組を促進するとともに、広く国民に周知するものとする。

## Ⅱ 総則

### (3) 条例との関係

地方公共団体においては、近年、法の制定に先駆けて、障害者差別の解消に向けた条例の制定が進められるなど、各地で障害者差別の解消に係る気運の高まりが見られるところである。法の施行後においても、地域の実情に即した既存の条例（いわゆる上乗せ・横出し条例を含む。）については引き続き効力を有し、また、新たに制定することも制限されることはなく、障害者にとって身近な地域において、条例の制定も含めた障害者差別を解消する取組の推進が望まれる。

## 第2 行政機関等及び事業者が講ずべき障害を理由とする差別を解消するための措置に関する共通的な事項

### 1 法の対象範囲

#### (1) 障害者

対象となる障害者は、障害者基本法第2条第1号に規定する障害者、即ち、「身体障害、知的障害、精神障害（発達障害を含む。）その他の心身の機能の障害（以下「障害」と総称する。）がある者であつて、障害及び社会的障壁により継続的に日常生活又は社会生活に相当な制限を受ける状態にあるもの」である。これは、障害者が日常生活又は社会生活において受ける制限は、身体障害、知的障害、精神障害（発達障害を含む。）その他の心身の機能の障害（難病に起因する障害を含む。）のみに起因するものではなく、社会における様々な障壁と相対することによって生ずるものとのいわゆる「社会モデル」の考え方を踏まえている。したがって、法が対象とする障害者は、いわゆる障害者手帳の所持者に限られない。なお、高次脳機能障害は精神障害に含まれる。

また、特に女性である障害者は、障害に加えて女性であることにより、更に複合的に困難な状況に置かれている場合があること、障害児には、成人の障害者とは異なる支援の必要性があることに留意する。

#### (2) 事業者

対象となる事業者は、商業その他の事業を行う者（地方公共団体の経営する企業及び公営企業型地方独立行政法人を含み、国、独立行政法人等、地方公共団体及び公営企業型以外の地方独立行政法人を除く。）であり、目的の営利・非営利、個人・法人の別を問わず、同種の行為を反復継続する意思をもって行う者である。したがって、例えば、個人事業者や対価を得ない無報酬の事業を行う者、非営利事業を行う

社会福祉法人や特定非営利活動法人も対象となる。

（3）対象分野

　　法は、日常生活及び社会生活全般に係る分野が広く対象となる。ただし、行政機関等及び事業者が事業主としての立場で労働者に対して行う障害を理由とする差別を解消するための措置については、法第13条により、障害者の雇用の促進等に関する法律（昭和35年法律第123号）の定めるところによることとされている。

## 2　不当な差別的取扱い

### (1) 不当な差別的取扱いの基本的な考え方

ア　法は、障害者に対して、正当な理由なく、障害を理由として、財・サービスや各種機会の提供を拒否する又は提供に当たって場所・時間帯などを制限する、障害者でない者に対しては付さない条件を付けることなどにより、障害者の権利利益を侵害することを禁止している。

　　なお、障害者の事実上の平等を促進し、又は達成するために必要な特別の措置は、不当な差別的取扱いではない。

イ　したがって、障害者を障害者でない者と比べて優遇する取扱い（いわゆる積極的改善措置）、法に規定された障害者に対する合理的配慮の提供による障害者でない者との異なる取扱いや、合理的配慮を提供等するために必要な範囲で、プライバシーに配慮しつつ障害者に障害の状況等を確認することは、不当な差別的取扱いには当たらない。不当な差別的取扱いとは、正当な理由なく、障害者を、問題となる事務・事業について本質的に関係する諸事情が同じ障害者でない者より不利に扱うことである点に留意する必要がある。

### (2) 正当な理由の判断の視点

　　正当な理由に相当するのは、障害者に対して、障害を理由として、財・サービスや各種機会の提供を拒否するなどの取扱いが客観的に見て正当な目的の下に行われたものであり、その目的に照らしてやむを得ないと言える場合である。行政機関等及び事業者においては、正当な理由に相当するか否かについて、個別の事案ごとに、障害者、事業者、第三者の権利利益（例：安全の確保、財産の保全、事業の目的・内容・機能の維持、損害発生の防止等）及び行政機関等の事務・事業の目的・内容・機能の維持等の観点に鑑み、具体的場面や状況に応じて総合的・客観的に判断することが必要である。行政機関等及び事業者は、正当な理由があると判断した場合に

は、障害者にその理由を説明するものとし、理解を得るよう努めることが望ましい。

## 3 合理的配慮
### （1）合理的配慮の基本的な考え方

ア　権利条約第2条において、「合理的配慮」は、「障害者が他の者との平等を基礎として全ての人権及び基本的自由を享有し、又は行使することを確保するための必要かつ適当な変更及び調整であって、特定の場合において必要とされるものであり、かつ、均衡を失した又は過度の負担を課さないもの」と定義されている。

法は、権利条約における合理的配慮の定義を踏まえ、行政機関等及び事業者に対し、その事務・事業を行うに当たり、個々の場面において、障害者から現に社会的障壁の除去を必要としている旨の意思の表明があった場合において、その実施に伴う負担が過重でないときは、障害者の権利利益を侵害することとならないよう、社会的障壁の除去の実施について、必要かつ合理的な配慮（以下「合理的配慮」という。）を行うことを求めている。合理的配慮は、障害者が受ける制限は、障害のみに起因するものではなく、社会における様々な障壁と相対することによって生ずるものとのいわゆる「社会モデル」の考え方を踏まえたものであり、障害者の権利利益を侵害することとならないよう、障害者が個々の場面において必要としている社会的障壁を除去するための必要かつ合理的な取組であり、その実施に伴う負担が過重でないものである。

合理的配慮は、行政機関等及び事業者の事務・事業の目的・内容・機能に照らし、必要とされる範囲で本来の業務に付随するものに限られること、障害者でない者との比較において同等の機会の提供を受けるためのものであること、事務・事業の目的・内容・機能の本質的な変更には及ばないことに留意する必要がある。

イ　合理的配慮は、障害の特性や社会的障壁の除去が求められる具体的場面や状況に応じて異なり、多様かつ個別性の高いものであり、当該障害者が現に置かれている状況を踏まえ、社会的障壁の除去のための手段及び方法について、「（2）過重な負担の基本的な考え方」に掲げた要素を考慮し、代替措置の選択も含め、双方の建設的対話による相互理解を通じて、必要かつ合理的な範囲で、柔軟に対応がなされるものである。さらに、合理的配慮の内容は、技術の進展、社会情勢の変化等に応じて変わり得るものである。

現時点における一例としては、
・車椅子利用者のために段差に携帯スロープを渡す、高い所に陳列された商品を取って渡すなどの物理的環境への配慮

・筆談、読み上げ、手話などによるコミュニケーション、分かりやすい表現を使って説明をするなどの意思疎通の配慮
・障害の特性に応じた休憩時間の調整などのルール・慣行の柔軟な変更

などが挙げられる。合理的配慮の提供に当たっては、障害者の性別、年齢、状態等に配慮するものとする。内閣府及び関係行政機関は、今後、合理的配慮の具体例を蓄積し、広く国民に提供するものとする。

なお、合理的配慮を必要とする障害者が多数見込まれる場合、障害者との関係性が長期にわたる場合等には、その都度の合理的配慮の提供ではなく、後述する環境の整備を考慮に入れることにより、中・長期的なコストの削減・効率化につながる点は重要である。

ウ 意思の表明に当たっては、具体的場面において、社会的障壁の除去に関する配慮を必要としている状況にあることを言語（手話を含む。）のほか、点字、拡大文字、筆談、実物の提示や身振りサイン等による合図、触覚による意思伝達など、障害者が他人とコミュニケーションを図る際に必要な手段（通訳を介するものを含む。）により伝えられる。

また、障害者からの意思表明のみでなく、知的障害や精神障害（発達障害を含む。）等により本人の意思表明が困難な場合には、障害者の家族、介助者等、コミュニケーションを支援する者が本人を補佐して行う意思の表明も含む。

なお、意思の表明が困難な障害者が、家族、介助者等を伴っていない場合など、意思の表明がない場合であっても、当該障害者が社会的障壁の除去を必要としていることが明白である場合には、法の趣旨に鑑みれば、当該障害者に対して適切と思われる配慮を提案するために建設的対話を働きかけるなど、自主的な取組に努めることが望ましい。

エ 合理的配慮は、障害者等の利用を想定して事前に行われる建築物のバリアフリー化、介助者等の人的支援、情報アクセシビリティの向上等の環境の整備（「第5」において後述）を基礎として、個々の障害者に対して、その状況に応じて個別に実施される措置である。したがって、各場面における環境の整備の状況により、合理的配慮の内容は異なることとなる。また、障害の状態等が変化することもあるため、特に、障害者との関係性が長期にわたる場合等には、提供する合理的配慮について、適宜、見直しを行うことが重要である。

（2）過重な負担の基本的な考え方

過重な負担については、行政機関等及び事業者において、個別の事案ごとに、以

下の要素等を考慮し、具体的場面や状況に応じて総合的・客観的に判断することが必要である。行政機関等及び事業者は、過重な負担に当たると判断した場合は、障害者にその理由を説明するものとし、理解を得るよう努めることが望ましい。

○事務・事業への影響の程度（事務・事業の目的・内容・機能を損なうか否か）
○実現可能性の程度（物理的・技術的制約、人的・体制上の制約）
○費用・負担の程度
○事務・事業規模
○財政・財務状況

## 第3 行政機関等が講ずべき障害を理由とする差別を解消するための措置に関する基本的な事項

### 1 基本的な考え方

行政機関等においては、その事務・事業の公共性に鑑み、障害者差別の解消に率先して取り組む主体として、不当な差別的取扱いの禁止及び合理的配慮の提供が法的義務とされており、国の行政機関の長及び独立行政法人等は、当該機関の職員による取組を確実なものとするため、対応要領を定めることとされている。行政機関等における差別禁止を確実なものとするためには、差別禁止に係る具体的取組と併せて、相談窓口の明確化、職員の研修・啓発の機会の確保等を徹底することが重要であり、対応要領においてこの旨を明記するものとする。

### 2 対応要領

#### （1）対応要領の位置付け及び作成手続

対応要領は、行政機関等が事務・事業を行うに当たり、職員が遵守すべき服務規律の一環として定められる必要があり、国の行政機関であれば、各機関の長が定める訓令等が、また、独立行政法人等については、内部規則の様式に従って定められることが考えられる。

国の行政機関の長及び独立行政法人等は、対応要領の作成に当たり、障害者その他の関係者を構成員に含む会議の開催、障害者団体等からのヒアリングなど、障害者その他の関係者の意見を反映させるために必要な措置を講ずるとともに、作成後は、対応要領を公表しなければならない。

### （2）対応要領の記載事項

対応要領の記載事項としては、以下のものが考えられる。
- 〇趣旨
- 〇障害を理由とする不当な差別的取扱い及び合理的配慮の基本的な考え方
- 〇障害を理由とする不当な差別的取扱い及び合理的配慮の具体例
- 〇相談体制の整備
- 〇職員への研修・啓発

### 3 地方公共団体等における対応要領に関する事項

地方公共団体等における対応要領の作成については、地方分権の趣旨に鑑み、法においては努力義務とされている。地方公共団体等において対応要領を作成する場合には、2（1）及び（2）に準じて行われることが望ましい。国は、地方公共団体等における対応要領の作成に関し、適時に資料・情報の提供、技術的助言など、所要の支援措置を講ずること等により協力しなければならない。

## 第4 事業者が講ずべき障害を理由とする差別を解消するための措置に関する基本的な事項

### 1 基本的な考え方

事業者については、不当な差別的取扱いの禁止が法的義務とされる一方で、事業における障害者との関係が分野・業種・場面・状況によって様々であり、求められる配慮の内容・程度も多種多様であることから、合理的配慮の提供については、努力義務とされている。このため、各主務大臣は、所掌する分野における対応指針を作成し、事業者は、対応指針を参考として、取組を主体的に進めることが期待される。主務大臣においては、所掌する分野の特性を踏まえたきめ細かな対応を行うものとする。各事業者における取組については、障害者差別の禁止に係る具体的取組はもとより、相談窓口の整備、事業者の研修・啓発の機会の確保等も重要であり、対応指針の作成に当たっては、この旨を明記するものとする。

同種の事業が行政機関等と事業者の双方で行われる場合は、事業の類似性を踏まえつつ、事業主体の違いも考慮した上での対応に努めることが望ましい。また、公設民営の施設など、行政機関等がその事務・事業の一環として設置・実施し、事業者に運営を委託等している場合は、提供される合理的配慮の内容に大きな差異が生ずることにより障害者が不利益を受けることのないよう、委託等の条件に、対応要領を踏まえた合理的配

慮の提供について盛り込むよう努めることが望ましい。

## 2 対応指針

### (1) 対応指針の位置付け及び作成手続

主務大臣は、個別の場面における事業者の適切な対応・判断に資するための対応指針を作成するものとされている。作成に当たっては、障害者や事業者等を構成員に含む会議の開催、障害者団体や事業者団体等からのヒアリングなど、障害者その他の関係者の意見を反映させるために必要な措置を講ずるとともに、作成後は、対応指針を公表しなければならない。

なお、対応指針は、事業者の適切な判断に資するために作成されるものであり、盛り込まれる合理的配慮の具体例は、事業者に強制する性格のものではなく、また、それだけに限られるものではない。事業者においては、対応指針を踏まえ、具体的場面や状況に応じて柔軟に対応することが期待される。

### (2) 対応指針の記載事項

対応指針の記載事項としては、以下のものが考えられる。

〇趣旨
〇障害を理由とする不当な差別的取扱い及び合理的配慮の基本的な考え方
〇障害を理由とする不当な差別的取扱い及び合理的配慮の具体例
〇事業者における相談体制の整備
〇事業者における研修・啓発
〇国の行政機関（主務大臣）における相談窓口

## 3 主務大臣による行政措置

事業者における障害者差別解消に向けた取組は、主務大臣の定める対応指針を参考にして、各事業者により自主的に取組が行われることが期待される。しかしながら、事業者による自主的な取組のみによっては、その適切な履行が確保されず、例えば、事業者が法に反した取扱いを繰り返し、自主的な改善を期待することが困難である場合など、主務大臣は、特に必要があると認められるときは、事業者に対し、報告を求め、又は助言、指導若しくは勧告をすることができることとされている。

こうした行政措置に至る事案を未然に防止するため、主務大臣は、事業者に対して、対応指針に係る十分な情報提供を行うとともに、事業者からの照会・相談に丁寧に対応するなどの取組を積極的に行うものとする。また、主務大臣による行政措置に当たって

は、事業者における自主的な取組を尊重する法の趣旨に沿って、まず、報告徴収、助言、指導により改善を促すことを基本とする必要がある。主務大臣が事業者に対して行った助言、指導及び勧告については、取りまとめて、毎年国会に報告するものとする。

## 第5 その他障害を理由とする差別の解消の推進に関する施策に関する重要事項

### 1 環境の整備

　法は、不特定多数の障害者を主な対象として行われる事前的改善措置(いわゆるバリアフリー法に基づく公共施設や交通機関におけるバリアフリー化、意思表示やコミュニケーションを支援するためのサービス・介助者等の人的支援、障害者による円滑な情報の取得・利用・発信のための情報アクセシビリティの向上等)については、個別の場面において、個々の障害者に対して行われる合理的配慮を的確に行うための環境の整備として実施に努めることとしている。新しい技術開発が環境の整備に係る投資負担の軽減をもたらすこともあることから、技術進歩の動向を踏まえた取組が期待される。また、環境の整備には、ハード面のみならず、職員に対する研修等のソフト面の対応も含まれることが重要である。

　障害者差別の解消のための取組は、このような環境の整備を行うための施策と連携しながら進められることが重要であり、ハード面でのバリアフリー化施策、情報の取得・利用・発信におけるアクセシビリティ向上のための施策、職員に対する研修等、環境の整備の施策を着実に進めることが必要である。

### 2 相談及び紛争の防止等のための体制の整備

　障害者差別の解消を効果的に推進するには、障害者及びその家族その他の関係者からの相談等に的確に応じることが必要であり、相談等に対応する際には、障害者の性別、年齢、状態等に配慮することが重要である。法は、新たな機関は設置せず、既存の機関等の活用・充実を図ることとしており、国及び地方公共団体においては、相談窓口を明確にするとともに、相談や紛争解決などに対応する職員の業務の明確化・専門性の向上などを図ることにより、障害者差別の解消の推進に資する体制を整備するものとする。内閣府においては、相談及び紛争の防止等に関する機関の情報について収集・整理し、ホームページへの掲載等により情報提供を行うものとする。

## 3　啓発活動

　障害者差別については、国民一人ひとりの障害に関する知識・理解の不足、意識の偏りに起因する面が大きいと考えられることから、内閣府を中心に、関係行政機関と連携して、各種啓発活動に積極的に取り組み、国民各層の障害に関する理解を促進するものとする。

### （1）行政機関等における職員に対する研修

　　行政機関等においては、所属する職員一人ひとりが障害者に対して適切に対応し、また、障害者及びその家族その他の関係者からの相談等に的確に対応するため、法の趣旨の周知徹底、障害者から話を聞く機会を設けるなどの各種研修等を実施することにより、職員の障害に関する理解の促進を図るものとする。

### （2）事業者における研修

　　事業者においては、障害者に対して適切に対応し、また、障害者及びその家族その他の関係者からの相談等に的確に対応するため、研修等を通じて、法の趣旨の普及を図るとともに、障害に関する理解の促進に努めるものとする。

### （3）地域住民等に対する啓発活動

　ア　障害者差別が、本人のみならず、その家族等にも深い影響を及ぼすことを、国民一人ひとりが認識するとともに、法の趣旨について理解を深めることが不可欠であり、また、障害者からの働きかけによる建設的対話を通じた相互理解が促進されるよう、障害者も含め、広く周知・啓発を行うことが重要である。

　　　内閣府を中心に、関係省庁、地方公共団体、事業者、障害者団体、マスメディア等の多様な主体との連携により、インターネットを活用した情報提供、ポスターの掲示、パンフレットの作成・配布、法の説明会やシンポジウム等の開催など、多様な媒体を用いた周知・啓発活動に積極的に取り組む。

　イ　障害のある児童生徒が、その年齢及び能力に応じ、可能な限り障害のない児童生徒と共に、その特性を踏まえた十分な教育を受けることのできるインクルーシブ教育システムを推進しつつ、家庭や学校を始めとする社会のあらゆる機会を活用し、子供の頃から年齢を問わず障害に関する知識・理解を深め、全ての障害者が、障害者でない者と等しく、基本的人権を享有する個人であることを認識し、障害の有無にかかわらず共に助け合い・学び合う精神を涵養する。障害のない児童生徒の保護者に対する働きかけも重要である。

ウ 国は、グループホーム等を含む、障害者関連施設の認可等に際して、周辺住民の同意を求める必要がないことを十分に周知するとともに、地方公共団体においては、当該認可等に際して、周辺住民の同意を求める必要がないことに留意しつつ、住民の理解を得るために積極的な啓発活動を行うことが望ましい。

## 4 障害者差別解消支援地域協議会

### （1）趣旨

障害者差別の解消を効果的に推進するには、障害者にとって身近な地域において、主体的な取組がなされることが重要である。地域において日常生活、社会生活を営む障害者の活動は広範多岐にわたり、相談等を行うに当たっては、どの機関がどのような権限を有しているかは必ずしも明らかではない場合があり、また、相談等を受ける機関においても、相談内容によっては当該機関だけでは対応できない場合がある。このため、地域における様々な関係機関が、相談事例等に係る情報の共有・協議を通じて、各自の役割に応じた事案解決のための取組や類似事案の発生防止の取組など、地域の実情に応じた差別の解消のための取組を主体的に行うネットワークとして、障害者差別解消支援地域協議会（以下「協議会」という。）を組織することができることとされている。協議会については、障害者及びその家族の参画について配慮するとともに、性別・年齢、障害種別を考慮して組織することが望ましい。内閣府においては、法施行後における協議会の設置状況等について公表するものとする。

### （2）期待される役割

協議会に期待される役割としては、関係機関から提供された相談事例等について、適切な相談窓口を有する機関の紹介、具体的事案の対応例の共有・協議、協議会の構成機関等における調停、斡旋等の様々な取組による紛争解決、複数の機関で紛争解決等に対応することへの後押し等が考えられる。

なお、都道府県において組織される協議会においては、紛争解決等に向けた取組について、市町村において組織される協議会を補完・支援する役割が期待される。また、関係機関において紛争解決に至った事例、合理的配慮の具体例、相談事案から合理的配慮に係る環境の整備を行うに至った事例などの共有・分析を通じて、構成機関等における業務改善、事案の発生防止のための取組、周知・啓発活動に係る協議等を行うことが期待される。

## 5 差別の解消に係る施策の推進に関する重要事項

### （1）情報の収集、整理及び提供

　本法を効果的に運用していくため、内閣府においては、行政機関等による協力や協議会との連携などにより、個人情報の保護等に配慮しつつ、国内における具体例や裁判例等を収集・整理するものとする。あわせて、海外の法制度や差別解消のための取組に係る調査研究等を通じ、権利条約に基づき設置された、障害者の権利に関する委員会を始めとする国際的な動向や情報の集積を図るものとする。これらの成果については、障害者白書や内閣府ホームページ等を通じて、広く国民に提供するものとする。

### （2）基本方針、対応要領、対応指針の見直し等

　技術の進展、社会情勢の変化等は、特に、合理的配慮について、その内容、程度等に大きな進展をもたらし、また、実施に伴う負担を軽減し得るものであり、法の施行後においては、こうした動向や、不当な差別的取扱い及び合理的配慮の具体例の集積等を踏まえるとともに、国際的な動向も勘案しつつ、必要に応じて、基本方針、対応要領及び対応指針を見直し、適時、充実を図るものとする。

　法の施行後3年を経過した時点における法の施行状況に係る検討の際には、障害者政策委員会における障害者差別の解消も含めた障害者基本計画の実施状況に係る監視の結果も踏まえて、基本方針についても併せて所要の検討を行うものとする。基本方針の見直しに当たっては、あらかじめ、障害者その他の関係者の意見を反映させるために必要な措置を講ずるとともに、障害者政策委員会の意見を聴かなければならない。対応要領、対応指針の見直しに当たっても、障害者その他の関係者の意見を反映させるために必要な措置を講じなければならない。

　なお、各種の国家資格の取得等において障害者に不利が生じないよう、いわゆる欠格条項について、各制度の趣旨や、技術の進展、社会情勢の変化等を踏まえ、適宜、必要な見直しを検討するものとする。

# Ⅲ
# 全府省庁対応指針（ガイドライン）

# 内閣府

# 内閣府本府所管事業分野における障害を理由とする差別の解消の推進に関する対応指針

## 第1　趣旨

### 1　障害者差別解消法の制定の経緯

　我が国は、平成19年に障害者の権利に関する条約（以下「権利条約」という。）に署名して以来、障害者基本法（昭和45年法律第84号）の改正を始めとする国内法の整備等を進めてきた。障害を理由とする差別の解消の推進に関する法律（平成25年法律第65号。以下「法」という。）は、障害者基本法の差別の禁止の基本原則を具体化するものであり、全ての国民が、障害の有無によって分け隔てられることなく、相互に人格と個性を尊重し合いながら共生する社会の実現に向け、障害者差別の解消を推進することを目的として、平成25年に制定された。

### 2　法の基本的な考え方

(1)　法の対象となる障害者は、障害者基本法第2条第1号に規定する障害者、すなわち、「身体障害、知的障害、精神障害（発達障害を含む。）その他の心身の機能の障害（以下「障害」と総称する。）がある者であつて、障害及び社会的障壁により継続的に日常生活又は社会生活に相当な制限を受ける状態にあるもの」である。これは、障害者が日常生活又は社会生活において受ける制限は、身体障害、知的障害、精神障害（発達障害を含む。）その他の心身の機能の障害（難病に起因する障害を含む。）のみに起因するものではなく、社会における様々な障壁と相対することによって生ずるものとのいわゆる「社会モデル」の考え方を踏まえている。したがって、法が対象とする障害者は、いわゆる障害者手帳の所持者に限られない。なお、高次脳機能障害は精神障害に含まれる。

(2)　法は、日常生活及び社会生活全般に係る分野を広く対象としている。ただし、事業者が事業主としての立場で労働者に対して行う障害を理由とする差別を解消するための措置については、法第13条により、障害者の雇用の促進等に関する法律（昭和35年法律第123号）の定めるところによることとされている。

Ⅲ　全府省庁対応指針（ガイドライン）

(3)　法は、不特定多数の障害者を主な対象として行われる事前的改善措置（高齢者、障害者等の移動等の円滑化の促進に関する法律（平成18年法律第91号。いわゆるバリアフリー法）に基づく公共施設や交通機関におけるバリアフリー化、意思表示やコミュニケーションを支援するためのサービス・介助者等の人的支援、障害者による円滑な情報の取得・利用・発信のための情報アクセシビリティの向上等）については、個別の場面において、個々の障害者に対して行われる合理的配慮を的確に行うための環境の整備として実施に努めることとしている。新しい技術開発が環境の整備に係る投資負担の軽減をもたらすこともあることから、技術進歩の動向を踏まえた取組が期待される。また、環境の整備には、ハード面のみならず、職員に対する研修等のソフト面の対応も含まれることが重要である。

　障害者差別の解消のための取組は、このような環境の整備を行うための施策と連携しながら進められることが重要である。

## 3　対応指針の位置付け

　この指針（以下「対応指針」という。）は、法第11条第１項の規定に基づき、また、障害を理由とする差別の解消の推進に関する基本方針（平成27年２月24日閣議決定。以下「基本方針」という。）に即して、法第８条に規定する事項に関し、内閣府本府が所管する分野における事業者（以下「事業者」という。）が適切に対応するために必要な事項を定めたものである。

## 4　留意点

　対応指針で「望ましい」と記載している内容は、事業者がそれに従わない場合であっても、法に反すると判断されることはないが、障害者基本法の基本的な理念及び法の目的を踏まえ、できるだけ取り組むことが望まれることを意味する。

　事業者における障害者差別解消に向けた取組は、対応指針を参考にして、各事業者により自主的に取組が行われることが期待される。しかしながら、事業者による自主的な取組のみによっては、その適切な履行が確保されず、例えば、事業者が法に反した取扱いを繰り返し、自主的な改善を期待することが困難である場合など、特に必要があると認められるときは、法第12条の規定により、事業者に対し、報告を求め、又は助言、指導若しくは勧告をすることができることとされている。

## 第2 障害を理由とする不当な差別的取扱い及び合理的配慮の基本的な考え方

### 1 不当な差別的取扱い

#### (1) 不当な差別的取扱いの基本的な考え方

事業者は、法第8条第1項の規定のとおり、その事業を行うに当たり、障害を理由として障害者でない者と不当な差別的取扱いをすることにより、障害者の権利利益を侵害してはならない。

ア 法は、障害者に対して、正当な理由なく、障害を理由として、財・サービスや各種機会の提供を拒否する又は提供に当たって場所・時間帯などを制限する、障害者でない者に対しては付さない条件を付けることなどにより、障害者の権利利益を侵害することを禁止している。

なお、障害者の事実上の平等を促進し、又は達成するために必要な特別の措置は、不当な差別的取扱いではない。

イ したがって、障害者を障害者でない者と比べて優遇する取扱い（いわゆる積極的改善措置）、法に規定された障害者に対する合理的配慮の提供による障害者でない者との異なる取扱いや、合理的配慮を提供等するために必要な範囲で、プライバシーに配慮しつつ障害者に障害の状況等を確認することは、不当な差別的取扱いには当たらない。不当な差別的取扱いとは、正当な理由なく、障害者を、問題となる事業について本質的に関係する諸事情が同じ障害者でない者より不利に扱うことである点に留意する必要がある。

#### (2) 正当な理由の判断の視点

正当な理由に相当するのは、障害者に対して、障害を理由として、財・サービスや各種機会の提供を拒否するなどの取扱いが客観的に見て正当な目的の下に行われたものであり、その目的に照らしてやむを得ないと言える場合である。事業者においては、正当な理由に相当するか否かについて、具体的な検討をせずに正当な理由を拡大解釈するなどして法の趣旨を損なうことなく、個別の事案ごとに、障害者、事業者、第三者の権利利益（例：安全の確保、財産の保全、事業の目的・内容・機能の維持、損害発生の防止等）の観点に鑑み、具体的場面や状況に応じて総合的・客観的に判断することが必要である。事業者は、正当な理由があると判断した場合には、障害者にその理由を説明するものとし、理解を得るよう努めることが望ましい。

Ⅲ　全府省庁対応指針（ガイドライン）

内閣府

### （3）不当な差別的取扱いの具体例

不当な差別的取扱いに当たり得る具体例等は別紙のとおりである。なお、第2の1（2）で示したとおり、不当な差別的取扱いに相当するか否かについては、個別の事案ごとに判断されることとなる。また、別紙に記載されている具体例については、正当な理由が存在しないことを前提としていること、さらに、それらはあくまでも例示であり、記載されている具体例だけに限られるものではないことに留意する必要がある。

## 2　合理的配慮

### （1）合理的配慮の基本的な考え方

事業者は、法第8条第2項の規定のとおり、その事業を行うに当たり、障害者から現に社会的障壁の除去を必要としている旨の意思の表明があった場合において、その実施に伴う負担が過重でないときは、障害者の権利利益を侵害することとならないよう、当該障害者の性別、年齢及び障害の状態に応じて、社会的障壁の除去の実施について必要かつ合理的な配慮（以下「合理的配慮」という。）をするように努めなければならない。

ア　権利条約第2条において、「合理的配慮」は、「障害者が他の者との平等を基礎として全ての人権及び基本的自由を享有し、又は行使することを確保するための必要かつ適当な変更及び調整であって、特定の場合において必要とされるものであり、かつ、均衡を失した又は過度の負担を課さないもの」と定義されている。

法は、権利条約における合理的配慮の定義を踏まえ、事業者に対し、その事業を行うに当たり、個々の場面において、障害者から現に社会的障壁の除去を必要としている旨の意思の表明があった場合において、その実施に伴う負担が過重でないときは、障害者の権利利益を侵害することとならないよう、社会的障壁の除去の実施について、合理的配慮を行うことを求めている。合理的配慮は、障害者が受ける制限は、障害のみに起因するものではなく、社会における様々な障壁と相対することによって生ずるものとのいわゆる「社会モデル」の考え方を踏まえたものであり、障害者の権利利益を侵害することとならないよう、障害者が個々の場面において必要としている社会的障壁を除去するための必要かつ合理的な取組であり、その実施に伴う負担が過重でないものである。

合理的配慮は、事業者の事業の目的・内容・機能に照らし、必要とされる範囲で本来の業務に付随するものに限られること、障害者でない者との比較において同等の機会の提供を受けるためのものであること、事業の目的・内容・機能の本

質的な変更には及ばないことに留意する必要がある。
イ 合理的配慮は、障害の特性や社会的障壁の除去が求められる具体的場面や状況に応じて異なり、多様かつ個別性の高いものであり、当該障害者が現に置かれている状況を踏まえ、社会的障壁の除去のための手段及び方法について、第2の2(2)「過重な負担の基本的な考え方」に掲げた要素を考慮し、代替措置の選択も含め、双方の建設的対話による相互理解を通じて、必要かつ合理的な範囲で、柔軟に対応がなされるものである。さらに、合理的配慮の内容は、技術の進展、社会情勢の変化等に応じて変わり得るものである。合理的配慮の提供に当たっては、障害者の性別、年齢、状態等に配慮するものとする。

なお、合理的配慮を必要とする障害者が多数見込まれる場合、障害者との関係性が長期にわたる場合等には、その都度の合理的配慮とは別に、前述した環境の整備を考慮に入れることにより、中・長期的なコストの削減・効率化につながる点は重要である。

ウ 意思の表明に当たっては、具体的場面において、社会的障壁の除去に関する配慮を必要としている状況にあることを言語(手話を含む。)のほか、点字、拡大文字、筆談、実物の提示や身振りサイン等による合図、触覚による意思伝達など、障害者が他人とコミュニケーションを図る際に必要な手段(通訳を介するものを含む。)により伝えられる。

また、障害者からの意思表明のみでなく、知的障害や精神障害(発達障害を含む。)等により本人の意思表明が困難な場合には、障害者の家族、支援者・介助者、法定代理人等、コミュニケーションを支援する者が本人を補佐して行う意思の表明も含む。

なお、意思の表明が困難な障害者が、家族、支援者・介助者、法定代理人等を伴っていない場合など、意思の表明がない場合であっても、当該障害者が社会的障壁の除去を必要としていることが明白である場合には、法の趣旨に鑑みれば、当該障害者に対して適切と思われる配慮を提案するために建設的対話を働きかけるなど、自主的な取組に努めることが望ましい。

エ 合理的配慮は、障害者等の利用を想定して事前に行われる建築物のバリアフリー化、介助者等の人的支援、情報アクセシビリティの向上等の環境の整備を基礎として、個々の障害者に対して、その状況に応じて個別に実施される措置である。したがって、各場面における環境の整備の状況により、合理的配慮の内容は異なることとなる。また、障害の状態等が変化することもあるため、特に、障害者との関係性が長期にわたる場合等には、提供する合理的配慮について、適宜、

見直しを行うことが重要である。
オ　同種の事業が行政機関等と事業者の双方で行われる場合は、事業の類似性を踏まえつつ、事業主体の違いも考慮した上での対応に努めることが望ましい。

### （2）過重な負担の基本的な考え方

過重な負担については、事業者において、具体的な検討をせずに過重な負担を拡大解釈するなどして法の趣旨を損なうことなく、個別の事案ごとに、以下の要素等を考慮し、具体的場面や状況に応じて総合的・客観的に判断することが必要である。事業者は、過重な負担に当たると判断した場合は、障害者にその理由を説明するものとし、理解を得るよう努めることが望ましい。

○　事業への影響の程度（事業の目的・内容・機能を損なうか否か）
○　実現可能性の程度（物理的・技術的制約、人的・体制上の制約）
○　費用・負担の程度
○　事業規模
○　財務状況

### （3）合理的配慮の具体例

合理的配慮の具体例は別紙のとおりである。なお、第2の2(1)イで示したとおり、合理的配慮は、具体的場面や状況に応じて異なり、多様かつ個別性の高いものであり、掲載した具体例については、第2の2(2)で示した過重な負担が存在しないことを前提としていること、事業者に強制する性格のものではないこと、また、それらはあくまでも例示であり、記載されている具体例に限られるものではないことに留意する必要がある。事業者においては、対応指針を踏まえ、具体的場面や状況に応じて柔軟に対応することが期待される。

## 第3　事業者における相談体制の整備

事業者においては、障害者及びその家族その他の関係者からの相談等に的確に対応するため、既存の相談窓口等の活用や窓口の開設により相談窓口を整備することが重要である。また、ホームページ等を活用し、相談窓口等に関する情報を周知することや、相談時には、性別、年齢、状態等に配慮するとともに、対面のほか、電話、ファックス、電子メール、また、障害者が他人とコミュニケーションを図る際に必要となる多様な手

段を、可能な範囲で用意して対応することが望ましい。さらに、実際の相談事例については、相談者のプライバシーに配慮しつつ順次蓄積し、以後の合理的配慮の提供等に活用することが望ましい。

## 第4 事業者における研修・啓発

　事業者は、障害者に対して適切に対応し、また、障害者及びその家族その他の関係者からの相談等に的確に対応するため、研修等を通じて、法の趣旨の普及を図るとともに、障害に関する理解の促進を図ることが重要である。

## 第5 その他

　内閣府本府所管事業分野のうち認定こども園を運営する事業者については、認定こども園が教育及び保育を提供する施設であることを踏まえ、その提供等に当たっては、法第11条第１項の規定に基づき文部科学大臣が定める指針の学校教育分野における取扱い及び厚生労働大臣が定める指針の福祉分野における取扱いについても留意すること。

## 第6 内閣府本府所管事業分野に係る相談窓口

　政策統括官（共生社会政策担当）付参事官（障害者施策担当）付
　子ども・子育て本部参事官（認定こども園担当）付【認定こども園に係ること】

Ⅲ　全府省庁対応指針（ガイドライン）

**別紙**

## 障害を理由とする不当な差別的取扱い、合理的配慮等の具体例

### 1　不当な差別的取扱いに当たり得る具体例

障害を理由として、以下の取扱いを行うこと。

- 窓口対応を拒否、又は対応の順序を後回しにすること。
- 資料の送付、パンフレットの提供、説明会やシンポジウム等への出席等を拒むこと。
- 客観的に見て、人的体制、設備体制が整っており、対応可能であるにも関わらず、教育及び保育の提供を拒否することや、提供に当たって正当な理由のない条件を付すこと。
- 教育及び保育の提供に当たって、仮利用期間を設ける、他の利用者の同意を求めるなど、他の利用者と異なる手順を課すこと。

### 2　不当な差別的取扱いに当たらない具体例

- 合理的配慮を提供等するために必要な範囲で、プライバシーに配慮しつつ、障害者に障害の状況等を確認すること。
- 障害のある子供に対する教育及び保育の提供に当たり、個別の教育課程や個別の保育計画を編成すること。

### 3　合理的配慮に当たり得る配慮の具体例

#### （1）物理的環境への配慮の具体例

- 事業者が管理する施設・敷地内において、車椅子・歩行器利用者のためにキャスター上げ等の補助をし、又は段差に携帯スロープを渡すこと。
- 配架棚の高い所に置かれたパンフレット等を取って渡すこと。パンフレット等の位置を分かりやすく伝えること。
- 目的の場所までの案内の際に、障害者の歩行速度に合わせた速度で歩いたり、左右・前後・距離の位置取りについて、障害者の希望を聞いたりすること。
- 聴覚過敏の子供等のために保育室の机・椅子の脚に緩衝材を付けて雑音を軽減する、視覚情報の処理が苦手な子供等のために掲示物等の情報量を減らすなど、個別の事案ごとに特性に応じて対応すること。

内閣府

- 移動に困難のある子供等のために、通園のための駐車場を確保したり、保育室をアクセスしやすい場所に変更したりすること。

(2) 意思疎通の配慮の具体例
- 筆談、要約筆記、読み上げ、手話、点字など多様なコミュニケーション、分かりやすい表現を使って説明するなどの意思疎通の配慮を行うこと。
- 情報保障の観点から、見えにくさに応じた情報の提供（聞くことで内容が理解できる説明・資料や、拡大コピー、拡大文字又は点字を用いた資料、遠くのものや動きの速いものなど触ることができないものを確認できる模型や写真等の提供等）、聞こえにくさに応じた視覚的な情報の提供、見えにくさと聞こえにくさの両方がある場合に応じた情報の提供（手のひらに文字を書いて伝える等）、知的障害に配慮した情報の提供（伝える内容の要点を筆記する、漢字にルビを振る、なじみのない外来語は避ける等）を行うこと。その際、各媒体間でページ番号等が異なり得ることに留意して使用すること。
- 意思疎通が不得意な障害者に対し、絵カード等を活用して意思を確認すること。
- 比喩表現等の理解が困難な障害者に対し、比喩や暗喩、二重否定表現などを用いずに具体的に説明すること。

(3) ルール・慣行の柔軟な変更の具体例
- 障害者が立って列に並んで順番を待っている場合に、周囲の理解を得た上で、当該障害者の順番が来るまで椅子などを用意すること。
- スクリーン、手話通訳者、板書、教材等がよく見えるように、スクリーン等に近い席を確保すること。
- 他人との接触、多人数の中にいることによる緊張等により、発作等がある場合、緊張を緩和するため、当該障害者に説明の上、障害の特性や施設の状況に応じて別室を準備すること。
- 事務手続の際に、職員等が必要書類の代読・代筆を行うこと。
- 必要に応じ、障害の特性に応じた教育・保育時間の調整などのルール、慣行を柔軟に変更すること。
- 点字や拡大文字、音声読み上げ機能を使用して学習する子供等のために、教育・

保育活動で使用する教材等を点訳又は拡大したものや、テキストデータを事前に渡す等すること。また、聞くことに困難がある子供たちのために、教育・保育活動で使用する教材等に字幕又は手話等を付与したものや、視覚的に内容が理解できる資料・教材等の提供等をすること。
▶ 入園のための選考において、本人・保護者の希望、障害の状況等を踏まえ、別室における対応を行うこと。

# 国家公安委員会

# 国家公安委員会が所管する事業分野における障害を理由とする差別の解消の推進に関する対応指針

## 第1 趣旨

　この指針は、障害を理由とする差別の解消の推進に関する法律（平成25年法律第65号。以下「法」という。）第11条第1項の規定に基づき、また、法第6条第1項の規定に基づく障害を理由とする差別の解消の推進に関する基本方針（平成27年2月24日閣議決定）に即して、法第8条に規定する事項に関し、国家公安委員会が所管する分野における事業者（以下「事業者」という。）が適切に対応するために必要な事項を定めるものである。

## 第2 法制定の経緯及び法の基本的な考え方

### 1 法制定の経緯

　我が国は、平成19年に障害者の権利に関する条約（以下「権利条約」という。）に署名して以来、障害者基本法（昭和45年法律第84号）の改正を始めとする国内法の整備等を進めてきた。法は、障害者基本法の差別の禁止の基本原則を具体化するものであり、全ての国民が、障害の有無によって分け隔てられることなく、相互に人格と個性を尊重し合いながら共生する社会の実現に向け、障害者差別の解消を推進することを目的として、平成25年に制定された。

### 2 法の基本的な考え方

(1) 法の対象となる障害者は、障害者基本法第2条第1号に規定する障害者、すなわち、「身体障害、知的障害、精神障害（発達障害を含む。）その他の心身の機能の障害（以下「障害」と総称する。）がある者であつて、障害及び社会的障壁により継続的に日常生活又は社会生活に相当な制限を受ける状態にあるもの」である。これは、障害者が日常生活又は社会生活において受ける制限は、身体障害、知的障害、精神障害（発達障害及び高次脳機能障害を含む。以下同じ。）その他の心身の機能の障害（難病に起因する障害を含む。）のみに起因するものではなく、社会における様々な

障壁と相対することによって生ずるものとのいわゆる「社会モデル」の考え方を踏まえている。したがって、法が対象とする障害者は、いわゆる障害者手帳の所持者に限られない。

(2) 法は、日常生活及び社会生活全般に係る分野を広く対象としている。ただし、事業者が事業主としての立場で労働者に対して行う障害を理由とする差別を解消するための措置については、法第13条により、障害者の雇用の促進等に関する法律（昭和35年法律第123号）の定めるところによることとされている。

(3) 法は、不特定多数の障害者を主な対象として行われる事前的改善措置（高齢者、障害者等の移動等の円滑化の促進に関する法律（平成18年法律第91号）に基づく公共施設や交通機関におけるバリアフリー化、意思表示やコミュニケーションを支援するためのサービス・介助者等の人的支援、障害者による円滑な情報の取得・利用・発信のための情報アクセシビリティの向上等）については、個別の場面において、個々の障害者に対して行われる合理的配慮を的確に行うための環境の整備として実施に努めることとしている。新しい技術開発が環境の整備に係る投資負担の軽減をもたらすこともあることから、技術進歩の動向を踏まえた取組が期待される。また、環境の整備には、ハード面のみならず、職員に対する研修等のソフト面の対応も含まれることが重要である。

障害者差別の解消のための取組は、このような環境の整備を行うための施策と連携しながら進められることが重要である。

## 3 留意点

本指針で「望ましい」と記載している内容は、事業者がそれに従わない場合であっても、法に反すると判断されることはないが、障害者基本法の基本的な理念及び法の目的を踏まえ、できるだけ取り組むことが望まれることを意味する。

事業者における障害者差別解消に向けた取組は、本指針を参考にして、各事業者により自主的に取組が行われることが期待される。しかしながら、事業者による自主的な取組のみによっては、その適切な履行が確保されず、例えば、事業者が法に反した取扱いを繰り返し、自主的な改善を期待することが困難である場合など、特に必要があると認められるときは、法第12条の規定により、事業者に対し、報告を求め、又は助言、指導若しくは勧告をすることができることとされている。

## 第3 不当な差別的取扱い及び合理的配慮の基本的な考え方

### 1 不当な差別的取扱い（法第8条第1項関係）

#### （1）不当な差別的取扱いの禁止

事業者は、法第8条第1項の規定のとおり、その事業を行うに当たり、障害を理由として障害者でない者と不当な差別的取扱い（以下「不当な差別的取扱い」という。）をすることにより、障害者の権利利益を侵害してはならない。

ア　法は、障害者に対して、正当な理由なく、障害を理由として、財・サービスや各種機会の提供を拒否する又は提供に当たって場所・時間帯等を制限する、障害者でない者に対しては付さない条件を付けること等により、障害者の権利利益を侵害することを禁止している。

なお、障害者の事実上の平等を促進し、又は達成するために必要な特別の措置は、不当な差別的取扱いではない。

イ　したがって、障害者を障害者でない者と比べて優遇する取扱い（いわゆる積極的改善措置）、法に規定された障害者に対する合理的配慮の提供による障害者でない者との異なる取扱い、及び合理的配慮を提供等するために必要な範囲で、プライバシーに配慮しつつ障害者に障害の状況等を確認することは、不当な差別的取扱いには当たらない。

事業者は、不当な差別的取扱いとは、正当な理由なく、障害者を、問題となる事業について、本質的に関係する諸事情が同じ障害者でない者より不利に扱うことである点に留意する必要がある。

#### （2）正当な理由の判断の視点

正当な理由に相当するのは、障害者に対して、障害を理由として、財・サービスや各種機会の提供を拒否するなどの取扱いが客観的に見て正当な目的の下に行われたものであり、その目的に照らしてやむを得ないと言える場合である。事業者においては、正当な理由に相当するか否かについて、具体的な検討をせずに正当な理由を拡大解釈するなどして法の趣旨を損なうことなく、個別の事案ごとに、障害者、事業者及び第三者の安全の確保、財産の保全、事業の目的・内容・機能の維持、損害発生の防止その他の権利利益の観点に鑑み、具体的な場面や状況に応じて総合的・客観的に判断することが必要である。

また、事業者は、正当な理由があると判断した場合には、障害者にその理由を説

Ⅲ　全府省庁対応指針（ガイドライン）

明するものとし、理解を得るよう努めることが望ましい。

### （3）不当な差別的取扱いの具体例
　　以下のアからオまでの具体例は、不当な差別的取扱いに当たり得る。
ア　障害を理由に窓口対応を拒否する。
イ　障害を理由に対応の順序を後回しにする。
ウ　障害を理由に、資料の送付、パンフレットの提供等を拒む。
エ　障害を理由に説明会、シンポジウム等への出席を拒む。
オ　障害を理由に、事業の遂行上、特に必要ではないにもかかわらず、来訪の際に付添人の同行を求めるなどの条件を付けたり、特に支障がないにもかかわらず、付添人の同行を拒んだりする。

　　なお、事業者は、不当な差別的取扱いに相当するか否かについては、1（2）で示したとおり、個別の事案ごとに判断されることに留意するとともに、上記アからオまでの具体例については、正当な理由が存在しないことを前提としていること及びこれらはあくまでも例示であり、記載されている具体例だけに限られるものではないことに留意する必要がある。

## 2　合理的配慮（法第8条第2項関係）
### （1）合理的配慮の基本的な考え方
　　事業者は、法第8条第2項の規定のとおり、その事業を行うに当たり、障害者から現に社会的障壁の除去を必要としている旨の意思の表明があった場合において、その実施に伴う負担が過重でないときは、障害者の権利利益を侵害することとならないよう、当該障害者の性別、年齢及び障害の状態に応じて、社会的障壁の除去の実施について必要かつ合理的な配慮（以下「合理的配慮」という。）を提供するように努めなければならない。
ア　権利条約第2条において、「合理的配慮」は、「障害者が他の者との平等を基礎として全ての人権及び基本的自由を享有し、又は行使することを確保するための必要かつ適当な変更及び調整であって、特定の場合において必要とされるものであり、かつ、均衡を失した又は過度の負担を課さないもの」と定義されている。
　　法は、権利条約における合理的配慮の定義を踏まえ、事業者に対し、その事業を行うに当たり、個々の場面において、障害者から現に社会的障壁の除去を必要としている旨の意思の表明があった場合において、その実施に伴う負担が過重でないときは、障害者の権利利益を侵害することとならないよう、社会的障壁の除

去の実施について合理的配慮を行うことを求めている。合理的配慮は、障害者が受ける制限は、障害のみに起因するものではなく、社会における様々な障壁と相対することによって生ずるものとのいわゆる「社会モデル」の考え方を踏まえたものであり、障害者の権利利益を侵害することとならないよう、障害者が個々の場面において必要としている社会的障壁を除去するための必要かつ合理的な取組であり、その実施に伴う負担が過重でないものである。

　事業者は、合理的配慮とは、事業者の事業の目的・内容・機能に照らし、必要とされる範囲で本来の業務に付随するものに限られること、障害者でない者との比較において同等の機会の提供を受けるためのものであること及び事業の目的・内容・機能の本質的な変更には及ばないことに留意する必要がある。

イ　合理的配慮は、障害の特性や社会的障壁の除去が求められる具体的場面や状況に応じて異なり、多様かつ個別性の高いものである。当該障害者が現に置かれている状況を踏まえ、社会的障壁の除去のための手段及び方法について、「（2）過重な負担の基本的な考え方」に掲げた要素を考慮し、代替措置の選択も含め、双方の建設的対話による相互理解を通じて、必要かつ合理的な範囲で、柔軟に対応がなされるものである。さらに、合理的配慮の内容は、技術の進展、社会情勢の変化等に応じて変わり得るものである。事業者は、合理的配慮の提供に当たっては、障害者の性別、年齢、状態等に配慮するものとする。

　なお、合理的配慮を必要とする障害者が多数見込まれる場合、障害者との関係性が長期にわたる場合等には、その都度の合理的配慮の提供とは別に、前述した環境の整備を考慮に入れることにより、中・長期的なコストの削減・効率化につながる点は重要である。

ウ　意思の表明に当たっては、具体的場面において、社会的障壁の除去に関する配慮を必要としている状況にあることを言語（手話を含む。）のほか、点字、拡大文字、筆談、実物の提示や身振りサイン等による合図、触覚による意思伝達等、障害者が他人とコミュニケーションを図る際に必要な手段（通訳を介するものを含む。）により伝えられる。

　また、障害者からの意思表明のみでなく、知的障害や精神障害等により本人の意思表明が困難な場合には、障害者の家族、支援者・介助者、法定代理人等コミュニケーションを支援する者が本人を補佐して行う意思の表明も含む。

　なお、事業者は、意思の表明が困難な障害者が、家族、支援者・介助者、法定代理人等を伴っていない場合等、意思の表明がない場合であっても、当該障害者が社会的障壁の除去を必要としていることが明白である場合には、法の趣旨に鑑

みれば、当該障害者に対して適切と思われる配慮を提案するために建設的対話を働きかけるなど、自主的な取組に努めることが望ましい。
　エ　合理的配慮は、障害者等の利用を想定して事前に行われる建築物のバリアフリー化、介助者等の人的支援、情報アクセシビリティの向上等の環境の整備を基礎として、個々の障害者に対して、その状況に応じて個別に実施される措置である。したがって、各場面における環境の整備の状況により、合理的配慮の内容は異なることとなる。また、障害の状態等が変化することもあるため、特に、障害者との関係性が長期にわたる場合等には、提供する合理的配慮について、適宜、見直しを行うことが重要である。
　オ　事業者は、同種の事業が行政機関等と事業者の双方で行われる場合は、事業の類似性を踏まえつつ、事業主体の違いも考慮した上での対応に努めることが望ましい。

### （２）過重な負担の基本的な考え方

　過重な負担については、事業者において、具体的な検討をせずに過重な負担を拡大解釈するなどして法の趣旨を損なうことなく、個別の事案ごとに、以下のアからオまでの要素等を考慮し、具体的場面や状況に応じて総合的・客観的に判断することが必要である。
　また、事業者は、過重な負担に当たると判断した場合は、障害者にその理由を説明するものとし、理解を得るよう努めることが望ましい。
　ア　事業への影響の程度（事業の目的・内容・機能を損なうか否か）
　イ　実現可能性の程度（物理的・技術的制約、人的・体制上の制約）
　ウ　費用・負担の程度
　エ　事業規模
　オ　財務状況

### （３）合理的配慮の具体例

　以下のアからウまでの具体例は、合理的配慮の提供に当たり得る。
　ア　物理的環境への配慮の具体例
　　(ｱ)　段差がある場合に、車椅子・歩行器利用者にキャスター上げ等の補助をする、携帯スロープを渡すなどする。
　　(ｲ)　配架棚の高い所に置かれたパンフレット等を取って渡す。パンフレット等の位置を分かりやすく伝える。

        (ウ) 目的の場所までの案内の際に、障害者の歩行速度に合わせた速度で歩いたり、前後・左右・距離の位置取りについて、障害者の希望を聞いたりする。
        (エ) 疲労を感じやすい障害者から別室での休憩の申出があった際、別室の確保が困難であったことから、当該障害者に事情を説明し、対応窓口の近くに長椅子を移動させて臨時の休憩スペースを設ける。
    イ 意思疎通の配慮の具体例
        (ア) 筆談、要約筆記、読み上げ、手話、点字、拡大文字等のコミュニケーション手段を用いる。
        (イ) 意思疎通が不得意な障害者に対し、絵カード等を活用して意思を確認する。
        (ウ) 書類記入の依頼時に、記入方法等を障害者の目の前で示したり、分かりやすい記述で伝達したりする。障害者の依頼がある場合には、代読や代筆といった配慮を行う。
        (エ) 比喩表現等が苦手な障害者に対し、比喩や暗喩、二重否定表現等を用いずに具体的に説明する。
        (オ) 障害者から申出があった際に、ゆっくり、丁寧に、繰り返し説明し、内容が理解されたことを確認しながら応対する。また、なじみのない外来語は避ける、漢数字は用いない、時刻は24時間表記ではなく午前・午後で表記するなどの配慮を念頭に置いたメモを、必要に応じて適時に渡す。
    ウ ルール・慣行の柔軟な変更の具体例
        (ア) 順番を待つことが苦手な障害者に対し、周囲の者の理解を得た上で、手続の順番を入れ替える。
        (イ) 障害者が立って列に並んで順番を待っている場合に、周囲の者の理解を得た上で、当該障害者の順番が来るまで別室や席を用意する。
        (ウ) スクリーン、手話通訳者、板書等がよく見えるように、スクリーン等に近い席を確保する。
        (エ) 他人との接触、多人数の中にいることによる緊張等により、発作等がある障害者の場合、緊張を緩和するため、当該障害者に説明の上、障害の特性や施設の状況に応じて別室を準備する。
    なお、事業者は、合理的配慮については、2（1）イで示したとおり、具体的場面や状況に応じて異なる多様かつ個別性の高いものであることに留意するとともに、上記アからウまでの具体例については、2（2）で示した過重な負担が存在しないことを前提としていること、事業者に強制する性格のものではないこと及びこれらはあくまでも例示であり、記載されている具体例に限られるものではないこと

に留意する必要がある。また、事業者においては、この指針を踏まえ、具体的場面や状況に応じて柔軟に対応することが期待される。

## 第4　事業者における相談体制の整備

　事業者においては、障害者及びその家族その他の関係者（以下「障害者等」という。）からの相談等に的確に対応するため、既存の相談窓口等の活用や窓口の開設により相談窓口を整備することが重要である。
　また、ホームページ等を活用し、相談窓口等に関する情報を周知することや、相談時には、障害者の性別、年齢、状態等に配慮するとともに、対面のほか、電話、ファックス、電子メール等障害者がコミュニケーションを図る際に必要となる多様な手段を、可能な範囲で用意して対応することが望ましい。さらに、実際の相談事例については、相談者のプライバシーに配慮しつつ、順次蓄積し、以後の合理的配慮の提供等に活用することが望ましい。

## 第5　事業者における研修・啓発

　事業者は、障害者に対して適切に対応し、また、障害者等からの相談等に的確に対応するため、研修等を通じて、法の趣旨の普及を図るとともに、障害に関する理解の促進を図ることが重要である。

## 第6　国家公安委員会が所管する事業分野に係る相談窓口

　国家公安委員会が所管する事業分野に係る相談窓口は、その事業分野ごとに、当該事業分野における法第12条の権限に係る事務を所掌する課（警察庁の内部部局の課（課に準ずるものを含む。）をいう。）とする。

金融庁

# 金融庁所管事業分野における障害を理由とする差別の解消の推進に関する対応指針

## 第1 本対応指針の趣旨

### 1 障害者差別解消法の制定の経緯

　我が国は、平成19年に障害者権利条約（以下「権利条約」という。）に署名して以来、障害者基本法（昭和45年法律第84号）の改正を始めとする国内法の整備等を進めてきた。

　障害を理由とする差別の解消の推進に関する法律（平成25年法律第65号。以下「法」という。）は、障害者基本法の差別の禁止の基本原則を具体化するものであり、全ての国民が、障害の有無によって分け隔てられることなく、相互に人格と個性を尊重し合いながら共生する社会の実現に向け、障害者差別の解消を推進することを目的として、平成25年に制定された。

### 2 法の基本的な考え方

　法は、後述する、障害者に対する不当な差別的取扱い及び合理的配慮の不提供を差別と規定し、行政機関等及び事業者に対し、差別の解消に向けた具体的取組を求めるとともに、普及啓発活動等を通じて、障害者も含めた国民一人ひとりが、それぞれの立場において自発的に取り組むことを促している。

　法の対象となる障害者は、障害者基本法第2条第1号に規定する障害者、即ち、「身体障害、知的障害、精神障害（発達障害を含む。）その他の心身の機能の障害（以下「障害」と総称する。）がある者であつて、障害及び社会的障壁により継続的に日常生活又は社会生活に相当な制限を受ける状態にあるもの」であり、いわゆる障害者手帳の所持者に限られない。なお、高次脳機能障害は精神障害に含まれる。

　また、法は、日常生活及び社会生活全般に係る分野を広く対象としている。ただし、事業者が事業主としての立場で労働者に対して行う障害を理由とする差別を解消するための措置については、法第13条により、障害者の雇用の促進等に関する法律（昭和35年法律第123号）の定めるところによることとされている。

Ⅲ　全府省庁対応指針（ガイドライン）

## 3　本対応指針の位置付け

本対応指針は、法第11条第1項の規定に基づき、「障害を理由とする差別の解消の推進に関する基本方針」（平成27年2月24日閣議決定）に即して、金融庁が所管する分野における事業者（以下「事業者」という。）が、法第8条に規定する障害を理由とする差別の禁止及び合理的配慮の提供に関して適切に対応するため、定めるものである。

## 4　留意点

対応指針で「望ましい」と記載している内容は、事業者がそれに従わない場合であっても、法に反すると判断されることはないが、障害者基本法の基本的な理念及び法の目的を踏まえ、できるだけ取り組むことが望まれることを意味する。

事業者における障害者差別解消に向けた取組は、本対応指針を参考にして、各事業者により自主的に取組が行われることが期待される。しかしながら、事業者による自主的な取組のみによっては、その適切な履行が確保されず、例えば、事業者が法に反した取扱いを繰り返し、自主的な改善を期待することが困難である場合など、特に必要があると認められるときは、法第12条等の規定により、事業者に対し、報告を求め、又は助言、指導若しくは勧告をすることができることとされている。

## 第2　障害を理由とする不当な差別的取扱い及び合理的配慮の基本的な考え方

### 1　障害を理由とする不当な差別的取扱い

#### （1）障害を理由とする不当な差別的取扱いの基本的な考え方

事業者は、法第8条第1項の規定のとおり、その事業を行うに当たり、障害を理由として障害者でない者と不当な差別的取扱いをすることにより、障害者の権利利益を侵害してはならない。

法は、障害者に対して、正当な理由なく、障害を理由として、財・サービスや各種機会の提供を拒否する又は提供に当たって場所・時間帯などを制限する、障害者でない者に対しては付さない条件を付けることなどにより、障害者の権利利益を侵害することを禁止している。

なお、障害者の事実上の平等を促進し、又は達成するために必要な特別の措置は、不当な差別的取扱いではない。したがって、障害者を障害者でない者と比べて優遇する取扱い（いわゆる積極的改善措置）、法に規定された障害者に対する合理的配慮の提供による障害者でない者との異なる取扱いや、合理的配慮を提供等するため

に必要な範囲で、プライバシーに配慮しつつ障害者に障害の状況等を確認することは、不当な差別的取扱いには当たらない。不当な差別的取扱いとは、正当な理由なく、障害者を、問題となる事業について本質的に関係する諸事情が同じ障害者でない者より不利に扱うことである点に留意する必要がある。

### (2) 正当な理由の判断の視点

正当な理由に相当するのは、障害者に対して、障害を理由として、財・サービスや各種機会の提供を拒否するなどの取扱いが客観的に見て正当な目的の下に行われたものであり、その目的に照らしてやむを得ないと言える場合である。

事業者においては、正当な理由に相当するか否かについて、具体的な検討をせずに正当な理由を拡大解釈するなどして法の趣旨を損なうことなく、個別の事案ごとに、障害者、事業者、第三者の権利利益（例：安全の確保、財産の保全、事業の目的・内容・機能の維持、損害発生の防止等）の観点に鑑み、具体的場面や状況に応じて総合的・客観的に判断することが必要である。事業者は、正当な理由があると判断した場合には、障害者にその理由を説明するものとし、理解を得るよう努めることが望ましい。

## 2 合理的配慮

### (1) 合理的配慮の基本的な考え方

事業者は、法第8条第2項の規定のとおり、その事業を行うに当たり、障害者から現に社会的障壁の除去を必要としている旨の意思の表明があった場合において、その実施に伴う負担が過重でないときは、障害者の権利利益を侵害することとならないよう、当該障害者の性別、年齢及び障害の状態に応じて、社会的障壁の除去の実施について必要かつ合理的な配慮（以下「合理的配慮」という。）をするように努めなければならない。

権利条約第2条において、「合理的配慮」は、「障害者が他の者との平等を基礎として全ての人権及び基本的自由を享有し、又は行使することを確保するための必要かつ適当な変更及び調整であって、特定の場合において必要とされるものであり、かつ、均衡を失した又は過度の負担を課さないもの」と定義されている。

法は、権利条約における合理的配慮の定義を踏まえ、事業者に対し、その事業を行うに当たり、個々の場面において、障害者から現に社会的障壁の除去を必要としている旨の意思の表明があった場合において、その実施に伴う負担が過重でないときは、障害者の権利利益を侵害することとならないよう、社会的障壁の除去の実施

について、合理的配慮を行うことを求めている。

　合理的配慮は、事業者の事業の目的・内容・機能に照らし、必要とされる範囲で本来の業務に付随するものに限られること、障害者でない者との比較において同等の機会の提供を受けるためのものであること、事業の目的・内容・機能の本質的な変更には及ばないことに留意する必要がある。

　また、合理的配慮は、障害の特性や社会的障壁の除去が求められる具体的場面や状況に応じて異なり、多様かつ個別性の高いものであり、当該障害者が現に置かれている状況を踏まえ、社会的障壁の除去のための手段及び方法について、「（４）過重な負担の基本的な考え方」に掲げた要素を考慮し、代替措置の選択も含め、双方の建設的対話による相互理解を通じて、必要かつ合理的な範囲で、柔軟に対応がなされるものである。

　なお、代替措置の提供は、事業者の業務やビジネスモデル等の内容によっては、例えば、訪問等による能動的なサービスを提供することが、障害者のニーズを満たすこととなり、合理的配慮となる場合もあり得る。

　合理的配慮の内容は、技術の進展や社会情勢の変化等に応じて変わり得るものである。また、障害者との関係性が長期にわたる場合等には、障害の状態等が変化することもあるため、提供する合理的配慮について、適宜、見直しを行うことが重要である。

### （２）意思の表明

　現に社会的障壁の除去を必要としている旨の障害者からの意思の表明は、具体的場面において、言語（手話を含む。）のほか、点字、拡大文字、筆談、実物の提示や身振りサイン等による合図、触覚による意思伝達など、障害者が他人とコミュニケーションを図る際に必要な手段（手話通訳者、要約筆記者、盲ろう通訳者等を介するものを含む。）により行われる。

　また、障害者からの意思表明のみでなく、知的障害や精神障害（発達障害を含む。）等により本人の意思表明が困難な場合には、障害者の家族、介助者等、コミュニケーションを支援する者が本人を補佐して行う意思の表明も含む。この場合、表明された意思の解釈に当たっては、障害者本人の真意から離れたものとなることのないよう留意が必要である。

　なお、意思の表明が困難な障害者が、家族、介助者等を伴っていない場合など、意思の表明がない場合であっても、当該障害者が社会的障壁の除去を必要としていることが明白である場合には、法の趣旨に鑑みれば、当該障害者に対して適切と思

われる配慮を提案するために建設的対話を働きかけるなど、自主的な取組に努めることが望ましい。

(3) 事前的改善措置との関係

　法は、不特定多数の障害者を主な対象として行われる事前的改善措置（いわゆるバリアフリー法に基づく公共施設におけるバリアフリー化、意思表示やコミュニケーションを支援するためのサービス・介助者等の人的支援及び障害者による円滑な情報の取得・利用・発信のための情報アクセシビリティの向上等）については、個別の場面において個々の障害者に対して行われる合理的配慮を的確に行うための環境の整備として実施に努めることとしている。このため、各場面における環境の整備の状況により、合理的配慮の内容は異なることとなる。

　なお、合理的配慮を必要とする障害者が多数見込まれる場合や障害者との関係性が長期にわたる場合等には、その都度の合理的配慮に加え、事前的改善措置を考慮に入れることにより、中・長期的なコスト削減・効率化につながりうる点は重要である。

(4) 過重な負担の基本的な考え方

　過重な負担については、事業者において、具体的な検討をせずに過重な負担を拡大解釈するなどして法の趣旨を損なうことなく、個別の事案ごとに、次の要素等を考慮し、具体的場面や状況に応じて総合的・客観的に判断することが必要である。事業者は、過重な負担に当たると判断した場合は、障害者にその理由を説明するものとし、理解を得るよう努めることが望ましい。

〇事務・事業への影響の程度

　（事務・事業の目的・内容・機能を損なうか否か）

〇実現可能性の程度

　（物理的・技術的制約、人的・体制上の制約）

〇費用・負担の程度

〇事務・事業規模

〇財政・財務状況

## 第3 障害を理由とする不当な差別的取扱い及び合理的配慮の具体例

事業者における、障害を理由とする不当な差別的取扱い及び合理的配慮の具体例は別紙のとおりである。

## 第4 事業者における相談体制の整備

事業者においては、障害者及びその家族その他の関係者（以下「障害者等」という。）からの相談に的確に対応するため、既存の顧客相談窓口等の活用を含め、相談窓口を整備することが重要である。

ホームページ等を活用し、相談窓口等に関する情報を周知することや、相談時における配慮として、対面のほか、電話、FAX、電子メールなど、障害特性や事業者の業務・事務特性、ビジネスモデル等に応じた多様な手段を用意しておくことが望ましい。

また、相談窓口の実効性を確保するため、障害者等からの相談対応等に必要な研修を受けた人員を配置することが望ましい。

なお、実際の相談事例については、相談者の個人情報の保護に留意しつつ、当該事業者において順次蓄積し、以後の合理的配慮の提供等に活用するものとする。

## 第5 事業者における研修・啓発

事業者は、障害者に対して適切に対応し、また、障害者等からの相談等に的確に対応するため、従業員に対する継続的な研修の実施や、啓発マニュアルの配付等を通じて、法の趣旨の普及を図るとともに、障害に関する理解の促進を図ることが重要である。

したがって、研修等の企画に当たっては、法の趣旨や障害に関する理解を促す内容とするよう工夫するとともに、既存の外部研修等の活用や接遇に関連する資格の取得の奨励等を含め、従業員が障害者に対する適切な対応を習得できる効果的なものとなるよう検討することが望ましい。

なお、事業者における研修・啓発においては、外見から判別困難な障害を含め、多様な障害者に対応できるような内容になるよう配慮することが必要である。

## 第6　金融庁所管事業分野における相談窓口

　事業者からの本対応指針等に関する照会・相談については、金融庁においては業所管各課室を、各財務(支)局及び沖縄総合事務局においては金融庁所管事業分野の業所管各課室をそれぞれ相談窓口とする。
　また、障害者等からの事業者の対応等に関する相談については、金融庁においては金融サービス利用者相談室を、各財務(支)局及び沖縄総合事務局においては金融庁所管事業分野の業所管各課室をそれぞれ相談窓口とする。

Ⅲ　全府省庁対応指針（ガイドライン）

**別紙**

## 障害を理由とする不当な差別的取扱い及び合理的配慮の具体例

### 1　不当な差別的取扱いに当たりうる具体例

不当な差別的取扱いに当たるか否かについては、第2.1で示したとおり、個別の事案ごとに判断されることとなる。次の具体例については、正当な理由が存在しないことを前提としていること、また、これらはあくまでも例示であり、記載されている具体例に限られるものではないことに留意する必要がある。

- ▶ 障害を理由として、窓口対応を拒否する。
- ▶ 障害を理由として、資料の送付、パンフレットの提供等を拒む。
- ▶ 障害を理由として、商品の提供を拒否する。
- ▶ 身体障害者補助犬を連れていることや車いすを利用していることを理由として、入店を拒否する。
- ▶ 障害を理由として、入店時間や入店場所に条件を付ける。
- ▶ 事業の遂行上、特に必要ではないにも関わらず、障害を理由として、来訪の際に付添い者の同行を求めるなどの条件を付ける。

### 2　合理的配慮の具体例

合理的配慮については、第2.2で示したとおり、具体的場面や状況に応じて異なり、多様かつ個別性の高いものである。次の具体例については、第2.2（4）で示した過重な負担が存在しないことを前提としていること、事業者に強制する性格のものではないこと、また、これらはあくまでも例示であり、記載されている具体例に限られるものではないことに留意する必要がある。

〔意思疎通の配慮の具体例〕

- ▶ 入店時に声をかけ、障害の状態を踏まえ、希望するサポートを聞き、必要に応じて誘導する。
- ▶ （身体的障害のある顧客に対しては、）書類の開封、受渡し等の対応が困難な場合に、必要なサポートを提供する。
- ▶ （視覚に障害のある顧客に対しては、）窓口まで誘導し、商品の内容を分かりやすい言葉で丁寧に説明を行う。また、顧客の要請がある場合は、取引関係書類について代読して確認する。

- ▶ （聴覚に障害のある顧客に対しては、）パンフレット等の資料を用いて説明し、筆談を交えて要望等の聞き取りや確認を行う。
- ▶ （盲ろう者に対しては、）本人が希望する場合、障害の程度に応じて、手のひら書き等によりコミュニケーションを行う。
- ▶ （吃音症等の発話に障害のある顧客に対しては、）障害特性を理解した上で、顧客が言い終えるまでゆっくりと待つ、発話以外のコミュニケーション方法も選択できるようにする。
- ▶ 明確に、分かりやすい言葉で、ゆっくり、丁寧に、繰り返し説明し、対応時間の制限などを設けることなく、内容が理解されたことを確認しながら応対するなど顧客に合わせた配慮をする。また、説明に当たっては、馴染みのない外来語は避ける、時刻は午前・午後といった説明を加える、比喩や暗喩、二重否定表現を用いないなど、あいまいな表現を避け、分かりやすい表現で説明を行う。
- ▶ 書類記入の依頼時に、記入方法等を本人の目の前で示したり、わかりやすい記述で伝達したりする。また、書類の内容や取引の性質等に照らして特段の問題が無いと認められる場合に、自筆が困難な障害者からの要望を受けて、本人の意思確認を適切に実施した上で、代筆対応する。
- ▶ 障害のある顧客がコミュニケーションをしやすくするため、「筆談対応いたします。」など、可能な応対方法を案内するプレートを準備する。
- ▶ 文字や話し言葉によるコミュニケーションが困難な顧客のために、主な手続を絵文字等で示したコミュニケーションボードを準備する。
- ▶ 顧客の要望がある場合に、意思疎通を援助する者（手話通訳等）の同席を認める。
- ▶ 説明会等で使用する資料や、受付および会場内の案内・説明等について、点字、拡大文字、音声読み上げ機能、ルビ付与、分かりやすい表現への置換え、手話、筆談など障害特性に応じた多様なコミュニケーション手段を、可能な範囲で用意して対応する。

〔物理的環境への配慮の具体例〕
- ▶ 段差がある場合に、車椅子利用者にキャスター上げ等の補助をする、携帯スロープを渡すなどする。
- ▶ 車椅子利用者にとってカウンターが高い場合に、カウンター越しの対応ではな

▶ く、他のテーブルに移る等して、適切にコミュニケーションを行う。
▶ エレベーターがない施設の上下階の移動の際に、マンパワーにより移動をサポートしたり、上階の職員が下階に下りて手続する等の配慮をする。
▶ 配架棚の高い所に置かれたパンフレット等を取って渡す。
▶ 目的の場所までの案内の際に、障害者の歩行速度に合わせた速度で歩いたり、左右・前後・距離の位置取りについて、障害者の希望を聞いたりする。
▶ 疲労を感じやすい障害者から休憩の申出があった際には、臨時の休憩スペースを設けるなどする。
▶ ＡＴＭの操作が困難な顧客には声掛けし、適切な対応を取る。
▶ 情報提供や取引、相談・質問・苦情受付等の手段を、非対面の手段を含めて複数用意し、障害のある顧客が利用しやすい手段を選択できるようにする。
▶ 一般に顧客が来店する頻度の高い店舗においては、次のような例も参考に、可能な限り障害のある顧客が利用しやすい施設となるよう工夫を施す。

- 段差について、簡易スロープ等を設置する、または、見えやすい縁取りを付けて、段差があることが分かるようにする。
- 通行しやすいように通路や壁、手すりの近辺には障害物や危険物を置かない。
- 視覚に障害のある顧客のために、音声案内装置や触知案内図等を準備する。
- 店舗専用駐車場を設けている場合、入口付近に障害者専用駐車場を確保する。
- 大型店舗等で順番待ちが必要となる店舗の場合、順番が来たことを知らせるために振動呼出器の準備や番号表示板の設置等の工夫を行う。
- 障害のある顧客が使いやすいＡＴＭを整備する。

〔ルール・慣行の柔軟な変更の具体例〕
▶ 周囲の者の理解を得た上で、手続順を入れ替える。
▶ 立って列に並んで順番を待っている場合に、周囲の者の理解を得た上で、当該障害者の順番が来るまで別室や席を準備する。
▶ スクリーンや板書、手話通訳者等がよく見えるように、スクリーンや手話通訳者等に近い席を確保する。
▶ 他人との接触、多人数の中にいることによる緊張により、不随意の発声や吃音

等がある場合において、当該障害者が了承した場合には、障害の特性や施設の状況に応じて別室を準備する。

消費者庁

# 消費者庁所管事業分野における障害を理由とする差別の解消の推進に関する対応指針

## 第一　趣旨

### 1　障害者差別解消法の制定の経緯

　我が国は、平成19年に障害者権利条約（以下「権利条約」という。）に署名して以来、障害者基本法の改正を始めとする国内法の整備等を進めてきた。障害を理由とする差別の解消の推進に関する法律（平成25年法律第65号。以下「法」という。）は、障害者基本法（昭和45年法律第84号）の差別の禁止の基本原則を具体化するものであり、全ての国民が、障害の有無によって分け隔てられることなく、相互に人格と個性を尊重し合いながら共生する社会の実現に向け、障害者差別の解消を推進することを目的として、平成25年に制定された。

### 2　法の基本的な考え方

(1)　法の対象となる障害者は、障害者基本法第2条第1号に規定する障害者、すなわち、「身体障害、知的障害、精神障害(発達障害を含む。)その他の心身の機能の障害(以下「障害」と総称する。）がある者であつて、障害及び社会的障壁により継続的に日常生活又は社会生活に相当な制限を受ける状態にあるもの」である。これは、障害者が日常生活又は社会生活において受ける制限は、身体障害、知的障害、精神障害（発達障害を含む。）その他の心身の機能の障害（難病に起因する障害を含む。）のみに起因するものではなく、社会における様々な障壁と相対することによって生ずるものとのいわゆる「社会モデル」の考え方を踏まえている。したがって、法が対象とする障害者は、いわゆる障害者手帳の所持者に限られない。なお、高次脳機能障害は精神障害に含まれる。

(2)　法は、日常生活及び社会生活全般に係る分野を広く対象としている。ただし、事業者が事業主としての立場で労働者に対して行う障害を理由とする差別を解消するための措置については、法第13条により、障害者の雇用の促進等に関する法律（昭和35年法律第123号）の定めるところによることとされている。

(3) 法は、不特定多数の障害者を主な対象として行われる事前的改善措置（高齢者、障害者等の移動等の円滑化の促進に関する法律（平成18年法律第91号。いわゆるバリアフリー法）に基づく公共施設や交通機関におけるバリアフリー化、意思表示やコミュニケーションを支援するためのサービス、介助者等の人的支援、障害者による円滑な情報の取得・利用・発信のための情報アクセシビリティの向上等）については、個別の場面において、個々の障害者に対して行われる合理的配慮を的確に行うための環境の整備として実施に努めることとしている。新しい技術開発が環境の整備に係る投資負担の軽減をもたらすこともあることから、技術進歩の動向を踏まえた取組が期待される。また、環境の整備には、ハード面のみならず、職員に対する研修等のソフト面の対応も含まれることが重要である。

障害者差別の解消のための取組は、このような環境の整備を行うための施策と連携しながら進められることが重要である。

## 3　対応指針の位置付け

この指針（以下「対応指針」という。）は、法第11条第１項の規定に基づき、また、障害を理由とする差別の解消の推進に関する基本方針（平成27年２月24日閣議決定。以下「基本方針」という。）に即して、法第８条に規定する事項に関し、消費者庁が所管する分野に係る事業を行う者（以下「事業者」という。）が適切に対応するために必要な事項を定めたものである。

## 4　留意点

対応指針で「望ましい」と記載している内容は、事業者がそれに従わない場合であっても、法に反すると判断されることはないが、障害者基本法の基本的な理念及び法の目的を踏まえ、できるだけ取り組むことが望まれることを意味する。

事業者における障害者差別解消に向けた取組は、対応指針を参考にして、各事業者により自主的に取組が行われることが期待される。しかしながら、事業者による自主的な取組のみによっては、その適切な履行が確保されず、例えば、事業者が法に反した取扱いを繰り返し、自主的な改善を期待することが困難である場合など、特に必要があると認められるときは、法第12条の規定により、事業者に対し、報告を求め、又は助言、指導若しくは勧告をすることができることとされている。

## 第二　障害を理由とする不当な差別的取扱い及び合理的配慮の基本的な考え方

### 1　不当な差別的取扱い

#### （1）不当な差別的取扱いの基本的な考え方

　　事業者は、法第8条第1項の規定のとおり、その事業を行うに当たり、障害を理由として障害者でない者と比べ不当な差別的取扱いをすることにより、障害者の権利利益を侵害してはならない。

　ア　法は、障害者に対して、正当な理由なく、障害を理由として、財・サービスや各種機会の提供を拒否する又は提供に当たって場所・時間帯などを制限する、障害者でない者に対しては付さない条件を付けることなどにより、障害者の権利利益を侵害することを禁止している。

　　なお、障害者の事実上の平等を促進し、又は達成するために必要な特別の措置は、不当な差別的取扱いではない。

　イ　したがって、障害者を障害者でない者と比べて優遇する取扱い（いわゆる積極的改善措置）、法に規定された障害者に対する合理的配慮の提供による障害者でない者との異なる取扱いや、合理的配慮を提供等するために必要な範囲で、プライバシーの保護に配慮しつつ障害者に障害の状況等を確認することは、不当な差別的取扱いには当たらない。不当な差別的取扱いとは、正当な理由なく、問題となる事業について本質的に関係する諸事情が同じ障害者でない者より、障害者を不利に扱うことである点に留意する必要がある。

#### （2）正当な理由の判断の視点

　　正当な理由に相当するのは、障害者に対して、障害を理由として、財・サービスや各種機会の提供を拒否するなどの取扱いが客観的に見て正当な目的の下に行われたものであり、その目的に照らしてやむを得ないといえる場合である。事業者においては、正当な理由に相当するか否かについて、正当な理由を拡大解釈するなどして法の趣旨を損なうことなく、個別の事案ごとに、障害者、事業者、第三者の権利利益（例：安全の確保、財産の保全、事業の目的・内容・機能の維持、損害発生の防止等）の観点に鑑み、具体的場面や状況に応じて総合的・客観的に判断することが必要である。事業者は、正当な理由があると判断した場合には、障害者にその理由を説明するものとし、理解を得るよう努めることが望ましい。

Ⅲ　全府省庁対応指針（ガイドライン）

（３）不当な差別的取扱いの具体例

　　不当な差別的取扱いに当たり得る具体例等は別紙のとおりである。なお、（２）で示したとおり、正当な理由に相当するか否かについては、個別の事案ごとに判断されることとなる。また、別紙に記載されている具体例については、正当な理由が存在しないことを前提としていること、さらに、それらはあくまでも例示であり、記載されている具体例だけに限られるものではないことに留意する必要がある。

## ２　合理的配慮

（１）合理的配慮の基本的な考え方

　　事業者は、法第８条第２項の規定のとおり、その事業を行うに当たり、障害者から現に社会的障壁の除去を必要としている旨の意思の表明があった場合において、その実施に伴う負担が過重でないときは、障害者の権利利益を侵害することとならないよう、当該障害者の性別、年齢及び障害の状態に応じて、社会的障壁の除去の実施について必要かつ合理的な配慮（以下「合理的配慮」という。）をするように努めなければならない。

　ア　権利条約第２条において、「合理的配慮」は、「障害者が他の者との平等を基礎として全ての人権及び基本的自由を享有し、又は行使することを確保するための必要かつ適当な変更及び調整であって、特定の場合において必要とされるものであり、かつ、均衡を失した又は過度の負担を課さないもの」と定義されている。

　　　法は、権利条約における合理的配慮の定義を踏まえ、事業者に対し、その事業を行うに当たり、個々の場面において、障害者から現に社会的障壁の除去を必要としている旨の意思の表明があった場合において、その実施に伴う負担が過重でないときは、障害者の権利利益を侵害することとならないよう、社会的障壁の除去の実施について、合理的配慮を行うことを求めている。合理的配慮は、障害者が受ける制限は、障害のみに起因するものではなく、社会における様々な障壁と相対することによって生ずるものとのいわゆる「社会モデル」の考え方を踏まえたものであり、障害者の権利利益を侵害することとならないよう、障害者が個々の場面において必要としている社会的障壁を除去するための必要かつ合理的な取組であり、その実施に伴う負担が過重でないものである。

　　　合理的配慮は、事業者の事業の目的・内容・機能に照らし、必要とされる範囲で本来の業務に付随するものに限られること、障害者でない者との比較において同等の機会の提供を受けるためのものであること、事業の目的・内容・機能の本質的な変更には及ばないことに留意する必要がある。

イ 合理的配慮は、障害の特性や社会的障壁の除去が求められる具体的場面や状況に応じて異なり、多様かつ個別性の高いものであり、当該障害者が現に置かれている状況を踏まえ、社会的障壁の除去のための手段及び方法について、「（２）過重な負担の基本的な考え方」に掲げた要素を考慮し、代替措置の選択も含め、双方の建設的対話による相互理解を通じて、必要かつ合理的な範囲で、柔軟に対応がなされるものである。さらに、合理的配慮の内容は、技術の進展、社会情勢の変化等に応じて変わり得るものである。合理的配慮の提供に当たっては、障害者の性別、年齢、状態等に配慮するものとする。

　なお、合理的配慮を必要とする障害者が多数見込まれる場合、障害者との関係性が長期にわたる場合等には、その都度の合理的配慮の提供ではなく、後述する環境の整備を考慮に入れることにより、中・長期的なコストの削減・効率化につながる点は重要である。

ウ 意思の表明に当たっては、具体的場面において、社会的障壁の除去に関する配慮を必要としている状況にあることを言語（手話を含む。）のほか、点字、拡大文字、筆談、実物の提示や身振りサイン等による合図、触覚による意思伝達など、障害者が他人とコミュニケーションを図る際に必要な手段（通訳を介するものを含む。）により伝えられる。

　また、障害者からの意思表明のみでなく、知的障害や精神障害（発達障害を含む。）等により本人の意思表明が困難な場合には、障害者の家族、介助者等、コミュニケーションを支援する者が本人を補佐して行う意思の表明も含む。

　なお、意思の表明が困難な障害者が、家族、介助者等を伴っていない場合など、意思の表明がない場合であっても、当該障害者が社会的障壁の除去を必要としていることが明白である場合には、法の趣旨に鑑みれば、当該障害者に対して適切と思われる配慮を提案するために建設的対話を働き掛けるなど、自主的な取組に努めることが望ましい。

エ 合理的配慮は、障害者等の利用を想定して事前に行われる建築物のバリアフリー化、介助者等の人的支援、ウェブサイトの活用、情報アクセシビリティの向上等の環境の整備を基礎として、個々の障害者に対して、その状況に応じて個別に実施される措置である。したがって、各場面における環境の整備の状況により、合理的配慮の内容は異なることとなる。また、障害の状態等が変化することもあるため、特に、障害者との関係性が長期にわたる場合等には、提供する合理的配慮について、適宜、見直しを行うことが重要である。

オ 同種の事業が行政機関等と事業者の双方で行われる場合は、事業の類似性を踏

まえつつ、事業主体の違いも考慮した上での対応に努めることが望ましい。

#### (2) 過重な負担の基本的な考え方

過重な負担については、事業者において、過重な負担を拡大解釈するなどして法の趣旨を損なうことなく、個別の事案ごとに、以下の要素等を考慮し、具体的場面や状況に応じて総合的・客観的に判断することが必要である。事業者は、過重な負担に当たると判断した場合は、障害者にその理由を説明するものとし、理解を得るよう努めることが望ましい。

○ 事務・事業への影響の程度（事務・事業の目的・内容・機能を損なうか否か）
○ 実現可能性の程度（物理的・技術的制約、人的・体制上の制約の有無又はその程度）
○ 費用・負担の程度
○ 事務・事業規模
○ 財政・財務状況

#### (3) 合理的配慮の具体例

合理的配慮の具体例は別紙のとおりである。なお、2（1）イで示したとおり、合理的配慮は、具体的場面や状況に応じて異なり、多様かつ個別性の高いものであり、掲載した具体例については、2（2）で示した過重な負担が存在しないことを前提としていること、事業者に強制する性格のものではないこと、また、それらはあくまでも例示であり、記載されている具体例に限られるものではないことに留意する必要がある。事業者においては、対応指針を踏まえ、具体的場面や状況に応じて柔軟に対応することが期待される。

### 第三　事業者における相談体制の整備

事業者においては、障害者及びその家族その他の関係者からの相談等に的確に対応するため、既存の相談窓口等の活用や窓口の開設により相談窓口を整備することが重要である。また、ウェブサイト等を活用し、相談窓口等に関する情報を周知することや、相談時には、当該障害者の性別、年齢、状態等に配慮するとともに、対面のほか、電話、FAX、電子メールなどの多様な手段を用意しておくことが望ましい。

また、実際の相談事例については、当該事業者において相談者のプライバシーの保護に配慮しつつ順次蓄積し、以後の合理的配慮の提供等に活用すべきである。


## 第四　事業者における研修・啓発

事業者は、障害者に対して適切に対応し、また、障害者及びその家族その他の関係者からの相談等に的確に対応するため、研修等を通じて、法の趣旨の普及を図るとともに、障害に関する理解の促進を図ることが重要である。


## 第五　消費者庁所管事業分野に係る相談窓口

消費者制度課（適格消費者団体及び特定適格消費者団体に係ること）
消費者教育・地方協力課（消費生活相談員資格試験に関する登録試験機関に係ること）
消費者政策課（その他対応指針全般に係ること）

**別紙**

**障害を理由とする不当な差別的取扱い、合理的配慮等の具体例**

1 **不当な差別的取扱いに当たり得る具体例**

  障害者であることのみを理由として、以下の取扱いを行うこと。
  - 窓口対応を拒否、又は対応の順序を劣後させること。
  - 資料の送付、パンフレットの提供、説明会やシンポジウム等への出席等を拒むこと。
  - 事業の遂行上、特に必要ではないにもかかわらず、来訪の際に付添い者の同行を求めるなどの条件を付けること。

2 **不当な差別的取扱いに当たらない具体例**

  - 合理的配慮の提供等のために必要な範囲で、プライバシーの保護に配慮しつつ、障害者に障害の状況等を確認すること。

3 **合理的配慮の具体例**

 （1）**物理的環境への配慮の具体例**
  - 事業者が管理する施設・敷地内において、車椅子・歩行器利用者のためにキャスター上げ等の補助をし、又は段差に携帯スロープを渡すこと。
  - 配架棚の高い所に置かれたパンフレット等を取って渡すこと。
  - 目的の場所までの案内の際に、障害者の歩行速度に合わせた速度で歩いたり、左右・前後・距離の位置取りについて、障害者の希望を聞いたりすること。
  - 疲労を感じやすい障害者から別室での休憩の申出があった際、別室の確保が困難であったことから、当該障害者に事情を説明し、対応窓口の近くに長椅子を移動させて臨時の休憩スペースを設けること。

 （2）**意思疎通の配慮の具体例**
  - 筆談、読み上げ、手話、点字など多様なコミュニケーション手法、分かりやすい表現を使って説明するなどの意思疎通の配慮を行うこと。
  - 情報保障の観点から、見えにくさに応じた情報の提供（聞くことで内容が理解できる説明・資料や、拡大コピー、拡大文字又は点字を用いた資料、遠くのも

のや動きの速いものなど触ることができないものを確認できる模型や写真等の提供等)、聞こえにくさに応じた視覚的な情報の提供、知的障害に配慮した情報の提供（伝える内容の要点を筆記する、漢字にルビを振る、なじみのない外来語は避ける等）を行うこと。
- ▶ 意思疎通が不得意な障害者に対し、絵カード等を活用して意思を確認すること。
- ▶ 書類記入の依頼時に、記入方法等を本人の目の前で示したり、分かりやすい記述で伝達したりすること。
- ▶ 比喩表現等が苦手な障害者に対し、直喩や暗喩、二重否定表現などを用いずに説明すること。

(3) ルール・慣行の柔軟な変更の具体例
- ▶ 周囲の者の理解を得た上で、手続順を入れ替えること。
- ▶ 障害者が立って列に並んで順番を待っている場合に、周囲の理解を得た上で、当該障害者の順番が来るまで椅子などを用意すること。
- ▶ スクリーン、板書、教材等がよく見えるように、スクリーン等に近い席を確保すること。
- ▶ 他人との接触、多人数の中にいることによる緊張により、不随意の発声等がある場合、緊張を緩和するため、当該障害者に説明の上、施設の状況に応じて別室を準備すること。
- ▶ 事務手続の際に、職員等が必要書類の代筆を行うこと。

復興庁

# 復興庁所管事業分野における障害を理由とする差別の解消の推進に関する対応指針

## 第1　本対応指針の趣旨

### 1　障害者差別解消法の制定の経緯

　我が国は、平成19年に障害者権利条約（以下「権利条約」という。）に署名して以来、障害者基本法（昭和45年法律第84号）の改正を始めとする国内法の整備等を進めてきた。

　障害を理由とする差別の解消の推進に関する法律（平成25年法律第65号。以下「法」という。）は、障害者基本法の差別の禁止の基本原則を具体化するものであり、全ての国民が、障害の有無によって分け隔てられることなく、相互に人格と個性を尊重し合いながら共生する社会の実現に向け、障害者差別の解消を推進することを目的として、平成25年に制定された。

### 2　法の基本的な考え方

　法は、後述する、障害者に対する不当な差別的取扱い及び合理的配慮の不提供を差別と規定し、行政機関等及び事業者に対し、差別の解消に向けた具体的取組を求めるとともに、普及啓発活動等を通じて、障害者も含めた国民一人ひとりが、それぞれの立場において自発的に取り組むことを促している。

　法の対象となる障害者は、障害者基本法第2条第1号に規定する障害者、即ち、「身体障害、知的障害、精神障害（発達障害を含む。）その他の心身の機能の障害（以下「障害」と総称する。）がある者であつて、障害及び社会的障壁により継続的に日常生活又は社会生活に相当な制限を受ける状態にあるもの」であり、いわゆる障害者手帳の所持者に限られない。なお、高次脳機能障害は精神障害に含まれる。また、特に女性である障害者は、障害に加えて女性であることにより、更に複合的に困難な状況に置かれている場合があること、障害児には、成人の障害者とは異なる支援の必要性があることに留意する。

　また、法は、日常生活及び社会生活全般に係る分野を広く対象としている。ただし、事業者が事業主としての立場で労働者に対して行う障害を理由とする差別を解消するための措置については、法第13条により、障害者の雇用の促進等に関する法律（昭和35年

法律第123号）の定めるところによることとされている。

## 3 本対応指針の位置付け

本対応指針は、法第11条第１項の規定に基づき、「障害を理由とする差別の解消の推進に関する基本方針」（平成27年２月24日閣議決定）に即して、復興庁が所管する分野における事業者（以下「事業者」という。）が、法第８条に規定する障害を理由とする差別の禁止及び合理的配慮の提供に関して適切に対応するため、定めるものである。

## 4 留意点

事業者における障害者差別解消に向けた取組は、障害者基本法の基本的な理念及び法の目的を踏まえながら、対応指針を参考にして、事業者により自主的に取組が行われることが望ましい。しかしながら、事業者による自主的な取組のみによっては、その適切な履行が確保されず、例えば、事業者が法に反した取扱いを繰り返し、自主的な改善を期待することが困難である場合など、特に必要があると認められるときは、法第12条の規定により、事業者に対し、報告を求め、又は助言、指導若しくは勧告をすることができることとされている。

## 第２ 障害を理由とする不当な差別的取扱い及び合理的配慮の基本的な考え方

### 1 障害を理由とする不当な差別的取扱い

#### （1）障害を理由とする不当な差別的取扱いの基本的な考え方

事業者は、法第８条第１項の規定のとおり、その事業を行うに当たり、障害を理由として障害者でない者と不当な差別的取扱いをすることにより、障害者の権利利益を侵害してはならない。

法は、障害者に対して、正当な理由なく、障害を理由として、財・サービスや各種機会の提供を拒否する又は提供に当たって場所・時間帯などを制限する、障害者でない者に対しては付さない条件を付けることなどにより、障害者の権利利益を侵害することを禁止している。

なお、障害者の事実上の平等を促進し、又は達成するために必要な特別の措置は、不当な差別的取扱いではない。したがって、障害者を障害者でない者と比べて優遇する取扱い（いわゆる積極的改善措置）、法に規定された障害者に対する合理的配慮の提供による障害者でない者との異なる取扱いや、合理的配慮を提供等するため

に必要な範囲で、プライバシーに配慮しつつ障害者に障害の状況等を確認することは、不当な差別的取扱いには当たらない。不当な差別的取扱いとは、正当な理由なく、障害者を、問題となる事業について本質的に関係する諸事情が同じ障害者でない者より不利に扱うことである点に留意する必要がある。

### （2）正当な理由の判断の視点

正当な理由に相当するのは、障害者に対して、障害を理由として、財・サービスや各種機会の提供を拒否するなどの取扱いが客観的に見て正当な目的の下に行われたものであり、その目的に照らしてやむを得ないと言える場合である。

事業者においては、正当な理由に相当するか否かについて、不当な差別的取扱いを禁止する法の趣旨に十分留意しつつ、個別の事案ごとに、障害者、事業者、第三者の権利利益（例：安全の確保、財産の保全、事業の目的・内容・機能の維持、損害発生の防止等）の観点に鑑み、具体的場面や状況に応じて総合的・客観的に判断することが必要である。事業者は、正当な理由があると判断した場合には、障害者にその理由を説明するものとし、理解を得るよう努めることが望ましい。

なお、「客観的に判断する」とは、主観的な判断に委ねられるのではなく、その主張が客観的な事実によって裏付けられ、第三者の立場から見ても納得を得られるような「客観性」が必要とされるものである。また、「正当な理由」を根拠に、不当な差別的取扱いを禁止する法の趣旨が形骸化されるべきではなく、抽象的に事故の危惧がある、危険が想定されるといった理由によりサービスを提供しないといったことは適切ではない。

## 2 合理的配慮

### （1）合理的配慮の基本的な考え方

事業者は、法第8条第2項の規定のとおり、その事業を行うに当たり、障害者から現に社会的障壁の除去を必要としている旨の意思の表明があった場合において、その実施に伴う負担が過重でないときは、障害者の権利利益を侵害することとならないよう、当該障害者の性別、年齢及び障害の状態に応じて、社会的障壁の除去の実施について必要かつ合理的な配慮（以下「合理的配慮」という。）をするように努めなければならない。

権利条約第2条において、「合理的配慮」は、「障害者が他の者との平等を基礎として全ての人権及び基本的自由を享有し、又は行使することを確保するための必要かつ適当な変更及び調整であって、特定の場合において必要とされるものであり、

かつ、均衡を失した又は過度の負担を課さないもの」と定義されている。

　法は、権利条約における合理的配慮の定義を踏まえ、事業者に対し、その事業を行うに当たり、個々の場面において、障害者から現に社会的障壁の除去を必要としている旨の意思の表明があった場合において、その実施に伴う負担が過重でないときは、障害者の権利利益を侵害することとならないよう、社会的障壁の除去の実施について、合理的配慮を行うことを求めている。

　合理的配慮は、事業者の事業の目的・内容・機能に照らし、必要とされる範囲で本来の業務に付随するものに限られること、障害者でない者との比較において同等の機会の提供を受けるためのものであること、事業の目的・内容・機能の本質的な変更には及ばないことに留意する必要がある。

　また、合理的配慮は、障害の特性や社会的障壁の除去が求められる具体的場面や状況に応じて異なり、多様かつ個別性の高いものであり、当該障害者が現に置かれている状況を踏まえ、社会的障壁の除去のための手段及び方法について、「（4）過重な負担の基本的な考え方」に掲げた要素を考慮し、代替措置の選択も含め、双方の建設的対話による相互理解を通じて、必要かつ合理的な範囲で、柔軟に対応がなされるものである。

　なお、代替措置の提供は、事業者の業務やビジネスモデル等の内容によっては、例えば、訪問等による能動的なサービスを提供することが、障害者のニーズを満たすこととなり、合理的配慮となる場合もあり得る。

　合理的配慮の内容は、技術の進展や社会情勢の変化等に応じて変わり得るものである。また、障害者との関係性が長期にわたる場合等には、障害の状態等が変化することもあるため、提供する合理的配慮について、適宜、見直しを行うことが重要である。

### （2）意思の表明

　現に社会的障壁の除去を必要としている旨の障害者からの意思の表明は、具体的場面において、言語（手話を含む。）のほか、点字、拡大文字、筆談、実物の提示や身振りサイン等による合図、触覚による意思伝達など、障害者が他人とコミュニケーションを図る際に必要な手段（手話通訳者、要約筆記者、盲ろう通訳者等を介するものを含む。）により行われる。

　また、障害者からの意思表明のみでなく、知的障害や精神障害（発達障害を含む。）等により本人の意思表明が困難な場合には、障害者の家族、介助者等、コミュニケーションを支援する者が本人を補佐して行う意思の表明も含む。

なお、意思の表明が困難な障害者が、家族、介助者等を伴っていない場合など、意思の表明がない場合であっても、当該障害者が社会的障壁の除去を必要としていることが明白である場合には、法の趣旨に鑑みれば、当該障害者に対して適切と思われる配慮を提案するために建設的対話を働きかけるなど、自主的な取組に努めることが望ましい。

### （3）事前的改善措置との関係

法は、不特定多数の障害者を主な対象として行われる事前的改善措置（いわゆるバリアフリー法に基づく公共施設におけるバリアフリー化、意思表示やコミュニケーションを支援するためのサービス・介助者等の人的支援及び障害者による円滑な情報の取得・利用・発信のための情報アクセシビリティの向上等）については、個別の場面において個々の障害者に対して行われる合理的配慮を的確に行うための環境の整備として実施に努めることとしている。このため、各場面における環境の整備の状況により、合理的配慮の内容は異なることとなる。

なお、合理的配慮を必要とする障害者が多数見込まれる場合や障害者との関係性が長期にわたる場合等には、その都度の合理的配慮の提供ではなく、事前的改善措置を考慮に入れることにより、中・長期的なコスト削減・効率化につながりうる点は重要である。

### （4）過重な負担の基本的な考え方

過重な負担については、事業者において、合理的配慮の提供に努めるべきとする法の趣旨に十分留意しつつ、個別の事案ごとに、次の要素等を考慮し、具体的場面や状況に応じて総合的・客観的に判断することが必要である。事業者は、過重な負担に当たると判断した場合は、障害者にその理由を説明するものとし、理解を得るよう努めることが望ましい。

- 〇 事務・事業への影響の程度
  （事務・事業の目的・内容・機能を損なうか否か）
- 〇 実現可能性の程度
  （物理的・技術的制約、人的・体制上の制約）
- 〇 費用・負担の程度
- 〇 事務・事業規模
- 〇 財政・財務状況

## 第3 障害を理由とする不当な差別的取扱い及び合理的配慮の具体例

　事業者における、障害を理由とする不当な差別的取扱い及び合理的配慮の具体例は別紙のとおりである。

## 第4 事業者における相談体制の整備

　事業者においては、障害者及びその家族その他の関係者（以下「障害者等」という。）からの相談に的確に対応するため、既存の顧客相談窓口等の活用を含め、相談窓口を整備することが重要である。
　ホームページ等を活用し、相談窓口等に関する情報を周知することや、相談時には、性別、年齢、状態等に配慮するとともに、対面のほか、電話、FAX、電子メール、その他可能な範囲で障害者が他人とコミュニケーションを図る際に必要となる多様な手段を、障害特性や事業者の業務・事務特性、ビジネスモデル等に応じて用意しておくことが望ましい。
　なお、実際の相談事例については、当該事業者において相談者の個人情報やプライバシーに配慮しつつ順次蓄積し、以後の合理的配慮の提供等に活用するものとする。

## 第5 事業者における研修・啓発

　事業者は、障害者に対して適切に対応し、また、障害者等からの相談等に的確に対応するため、従業員に対する継続的な研修の実施や、啓発マニュアルの配付等を通じて、法の趣旨の普及を図るとともに、障害に関する理解の促進を図ることが重要である。

## 第6 復興庁所管事業分野における相談窓口

　事業者からの本対応指針等に関する照会・相談及び障害者等からの事業者の対応等に関する相談については、復興庁においては株式会社東日本大震災事業者再生支援機構に関する事務を担当する参事官を相談窓口とする。

**別紙**

## 障害を理由とする不当な差別的取扱い及び合理的配慮の具体例

### 1 不当な差別的取扱いに当たり得る具体例

不当な差別的取扱いに当たるか否かについては、第2.1で示したとおり、個別の事案ごとに判断されることとなる。次の具体例については、正当な理由が存在しないことを前提としていること、また、これらはあくまでも例示であり、記載されている具体例に限られるものではないことに留意する必要がある。

- 障害があることのみを理由として、窓口対応を拒否する。
- 障害があることのみを理由として、資料の送付、パンフレットの提供等を拒否する。
- 障害があることのみを理由として、商品の提供を拒否する。
- 身体障害者補助犬を連れていることや車いすを利用していることのみを理由として、入店を拒否する。
- 障害があることのみを理由として、入店時間や入店場所に条件を付ける。
- 事業の遂行上、特に必要ではないにもかかわらず、障害があることのみを理由として、来訪の際に付添い者の同行を求めるなどの条件を付ける。

### 2 合理的配慮の具体例

合理的配慮については、第2.2で示したとおり、具体的場面や状況に応じて異なり、多様かつ個別性の高いものである。次の具体例については、第2.2（4）で示した過重な負担が存在しないことを前提としていること、事業者に強制する性格のものではないこと、また、これらはあくまでも例示であり、記載されている具体例に限られるものではないことに留意する必要がある。

〔意思疎通の配慮の具体例〕

- 入店時に声をかけ、障害の状態を踏まえ、希望するサポートを聞き、必要に応じて誘導する。
- （身体的障害のある顧客に対しては、）書類の開封、受渡し等の対応が困難な場合に、必要なサポートを提供する。
- （視覚に障害のある顧客に対しては、）窓口まで誘導し、商品の内容を分かりやすい言葉で丁寧に説明を行う。また、顧客の要請がある場合は、取引関係書類

について代読して確認する。
- （聴覚に障害のある顧客に対しては、）パンフレット等の資料を用いて説明し、筆談を交えて要望等の聞き取りや確認を行う。
- （盲ろう者に対しては、）本人が希望する場合、障害の程度に応じて、手のひら書き等によりコミュニケーションを行う。
- 明確に、分かりやすい言葉で、ゆっくり、丁寧に、繰り返し説明し、内容が理解されたことを確認しながら応対するなど顧客に合わせた配慮をする。また、説明に当たっては、馴染みのない外来語は避ける、時刻は午前・午後といった説明を加える、比喩や暗喩、二重否定表現を用いないなど、分かりやすい表現で説明を行う。
- 書類記入の依頼時に、記入方法等を本人の目の前で示したり、わかりやすい記述で伝達したりする。また、書類の内容や取引の性質等に照らして特段の問題が無いと認められる場合に、自筆が困難な障害者からの要望を受けて、本人の意思確認を適切に実施した上で、代筆対応する。

〔物理的環境への配慮の具体例〕
- 段差がある場合に、車椅子利用者にキャスター上げ等の補助をする、携帯スロープを渡すなどする。
- エレベーターがない施設の上下階の移動の際に、マンパワーにより移動をサポートしたり、上階の職員が下階に下りて手続する等の配慮をする。
- 配架棚の高い所に置かれたパンフレット等を取って渡す。
- 目的の場所までの案内の際に、障害者の歩行速度に合わせた速度で歩いたり、左右・前後・距離の位置取りについて、障害者の希望を聞いたりする。
- 疲労を感じやすい障害者から休憩の申出があった際には、臨時の休憩スペースを設けるなどする。
- 情報提供や取引、相談・質問・苦情受付等の手段を、非対面の手段を含めて複数用意し、障害のある顧客が利用しやすい手段を選択できるようにする。

〔ルール・慣行の柔軟な変更の具体例〕
- 順番を待つことが苦手な障害者に対し、周囲の者の理解を得た上で、手続順を

入れ替える。
- 立って列に並んで順番を待っている場合に、周囲の者の理解を得た上で、当該障害者の順番が来るまで別室や席を準備する。
- 他人との接触、多人数の中にいることによる緊張により、不随意の発声等がある場合において、当該障害者が了承した場合には、施設の状況に応じて別室を準備する。

# 総務省

# 総務省所管事業分野における障害を理由とする差別の解消の推進に関する対応指針

## 第1 趣旨

### 1 障害者差別解消法の制定の経緯

　我が国は、平成19年に障害者の権利に関する条約（以下「権利条約」という。）に署名して以来、障害者基本法（昭和45年法律第84号）の改正を始めとする国内法の整備等を進めてきた。障害を理由とする差別の解消の推進に関する法律（平成25年法律第65号。以下「法」という。）は、障害者基本法の差別の禁止の基本原則を具体化するものであり、全ての国民が、障害の有無によって分け隔てられることなく、相互に人格と個性を尊重し合いながら共生する社会の実現に向け、障害者差別の解消を推進することを目的として、平成25年に制定された。

### 2 法の基本的な考え方

(1) 法の対象となる障害者は、障害者基本法第2条第1号に規定する障害者、すなわち、「身体障害、知的障害、精神障害（発達障害を含む。）その他の心身の機能の障害（以下「障害」と総称する。）がある者であつて、障害及び社会的障壁により継続的に日常生活又は社会生活に相当な制限を受ける状態にあるもの」である。これは、障害者が日常生活又は社会生活において受ける制限は、身体障害、知的障害、精神障害（発達障害を含む。）その他の心身の機能の障害（難病に起因する障害を含む。）のみに起因するものではなく、社会における様々な障壁と相対することによって生ずるものとのいわゆる「社会モデル」の考え方を踏まえている。したがって、法が対象とする障害者は、いわゆる障害者手帳の所持者に限られない。なお、高次脳機能障害は精神障害に含まれる。

(2) 法は、日常生活及び社会生活全般に係る分野を広く対象としている。ただし、事業者が事業主としての立場で労働者に対して行う障害を理由とする差別を解消するための措置については、法第13条により、障害者の雇用の促進等に関する法律（昭和35年法律第123号）の定めるところによることとされている。

(3) 法は、不特定多数の障害者を主な対象として行われる事前的改善措置（高齢者、障害者等の移動等の円滑化の促進に関する法律（平成18年法律第91号。いわゆるバリアフリー法）に基づく公共施設や交通機関におけるバリアフリー化、意思表示やコミュニケーションを支援するためのサービス・介助者等の人的支援、視覚・聴覚障害者が利用しやすい通信・放送サービスの提供、ホームページの音声読み上げソフトへの対応などの情報アクセシビリティの向上等）については、個別の場面において、個々の障害者に対して行われる合理的配慮を的確に行うための環境の整備として実施に努めることとしている。新しい技術開発が環境の整備に係る投資負担の軽減をもたらすこともあることから、技術進歩の動向を踏まえた取組が期待される。また、環境の整備には、ハード面のみならず、職員に対する研修等のソフト面の対応も含まれることが重要である。

障害者差別の解消のための取組は、このような環境の整備を行うための施策と連携しながら進められることが重要である。

## 3 対応指針の位置付け

この指針（以下「対応指針」という。）は、法第11条第1項の規定に基づき、また、障害を理由とする差別の解消の推進に関する基本方針（平成27年2月24日閣議決定。以下「基本方針」という。）に即して、法第8条に規定する事項に関し、総務省が所管する分野における事業者（以下「事業者」という。）が適切に対応するために必要な事項を定めたものである。

## 4 留意点

対応指針で「望ましい」と記載している内容は、事業者がそれに従わない場合であっても、法に反すると判断されることはないが、障害者基本法の基本的な理念及び法の目的を踏まえ、できるだけ取り組むことが望まれることを意味する。

事業者における障害者差別解消に向けた取組は、対応指針を参考にして、各事業者により自主的に行われることが期待される。しかしながら、事業者による自主的な取組のみによっては、その適切な履行が確保されず、例えば、事業者が法に反した取扱いを繰り返し、自主的な改善を期待することが困難である場合など、特に必要があると認められるときは、法第12条の規定により、事業者に対し、報告を求め、又は助言、指導若しくは勧告をすることができることとされている。

## 第2 障害を理由とする不当な差別的取扱い及び合理的配慮の基本的な考え方

### 1 不当な差別的取扱い

#### (1) 不当な差別的取扱いの基本的な考え方

事業者は、法第8条第1項の規定のとおり、その事業を行うに当たり、障害を理由として障害者でない者と不当な差別的取扱いをすることにより、障害者の権利利益を侵害してはならない。

ア 法は、障害者に対して、正当な理由なく、障害を理由として、財・サービスや各種機会の提供を拒否する又は提供に当たって場所・時間帯などを制限する、障害者でない者に対しては付さない条件を付けることなどにより、障害者の権利利益を侵害することを禁止している。

なお、障害者の事実上の平等を促進し、又は達成するために必要な特別の措置は、不当な差別的取扱いではない。

イ したがって、障害者を障害者でない者と比べて優遇する取扱い（いわゆる積極的改善措置）、法に規定された障害者に対する合理的配慮の提供による障害者でない者との異なる取扱い、合理的配慮を提供等するために必要な範囲で、プライバシーに配慮しつつ障害者に障害の状況等を確認することは、不当な差別的取扱いには当たらない。不当な差別的取扱いとは、正当な理由なく、障害者を、問題となる事業について本質的に関係する諸事情が同じ障害者でない者より不利に扱うことである点に留意する必要がある。

#### (2) 正当な理由の判断の視点

正当な理由に相当するのは、障害者に対して、障害を理由として、財・サービスや各種機会の提供を拒否するなどの取扱いが客観的に見て正当な目的の下に行われたものであり、その目的に照らしてやむを得ないと言える場合である。事業者においては、正当な理由に相当するか否かについて、具体的な検討をせずに正当な理由を拡大解釈するなどして法の趣旨を損なうことなく、個別の事案ごとに、障害者、事業者、第三者の権利利益（例：安全の確保、財産の保全、事業の目的・内容・機能の維持、損害発生の防止等）の観点に鑑み、具体的場面や状況に応じて総合的・客観的に判断することが必要である。事業者は、正当な理由があると判断した場合には、障害者にその理由を説明するものとし、理解を得るよう努めることが望ましい。

### (3) 不当な差別的取扱いの具体例

不当な差別的取扱いに当たり得る具体例等は別紙のとおりである。なお、（2）で示したとおり、不当な差別的取扱いに相当するか否かについては、個別の事案ごとに判断されることとなる。また、別紙に記載されている具体例については、正当な理由が存在しないことを前提としていること、さらに、それらはあくまでも例示であり、記載されている具体例だけに限られるものではないことに留意する必要がある。

## 2 合理的配慮

### (1) 合理的配慮の基本的な考え方

事業者は、法第8条第2項の規定のとおり、その事業を行うに当たり、障害者から現に社会的障壁の除去を必要としている旨の意思の表明があった場合において、その実施に伴う負担が過重でないときは、障害者の権利利益を侵害することとならないよう、当該障害者の性別、年齢及び障害の状態に応じて、社会的障壁の除去の実施について必要かつ合理的な配慮（以下「合理的配慮」という。）をするように努めなければならない。

ア 権利条約第2条において、「合理的配慮」は、「障害者が他の者との平等を基礎として全ての人権及び基本的自由を享有し、又は行使することを確保するための必要かつ適当な変更及び調整であって、特定の場合において必要とされるものであり、かつ、均衡を失した又は過度の負担を課さないもの」と定義されている。

法は、権利条約における合理的配慮の定義を踏まえ、事業者に対し、その事業を行うに当たり、個々の場面において、障害者から現に社会的障壁の除去を必要としている旨の意思の表明があった場合において、その実施に伴う負担が過重でないときは、障害者の権利利益を侵害することとならないよう、社会的障壁の除去の実施について、合理的配慮を行うことを求めている。合理的配慮は、障害者が受ける制限は、障害のみに起因するものではなく、社会における様々な障壁と相対することによって生ずるものとのいわゆる「社会モデル」の考え方を踏まえたものであり、障害者の権利利益を侵害することとならないよう、障害者が個々の場面において必要としている社会的障壁を除去するための必要かつ合理的な取組であり、その実施に伴う負担が過重でないものである。

合理的配慮は、事業者の事業の目的・内容・機能に照らし、必要とされる範囲で本来の業務に付随するものに限られること、障害者でない者との比較において同等の機会の提供を受けるためのものであること、事業の目的・内容・機能の本

質的な変更には及ばないことに留意する必要がある。

イ　合理的配慮は、障害の特性や社会的障壁の除去が求められる具体的場面や状況に応じて異なり、多様かつ個別性の高いものであり、当該障害者が現に置かれている状況を踏まえ、社会的障壁の除去のための手段及び方法について、（2）に掲げる要素を考慮し、代替措置の選択も含め、双方の建設的対話による相互理解を通じて、必要かつ合理的な範囲で、柔軟に対応がなされるものである。さらに、合理的配慮の内容は、技術の進展、社会情勢の変化等に応じて変わり得るものである。合理的配慮の提供に当たっては、障害者の性別、年齢、状態等に配慮するものとする。

　なお、合理的配慮を必要とする障害者が多数見込まれる場合、障害者との関係性が長期にわたる場合等には、その都度の合理的配慮とは別に、前述した環境の整備を考慮に入れることにより、中・長期的なコストの削減・効率化につながる点は重要である。

ウ　意思の表明に当たっては、具体的場面において、社会的障壁の除去に関する配慮を必要としている状況にあることを言語（手話を含む。）のほか、点字、拡大文字、筆談、実物の提示、身振りサイン等による合図、触覚による意思伝達など、障害者が他人とコミュニケーションを図る際に必要な手段（通訳を介するものを含む。）により伝えられる。

　また、障害者からの意思表明のみでなく、知的障害や精神障害（発達障害を含む。）等により本人の意思表明が困難な場合には、障害者の家族、支援者・介助者、法定代理人等、コミュニケーションを支援する者が本人を補佐して行う意思の表明も含む。

　なお、意思の表明が困難な障害者が、家族、支援者・介助者、法定代理人等を伴っていない場合など、意思の表明がない場合であっても、当該障害者が社会的障壁の除去を必要としていることが明白である場合には、法の趣旨に鑑みれば、当該障害者に対して適切と思われる配慮を提案するために建設的対話を働きかけるなど、自主的な取組に努めることが望ましい。

エ　合理的配慮は、障害者等の利用を想定して事前に行われる建築物のバリアフリー化、介助者等の人的支援、情報アクセシビリティの向上等の環境の整備を基礎として、個々の障害者に対して、その状況に応じて個別に実施される措置である。したがって、各場面における環境の整備の状況により、合理的配慮の内容は異なることとなる。また、障害の状態等が変化することもあるため、特に、障害者との関係性が長期にわたる場合等には、提供する合理的配慮について、適宜、

オ　同種の事業が行政機関等と事業者の双方で行われる場合は、事業の類似性を踏まえつつ、事業主体の違いも考慮した上での対応に努めることが望ましい。

### （２）過重な負担の基本的な考え方

　　過重な負担については、事業者において、具体的な検討をせずに過重な負担を拡大解釈するなどして法の趣旨を損なうことなく、個別の事案ごとに、以下の要素等を考慮し、具体的場面や状況に応じて総合的・客観的に判断することが必要である。事業者は、過重な負担に当たると判断した場合には、障害者にその理由を説明するものとし、理解を得るよう努めることが望ましい。

○　事務・事業への影響の程度（事務・事業の目的・内容・機能を損なうか否か）
○　実現可能性の程度（物理的・技術的制約、人的・体制上の制約）
○　費用・負担の程度
○　事務・事業規模
○　財務状況

### （３）合理的配慮の具体例

　　合理的配慮の具体例は別紙のとおりである。なお、（１）イで示したとおり、合理的配慮は、具体的場面や状況に応じて異なり、多様かつ個別性の高いものであり、掲載した具体例については、（２）で示した過重な負担が存在しないことを前提としていること、事業者に強制する性格のものではないこと、また、それらはあくまでも例示であり、記載されている具体例に限られるものではないことに留意する必要がある。事業者においては、対応指針を踏まえ、具体的場面や状況に応じて柔軟に対応することが期待される。

## 第３　事業者における相談体制の整備

　　事業者においては、障害者及びその家族その他の関係者からの相談等に的確に対応するため、既存の相談窓口等の活用や窓口の開設により相談窓口を整備することが重要である。また、ホームページ等を活用し、相談窓口等に関する情報を周知することや、相談時には、性別、年齢、状態等に配慮するとともに、対面のほか、電話、ファックス、電子メールその他の障害者が他人とコミュニケーションを図る際に必要となる多様な手

段を、可能な範囲で用意して対応することが望ましい。さらに、実際の相談事例については、相談者のプライバシーに配慮しつつ順次蓄積し、以後の合理的配慮の提供等に活用することが望ましい。

## 第4 事業者における研修・啓発

　事業者は、障害者に対して適切に対応し、また、障害者及びその家族その他の関係者からの相談等に的確に対応するため、研修等を通じて、法の趣旨の普及を図るとともに、障害に関する理解の促進を図ることが望ましい。

## 第5 総務省所管事業分野に係る相談窓口

　総務省情報流通行政局放送政策課【放送業に係ること】
　総務省情報流通行政局郵政行政部企画課【郵便業（信書便事業を含む。）に係ること】
　総務省総合通信基盤局電気通信事業部事業政策課【通信業に係ること】
　総務省大臣官房企画課【その他に係ること】

III 全府省庁対応指針（ガイドライン）

**別紙**

## 障害を理由とする不当な差別的取扱い、合理的配慮等の具体例

### 1 不当な差別的取扱いに当たり得る具体例

障害を理由として、以下の取扱いを行うこと。

- 窓口対応を拒否又は対応の順序を後回しにすること。
- 資料の送付、パンフレットの提供、説明会やシンポジウム等への出席等を拒むこと。
- 客観的に見て、人的体制、設備体制が整っており、対応可能であるにもかかわらず、来訪の際に付き添い者の同行を求め、又は他の利用者と異なる手順を課すなど、正当な理由のない条件を付すこと。

### 2 不当な差別的取扱いに当たらない具体例

- 合理的配慮を提供等するために必要な範囲で、プライバシーに配慮しつつ、障害者に障害の状況等を確認すること。

### 3 合理的配慮に当たり得る配慮の具体例

#### （1）物理的環境への配慮の具体例

- 障害者用の駐車場について、障害者でない者が利用することのないよう注意を促すこと。
- 事業者が管理する施設・敷地内において、車椅子・歩行器利用者のためにキャスター上げ等の補助をし、又は段差に携帯スロープを渡すこと。
- 目的の場所までの案内の際に、障害者の歩行速度に合わせた速度で歩いたり、左右・前後・距離の位置取りについて、障害者の希望を聞いたりすること。
- 移動に困難のある障害者の導線を確保するために、通路の拡幅やレイアウト変更を行うこと。
- 配架棚の高い所に置かれたパンフレット等を取って渡すこと。パンフレット等の位置を分かりやすく伝えること。
- 事業者が管理する施設・敷地内において、聴覚過敏の障害者のために机・椅子の脚に緩衝材を付けて雑音を軽減する、視覚情報の処理が苦手な障害者のために掲示物等の情報量を減らすなど、障害者の障害の特性に応じて、個別の事案

総務省

ごとに対応すること。
- 疲労を感じやすい障害者から別室での休憩の申出があった際、別室の確保が困難である場合に、当該障害者に事情を説明し、対応窓口の近くの長椅子等に臨時の休憩スペースを設けること。

### （2）意思疎通の配慮の具体例
- 筆談、要約筆記、読み上げ、手話、点字など多様なコミュニケーション、分かりやすい表現を使って説明する、個々の障害の特性に応じた問合せ先を用意するなどの意思疎通の配慮を行うこと。
- 情報保障の観点から、見えにくさに応じた情報の提供（聞くことで内容が理解できる説明・資料、拡大コピー、拡大文字又は点字を用いた資料、遠くのものや動きの速いものなど触ることができないものを確認できる模型や写真等の提供等）、聞こえにくさに応じた視覚的な情報の提供、見えにくさと聞こえにくさの両方がある場合に応じた情報の提供（手のひらに文字を書いて伝える等）、知的障害その他の障害を持つ障害者に配慮した情報の提供（伝える内容の要点を筆記する、漢字にルビを振る、なじみのない外来語は避ける等）を行うこと。その際、各媒体間でページ番号等が異なり得ることに留意して使用すること。
- 障害者と話す際は、相手の正面を向いて口の動きが分かるように話すこと。
- 比喩表現等の理解が困難な障害者に対し、比喩や暗喩、二重否定表現などを用いずに具体的に説明すること。
- 意思疎通が不得意な障害者に対し、絵カード等を活用して意思を確認すること。
- ホームページを音声読み上げソフトに対応させるなど、通信・放送技術を活用し、視覚・聴覚障害者が利用しやすいものとすること。

### （3）ルール・慣行の柔軟な変更の具体例
- 障害者が立って列に並んで順番を待っている場合に、周囲の理解を得た上で、当該障害者の順番が来るまで椅子などを用意すること。
- スクリーン、手話通訳者等、板書、教材等がよく見えるように、スクリーン等に近い席を用意する、周囲の騒音が入りにくい環境を用意する等の措置を行うこと。

- 他人との接触、多人数の中にいることによる緊張等により、発作等がある場合、緊張等を緩和するため、当該障害者に説明の上、障害の特性や施設の状況に応じて別室を準備すること。
- 事務手続の際に、職員等が必要書類の代読・代筆を行うこと。

# 法務省

債権管理回収業・認証紛争解決事業

# 法務省所管事業（債権管理回収業・認証紛争解決事業）分野における障害を理由とする差別の解消の推進に関する対応指針

## 第1　趣旨

### 1　障害者差別解消法の制定の経緯

　我が国は、平成19年に障害者の権利に関する条約（以下「権利条約」という。）に署名して以来、障害者基本法（昭和45年法律第84号）の改正を始めとする国内法の整備等を進めてきた。障害を理由とする差別の解消の推進に関する法律（平成25年法律第65号。以下「法」という。）は、障害者基本法の差別の禁止の基本原則を具体化するものであり、全ての国民が、障害の有無によって分け隔てられることなく、相互に人格と個性を尊重し合いながら共生する社会の実現に向け、障害者差別の解消を推進することを目的として、平成25年に制定された。

### 2　法の基本的な考え方

(1)　法の対象となる障害者は、障害者基本法第2条第1号に規定する障害者、すなわち、「身体障害、知的障害、精神障害（発達障害を含む。）その他の心身の機能の障害（以下「障害」と総称する。）がある者であって、障害及び社会的障壁により継続的に日常生活又は社会生活に相当な制限を受ける状態にあるもの」である。これは、障害者が日常生活又は社会生活において受ける制限は、身体障害、知的障害、精神障害（発達障害を含む。）その他の心身の機能の障害（難病に起因する障害を含む。）のみに起因するものではなく、社会における様々な障壁と相対することによって生ずるものとのいわゆる「社会モデル」の考え方を踏まえている。したがって、法が対象とする障害者は、いわゆる障害者手帳の所持者に限られない。なお、高次脳機能障害は精神障害に含まれる。

(2)　法は、日常生活及び社会生活全般に係る分野を広く対象としている。ただし、事業者が事業主としての立場で労働者に対して行う障害を理由とする差別を解消するための措置については、法第13条により、障害者の雇用の促進等に関する法律（昭和35年法律第123号）の定めるところによることとされている。

(3) 法は、不特定多数の障害者を主な対象として行われる事前的改善措置（高齢者、障害者等の移動等の円滑化の促進に関する法律（平成18年法律第91号。いわゆるバリアフリー法）に基づく公共施設や交通機関におけるバリアフリー化、意思表示やコミュニケーションを支援するためのサービス・介助者等の人的支援、障害者による円滑な情報の取得・利用・発信のための情報アクセシビリティの向上等）については、個別の場面において、個々の障害者に対して行われる合理的配慮を的確に行うための環境の整備として実施に努めることとしている。新しい技術開発が環境の整備に係る投資負担の軽減をもたらすこともあることから、技術進歩の動向を踏まえた取組が期待される。また、環境の整備には、ハード面のみならず、従事者に対する研修等のソフト面の対応も含まれることが重要である。

　障害者差別の解消のための取組は、このような環境の整備を行うための施策と連携しながら進められることが重要である。

## 3　対応指針の位置付け

　この指針（以下「対応指針」という。）は、法第11条第１項の規定に基づき、また、障害を理由とする差別の解消の推進に関する基本方針（平成27年２月24日閣議決定。以下「基本方針」という。）に即して、法第８条に規定する事項に関し、債権管理回収業に関する特別措置法（平成10年法律第126号）第２条第３項に定める債権回収会社及び裁判外紛争解決手続の利用の促進に関する法律（平成16年法律第151号）第２条第４号に定める認証紛争解決事業者（以下、両者を併せて「事業者」という。）が適切に対応するために必要な事項を定めたものである。

## 4　留意点

　対応指針で「望ましい」と記載している内容は、事業者がそれに従わない場合であっても、法に反すると判断されることはないが、障害者基本法の基本的な理念及び法の目的を踏まえ、できるだけ取り組むことが望まれることを意味する。

　事業者における障害者差別解消に向けた取組は、対応指針を参考にして、各事業者により自主的に取組が行われることが期待される。しかしながら、事業者による自主的な取組のみによっては、その適切な履行が確保されず、例えば、事業者が法に反した取扱いを繰り返し、自主的な改善を期待することが困難である場合など、特に必要があると認められるときは、法第12条の規定により、事業者に対し、報告を求め、又は助言、指導若しくは勧告をすることができることとされている。

## 第2 障害を理由とする不当な差別的取扱い及び合理的配慮の基本的な考え方

### 1 不当な差別的取扱い

#### (1) 不当な差別的取扱いの基本的な考え方

事業者は、法第8条第1項の規定のとおり、その事業を行うに当たり、障害を理由として障害者でない者と不当な差別的取扱いをすることにより、障害者の権利利益を侵害してはならない。

ア 法は、障害者に対して、正当な理由なく、障害を理由として、財・サービスや各種機会の提供を拒否する又は提供に当たって場所・時間帯などを制限する、障害者でない者に対しては付さない条件を付けることなどにより、障害者の権利利益を侵害することを禁止している。

なお、障害者の事実上の平等を促進し、又は達成するために必要な特別の措置は、不当な差別的取扱いではない。

イ したがって、障害者を障害者でない者と比べて優遇する取扱い（いわゆる積極的改善措置）、法に規定された障害者に対する合理的配慮の提供による障害者でない者との異なる取扱いや、合理的配慮を提供等するために必要な範囲で、プライバシーに配慮しつつ障害者に障害の状況等を確認することは、不当な差別的取扱いには当たらない。不当な差別的取扱いとは、正当な理由なく、障害者を、問題となる事業について本質的に関係する諸事情が同じ障害者でない者より不利に扱うことである点に留意する必要がある。

#### (2) 正当な理由の判断の視点

正当な理由に相当するのは、障害者に対して、障害を理由として、財・サービスや各種機会の提供を拒否するなどの取扱いが客観的に見て正当な目的の下に行われたものであり、その目的に照らしてやむを得ないと言える場合である。事業者においては、正当な理由に相当するか否かについて、具体的な検討をせずに正当な理由を拡大解釈するなどして法の趣旨を損なうことなく、個別の事案ごとに、障害者、事業者、第三者の権利利益（例：安全の確保、財産の保全、事業の目的・内容・機能の維持、損害発生の防止等）の観点に鑑み、具体的場面や状況に応じて総合的・客観的に判断することが必要である。事業者は、正当な理由があると判断した場合には、障害者にその理由を説明するものとし、理解を得るよう努めることが望ましい。

### (3) 不当な差別的取扱いの具体例

不当な差別的取扱いに当たり得る具体例等は別紙のとおりである。なお、第2の1(2)で示したとおり、不当な差別的取扱いに相当するか否かについては、個別の事案ごとに判断されることとなる。また、別紙に記載されている具体例については、正当な理由が存在しないことを前提としていること、さらに、それらはあくまでも例示であり、記載されている具体例だけに限られるものではないことに留意する必要がある。

## 2 合理的配慮

### (1) 合理的配慮の基本的な考え方

事業者は、法第8条第2項の規定のとおり、その事業を行うに当たり、障害者から現に社会的障壁の除去を必要としている旨の意思の表明があった場合において、その実施に伴う負担が過重でないときは、障害者の権利利益を侵害することとならないよう、当該障害者の性別、年齢及び障害の状態に応じて、社会的障壁の除去の実施について必要かつ合理的な配慮(以下「合理的配慮」という。)をするように努めなければならない。

ア 権利条約第2条において、「合理的配慮」は、「障害者が他の者との平等を基礎として全ての人権及び基本的自由を享有し、又は行使することを確保するための必要かつ適当な変更及び調整であって、特定の場合において必要とされるものであり、かつ、均衡を失した又は過度の負担を課さないもの」と定義されている。

法は、権利条約における合理的配慮の定義を踏まえ、事業者に対し、その事業を行うに当たり、個々の場面において、障害者から現に社会的障壁の除去を必要としている旨の意思の表明があった場合において、その実施に伴う負担が過重でないときは、障害者の権利利益を侵害することとならないよう、社会的障壁の除去の実施について、合理的配慮を行うことを求めている。合理的配慮は、障害者が受ける制限は、障害のみに起因するものではなく、社会における様々な障壁と相対することによって生ずるものとのいわゆる「社会モデル」の考え方を踏まえたものであり、障害者の権利利益を侵害することとならないよう、障害者が個々の場面において必要としている社会的障壁を除去するための必要かつ合理的な取組であり、その実施に伴う負担が過重でないものである。

合理的配慮は、事業者の事業の目的・内容・機能に照らし、必要とされる範囲で本来の業務に付随するものに限られること、障害者でない者との比較において同等の機会の提供を受けるためのものであること、事業の目的・内容・機能の本

質的な変更には及ばないことに留意する必要がある。

イ　合理的配慮は、障害の特性や社会的障壁の除去が求められる具体的場面や状況に応じて異なり、多様かつ個別性の高いものであり、当該障害者が現に置かれている状況を踏まえ、社会的障壁の除去のための手段及び方法について、第2の2(2)「過重な負担の基本的な考え方」に掲げた要素を考慮し、代替措置の選択も含め、双方の建設的対話による相互理解を通じて、必要かつ合理的な範囲で、柔軟に対応がなされるものである。さらに、合理的配慮の内容は、技術の進展、社会情勢の変化等に応じて変わり得るものである。合理的配慮の提供に当たっては、障害者の性別、年齢、状態等に配慮するものとする。

なお、合理的配慮を必要とする障害者が多数見込まれる場合、障害者との関係性が長期にわたる場合等には、その都度の合理的配慮とは別に、前述した環境の整備を考慮に入れることにより、中・長期的なコストの削減・効率化につながる点は重要である。

ウ　意思の表明に当たっては、具体的場面において、社会的障壁の除去に関する配慮を必要としている状況にあることを言語（手話を含む。）のほか、点字、拡大文字、筆談、実物の提示や身振りサイン等による合図、触覚による意思伝達など、障害者が他人とコミュニケーションを図る際に必要な手段（通訳を介するものを含む。）により伝えられる。

また、障害者からの意思表明のみでなく、知的障害や精神障害（発達障害を含む。）等により本人の意思表明が困難な場合には、障害者の家族、支援者・介助者、法定代理人等、コミュニケーションを支援する者が本人を補佐して行う意思の表明も含む。

なお、意思の表明が困難な障害者が、家族、支援者・介助者、法定代理人等を伴っていない場合など、意思の表明がない場合であっても、当該障害者が社会的障壁の除去を必要としていることが明白である場合には、法の趣旨に鑑みれば、当該障害者に対して適切と思われる配慮を提案するために建設的対話を働きかけるなど、自主的な取組に努めることが望ましい。

エ　合理的配慮は、障害者等の利用を想定して事前に行われる建築物のバリアフリー化、介助者等の人的支援、情報アクセシビリティの向上等の環境の整備を基礎として、個々の障害者に対して、その状況に応じて個別に実施される措置である。したがって、各場面における環境の整備の状況により、合理的配慮の内容は異なることとなる。また、障害の状態等が変化することもあるため、特に、障害者との関係性が長期にわたる場合等には、提供する合理的配慮について、適宜、

見直しを行うことが重要である。
オ 同種の事業が行政機関等と事業者の双方で行われる場合は、事業の類似性を踏まえつつ、事業主体の違いも考慮した上での対応に努めることが望ましい。

### （2）過重な負担の基本的な考え方

　過重な負担については、事業者において、具体的な検討をせずに過重な負担を拡大解釈するなどして法の趣旨を損なうことなく、個別の事案ごとに、以下の要素等を考慮し、具体的場面や状況に応じて総合的・客観的に判断することが必要である。事業者は、過重な負担に当たると判断した場合は、障害者にその理由を説明するものとし、理解を得るよう努めることが望ましい。

○ 事業への影響の程度（事業の目的・内容・機能を損なうか否か）
○ 実現可能性の程度（物理的・技術的制約、人的・体制上の制約）
○ 費用・負担の程度
○ 事業規模
○ 財務状況

### （3）合理的配慮の具体例

　合理的配慮の具体例は別紙のとおりである。なお、第2の2(1)イで示したとおり、合理的配慮は、具体的場面や状況に応じて異なり、多様かつ個別性の高いものであり、掲載した具体例については、第2の2(2)で示した過重な負担が存在しないことを前提としていること、事業者に強制する性格のものではないこと、また、それらはあくまでも例示であり、記載されている具体例に限られるものではないことに留意する必要がある。事業者においては、対応指針を踏まえ、具体的場面や状況に応じて柔軟に対応することが期待される。

## 第3　事業者における相談体制の整備

　事業者においては、障害者及びその家族その他の関係者からの相談等に的確に対応するため、既存の相談窓口等の活用や窓口の開設により相談窓口を整備することが重要である。また、ホームページ等を活用し、相談窓口等に関する情報を周知することや、相談時には、性別、年齢、状態等に配慮するとともに、対面のほか、電話、ファックス、電子メール、また、障害者が他人とコミュニケーションを図る際に必要となる多様な手

段を、可能な範囲で用意して対応することが望ましい。さらに、実際の相談事例については、相談者のプライバシーに配慮しつつ順次蓄積し、以後の合理的配慮の提供等に活用することが望ましい。

## 第4 事業者における研修・啓発

事業者は、障害者に対して適切に対応し、また、障害者及びその家族その他の関係者からの相談等に的確に対応するため、研修等を通じて、法の趣旨の普及を図るとともに、障害に関する理解の促進を図ることが重要である。

## 第5 法務省所管事業（債権管理回収業・認証紛争解決事業）分野に係る相談窓口

【債権管理回収業】
法務省大臣官房司法法制部審査監督課債権回収係（企画・監督）
【認証紛争解決事業】
法務省大臣官房司法法制部審査監督課紛争解決業務認証係

**別紙**

## 障害を理由とする不当な差別的取扱い、合理的配慮等の具体例

### 1 不当な差別的取扱いに当たり得る具体例

障害を理由として、以下の取扱いを行うこと。

- 窓口対応を拒否、又は対応の順序を後回しにすること。
- 資料の送付、パンフレットの提供、説明会やシンポジウム等への出席等を拒むこと。
- 客観的に見て、人的体制、設備体制が整っており、対応可能であるにもかかわらず、サービスの提供を拒否することや、提供に当たって正当な理由のない条件を付し、他の利用者と異なる手順を課すこと。
- 合理的配慮を提供等するための必要な範囲を超えて、障害者のプライバシーに配慮せずに障害の状況等を確認すること。

### 2 合理的配慮に当たり得る配慮の具体例

#### （1）物理的環境への配慮の具体例

- 事業者が管理する施設・敷地内において、車椅子・歩行器利用者のためにキャスター上げ等の補助をし、又は段差に携帯スロープを渡すこと。
- 配架棚の高い所に置かれたパンフレット等を取って渡すこと。パンフレット等の位置を分かりやすく伝えること。
- 目的の場所までの案内の際に、障害者の歩行速度に合わせた速度で歩いたり、左右・前後・距離の位置取りについて、障害者の希望を聞いたりすること。
- 聴覚過敏の障害者のためにサービス提供場所の机・椅子の脚に緩衝材を付けて雑音を軽減する、視覚情報の処理が苦手な障害者のために掲示物等の情報量を減らすなど、個別の事案ごとに特性に応じて対応すること。
- 移動に困難のある障害者のために駐車場を確保したり、サービス提供場所をアクセスしやすい場所に変更したりすること。

#### （2）意思疎通の配慮の具体例

- 筆談、要約筆記、読み上げ、手話、点字など多様なコミュニケーション、分かりやすい表現を使って説明するなどの意思疎通の配慮を行うこと。

- 情報保障の観点から、見えにくさに応じた情報の提供(聞くことで内容が理解できる説明・資料や、拡大コピー、拡大文字又は点字を用いた資料、遠くのものや動きの速いものなど触ることができないものを確認できる模型や写真等の提供等)、聞こえにくさに応じた視覚的な情報の提供、見えにくさと聞こえにくさの両方がある場合に応じた情報の提供(手のひらに文字を書いて伝える等)、知的障害に配慮した情報の提供(伝える内容の要点を筆記する、漢字にルビを振る、なじみのない外来語等は避ける等)を行うこと。
- 意思疎通が不得意な障害者に対し、絵カード等を活用して意思を確認すること。
- 比喩表現等の理解が困難な障害者に対し、比喩や暗喩、二重否定表現などを用いずに具体的に説明すること。

### (3) ルール・慣行の柔軟な変更の具体例

- 障害者が立って列に並んで順番を待っている場合に、周囲の理解を得た上で、当該障害者の順番が来るまで椅子などを用意すること。
- スクリーン、手話通訳者、板書、資料等がよく見えるように、スクリーン等に近い席を確保すること。
- 他人との接触、多人数の中にいることによる緊張等により、発作等がある場合、緊張を緩和するため、当該障害者に説明の上、障害の特性や施設の状況に応じて別室を準備すること。
- 事務手続の際に、職員等が必要書類の代読・代筆を行うこと。
- 必要に応じ、障害の特性に応じたサービス提供時間の調整などのルール・慣行を柔軟に変更すること。
- 点字や拡大文字、音声読み上げ機能を使用する障害者のために、テキストデータを事前に渡す等すること。また、聞くことに困難がある障害者のために、サービス提供で使用する資料等に字幕又は手話等を付与したものや、視覚的に内容が理解できる資料等の提供等をすること。

## 法務省

公証人・司法書士・土地家屋調査士

# 法務省所管事業（公証人・司法書士・土地家屋調査士）分野における障害を理由とする差別の解消の推進に関する対応指針

## 第1 趣旨

### 1 障害者差別解消法の制定の経緯

　我が国は、平成19年に障害者の権利に関する条約（以下「権利条約」という。）に署名して以来、障害者基本法（昭和45年法律第84号）の改正を始めとする国内法の整備等を進めてきた。障害を理由とする差別の解消の推進に関する法律（平成25年法律第65号。以下「法」という。）は、障害者基本法の差別の禁止の基本原則を具体化するものであり、全ての国民が、障害の有無によって分け隔てられることなく、相互に人格と個性を尊重し合いながら共生する社会の実現に向け、障害者差別の解消を推進することを目的として、平成25年に制定された。

### 2 法の基本的な考え方

(1) 法の対象となる障害者は、障害者基本法第2条第1号に規定する障害者、すなわち、「身体障害、知的障害、精神障害（発達障害を含む。）その他の心身の機能の障害（以下「障害」と総称する。）がある者であつて、障害及び社会的障壁により継続的に日常生活又は社会生活に相当な制限を受ける状態にあるもの」である。これは、障害者が日常生活又は社会生活において受ける制限は、身体障害、知的障害、精神障害（発達障害を含む。）その他の心身の機能の障害（難病に起因する障害を含む。）のみに起因するものではなく、社会における様々な障壁と相対することによって生ずるものとのいわゆる「社会モデル」の考え方を踏まえている。したがって、法が対象とする障害者は、いわゆる障害者手帳の所持者に限られない。なお、高次脳機能障害は精神障害に含まれる。

(2) 法は、日常生活及び社会生活全般に係る分野を広く対象としている。ただし、事業者が事業主としての立場で労働者に対して行う障害を理由とする差別を解消するための措置については、法第13条により、障害者の雇用の促進等に関する法律（昭和35年法律第123号）の定めるところによることとされている。

(3) 法は、不特定多数の障害者を主な対象として行われる事前的改善措置（高齢者、障害者等の移動等の円滑化の促進に関する法律（平成18年法律第91号。いわゆるバリアフリー法）に基づく公共施設や交通機関におけるバリアフリー化、意思表示やコミュニケーションを支援するためのサービス・介助者等の人的支援、障害者による円滑な情報の取得・利用・発信のための情報アクセシビリティの向上等）については、個別の場面において、個々の障害者に対して行われる合理的配慮を的確に行うための環境の整備として実施に努めることとしている。新しい技術開発が環境の整備に係る投資負担の軽減をもたらすこともあることから、技術進歩の動向を踏まえた取組が期待される。また、環境の整備には、ハード面のみならず、職員に対する研修等のソフト面の対応も含まれることが重要である。

　障害者差別の解消のための取組は、このような環境の整備を行うための施策と連携しながら進められることが重要である。

## 3　対応指針の位置付け

　この指針（以下「対応指針」という。）は、法第11条第１項の規定に基づき、また、障害を理由とする差別の解消の推進に関する基本方針（平成27年２月24日閣議決定。以下「基本方針」という。）に即して、法第８条に規定する事項に関し、法務省民事局が所管する分野における事業者（以下「事業者」という。）が適切に対応するために必要な事項を定めたものである。

## 4　留意点

　対応指針で「望ましい」と記載している内容は、事業者がそれに従わない場合であっても、法に反すると判断されることはないが、障害者基本法の基本的な理念及び法の目的を踏まえ、できるだけ取り組むことが望まれることを意味する。

　事業者における障害者差別解消に向けた取組は、対応指針を参考にして、各事業者により自主的に取組が行われることが期待される。しかしながら、事業者による自主的な取組のみによっては、その適切な履行が確保されず、例えば、事業者が法に反した取扱いを繰り返し、自主的な改善を期待することが困難である場合など、特に必要があると認められるときは、法第12条の規定により、事業者に対し、報告を求め、又は助言、指導若しくは勧告をすることができることとされている。

## 第2 障害を理由とする不当な差別的取扱い及び合理的配慮の基本的な考え方

### 1 不当な差別的取扱い

#### (1) 不当な差別的取扱いの基本的な考え方

事業者は、法第8条第1項の規定のとおり、その事業を行うに当たり、障害を理由として障害者でない者と不当な差別的取扱いをすることにより、障害者の権利利益を侵害してはならない。

ア 法は、障害者に対して、正当な理由なく、障害を理由として、財・サービスや各種機会の提供を拒否する又は提供に当たって場所・時間帯などを制限する、障害者でない者に対しては付さない条件を付けることなどにより、障害者の権利利益を侵害することを禁止している。

なお、障害者の事実上の平等を促進し、又は達成するために必要な特別の措置は、不当な差別的取扱いではない。

イ したがって、障害者を障害者でない者と比べて優遇する取扱い（いわゆる積極的改善措置）、法に規定された障害者に対する合理的配慮の提供による障害者でない者との異なる取扱いや、合理的配慮を提供等するために必要な範囲で、プライバシーに配慮しつつ障害者に障害の状況等を確認することは、不当な差別的取扱いには当たらない。不当な差別的取扱いとは、正当な理由なく、障害者を、問題となる事業について本質的に関係する諸事情が同じ障害者でない者より不利に扱うことである点に留意する必要がある。

#### (2) 正当な理由の判断の視点

正当な理由に相当するのは、障害者に対して、障害を理由として、財・サービスや各種機会の提供を拒否するなどの取扱いが客観的に見て正当な目的の下に行われたものであり、その目的に照らしてやむを得ないと言える場合である。事業者においては、正当な理由に相当するか否かについて、具体的な検討をせずに正当な理由を拡大解釈するなどして法の趣旨を損なうことなく、個別の事案ごとに、障害者、事業者、第三者の権利利益（例：安全の確保、財産の保全、事業の目的・内容・機能の維持、損害発生の防止等）の観点に鑑み、具体的場面や状況に応じて総合的・客観的に判断することが必要である。事業者は、正当な理由があると判断した場合には、障害者にその理由を説明するものとし、理解を得るよう努めることが望ましい。

Ⅲ　全府省庁対応指針（ガイドライン）

### （3）不当な差別的取扱いの具体例

　　不当な差別的取扱いに当たり得る具体例等は別紙のとおりである。なお、第2の1（2）で示したとおり、不当な差別的取扱いに相当するか否かについては、個別の事案ごとに判断されることとなる。また、別紙に記載されている具体例については、正当な理由が存在しないことを前提としていること、さらに、それらは飽くまでも例示であり、記載されている具体例だけに限られるものではないことに留意する必要がある。

## 2　合理的配慮

### （1）合理的配慮の基本的な考え方

　　事業者は、法第8条第2項の規定のとおり、その事業を行うに当たり、障害者から現に社会的障壁の除去を必要としている旨の意思の表明があった場合において、その実施に伴う負担が過重でないときは、障害者の権利利益を侵害することとならないよう、当該障害者の性別、年齢及び障害の状態に応じて、社会的障壁の除去の実施について必要かつ合理的な配慮（以下「合理的配慮」という。）をするように努めなければならない。

　ア　権利条約第2条において、「合理的配慮」は、「障害者が他の者との平等を基礎として全ての人権及び基本的自由を享有し、又は行使することを確保するための必要かつ適当な変更及び調整であって、特定の場合において必要とされるものであり、かつ、均衡を失した又は過度の負担を課さないもの」と定義されている。

　　　法は、権利条約における合理的配慮の定義を踏まえ、事業者に対し、その事業を行うに当たり、個々の場面において、障害者から現に社会的障壁の除去を必要としている旨の意思の表明があった場合において、その実施に伴う負担が過重でないときは、障害者の権利利益を侵害することとならないよう、社会的障壁の除去の実施について、合理的配慮を行うことを求めている。合理的配慮は、障害者が受ける制限は、障害のみに起因するものではなく、社会における様々な障壁と相対することによって生ずるものとのいわゆる「社会モデル」の考え方を踏まえたものであり、障害者の権利利益を侵害することとならないよう、障害者が個々の場面において必要としている社会的障壁を除去するための必要かつ合理的な取組であり、その実施に伴う負担が過重でないものである。

　　　合理的配慮は、事業者の事業の目的・内容・機能に照らし、必要とされる範囲で本来の業務に付随するものに限られること、障害者でない者との比較において同等の機会の提供を受けるためのものであること、事業の目的・内容・機能の本

質的な変更には及ばないことに留意する必要がある。
 イ 合理的配慮は、障害の特性や社会的障壁の除去が求められる具体的場面や状況に応じて異なり、多様かつ個別性の高いものであり、当該障害者が現に置かれている状況を踏まえ、社会的障壁の除去のための手段及び方法について、第2の2（2）「過重な負担の基本的な考え方」に掲げた要素を考慮し、代替措置の選択も含め、双方の建設的対話による相互理解を通じて、必要かつ合理的な範囲で、柔軟に対応がなされるものである。さらに、合理的配慮の内容は、技術の進展、社会情勢の変化等に応じて変わり得るものである。合理的配慮の提供に当たっては、障害者の性別、年齢、状態等に配慮するものとする。

　なお、合理的配慮を必要とする障害者が多数見込まれる場合、障害者との関係性が長期にわたる場合等には、その都度の合理的配慮とは別に、前述した環境の整備を考慮に入れることにより、中・長期的なコストの削減・効率化につながる点は重要である。
 ウ 意思の表明に当たっては、具体的場面において、社会的障壁の除去に関する配慮を必要としている状況にあることを言語（手話を含む。）のほか、点字、拡大文字、筆談、実物の提示や身振りサイン等による合図、触覚による意思伝達など、障害者が他人とコミュニケーションを図る際に必要な手段（通訳を介するものを含む。）により伝えられる。

　また、障害者からの意思表明のみでなく、知的障害や精神障害（発達障害を含む。）等により本人の意思表明が困難な場合には、障害者の家族、支援者・介助者、法定代理人等、コミュニケーションを支援する者が本人を補佐して行う意思の表明も含む。

　なお、意思の表明が困難な障害者が、家族、支援者・介助者、法定代理人等を伴っていない場合など、意思の表明がない場合であっても、当該障害者が社会的障壁の除去を必要としていることが明白である場合には、法の趣旨に鑑みれば、当該障害者に対して適切と思われる配慮を提案するために建設的対話を働きかけるなど、自主的な取組に努めることが望ましい。
 エ 合理的配慮は、障害者等の利用を想定して事前に行われる建築物のバリアフリー化、介助者等の人的支援、情報アクセシビリティの向上等の環境の整備を基礎として、個々の障害者に対して、その状況に応じて個別に実施される措置である。したがって、各場面における環境の整備の状況により、合理的配慮の内容は異なることとなる。また、障害の状態等が変化することもあるため、特に、障害者との関係性が長期にわたる場合等には、提供する合理的配慮について、適宜、

見直しを行うことが重要である。

## (2) 過重な負担の基本的な考え方

　過重な負担については、事業者において、具体的な検討をせずに過重な負担を拡大解釈するなどして法の趣旨を損なうことなく、個別の事案ごとに、以下の要素等を考慮し、具体的場面や状況に応じて総合的・客観的に判断することが必要である。事業者は、過重な負担に当たると判断した場合は、障害者にその理由を説明するものとし、理解を得るよう努めることが望ましい。

- 事業への影響の程度（事業の目的・内容・機能を損なうか否か）
- 実現可能性の程度（物理的・技術的制約、人的・体制上の制約）
- 費用・負担の程度
- 事業規模
- 財務状況

## (3) 合理的配慮の具体例

　合理的配慮の具体例は別紙のとおりである。なお、第2の2（1）イで示したとおり、合理的配慮は、具体的場面や状況に応じて異なり、多様かつ個別性の高いものであり、掲載した具体例については、第2の2（2）で示した過重な負担が存在しないことを前提としていること、事業者に強制する性格のものではないこと、また、それらは飽くまでも例示であり、記載されている具体例に限られるものではないことに留意する必要がある。事業者においては、対応指針を踏まえ、具体的場面や状況に応じて柔軟に対応することが期待される。

# 第3　事業者における相談体制の整備

　事業者においては、障害者及びその家族その他の関係者からの相談等に的確に対応するため、既存の相談窓口等の活用や窓口の開設により相談窓口を整備することが重要である。また、ホームページ等を活用し、相談窓口等に関する情報を周知することや、相談時には、性別、年齢、状態等に配慮するとともに、対面のほか、電話、ファックス、電子メール、また、障害者が他人とコミュニケーションを図る際に必要となる多様な手段を、可能な範囲で用意して対応することが望ましい。さらに、実際の相談事例については、相談者のプライバシーに配慮しつつ順次蓄積し、以後の合理的配慮の提供等に活

用することが望ましい。

## 第4　事業者における研修・啓発

　事業者は、障害者に対して適切に対応し、また、障害者及びその家族その他の関係者からの相談等に的確に対応するため、研修等を通じて、法の趣旨の普及を図るとともに、障害に関する理解の促進を図ることが重要である。

## 第5　相談窓口

　法務省民事局総務課公証係（公証人関係）
　同局民事第二課司法書士土地家屋調査士係（司法書士・土地家屋調査士関係）

**別紙**

## 障害を理由とする不当な差別的取扱い、合理的配慮等の具体例

### 1 不当な差別的取扱いに当たり得る具体例

障害を理由として、以下の取扱いを行うこと。

- 窓口対応を拒否、又は対応の順序を後回しにすること。
- 資料の送付、パンフレットの提供、説明会やシンポジウム等への出席等を拒むこと。
- 客観的に見て、人的体制、設備体制が整っており、対応可能であるにもかかわらず、正当な理由なく対応を拒否したり、対応に当たり、正当な理由のない条件を付すこと。

### 2 不当な差別的取扱いに当たらない具体例

- 合理的配慮を提供等するために必要な範囲で、プライバシーに配慮しつつ、障害者に障害の状況等を確認すること。

### 3 合理的配慮に当たり得る配慮の具体例

#### （1）物理的環境への配慮の具体例

- 事業者が管理する施設・敷地内において、車椅子・歩行器利用者のためにキャスター上げ等の補助をし、又は段差に携帯スロープを渡すこと。
- 配架棚の高い所に置かれたパンフレット等を取って渡すこと。パンフレット等の位置を分かりやすく伝えること。
- 目的の場所までの案内の際に、障害者の歩行速度に合わせた速度で歩いたり、左右・前後・距離の位置取りについて、障害者の希望を聞いたりすること。

#### （2）意思疎通の配慮の具体例

- 筆談、要約筆記、読み上げ、手話、点字など多様なコミュニケーション、分かりやすい表現を使って説明するなどの意思疎通の配慮を行うこと。
- 情報保障の観点から、見えにくさに応じた情報の提供（聞くことで内容が理解できる説明・資料や、拡大コピー、拡大文字又は点字を用いた資料、遠くのものや動きの速いものなど触ることができないものを確認できる模型や写真等の

提供等)、聞こえにくさに応じた視覚的な情報の提供、見えにくさと聞こえにくさの両方がある場合に応じた情報の提供(手のひらに文字を書いて伝える等)、知的障害に配慮した情報の提供(伝える内容の要点を筆記する、漢字にルビを振る、なじみのない外来語は避ける等)を行うこと。その際、各媒体間でページ番号等が異なり得ることに留意して使用すること。
- ▶ 意思疎通が不得意な障害者に対し、絵カード等を活用して意思を確認すること。
- ▶ 比喩表現等の理解が困難な障害者に対し、比喩や暗喩、二重否定表現などを用いずに具体的に説明すること。

(3) ルール・慣行の柔軟な変更の具体例
- ▶ 障害者が立って列に並んで順番を待っている場合に、周囲の理解を得た上で、当該障害者の順番が来るまで椅子などを用意すること。
- ▶ 他人との接触、多人数の中にいることによる緊張等により、発作等がある場合、緊張を緩和するため、当該障害者に説明の上、障害の特性や施設の状況に応じて別室を準備すること。
- ▶ 事務手続の際に、職員等が必要書類の代読・代筆を行うこと(法令に特段の定めがある場合を除く。)。

# 法務省

## 更生保護事業

# 法務省所管事業（更生保護事業）分野における障害を理由とする差別の解消の推進に関する対応指針

## 第1 趣旨

### 1 障害者差別解消法の制定の経緯

　我が国は、平成19年に障害者の権利に関する条約（以下「権利条約」という。）に署名して以来、障害者基本法（昭和45年法律第84号）の改正を始めとする国内法の整備等を進めてきた。障害を理由とする差別の解消の推進に関する法律（平成25年法律第65号。以下「法」という。）は、障害者基本法の差別の禁止の基本原則を具体化するものであり、全ての国民が、障害の有無によって分け隔てられることなく、相互に人格と個性を尊重し合いながら共生する社会の実現に向け、障害者差別の解消を推進することを目的として、平成25年に制定された。

### 2 法の基本的な考え方

(1) 法の対象となる障害者は、障害者基本法第2条第1号に規定する障害者、すなわち、「身体障害、知的障害、精神障害（発達障害を含む。）その他の心身の機能の障害（以下「障害」と総称する。）がある者であって、障害及び社会的障壁により継続的に日常生活又は社会生活に相当な制限を受ける状態にあるもの」である。これは、障害者が日常生活又は社会生活において受ける制限は、身体障害、知的障害、精神障害（発達障害を含む。）その他の心身の機能の障害（難病に起因する障害を含む。）のみに起因するものではなく、社会における様々な障壁と相対することによって生ずるものとのいわゆる「社会モデル」の考え方を踏まえている。したがって、法が対象とする障害者は、いわゆる障害者手帳の所持者に限られない。なお、高次脳機能障害は精神障害に含まれる。

(2) 法は、日常生活及び社会生活全般に係る分野を広く対象としている。ただし、事業者が事業主としての立場で労働者に対して行う障害を理由とする差別を解消するための措置については、法第13条により、障害者の雇用の促進等に関する法律（昭和35年法律第123号）の定めるところによることとされている。

(3) 法は、不特定多数の障害者を主な対象として行われる事前的改善措置（高齢者、障害者等の移動等の円滑化の促進に関する法律（平成18年法律第91号。いわゆるバリアフリー法）に基づく公共施設や交通機関におけるバリアフリー化、意思表示やコミュニケーションを支援するためのサービス・介助者等の人的支援、障害者による円滑な情報の取得・利用・発信のための情報アクセシビリティの向上等）については、個別の場面において、個々の障害者に対して行われる合理的配慮を的確に行うための環境の整備として実施に努めることとしている。新しい技術開発が環境の整備に係る投資負担の軽減をもたらすこともあることから、技術進歩の動向を踏まえた取組が期待される。また、環境の整備には、ハード面のみならず、職員に対する研修等のソフト面の対応も含まれることが重要である。

障害者差別の解消のための取組は、このような環境の整備を行うための施策と連携しながら進められることが重要である。

## 3　対応指針の位置付け

この指針（以下「対応指針」という。）は、法第11条第1項の規定に基づき、また、障害を理由とする差別の解消の推進に関する基本方針（平成27年2月24日閣議決定。以下「基本方針」という。）に即して、法第8条に規定する事項に関し、法務省が所管する分野（更生保護事業分野）における事業者（以下「事業者」という。）が適切に対応するために必要な事項を定めたものである。

## 4　留意点

対応指針で「望ましい」と記載している内容は、事業者がそれに従わない場合であっても、法に反すると判断されることはないが、障害者基本法の基本的な理念及び法の目的を踏まえ、できるだけ取り組むことが望まれることを意味する。

事業者における障害者差別解消に向けた取組は、対応指針を参考にして、各事業者により自主的に取組が行われることが期待される。しかしながら、事業者による自主的な取組のみによっては、その適切な履行が確保されず、例えば、事業者が法に反した取扱いを繰り返し、自主的な改善を期待することが困難である場合など、特に必要があると認められるときは、法第12条の規定により、事業者に対し、報告を求め、又は助言、指導若しくは勧告をすることができることとされている。

## 第2　障害を理由とする不当な差別的取扱い及び合理的配慮の基本的な考え方

### 1　不当な差別的取扱い

#### （1）不当な差別的取扱いの基本的な考え方

　　事業者は、法第8条第1項の規定のとおり、その事業を行うに当たり、障害を理由として障害者でない者と不当な差別的取扱いをすることにより、障害者の権利利益を侵害してはならない。

　ア　法は、障害者に対して、正当な理由なく、障害を理由として、財・サービスや各種機会の提供を拒否する又は提供に当たって場所・時間帯などを制限する、障害者でない者に対しては付さない条件を付けることなどにより、障害者の権利利益を侵害することを禁止している。

　　なお、障害者の事実上の平等を促進し、又は達成するために必要な特別の措置は、不当な差別的取扱いではない。

　イ　したがって、障害者を障害者でない者と比べて優遇する取扱い（いわゆる積極的改善措置）、法に規定された障害者に対する合理的配慮の提供による障害者でない者との異なる取扱いや、合理的配慮を提供等するために必要な範囲で、プライバシーに配慮しつつ障害者に障害の状況等を確認することは、不当な差別的取扱いには当たらない。不当な差別的取扱いとは、正当な理由なく、障害者を、問題となる事業について本質的に関係する諸事情が同じ障害者でない者より不利に扱うことである点に留意する必要がある。

#### （2）正当な理由の判断の視点

　　正当な理由に相当するのは、障害者に対して、障害を理由として、財・サービスや各種機会の提供を拒否するなどの取扱いが客観的に見て正当な目的の下に行われたものであり、その目的に照らしてやむを得ないと言える場合である。事業者においては、正当な理由に相当するか否かについて、具体的な検討をせずに正当な理由を拡大解釈するなどして法の趣旨を損なうことなく、個別の事案ごとに、障害者、事業者、第三者の権利利益（例：安全の確保、財産の保全、事業の目的・内容・機能の維持、損害発生の防止等）の観点に鑑み、具体的場面や状況に応じて総合的・客観的に判断することが必要である。事業者は、正当な理由があると判断した場合には、障害者にその理由を説明するものとし、理解を得るよう努めることが望ましい。

### （3）不当な差別的取扱いの具体例

　不当な差別的取扱いに当たり得る具体例等は別紙のとおりである。なお、第2の1（2）で示したとおり、不当な差別的取扱いに相当するか否かについては、個別の事案ごとに判断されることとなる。また、別紙に記載されている具体例については、正当な理由が存在しないことを前提としていること、さらに、それらはあくまでも例示であり、記載されている具体例だけに限られるものではないことに留意する必要がある。

## 2　合理的配慮

### （1）合理的配慮の基本的な考え方

　事業者は、法第8条第2項の規定のとおり、その事業を行うに当たり、障害者から現に社会的障壁の除去を必要としている旨の意思の表明があった場合において、その実施に伴う負担が過重でないときは、障害者の権利利益を侵害することとならないよう、当該障害者の性別、年齢及び障害の状態に応じて、社会的障壁の除去の実施について必要かつ合理的な配慮（以下「合理的配慮」という。）をするように努めなければならない。

ア　権利条約第2条において、「合理的配慮」は、「障害者が他の者との平等を基礎として全ての人権及び基本的自由を享有し、又は行使することを確保するための必要かつ適当な変更及び調整であって、特定の場合において必要とされるものであり、かつ、均衡を失した又は過度の負担を課さないもの」と定義されている。

　　法は、権利条約における合理的配慮の定義を踏まえ、事業者に対し、その事業を行うに当たり、個々の場面において、障害者から現に社会的障壁の除去を必要としている旨の意思の表明があった場合において、その実施に伴う負担が過重でないときは、障害者の権利利益を侵害することとならないよう、社会的障壁の除去の実施について、合理的配慮を行うことを求めている。合理的配慮は、障害者が受ける制限は、障害のみに起因するものではなく、社会における様々な障壁と相対することによって生ずるものとのいわゆる「社会モデル」の考え方を踏まえたものであり、障害者の権利利益を侵害することとならないよう、障害者が個々の場面において必要としている社会的障壁を除去するための必要かつ合理的な取組であり、その実施に伴う負担が過重でないものである。

　　合理的配慮は、事業者の事業の目的・内容・機能に照らし、必要とされる範囲で本来の業務に付随するものに限られること、障害者でない者との比較において同等の機会の提供を受けるためのものであること、事業の目的・内容・機能の本

質的な変更には及ばないことに留意する必要がある。
イ 合理的配慮は、障害の特性や社会的障壁の除去が求められる具体的場面や状況に応じて異なり、多様かつ個別性の高いものであり、当該障害者が現に置かれている状況を踏まえ、社会的障壁の除去のための手段及び方法について、第2の2(2)「過重な負担の基本的な考え方」に掲げた要素を考慮し、代替措置の選択も含め、双方の建設的対話による相互理解を通じて、必要かつ合理的な範囲で、柔軟に対応がなされるものである。さらに、合理的配慮の内容は、技術の進展、社会情勢の変化等に応じて変わり得るものである。合理的配慮の提供に当たっては、障害者の性別、年齢、状態等に配慮するものとする。

なお、合理的配慮を必要とする障害者が多数見込まれる場合、障害者との関係性が長期にわたる場合等には、その都度の合理的配慮とは別に、前述した環境の整備を考慮に入れることにより、中・長期的なコストの削減・効率化につながる点は重要である。

ウ 意思の表明に当たっては、具体的場面において、社会的障壁の除去に関する配慮を必要としている状況にあることを言語（手話を含む。）のほか、点字、拡大文字、筆談、実物の提示や身振りサイン等による合図、触覚による意思伝達など、障害者が他人とコミュニケーションを図る際に必要な手段（通訳を介するものを含む。）により伝えられる。

また、障害者からの意思表明のみでなく、知的障害や精神障害（発達障害を含む。）等により本人の意思表明が困難な場合には、障害者の家族、支援者・介助者、法定代理人等、コミュニケーションを支援する者が本人を補佐して行う意思の表明も含む。

なお、意思の表明が困難な障害者が、家族、支援者・介助者、法定代理人等を伴っていない場合など、意思の表明がない場合であっても、当該障害者が社会的障壁の除去を必要としていることが明白である場合には、法の趣旨に鑑みれば、当該障害者に対して適切と思われる配慮を提案するために建設的対話を働きかけるなど、自主的な取組に努めることが望ましい。

エ 合理的配慮は、障害者等の利用を想定して事前に行われる建築物のバリアフリー化、介助者等の人的支援、情報アクセシビリティの向上等の環境の整備を基礎として、個々の障害者に対して、その状況に応じて個別に実施される措置である。したがって、各場面における環境の整備の状況により、合理的配慮の内容は異なることとなる。また、障害の状態等が変化することもあるため、特に、障害者との関係性が長期にわたる場合等には、提供する合理的配慮について、適宜、

見直しを行うことが重要である。
オ 同種の事業が行政機関等と事業者の双方で行われる場合は、事業の類似性を踏まえつつ、事業主体の違いも考慮した上での対応に努めることが望ましい。

### （2）過重な負担の基本的な考え方

過重な負担については、事業者において、具体的な検討をせずに過重な負担を拡大解釈するなどして法の趣旨を損なうことなく、個別の事案ごとに、以下の要素等を考慮し、具体的な場面や状況に応じて総合的・客観的に判断することが必要である。事業者は、過重な負担に当たると判断した場合は、障害者にその理由を説明するものとし、理解を得るよう努めることが望ましい。

○ 事業への影響の程度（事業の目的・内容・機能を損なうか否か）
○ 実現可能性の程度（物理的・技術的制約、人的・体制上の制約）
○ 費用・負担の程度
○ 事業規模
○ 財務状況

### （3）合理的配慮の具体例

合理的配慮の具体例は別紙のとおりである。なお、第2の2（1）イで示したとおり、合理的配慮は、具体的場面や状況に応じて異なり、多様かつ個別性の高いものであり、掲載した具体例については、第2の2（2）で示した過重な負担が存在しないことを前提としていること、事業者に強制する性格のものではないこと、また、それらはあくまでも例示であり、記載されている具体例に限られるものではないことに留意する必要がある。事業者においては、対応指針を踏まえ、具体的場面や状況に応じて柔軟に対応することが期待される。

## 第3　事業者における相談体制の整備

事業者においては、障害者及びその家族その他の関係者からの相談等に的確に対応するため、既存の相談窓口等の活用や窓口の開設により相談窓口を整備することが重要である。また、ホームページ等を活用し、相談窓口等に関する情報を周知することや、相談時には、性別、年齢、状態等に配慮するとともに、対面のほか、電話、ファックス、電子メール、また、障害者が他人とコミュニケーションを図る際に必要となる多様な手

段を、可能な範囲で用意して対応することが望ましい。さらに、実際の相談事例については、相談者のプライバシーに配慮しつつ順次蓄積し、以後の合理的配慮の提供等に活用することが望ましい。

## 第4 事業者における研修・啓発

事業者は、障害者に対して適切に対応し、また、障害者及びその家族その他の関係者からの相談等に的確に対応するため、研修等を通じて、法の趣旨の普及を図るとともに、障害に関する理解の促進を図ることが重要である。

## 第5 法務省所管事業（更生保護事業）分野に係る相談窓口

保護局更生保護振興課更生保護事業係

## 別紙

### 障害を理由とする不当な差別的取扱い、合理的配慮等の具体例

#### 1 不当な差別的取扱いに当たり得る具体例

障害を理由として、以下の取扱いを行うこと。

- 対応を拒否、又は対応の順序を後回しにすること。
- 資料の送付、パンフレットの提供、シンポジウム等への出席等を拒むこと。
- 客観的に見て、人的体制、設備体制が整っており、保護や支援等が可能であるにもかかわらず、正当な理由なく、それを拒否することや、他の被保護者と異なる条件を課すこと。

#### 2 不当な差別的取扱いに当たらない具体例

- 合理的配慮の提供や適切な保護の可否の判断等のため、必要な範囲で、プライバシーに配慮しつつ、障害者に障害の状況等を確認すること。
- 障害のある刑務所出所者等の再犯を防止し、社会復帰を図るため、障害の特性等に応じた個別の処遇計画を作成すること。
- 障害のある刑務所出所者等からの保護の申出について、事業者自らが適切な保護や支援等を行うことが困難である場合に、対応可能な施設や相談窓口に関する情報提供等を行うこと。

#### 3 合理的配慮に当たり得る配慮の具体例

##### （1）物理的環境への配慮の具体例

- 事業者が管理する施設・敷地内において、車椅子・歩行器利用者のためにキャスター上げ等の補助をし、又は段差に携帯スロープを渡すこと。
- 配架棚の高い所に置かれたパンフレット等を取って渡すこと。パンフレット等の位置を分かりやすく伝えること。
- 目的の場所までの案内の際に、障害者の歩行速度に合わせた速度で歩いたり、左右・前後・距離の位置取りについて、障害者の希望を聞いたりすること。
- 視覚情報の処理が苦手な者のために掲示物等の情報量を減らすなど、個別の事案ごとに特性に応じて対応すること。
- 移動に困難のある更生保護施設入所者のために、居室を施設内の移動がしやす

い場所に変更すること。

(2) 意思疎通の配慮の具体例
- ▶ 筆談、要約筆記、読み上げ、手話、点字など多様なコミュニケーション、分かりやすい表現を使って説明するなどの意思疎通の配慮を行うこと。
- ▶ 情報保障の観点から、見えにくさに応じた情報の提供（聞くことで内容が理解できる説明・資料や、拡大コピー、拡大文字又は点字を用いた資料、遠くのものや動きの速いものなど触ることができないものを確認できる模型や写真等の提供等）、聞こえにくさに応じた視覚的な情報の提供、見えにくさと聞こえにくさの両方がある場合に応じた情報の提供（手のひらに文字を書いて伝える等）、知的障害に配慮した情報の提供（伝える内容の要点を筆記する、漢字にルビを振る、なじみのない外来語は避ける、法律用語等は分かりやすく言い換える等）を行うこと。その際、各媒体間でページ番号等が異なり得ることに留意して使用すること。
- ▶ 意思疎通が不得意な障害者に対し、絵カード等を活用して意思を確認すること。
- ▶ 比喩表現等の理解が困難な障害者に対し、比喩や暗喩、二重否定表現などを用いずに具体的に説明すること。
- ▶ 障害のある更生保護施設入所者等に対し、生活上必要な言葉等の意味を理解できるように説明すること。

(3) ルール・慣行の柔軟な変更の具体例
- ▶ 障害者が立って列に並んで順番を待っている場合に、周囲の理解を得た上で、当該障害者の順番が来るまで椅子などを用意すること。
- ▶ スクリーン、手話通訳者、板書、教材等がよく見えるように、スクリーン等に近い席を確保すること。
- ▶ 他人との接触、多人数の中にいることによる緊張等により発作等がある場合、緊張を緩和するため、当該障害者に説明の上、障害の特性や施設の状況に応じて別室を準備すること。
- ▶ 事務手続の際に、職員等が必要書類の代読・代筆を行うこと。
- ▶ 障害の特性に応じて、施設内の日課や慣行を柔軟に変更すること。

▶ 点字や拡大文字、音声読み上げ機能を使用する障害者のために、シンポジウム等で使用する資料等を点訳又は拡大したものや、テキストデータを事前に渡す等すること。

# 外務省

# 外務省所管事業分野における障害を理由とする差別の解消の推進に関する対応指針

## 第1　趣旨

### 1　障害者差別解消法の制定の経緯

　我が国は、平成19年に障害者の権利に関する条約（以下「権利条約」という。）に署名して以来、障害者基本法（昭和45年法律第84号）の改正を始めとする国内法の整備等を進めてきた。障害を理由とする差別の解消の推進に関する法律（平成25年法律第65号。以下「法」という。）は、障害者基本法の差別の禁止の基本原則を具体化するものであり、全ての国民が、障害の有無によって分け隔てられることなく、相互に人格と個性を尊重し合いながら共生する社会の実現に向け、障害者差別の解消を推進することを目的として、平成25年に制定された。

### 2　法の基本的な考え方

(1)　法の対象となる障害者は、障害者基本法第2条第1号に規定する障害者、すなわち、「身体障害、知的障害、精神障害（発達障害を含む。）その他の心身の機能の障害（以下「障害」と総称する。）がある者であつて、障害及び社会的障壁により継続的に日常生活又は社会生活に相当な制限を受ける状態にあるもの」である。これは、障害者が日常生活又は社会生活において受ける制限は、身体障害、知的障害、精神障害（発達障害を含む。）その他の心身の機能の障害（難病に起因する障害を含む。）のみに起因するものではなく、社会における様々な障壁と相対することによって生ずるものとのいわゆる「社会モデル」の考え方を踏まえている。したがって、法が対象とする障害者は、いわゆる障害者手帳の所持者に限られない。なお、高次脳機能障害は精神障害に含まれる。

(2)　法は、日常生活及び社会生活全般に係る分野を広く対象としている。ただし、事業者が事業主としての立場で労働者に対して行う障害を理由とする差別を解消するための措置については、法第13条により、障害者の雇用の促進等に関する法律（昭和35年法律第123号）の定めるところによることとされている。

(3) 法は、不特定多数の障害者を主な対象として行われる事前的改善措置（高齢者、障害者等の移動等の円滑化の促進に関する法律（平成18年法律第91号。いわゆるバリアフリー法）に基づく公共施設や交通機関におけるバリアフリー化、意思表示やコミュニケーションを支援するためのサービス・介助者等の人的支援、障害者による円滑な情報の取得・利用・発信のための情報アクセシビリティの向上等）については、個別の場面において、個々の障害者に対して行われる合理的配慮を的確に行うための環境の整備として実施に努めることとしている。新しい技術開発が環境の整備に係る投資負担の軽減をもたらすこともあることから、技術進歩の動向を踏まえた取組が期待される。また、環境の整備には、ハード面のみならず、職員に対する研修等のソフト面の対応も含まれることが重要である。

　障害者差別の解消のための取組は、このような環境の整備を行うための施策と連携しながら進められることが重要である。

## 3　対応指針の位置付け

　この指針（以下「対応指針」という。）は、法第11条第1項の規定に基づき、また、障害を理由とする差別の解消の推進に関する基本方針（平成27年2月24日閣議決定。以下「基本方針」という。）に即して、法第8条に規定する事項に関し、外務省が所管する分野における事業者（以下「事業者」という。）が適切に対応するために必要な事項を定めたものである。

## 4　留意点

　対応指針で「望ましい」と記載している内容は、事業者がそれに従わない場合であっても、法に反すると判断されることはないが、障害者基本法の基本的理念及び法の目的を踏まえ、できるだけ取り組むことが望まれることを意味する。

　事業者における障害者差別解消に向けた取組は、対応指針を参考にして、各事業者により自主的に取組が行われることが期待される。しかしながら、事業者による自主的な取組のみによっては、その適切な履行が確保されず、例えば、事業者が法に反した取扱いを繰り返し、自主的な改善を期待することが困難である場合など、特に必要があると認められるときは、法第12条の規定により、事業者に対し、報告を求め、又は助言、指導若しくは勧告をすることができることとされている。

## 第2 障害を理由とする不当な差別的取扱い及び合理的配慮の基本的な考え方

### 1 不当な差別的取扱い

#### （1）不当な差別的取扱いの基本的な考え方

　　事業者は、法第8条第1項の規定のとおり、その事業を行うに当たり、障害を理由として障害者でない者と不当な差別的取扱いをすることにより、障害者の権利利益を侵害してはならない。

ア　法は、障害者に対して、正当な理由なく、障害を理由として、財・サービスや各種機会の提供を拒否する又は提供に当たって場所・時間帯などを制限する、障害者でない者に対しては付さない条件を付けることなどにより、障害者の権利利益を侵害することを禁止している。

　　なお、障害者の事実上の平等を促進し、又は達成するために必要な特別の措置は、不当な差別的取扱いではない。

イ　したがって、障害者を障害者でない者と比べて優遇する取扱い（いわゆる積極的改善措置）、法に規定された障害者に対する合理的配慮の提供による障害者でない者との異なる取扱いや、合理的配慮を提供等するために必要な範囲で、プライバシーに配慮しつつ障害者に障害の状況等を確認することは、不当な差別的取扱いには当たらない。不当な差別的取扱いとは、正当な理由なく、障害者を、問題となる事業について本質的に関係する諸事情が同じ障害者でない者より不利に扱うことである点に留意する必要がある。

#### （2）正当な理由の判断の視点

　　正当な理由に相当するのは、障害者に対して、障害を理由として、財・サービスや各種機会の提供を拒否するなどの取扱いが客観的に見て正当な目的の下に行われたものであり、その目的に照らしてやむを得ないと言える場合である。事業者においては、正当な理由に相当するか否かについて、具体的な検討をせずに正当な理由を拡大解釈するなどして法の趣旨を損なうことなく、個別の事案ごとに、障害者、事業者、第三者の権利利益（例：安全の確保、財産の保全、事業の目的・内容・機能の維持、損害発生の防止等）の観点に鑑み、具体的場面や状況に応じて総合的・客観的に判断することが必要である。事業者は、正当な理由があると判断した場合には、障害者にその理由を説明するものとし、理解を得るよう努めることが望ましい。

## （3）不当な差別的取扱いの具体例

不当な差別的取扱いに当たり得る具体例は別紙のとおりである。なお、第2の1（2）で示したとおり、不当な差別的取扱いに相当するか否かについては、個別の事案ごとに判断されることとなる。また、別紙に記載されている具体例については、正当な理由が存在しないことを前提としていること、さらに、それらはあくまでも例示であり、記載されている具体例だけに限られるものではないことに留意する必要がある。

## 2 合理的配慮

### （1）合理的配慮の基本的な考え方

事業者は、法第8条第2項の規定のとおり、その事業を行うに当たり、障害者から現に社会的障壁の除去を必要としている旨の意思の表明があった場合において、その実施に伴う負担が過重でないときは、障害者の権利利益を侵害することとならないよう、当該障害者の性別、年齢及び障害の状態に応じて、社会的障壁の除去の実施について必要かつ合理的な配慮（以下「合理的配慮」という。）をするように努めなければならない。

ア　権利条約第2条において、「合理的配慮」は、「障害者が他の者との平等を基礎として全ての人権及び基本的自由を享有し、又は行使することを確保するための必要かつ適当な変更及び調整であって、特定の場合において必要とされるものであり、かつ、均衡を失した又は過度の負担を課さないもの」と定義されている。

　　法は、権利条約における合理的配慮の定義を踏まえ、事業者に対し、その事業を行うに当たり、個々の場面において、障害者から現に社会的障壁の除去を必要としている旨の意思の表明があった場合において、その実施に伴う負担が過重でないときは、障害者の権利利益を侵害することとならないよう、社会的障壁の除去の実施について、合理的配慮を行うことを求めている。合理的配慮は、障害者が受ける制限は、障害のみに起因するものではなく、社会における様々な障壁と相対することによって生ずるものとのいわゆる「社会モデル」の考え方を踏まえたものであり、障害者の権利利益を侵害することとならないよう、障害者が個々の場面において必要としている社会的障壁を除去するための必要かつ合理的な取組であり、その実施に伴う負担が過重でないものである。

　　合理的配慮は、事業者の事業の目的・内容・機能に照らし、必要とされる範囲で本来の業務に付随するものに限られること、障害者でない者との比較において同等の機会の提供を受けるためのものであること、事業の目的・内容・機能の本

質的な変更には及ばないことに留意する必要がある。
　イ　合理的配慮は、障害の特性や社会的障壁の除去が求められる具体的場面や状況に応じて異なり、多様かつ個別性の高いものであり、当該障害者が現に置かれている状況を踏まえ、社会的障壁の除去のための手段及び方法について、第2の2（2）「過重な負担の基本的な考え方」に掲げた要素を考慮し、代替措置の選択も含め、双方の建設的対話による相互理解を通じて、必要かつ合理的な範囲で、柔軟に対応がなされるものである。さらに、合理的配慮の内容は、技術の進展、社会情勢の変化等に応じて変わり得るものである。合理的配慮の提供に当たっては、障害者の性別、年齢、状態等に配慮するものとする。

　　なお、合理的配慮を必要とする障害者が多数見込まれる場合、障害者との関係性が長期にわたる場合等には、その都度の合理的配慮とは別に、前述した環境の整備を考慮に入れることにより、中・長期的なコストの削減・効率化につながる点は重要である。

　ウ　意思の表明に当たっては、具体的場面において、社会的障壁の除去に関する配慮を必要としている状況にあることを言語（手話を含む。）のほか、点字、拡大文字、筆談、実物の提示や身振りサイン等による合図、触覚による意思伝達など、障害者が他人とコミュニケーションを図る際に必要な手段（通訳を介するものを含む。）により伝えられる。

　　また、障害者からの意思表明のみでなく、知的障害や精神障害（発達障害を含む。）等により本人の意思表明が困難な場合には、障害者の家族、支援者・介助者、法定代理人等、コミュニケーションを支援する者が本人を補佐して行う意思の表明も含む。

　　なお、意思の表明が困難な障害者が、家族、支援者・介助者、法定代理人等を伴っていない場合など、意思の表明がない場合であっても、当該障害者が社会的障壁の除去を必要としていることが明白である場合には、法の趣旨に鑑みれば、当該障害者に対して適切と思われる配慮を提案するために建設的対話を働きかけるなど、自主的な取組に努めることが望ましい。

　エ　合理的配慮は、障害者等の利用を想定して事前に行われる建築物のバリアフリー化、介助者等の人的支援、情報アクセシビリティの向上等の環境の整備を基礎として、個々の障害者に対して、その状況に応じて個別に実施される措置である。したがって、各場面における環境の整備の状況により、合理的配慮の内容は異なることとなる。また、障害の状態等が変化することもあるため、特に、障害者との関係性が長期にわたる場合等には、提供する合理的配慮について、適宜、

Ⅲ　全府省庁対応指針（ガイドライン）

　　　見直しを行うことが重要である。
　　オ　同種の事業が行政機関等と事業者の双方で行われる場合は、事業の類似性を踏まえつつ、事業主体の違いも考慮した上での対応に努めることが望ましい。

（２）過重な負担の基本的な考え方

　　過重な負担については、事業者において、具体的な検討をせずに過重な負担を拡大解釈するなどして法の趣旨を損なうことなく、個別の事案ごとに、以下の要素等を考慮し、具体的場面や状況に応じて総合的・客観的に判断することが必要である。事業者は、過重な負担に当たると判断した場合は、障害者にその理由を説明するものとし、理解を得るよう努めることが望ましい。
　○　事業への影響の程度（事業の目的・内容・機能を損なうか否か）
　○　実現可能性の程度（物理的・技術的制約、人的・体制上の制約）
　○　費用・負担の程度
　○　事業規模
　○　財務状況

（３）合理的配慮の具体例

　　合理的配慮の具体例は別紙のとおりである。なお、第２の２（１）イで示したとおり、合理的配慮は、具体的場面や状況に応じて異なり、多様かつ個別性の高いものであり、掲載した具体例については、第２の２（２）で示した過重な負担が存在しないことを前提としていること、事業者に強制する性格のものではないこと、また、それらはあくまでも例示であり、記載されている具体例に限られるものではないことに留意する必要がある。事業者においては、対応指針を踏まえ、具体的場面や状況に応じて柔軟に対応することが期待される。

外務省

## 第３　事業者における相談体制の整備

　事業者においては、障害者及びその家族その他の関係者からの相談等に的確に対応するため、既存の顧客相談窓口等の活用や窓口の開設により相談窓口を整備することが重要である。また、ホームページ等を活用し、相談窓口等に関する情報を周知することや、相談時には、性別、年齢、状態等に配慮するとともに、対面のほか、電話、ファックス、電子メール、また、障害者が他人とコミュニケーションを図る際に必要となる多様な手

段を、可能な範囲で用意して対応することが望ましい。さらに、実際の相談事例については、相談者のプライバシーに配慮しつつ順次蓄積し、以降の合理的配慮の提供等に活用することが望ましい。

## 第4 事業者における研修・啓発

　事業者は、障害者に対して適切に対応し、また、障害者及びその家族その他の関係者からの相談等に的確に対応するため、研修等を通じて、法の趣旨の普及を図るとともに、障害に関する理解の促進を図ることが重要である。

## 第5 外務省所管事業分野に係る相談窓口

　外務省総合外交政策局人権人道課

### 別紙

## 障害を理由とする不当な差別的取扱い及び合理的配慮の具体例

### 1 不当な差別的取扱いに当たりうる具体例

- 障害を理由に窓口対応を拒否する。
- 障害を理由に対応の順序を後回しにする。
- 障害を理由に、資料の送付、パンフレットの提供等を拒む。
- 障害を理由に説明会、シンポジウム等への出席を拒む。
- 事業の遂行上、特に必要ではないにもかかわらず、障害を理由に、来訪の際に付き添い者の同行を求めるなどの条件を付ける。

### 2 合理的配慮の具体例

（物理的環境への配慮の具体例）

- 段差がある場合に、車椅子利用者にキャスター上げ等の補助をする、携帯スロープを渡すなどする。
- 配架棚の高い所に置かれたパンフレット等を取って渡す。
- 目的の場所までの案内の際に、障害者の歩行速度に合わせた速度で歩いたり、左右・前後・距離の位置取りについて、障害者の希望を聞いたりする。
- 疲労を感じやすい障害者から別室での休憩の申し出があった際、別室の確保が困難であったことから、当該障害者に事情を説明し、対応窓口の近くに長椅子を移動させて臨時の休憩スペースを設ける。
- 視覚障害者等に対して誘導（付き添い）を行う。
- パニック発作が発生した場合に、臨時の休憩スペースを設ける。

（意思疎通の配慮の具体例）

- 筆談、読み上げ、手話などのコミュニケーション手段を用いる。
- 意思疎通が不得意な障害者に対し、絵カード等を活用して意思を確認する。
- 書類記入の依頼時に、記入方法等を本人の目の前で示したり、わかりやすい記述で伝達したりする。
- 比喩表現等が苦手な障害者に対し、比喩や暗喩、二重否定表現などを用いずに具体的に説明する。

- 知的障害者、発達障害者及び精神障害者等から申し出があった際に、ゆっくり、丁寧に、繰り返し説明し、内容が理解されたことを確認しながら応対する。また、なじみのない外来語はさける、漢数字は用いない、時刻は24時間表記ではなく午前・午後で表記するなどの配慮を念頭に置いたメモを、必要に応じて適時に渡す。
- 視覚障害者等から申し出があった際に代筆する。

**(ルール・慣行の柔軟な変更の具体例)**
- 順番を待つことが苦手な障害者に対し、周囲の者の理解を得た上で、手続き順を入れ替える。
- 立って列に並んで順番を待っている場合に、周囲の者の理解を得た上で、当該障害者の順番が来るまで別室や席を用意する。
- スクリーンや板書等がよく見えるように、スクリーン等に近い席を確保する。
- 他人との接触、多人数の中にいることによる緊張により、不随意の発声等がある場合、当該障害者に説明の上、障害の特性や施設の状況に応じて別室を準備する。

# 財務省

# 財務省所管事業分野における障害を理由とする差別の解消の推進に関する対応指針

## 第1　趣旨

### 1　障害者差別解消法の制定の経緯

　我が国は、平成19年に障害者の権利に関する条約（以下「権利条約」という。）に署名して以来、障害者基本法（昭和45年法律第84号）の改正を始めとする国内法の整備等を進めてきた。障害を理由とする差別の解消の推進に関する法律（平成25年法律第65号。以下「法」という。）は、障害者基本法の差別の禁止の基本原則を具体化するものであり、全ての国民が、障害の有無によって分け隔てられることなく、相互に人格と個性を尊重し合いながら共生する社会の実現に向け、障害者差別の解消を推進することを目的として、平成25年に制定された。

### 2　法の基本的な考え方

(1)　法の対象となる障害者は、障害者基本法第2条第1号に規定する障害者、すなわち、「身体障害、知的障害、精神障害（発達障害を含む。）その他の心身の機能の障害（以下「障害」と総称する。）がある者であって、障害及び社会的障壁により継続的に日常生活又は社会生活に相当な制限を受ける状態にあるもの」である。これは、障害者が日常生活又は社会生活において受ける制限は、身体障害、知的障害、精神障害（発達障害を含む。）その他の心身の機能の障害（難病に起因する障害を含む。）のみに起因するものではなく、社会における様々な障壁と相対することによって生ずるものとのいわゆる「社会モデル」の考え方を踏まえている。したがって、法が対象とする障害者は、いわゆる障害者手帳の所持者に限られない。なお、高次脳機能障害は精神障害に含まれる。

(2)　法は、日常生活及び社会生活全般に係る分野を広く対象としている。ただし、事業者が事業主としての立場で労働者に対して行う障害を理由とする差別を解消するための措置については、法第13条により、障害者の雇用の促進等に関する法律（昭和35年法律第123号）の定めるところによることとされている。

(3) 法は、不特定多数の障害者を主な対象として行われる事前的改善措置（高齢者、障害者等の移動等の円滑化の促進に関する法律（平成18年法律第91号。いわゆるバリアフリー法）に基づく公共施設や交通機関におけるバリアフリー化、意思表示やコミュニケーションを支援するためのサービス・介助者等の人的支援、障害者による円滑な情報の取得・利用・発信のための情報アクセシビリティの向上等）については、個別の場面において、個々の障害者に対して行われる合理的配慮を的確に行うための環境の整備として実施に努めることとしている。新しい技術開発が環境の整備に係る投資負担の軽減をもたらすこともあることから、技術進歩の動向を踏まえた取組が期待される。また、環境の整備には、ハード面のみならず、職員に対する研修等のソフト面の対応も含まれることが重要である。

障害者差別の解消のための取組は、このような環境の整備を行うための施策と連携しながら進められることが重要である。

## 3　対応指針の位置付け

この指針（以下「対応指針」という。）は、法第11条第1項の規定に基づき、また、障害を理由とする差別の解消の推進に関する基本方針（平成27年2月24日閣議決定。）に即して、法第8条に規定する事項に関し、財務省が所管する分野における事業者（以下「事業者」という。）が適切に対応するために必要な事項を定めたものである。

## 4　留意点

対応指針で「望ましい」と記載している内容は、事業者がそれに従わない場合であっても、法に反すると判断されることはないが、障害者基本法の基本的な理念及び法の目的を踏まえ、できるだけ取り込むことが望まれることを意味する。

事業者における障害者差別解消に向けた取組は、対応指針を参考にして、各事業者により自主的に取組が行われることが期待される。しかしながら、事業者による自主的な取組のみによっては、その適切な履行が確保されず、例えば、事業者が法に反した取扱いを繰り返し、自主的な改善を期待することが困難である場合など、特に必要があると認められるときは、法第12条の規定により、事業者に対し、報告を求め、又は助言、指導若しくは勧告をすることができるとされている。

## 第2 障害を理由とする不当な差別的取扱い及び合理的配慮の基本的な考え方

### 1 不当な差別的取扱い

#### (1) 不当な差別的取扱いの基本的な考え方

事業者は、法第8条第1項の規定のとおり、その事業を行うに当たり、障害を理由として障害者でない者と不当な差別的取扱いをすることにより、障害者の権利利益を侵害してはならない。

ア 法は、障害者に対して、正当な理由なく、障害を理由として、財・サービスや各種機会の提供を拒否する又は提供に当たって場所・時間帯などを制限する、障害者でない者に対しては付さない条件を付けることなどにより、障害者の権利利益を侵害することを禁止している。

なお、障害者の事実上の平等を促進し、又は達成するために必要な特別の措置は、不当な差別的取扱いではない。

イ したがって、障害者を障害者でない者と比べて優遇する取扱い(いわゆる積極的改善措置)、法に規定された障害者に対する合理的配慮の提供による障害者でない者との異なる取扱いや、合理的配慮を提供等するために必要な範囲で、プライバシーに配慮しつつ障害者に障害の状況等を確認することは、不当な差別的取扱いには当たらない。不当な差別的取扱いとは、正当な理由なく、障害者を、問題となる事業について本質的に関係する諸事情が同じ障害者でない者より不利に扱うことである点に留意する必要がある。

#### (2) 正当な理由の判断の視点

正当な理由に相当するのは、障害者に対して、障害を理由として、財・サービスや各種機会の提供を拒否するなどの取扱いが客観的に見て正当な目的の下に行われたものであり、その目的に照らしてやむを得ないと言える場合である。事業者においては、正当な理由に相当するか否かについて、具体的な検討をせずに正当な理由を拡大解釈するなどして法の趣旨を損なうことなく、個別の事案ごとに、障害者、事業者、第三者の権利利益(例：安全の確保、財産の保全、事業の目的・内容・機能の維持、損害発生の防止等)の観点に鑑み、具体的場面や状況に応じて総合的・客観的に判断することが必要である。事業者は、正当な理由があると判断した場合には、障害者にその理由を説明するものとし、理解を得るよう努めることが望ましい。

### （3）不当な差別的取扱いの具体例

不当な差別的取扱いに当たり得る具体例等は別紙のとおりである。なお、第2の1（2）で示したとおり、不当な差別的取扱いに相当するか否かについては、個別の事案ごとに判断されることとなる。また、別紙に記載されている具体例については、正当な理由が存在しないことを前提としていること、さらに、それらはあくまでも例示であり、記載されている具体例だけに限られるものではないことに留意する必要がある。

## 2 合理的配慮

### （1）合理的配慮の基本的な考え方

事業者は、法第8条第2項の規定のとおり、その事業を行うに当たり、障害者から現に社会的障壁の除去を必要としている旨の意思の表明があった場合において、その実施に伴う負担が過重でないときは、障害者の権利利益を侵害することとならないよう、当該障害者の性別、年齢及び障害の状態に応じて、社会的障壁の除去の実施について必要かつ合理的な配慮（以下「合理的配慮」という。）をするように努めなければならない。

ア　権利条約第2条において、「合理的配慮」は、「障害者が他の者との平等を基礎として全ての人権及び基本的自由を享有し、又は行使することを確保するための必要かつ適当な変更及び調整であって、特定の場合において必要とされるものであり、かつ、均衡を失した又は過度の負担を課さないもの」と定義されている。

法は、権利条約における合理的配慮の定義を踏まえ、事業者に対し、その事業を行うに当たり、個々の場面において、障害者から現に社会的障壁の除去を必要としている旨の意思の表明があった場合において、その実施に伴う負担が過重でないときは、障害者の権利利益を侵害することとならないよう、社会的障壁の除去の実施について、合理的配慮を行うことを求めている。合理的配慮は、障害者が受ける制限は、障害のみに起因するものではなく、社会における様々な障壁と相対することによって生ずるものとのいわゆる「社会モデル」の考え方を踏まえたものであり、障害者の権利利益を侵害することとならないよう、障害者が個々の場面において必要としている社会的障壁を除去するための必要かつ合理的な取組であり、その実施に伴う負担が過重でないものである。

合理的配慮は、事業者の事業の目的・内容・機能に照らし、必要とされる範囲で本来の業務に付随するものに限られること、障害者でない者との比較において同等の機会の提供を受けるためのものであること、事業の目的・内容・機能の本

質的な変更には及ばないことに留意する必要がある。
イ　合理的配慮は、障害の特性や社会的障壁の除去が求められる具体的場面や状況に応じて異なり、多様かつ個別性の高いものであり、当該障害者が現に置かれている状況を踏まえ、社会的障壁の除去のための手段及び方法について、第2の2(2)「過重な負担の基本的な考え方」に掲げた要素を考慮し、代替措置の選択も含め、双方の建設的対話による相互理解を通じて、必要かつ合理的な範囲で、柔軟に対応がなされるものである。さらに、合理的配慮の内容は、技術の進展、社会情勢の変化等に応じて変わり得るものである。合理的配慮の提供に当たっては、障害者の性別、年齢、状態等に配慮するものとする。

　なお、合理的配慮を必要とする障害者が多数見込まれる場合、障害者との関係性が長期にわたる場合等には、その都度の合理的配慮とは別に、前述した環境の整備を考慮に入れることにより、中・長期的なコストの削減・効率化につながる点は重要である。

ウ　意思の表明に当たっては、具体的場面において、社会的障壁の除去に関する配慮を必要としている状況にあることを言語（手話を含む。）のほか、点字、拡大文字、筆談、実物の提示や身振りサイン等による合図、触覚による意思伝達など、障害者が他人とコミュニケーションを図る際に必要な手段（通訳を介するものを含む。）により伝えられる。

　また、障害者からの意思表明のみでなく、知的障害や精神障害（発達障害を含む。）等により本人の意思表明が困難な場合には、障害者の家族、支援者・介助者、法定代理人等、コミュニケーションを支援する者が本人を補佐して行う意思の表明も含む。

　なお、意思の表明が困難な障害者が、家族、支援者・介助者、法定代理人等を伴っていない場合など、意思の表明がない場合であっても、当該障害者が社会的障壁の除去を必要としていることが明白である場合には、法の趣旨に鑑みれば、当該障害者に対して適切と思われる配慮を提案するために建設的対話を働きかけるなど、自主的な取組に努めることが望ましい。

エ　合理的配慮は、障害者等の利用を想定して事前に行われる建築物のバリアフリー化、介助者等の人的支援、情報アクセシビリティの向上等の環境の整備を基礎として、個々の障害者に対して、その状況に応じて個別に実施される措置である。したがって、各場面における環境の整備の状況により、合理的配慮の内容は異なることとなる。また、障害の状態等が変化することもあるため、特に、障害者との関係性が長期にわたる場合等には、提供する合理的配慮について、適宜、

# Ⅲ　全府省庁対応指針（ガイドライン）

　　見直しを行うことが重要である。
　オ　同種の事業が行政機関等と事業者の双方で行われる場合は、事業の類似性を踏まえつつ、事業主体の違いも考慮した上での対応に努めることが望ましい。

### （２）過重な負担の基本的な考え方

　過重な負担については、事業者において、具体的な検討をせずに過重な負担を拡大解釈するなどして法の趣旨を損なうことなく、個別の事案ごとに、以下の要素等を考慮し、具体的場面や状況に応じて総合的・客観的に判断することが必要である。事業者は、過重な負担に当たると判断した場合は、障害者にその理由を説明するものとし、理解を得るよう努めることが望ましい。

- 事務・事業への影響の程度（事務・事業の目的・内容・機能を損なうか否か）
- 実現可能性の程度（物理的・技術的制約、人的・体制上の制約）
- 費用・負担の程度
- 事務・事業規模
- 財政・財務状況

### （３）合理的配慮の具体例

　合理的配慮の具体例は別紙のとおりである。なお、第2の2(1)イで示したとおり、合理的配慮は、具体的場面や状況に応じて異なり、多様かつ個別性の高いものであり、掲載した具体例については、第2の2(2)で示した過重な負担が存在しないことを前提としていること、事業者に強制する性格のものではないこと、また、それらはあくまでも例示であり、記載されている具体例に限られるものではないことに留意する必要がある。事業者においては、対応指針を踏まえ、具体的場面や状況に応じて柔軟に対応することが期待される。

## 第3　事業者における相談体制の整備

　事業者においては、障害者及びその家族その他の関係者からの相談等に的確に対応するため、既存の相談窓口等の活用や窓口の開設により相談窓口を整備することが重要である。また、ホームページ等を活用し、相談窓口等に関する情報を周知することや、相談時には、性別、年齢、状態等に配慮するとともに、対面のほか、電話、ファックス、電子メールなど、障害者が他人とコミュニケーションを図る際に必要となる多様な手段

を可能な範囲で用意して対応することが望ましい。さらに、実際の相談事例については、相談者のプライバシーに配慮しつつ順次蓄積し、以後の合理的配慮の提供等に活用することが望ましい。

## 第4 事業者における研修・啓発

事業者は、障害者に対して適切に対応し、また、障害者及びその家族その他の関係者からの相談等に的確に対応するため、研修等を通じて、法の趣旨の普及を図るとともに、障害に関する理解の促進を図ることが重要である。

## 第5 財務省所管事業分野に係る相談窓口

事業者からの本対応指針等に関する照会・相談については、次のとおりとする。

| | | |
|---|---|---|
| 大臣官房 | 文書課 | 行政相談官 |
| 大臣官房 | 総合政策課 | 政策推進室 |
| 北海道財務局 | 理財部 | 理財課 |
| 東北財務局 | 理財部 | 理財課 |
| 関東財務局 | 理財部 | 理財第三課 |
| 北陸財務局 | 理財部 | 理財課 |
| 東海財務局 | 理財部 | 理財課 |
| 近畿財務局 | 理財部 | 理財第二課 |
| 中国財務局 | 理財部 | 理財課 |
| 四国財務局 | 理財部 | 理財課 |
| 九州財務局 | 理財部 | 理財課 |
| 福岡財務支局 | 理財部 | 理財課 |
| 沖縄総合事務局 | 財務部 | 理財課 |
| 函館税関 | 総務部 | 総務課 |
| 東京税関 | 総務部 | 総務課 |
| 横浜税関 | 総務部 | 総務課 |
| 名古屋税関 | 総務部 | 総務課 |
| 大阪税関 | 総務部 | 総務課 |

# Ⅲ　全府省庁対応指針（ガイドライン）

| | | |
|---|---|---|
| 神戸税関 | 総務部 | 総務課 |
| 門司税関 | 総務部 | 総務課 |
| 長崎税関 | 総務部 | 総務課 |
| 沖縄地区税関 | 総務課 | |
| 国税庁 | 本庁 | 税務相談官 |
| 国税局（沖縄国税事務所含む。） | | 納税者支援調整官 |
| 税務署 | | 総務課 |

**別紙**

## 障害を理由とする不当な差別的取扱い、合理的配慮等の具体例

### 1 不当な差別的取扱いに当たり得る具体例

障害を理由として、以下の取扱いを行うこと。

- 窓口対応を拒否すること、又は対応の順序を後回しにすること。
- 資料等の送交付、パンフレットの提供、説明会やシンポジウム等への出席等を拒むこと。
- 事業の遂行上、特に必要ではないにもかかわらず、障害を理由に、来訪の際に付き添い者の同行を求めるなどの条件を付したり、特に支障がないにもかかわらず、付き添い者の同行を拒んだりすること。

なお、合理的配慮を提供するために必要な範囲で、障害者に障害の状況を確認することは、不当な差別的扱いに当たらない。また、その際には、障害者のプライバシーに十分配慮することに留意する。

### 2 合理的配慮に当たり得る配慮の具体例

#### （1）物理的環境への配慮の具体例

- 施設・敷地内において、車椅子・歩行器利用者のためにキャスター上げ等の補助をし、又は段差に携帯スロープを渡すこと。
- 配架棚の高い所に置かれたパンフレット等を取って渡すことやパンフレット等の位置を分かりやすく教えること。
- 目的の場所までの案内の際に、障害者の歩行速度に合わせた速度で歩いたり、左右・前後・距離の位置取りについて、障害者の希望を聞いたりすること。
- 障害の特性により、頻繁に離席の必要がある場合に、会場の座席位置を扉付近にすること。
- 不随意運動等により書類等を押さえることが難しい障害者に対し、書類を押さえたり、バインダー等の固定器具を提供したりすること。
- 災害や事故が発生した際に、障害者本人に対し直接、知らせたり誘導をしたりすること。

## (2) 意思疎通の配慮の具体例

- 筆談、要約筆記、読み上げ、手話、点字、拡大文字など障害の特性に応じた多様なコミュニケーション手段を用い、分かりやすい表現を使って説明を行うこと。
- 情報保障の観点から、見えにくさに応じた情報の提供（聞くことで内容が理解できる説明・資料や、拡大コピー、拡大文字又は点字を用いた資料、遠くのものや動きの速いものなど触れることができないものを確認できる模型や写真等の提供等）、聞こえにくさに応じた視覚的な情報の提供（筆談による面談、読み上げ原稿や図などを活用した見やすい資料の提供、要約筆記者や手話通訳者の用意等）、見えにくさと聞こえにくさの両方がある場合に応じた情報の提供（手のひらに文字を書いて伝える等）、知的障害に配慮した情報の提供（伝える内容の要点を筆記する、漢字にルビを振る、なじみのない外来語は避ける等）を行うこと。
- 意思疎通が不得意な障害者に対し、絵カード等を活用して意思を確認すること。
- 比喩表現等が苦手な障害者に対し、比喩や暗喩、二重否定表現などを用いずに具体的に説明すること。
- 障害者から申し出があった際に、ゆっくり、丁寧に、繰り返し説明し、内容が理解されたことを確認しながら応対し、必要に応じてメモを渡すなどすること。

## (3) ルール・慣行の柔軟な変更の具体例

- 障害者が立って列に並んで順番を待っている場合に、周囲の理解を得た上で、当該障害者の順番が来るまで椅子などを用意すること。
- スクリーン、手話通訳者、板書等がよく見えるように、スクリーン等に近い席を確保すること。
- 他人との接触、多人数の中にいることによる緊張等により、発作等がある場合、緊張等を緩和するため、当該障害者に説明の上、障害の特性や施設の状況に応じて別室を準備すること。
- 事務手続の際に、障害者から申し出があった際には、職員等が必要書類の代筆を行うこと。
- 敷地内の駐車場等において、障害者の来訪が多数見込まれる場合、通常、障害者専用とされていない区画を障害者専用の区画に変更すること。

文部科学省

目次

第1 趣旨
 1 障害者差別解消法の制定の経緯 ——————————— 171
 2 法の基本的な考え方 ———————————————— 171
 3 本指針の位置付け ————————————————— 172
 4 留意点 —————————————————————— 172

第2 不当な差別的取扱い及び合理的配慮の基本的な考え方
 1 不当な差別的取扱い
  （1）不当な差別的取扱いの基本的な考え方 ——————— 173
  （2）正当な理由の判断の視点 ———————————— 173
  （3）具体例 ——————————————————— 174
 2 合理的配慮
  （1）合理的配慮の基本的な考え方 —————————— 174
  （2）過重な負担の基本的な考え方 —————————— 176
  （3）具体例 ——————————————————— 177

第3 関係事業者における相談体制の整備 ———————————— 177

第4 関係事業者における研修・啓発 —————————————— 178

第5 文部科学省所管事業分野に係る相談窓口 ————————— 178

# 文部科学省所管事業分野における障害を理由とする差別の解消の推進に関する対応指針

## 第1　趣旨

### 1　障害者差別解消法の制定の経緯

　我が国は、平成19年に障害者の権利に関する条約（以下「権利条約」という。）に署名して以来、障害者基本法（昭和45年法律第84号）の改正をはじめとする国内法の整備等を進めてきた。

　障害を理由とする差別の解消の推進に関する法律（平成25年法律第65号。以下「法」という。）は、障害者基本法の差別の禁止の基本原則を具体化するものであり、全ての国民が、障害の有無によって分け隔てられることなく、相互に人格と個性を尊重し合いながら共生する社会の実現に向け、障害者差別の解消を推進することを目的として、平成25年に制定された。

### 2　法の基本的な考え方

(1)　法の対象となる障害者は、障害者基本法第2条第1号に規定する障害者、すなわち、身体障害、知的障害、精神障害（発達障害を含む。）その他の心身の機能の障害（以下「障害」と総称する。）がある者であって、障害及び社会的障壁により継続的に日常生活又は社会生活に相当な制限を受ける状態にあるものである。

　これは、障害者が日常生活又は社会生活において受ける制限は、障害のみに起因するものではなく、社会における様々な障壁と相対することによって生ずるものとのいわゆる「社会モデル」の考え方を踏まえている。

　したがって、法が対象とする障害者は、いわゆる障害者手帳の所持者に限られない。なお、難病に起因する障害は心身の機能の障害に含まれ、高次脳機能障害は精神障害に含まれる。

(2)　法は、日常生活及び社会生活全般に係る分野を広く対象としている。ただし、事業者が事業主としての立場で労働者に対して行う障害を理由とする差別を解消するための措置については、法第13条の規定により、障害者の雇用の促進等に関する法律（昭和35年法律第123号）の定めるところによることとされていることから、この対応指

針（以下「本指針」という。）の対象外となる。なお、同法第34条及び第35条において、雇用の分野における障害者に対する差別の禁止が定められ、また、同法第36条の2及び第36条の3において、障害者が職場で働くに当たっての支障を改善するための措置（合理的配慮の提供義務）が定められたことを認識し、同法第36条第1項及び第36条の5第1項の規定に基づき厚生労働大臣が定める各指針を踏まえて適切に対処することが求められることに留意する。

## 3　本指針の位置付け

本指針は、法第11条第1項の規定に基づき、また、障害を理由とする差別の解消の推進に関する基本方針（平成27年2月24日閣議決定。以下「基本方針」という。）に即して、法第8条に規定する事項に関し、文部科学省が所管する分野における事業者（以下「関係事業者」という。）が適切に対応するために必要な事項を定めたものである。

なお、事業者とは、商業その他の事業を行う者（国、独立行政法人等、地方公共団体及び地方独立行政法人を除く。）、すなわち、目的の営利・非営利、個人・法人の別を問わず、同種の行為を反復継続する意思をもって行う者であり、個人事業者や対価を得ない無報酬の事業を行う者、学校法人、宗教法人、非営利事業を行う社会福祉法人及び特定非営利活動法人を含む。なお、主たる事業に付随する事業、例えば、学校法人が設置する大学医学部の附属病院や宗教法人が設置する博物館等も、本指針の対象となる。このほか、本指針で使用する用語は、法第2条及び基本方針に定める定義に従う。

また、本指針は、法附則第7条の規定又は法の附帯決議に基づいて行われる法の見直し、法施行後の具体的な相談事例や裁判例の集積等を踏まえ、必要に応じ見直しを行うものとする。

## 4　留意点

本指針で「望ましい」と記載している内容は、関係事業者がそれに従わない場合であっても、法に反すると判断されることはないが、障害者基本法の基本的な理念及び法の目的を踏まえ、できるだけ取り組むことが望まれることを意味する。

なお、関係事業者における障害者差別解消に向けた取組は、本指針を参考にして、各関係事業者により自主的に取組が行われることが期待されるが、自主的な取組のみによってはその適切な履行が確保されず、関係事業者が法に反した取扱いを繰り返し、自主的な改善を期待することが困難である場合などは、法第12条の規定により、文部科学大臣は、特に必要があると認められるときは、関係事業者に対し、報告を求め、又は助言、指導若しくは勧告をすることができることとされている。

こうした行政措置に至る事案を未然に防止するため、文部科学大臣は、関係事業者に対して、本指針に係る十分な情報提供を行うとともに、関係事業者からの照会・相談に丁寧に対応するなどの取組を積極的に行う必要があることから、文部科学省においては、第5のとおり、相談窓口を設置することとする。

## 第2 不当な差別的取扱い及び合理的配慮の基本的な考え方

### 1 不当な差別的取扱い

#### (1) 不当な差別的取扱いの基本的な考え方

関係事業者は、法第8条第1項の規定のとおり、その事業を行うに当たり、障害を理由として障害者でない者と不当な差別的取扱いをすることにより、障害者の権利利益を侵害してはならない。

ア 法が禁止する障害者の権利利益の侵害とは、障害者に対して、正当な理由なく、障害を理由として、財・サービスや各種機会の提供を拒否する又は提供に当たって場所・時間帯などを制限する、障害者でない者に対しては付さない条件を付すことなどによる権利利益の侵害である。

なお、障害者の事実上の平等を促進し、又は達成するために必要な特別の措置は、法第8条第1項に規定する不当な差別的取扱い（以下単に「不当な差別的取扱い」という。）ではない。

イ したがって、障害者を障害者でない者より優遇する取扱い（いわゆる積極的改善措置）や、法に規定された障害者に対する合理的配慮の提供による障害者でない者との異なる取扱い、合理的配慮を提供等するために必要な範囲で、プライバシーに配慮しつつ障害者に障害の状況等を確認することは、不当な差別的取扱いには当たらない。不当な差別的取扱いとは、正当な理由なく、障害者を、関係事業者の行う事業について本質的に関係する諸事情が同じ障害者でない者より不利に扱うことである点に留意する必要がある。

#### (2) 正当な理由の判断の視点

正当な理由に相当するのは、障害者に対して、障害を理由として、財・サービスや各種機会の提供を拒否するなどの取扱いが客観的に見て正当な目的の下に行われたものであり、その目的に照らしてやむを得ない場合である。関係事業者においては、正当な理由に相当するか否かについて、個別の事案ごとに、障害者、関係事業

者、第三者の権利利益（例：安全の確保、財産の保全、事業の目的・内容・機能の維持、損害発生の防止等）の観点から、具体的場面や状況に応じて総合的・客観的に判断することが必要である。個別の事案ごとに具体的場面や状況に応じた検討を行うことなく、抽象的に事故の危惧がある、危険が想定されるなどの一般的・抽象的な理由に基づいて、財・サービスや各種機会の提供を拒否する又は提供に当たって場所・時間帯などを制限する、障害者でない者に対しては付さない条件を付すなど障害者を不利に扱うことは、法の趣旨を損なうため、適当ではない。

　関係事業者は、個別の事案ごとに具体的な検討を行った上で正当な理由があると判断した場合には、障害者にその理由を説明するものとし、理解を得るよう努めることが望ましい。

### （3）不当な差別的取扱いの具体例

　不当な差別的取扱いに当たり得る具体例は別紙1のとおりである。

　なお、1（2）で示したとおり、不当な差別的取扱いに相当するか否かについては、個別の事案ごとに判断されることとなる。また、別紙1に記載されている具体例については、正当な理由が存在しないことを前提としていること、さらに、それらはあくまでも例示であり、記載されている具体例だけに限られるものではないことに留意する必要がある。

## 2　合理的配慮

### （1）合理的配慮の基本的な考え方

　関係事業者は、法第8条第2項の規定のとおり、その事業を行うに当たり、障害者から現に社会的障壁の除去を必要としている旨の意思の表明があった場合において、その実施に伴う負担が過重でないときは、障害者の権利利益を侵害することとならないよう、当該障害者の性別、年齢及び障害の状態に応じて、社会的障壁の除去の実施について必要かつ合理的な配慮（以下「合理的配慮」という。）をするように努めなければならない。

ア　権利条約第2条において、「合理的配慮」は、「障害者が他の者との平等を基礎として全ての人権及び基本的自由を享有し、又は行使することを確保するための必要かつ適当な変更及び調整であって、特定の場合において必要とされるものであり、かつ、均衡を失した又は過度の負担を課さないもの」と定義されている。

　法は、権利条約における合理的配慮の定義を踏まえ、事業者に対し、その事業を行うに当たり、個々の場面において、障害者から現に社会的障壁の除去を必要

## Ⅲ　全府省庁対応指針（ガイドライン）

としている旨の意思の表明があった場合において、その実施に伴う負担が過重でないときは、障害者の権利利益を侵害することとならないよう、社会的障壁の除去の実施について、合理的配慮に努めなければならないとしている。合理的配慮は、障害者が受ける制限は、障害のみに起因するものではなく、社会における様々な障壁と相対することによって生ずるものという、いわゆる「社会モデル」の考え方を踏まえたものであり、障害者の権利利益を侵害することとならないよう、障害者が個々の場面において必要としている社会的障壁を除去するための必要かつ合理的な取組であり、その実施に伴う負担が過重でないものである。

合理的配慮は、事業者の事業の目的・内容・機能に照らし、必要とされる範囲で本来の業務に付随するものに限られること、障害者でない者との比較において同等の機会の提供を受けるためのものであること及び事業の目的・内容・機能の本質的な変更には及ばないことに留意する必要がある。

イ　合理的配慮は、障害の特性や社会的障壁の除去が求められる具体的場面や状況に応じて異なり、多様かつ個別性の高いものであり、当該障害者が現に置かれている状況を踏まえ、社会的障壁の除去のための手段及び方法について、2（2）で示す過重な負担の基本的な考え方に掲げた要素を考慮し、代替措置の選択も含め、双方の建設的対話による相互理解を通じて、必要かつ合理的な範囲で、柔軟に対応がなされるものである。さらに、合理的配慮の内容は、技術の進展、社会情勢の変化等に応じて変わり得るものである。合理的配慮の提供に当たっては、障害者の性別、年齢、状態等に配慮するものとする。

なお、合理的配慮を必要とする障害者が多数見込まれる場合、障害者との関係性が長期にわたる場合等には、その都度の合理的配慮の提供ではなく、後述する環境の整備を考慮に入れることにより、中・長期的なコストの削減・効率化につながる可能性がある点は重要であることから、環境の整備に取り組むことを積極的に検討することが望ましい。

ウ　意思の表明に当たっては、具体的場面において、社会的障壁の除去に関する配慮を必要としている状況にあることを言語（手話を含む。）のほか、点字、拡大文字、筆談、実物の提示、身振りサイン等による合図、触覚による意思伝達など、障害者が他人とコミュニケーションを図る際に必要な手段（通訳を介するものを含む。）により伝えられる。

また、意思の表明には、障害者からの意思の表明のみでなく、知的障害や精神障害（発達障害を含む。）等により本人の意思の表明が困難な場合には、障害者の家族、介助者、法定代理人その他意思の表明に関わる支援者等、コミュニケー

文部科学省

ションを支援する者が本人を補佐して行う意思の表明も含む。

　なお、意思の表明が困難な障害者が家族やコミュニケーションを支援する者を伴っておらず、本人の意思の表明もコミュニケーションを支援する者が本人を補佐して行う意思の表明も困難であることなどにより、意思の表明がない場合であっても、当該障害者が社会的障壁の除去を必要としていることが明白である場合には、法の趣旨に鑑み、当該障害者に対して適切と思われる配慮を提案するために建設的対話を働きかけるなど、自主的な取組に努めることが望ましい。

エ　合理的配慮は、障害者等の利用を想定して事前に行われる建築物のバリアフリー化、介助者や日常生活・学習活動などの支援を行う支援員等の人的支援、情報アクセシビリティの向上等の環境の整備を基礎として、個々の障害者に対して、その状況に応じて個別に実施される措置である。したがって、各場面における環境の整備の状況により、合理的配慮の内容は異なることとなる。また、障害の状態等が変化することもあるため、特に、障害者との関係性が長期にわたる場合等には、提供する合理的配慮について、適宜、見直しを行うことが重要である。

オ　介助者や支援員等の人的支援に関しては、障害者本人と介助者や支援員等の人間関係や信頼関係の構築・維持が重要であるため、これらの関係も考慮した支援のための環境整備にも留意することが望ましい。また、支援機器の活用により、障害者と関係事業者双方の負担が軽減されることも多くあることから、支援機器の適切な活用についても配慮することが望ましい。

カ　同種の事業が行政機関等と事業者の双方で行われる場合には、事業の類似性を踏まえつつ、事業主体の違いも考慮した上での対応に努めることが望ましい。

　さらに、文部科学省所管事業分野のうち学校教育分野については、障害者との関係性が長期にわたるなど固有の特徴を有することから、また、スポーツ分野についてはスポーツ基本法（平成23年法律第78号）等を踏まえて、文化芸術分野については文化芸術振興基本法（平成13年法律第148号）等を踏まえて、各分野の特に留意すべき点を別紙2のとおり示す。

（2）過重な負担の基本的な考え方

　過重な負担については、関係事業者において、個別の事案ごとに、以下の要素等を考慮し、具体的場面や状況に応じて総合的・客観的に判断することが必要である。個別の事案ごとに具体的場面や状況に応じた検討を行うことなく、一般的・抽象的な理由に基づいて過重な負担に当たると判断することは、法の趣旨を損なうため、

# Ⅲ　全府省庁対応指針（ガイドライン）

適当ではない。関係事業者は、個別の事案ごとに具体的な検討を行った上で過重な負担に当たると判断した場合には、障害者にその理由を説明するものとし、理解を得るよう努めることが望ましい。

① 事務・事業への影響の程度（事務・事業の目的・内容・機能を損なうか否か）
② 実現可能性の程度（物理的・技術的制約、人的・体制上の制約）
③ 費用・負担の程度
④ 事務・事業規模
⑤ 財政・財務状況

### （3）合理的配慮の具体例

合理的配慮の具体例は別紙1のとおりである。

なお、2（1）イで示したとおり、合理的配慮は、具体的場面や状況に応じて異なり、多様かつ個別性の高いものであり、掲載した具体例については、

○ 前提として、2（2）で示した過重な負担が存在しないこと
○ 事業者に強制する性格のものではないこと
○ これらはあくまでも例示であり、記載されている具体例に限られるものではないこと

に留意する必要がある。関係事業者においては、これらの合理的配慮の具体例を含む本指針の内容を踏まえ、具体的場面や状況に応じて柔軟に対応することが期待される。

## 第3　関係事業者における相談体制の整備

関係事業者においては、障害者、その家族その他の関係者からの相談等に的確に対応するため、既存の一般の利用者等からの相談窓口等の活用や窓口の開設により相談窓口を整備することが重要である。また、ホームページ等を活用し、相談窓口等に関する情報を周知することや、相談時の配慮として、対話のほか、電話、ファックス、電子メール、筆談、読み上げ、手話、点字、拡大文字、ルビ付与など、障害の特性に応じた多様なコミュニケーション手段や情報提供手段を用意して対応することが望ましい。なお、ホームページによる周知に際しては、視覚障害者、聴覚障害者等の情報アクセシビリティに配慮し、例えば、音声読み上げ機能に対応できるよう画像には説明文を付す、動画を掲載する場合に字幕、手話等を付すなどの配慮を行うことが望ましい。

また、実際の相談事例については、プライバシーに配慮しつつ順次蓄積し、以後の合理的配慮の提供等に活用することが望ましい。

さらに、文部科学省所管分野のうち学校教育分野については、障害者との関係性が長期にわたるなど固有の特徴を有することから、特に留意すべき点を別紙2のとおり示す。

## 第4　関係事業者における研修・啓発

関係事業者は、障害者に対して適切に対応し、また、障害者及びその家族その他の関係者からの相談等に的確に対応するため、研修等を通じて、法の趣旨の普及を図るとともに、障害に関する理解の促進を図ることが重要である。普及すべき法の趣旨には、法第1条に規定する法の目的、すなわち、全ての国民が、障害の有無によって分け隔てられることなく、相互に人格と個性を尊重し合いながら共生する社会の実現を目指すことが含まれる点にも留意する。

特に学校教育分野においては、教職員の理解の在り方や指導の姿勢が幼児、児童、生徒及び学生（以下「児童生徒等」という。）に大きく影響することに十分留意し、児童生徒等の発達段階に応じた支援方法、外部からは気付きにくいこともある難病等をはじめとした病弱（身体虚弱を含む。）、発達障害、高次脳機能障害等の理解、児童生徒等の間で不当な差別的取扱いが行われている場合の適切な対応方法等も含め、研修・啓発を行うことが望ましい。また、スポーツ分野や文化芸術分野においても、指導者等関係者の理解の在り方や指導の姿勢がスポーツや文化芸術活動に参加する者等に大きく影響することに十分留意した研修・啓発を行うことが望ましい。

研修・啓発においては、文部科学省や同省が所管する独立行政法人等が提供する各種情報を活用することが効果的である（独立行政法人国立特別支援教育総合研究所が運営する「インクルーシブ教育システム構築支援データベース」や独立行政法人日本学生支援機構が作成する「大学等における障害のある学生への支援・配慮事例」、「教職員のための障害学生修学支援ガイド」等）。また、研修・啓発の内容によっては、医療、保健、福祉等の関係機関や障害者関係団体と連携して実施することも効果的である。

## 第5　文部科学省所管事業分野に係る相談窓口

生涯学習・社会教育分野　生涯学習政策局生涯学習推進課及び同局社会教育課

Ⅲ　全府省庁対応指針（ガイドライン）

初等中等教育分野　初等中等教育局特別支援教育課
高等教育分野　高等教育局学生・留学生課
科学技術・学術分野　科学技術・学術所管部局事業所管各課室
スポーツ分野　スポーツ庁健康スポーツ課
文化芸術分野　文化庁文化所管部局事業所管各課室

### 別紙 1

## 不当な差別的取扱い、合理的配慮等の具体例

### 1 不当な差別的取扱いに当たり得る具体例

障害のみを理由として、以下の取扱いを行うこと。

- 学校、社会教育施設、スポーツ施設、文化施設等において、窓口対応を拒否し、又は対応の順序を後回しにすること。
- 資料の送付、パンフレットの提供、説明会やシンポジウムへの出席等を拒むこと。
- 社会教育施設、スポーツ施設、文化施設等やそれらのサービスの利用をさせないこと。
- 学校への入学の出願の受理、受験、入学、授業等の受講や研究指導、実習等校外教育活動、入寮、式典参加を拒むことや、これらを拒まない代わりとして正当な理由のない条件を付すこと。
- 試験等において合理的配慮の提供を受けたことを理由に、当該試験等の結果を学習評価の対象から除外したり、評価において差を付けたりすること。

### 2 不当な差別的取扱いに当たらない具体例

- 学校、社会教育施設、スポーツ施設、文化施設等において、合理的配慮を提供等するために必要な範囲で、プライバシーに配慮しつつ、障害者である利用者に障害の状況等を確認すること。
- 障害のある幼児、児童及び生徒のため、通級による指導を実施する場合において、また特別支援学級及び特別支援学校において、特別の教育課程を編成すること。

### 3 合理的配慮に当たり得る配慮の具体例

#### (1) 物理的環境への配慮や人的支援の配慮の具体例

①主として物理的環境への配慮に関するもの

- 学校、社会教育施設、スポーツ施設、文化施設等において、災害時の警報音、緊急連絡等が聞こえにくい障害者に対し、災害時に関係事業者の管理する施設の職員が直接災害を知らせたり、緊急情報・館内放送を視覚的に受容すること

ができる警報設備・電光表示機器等を用意したりすること。
- 管理する施設・敷地内において、車椅子利用者のためにキャスター上げ等の補助をし、又は段差に携帯スロープを渡すこと。
- 配架棚の高い所に置かれた図書やパンフレット等を取って渡したり、図書やパンフレット等の位置を分かりやすく伝えたりすること。
- 疲労を感じやすい障害者から別室での休憩の申出があった際、別室の確保が困難である場合に、当該障害者に事情を説明し、対応窓口の近くに長椅子を移動させて臨時の休憩スペースを設けること。
- 移動に困難のある学生等のために、通学のための駐車場を確保したり、参加する授業で使用する教室をアクセスしやすい場所に変更したりすること。
- 聴覚過敏の児童生徒等のために教室の机・椅子の脚に緩衝材を付けて雑音を軽減する、視覚情報の処理が苦手な児童生徒等のために黒板周りの掲示物等の情報量を減らすなど、個別の事案ごとに特性に応じて教室環境を変更すること。

②主として人的支援の配慮に関するもの
- 目的の場所までの案内の際に、障害者の歩行速度に合わせた速度で歩いたり、介助する位置（左右・前後・距離等）について、障害者の希望を聞いたりすること。
- 介助等を行う学生（以下「支援学生」という。）、保護者、支援員等の教室への入室、授業や試験でのパソコン入力支援、移動支援、待合室での待機を許可すること。

（２）意思疎通の配慮の具体例
- 学校、社会教育施設、スポーツ施設、文化施設等において、筆談、要約筆記、読み上げ、手話、点字など多様なコミュニケーション手段や分かりやすい表現を使って説明をするなどの意思疎通の配慮を行うこと。
- 情報保障の観点から、見えにくさに応じた情報の提供（聞くことで内容が理解できる説明・資料や、拡大コピー、拡大文字又は点字を用いた資料、遠くのものや動きの速いものなど触ることができないものを確認できる模型や写真等の提供）、聞こえにくさに応じた視覚的な情報の提供、見えにくさと聞こえにくさの両方がある場合に応じた情報の提供（手のひらに文字を書いて伝える等）、知的障害に配慮した情報の提供（伝える内容の要点を筆記する、漢字にルビを

振る、単語や文節の区切りに空白を挟んで記述する「分かち書き」にする、なじみのない外来語は避ける等）を行うこと。また、その際、各媒体間でページ番号等が異なり得ることに留意して使用すること。

▶ 知的障害のある利用者等に対し、抽象的な言葉ではなく、具体的な言葉を使うこと。例えば、サービスを受ける際の「手続」や「申請」など生活上必要な言葉等の意味を具体的に説明して、当該利用者等が理解しているかを確認すること。

▶ 子供である障害者又は知的障害、発達障害、言語障害等により言葉だけを聞いて理解することや意思疎通が困難な障害者に対し、絵や写真カード、コミュニケーションボード、タブレット端末等のICT機器の活用、視覚的に伝えるための情報の文字化、質問内容を「はい」又は「いいえ」で端的に答えられるようにすることなどにより意思を確認したり、本人の自己選択・自己決定を支援したりすること。

▶ 比喩表現等の理解が困難な障害者に対し、比喩や暗喩、二重否定表現などを用いずに説明すること。

（3）ルール・慣行の柔軟な変更の具体例

▶ 学校、社会教育施設、スポーツ施設、文化施設等において、事務手続の際に、職員や教員、支援学生等が必要書類の代筆を行うこと。

▶ 障害者が立って列に並んで順番を待っている場合に、周囲の理解を得た上で、当該障害者の順番が来るまで別室や席を用意すること。

▶ 他人との接触、多人数の中にいることによる緊張のため、不随意の発声等がある場合、緊張を緩和するため、当該障害者に説明の上、施設の状況に応じて別室を用意すること。

▶ 学校、文化施設等において、板書やスクリーン等がよく見えるように、黒板等に近い席を確保すること。

▶ スポーツ施設、文化施設等において、移動に困難のある障害者を早めに入場させ席に誘導したり、車椅子を使用する障害者の希望に応じて、決められた車椅子用以外の客席も使用できるようにしたりすること。

▶ 入学試験や検定試験において、本人・保護者の希望、障害の状況等を踏まえ、

# Ⅲ 全府省庁対応指針（ガイドライン）

別室での受験、試験時間の延長、点字や拡大文字、音声読み上げ機能の使用等を許可すること。
▶ 点字や拡大文字、音声読み上げ機能を使用して学習する児童生徒等のために、授業で使用する教科書や資料、問題文を点訳又は拡大したものやテキストデータを事前に渡すこと。
▶ 聞こえにくさのある児童生徒等に対し、外国語のヒアリングの際に、音質・音量を調整したり、文字による代替問題を用意したりすること。
▶ 知的発達の遅れにより学習内容の習得が困難な児童生徒等に対し、理解の程度に応じて、視覚的に分かりやすい教材を用意すること。
▶ 肢体不自由のある児童生徒等に対し、体育の授業の際に、上・下肢の機能に応じてボール運動におけるボールの大きさや投げる距離を変えたり、走運動における走る距離を短くしたり、スポーツ用車椅子の使用を許可したりすること。
▶ 日常的に医療的ケアを要する児童生徒等に対し、本人が対応可能な場合もあることなどを含め、配慮を要する程度には個人差があることに留意して、医療機関や本人が日常的に支援を受けている介助者等と連携を図り、個々の状態や必要な支援を丁寧に確認し、過剰に活動の制限等をしないようにすること。
▶ 慢性的な病気等のために他の児童生徒等と同じように運動ができない児童生徒等に対し、運動量を軽減したり、代替できる運動を用意したりするなど、病気等の特性を理解し、過度に予防又は排除をすることなく、参加するための工夫をすること。
▶ 治療等のため学習できない期間が生じる児童生徒等に対し、補講を行うなど、学習機会を確保する方法を工夫すること。
▶ 読み・書き等に困難のある児童生徒等のために、授業や試験でのタブレット端末等のICT機器使用を許可したり、筆記に代えて口頭試問による学習評価を行ったりすること。
▶ 発達障害等のため、人前での発表が困難な児童生徒等に対し、代替措置としてレポートを課したり、発表を録画したもので学習評価を行ったりすること。
▶ 学校生活全般において、適切な対人関係の形成に困難がある児童生徒等のために、能動的な学習活動などにおいてグループを編成する時には、事前に伝えたり、場合によっては本人の意向を確認したりすること。また、こだわりのある

児童生徒等のために、話し合いや発表などの場面において、意思を伝えることに時間を要する場合があることを考慮して、時間を十分に確保したり個別に対応したりすること。

- 理工系の実験、地質調査のフィールドワークなどでグループワークができない学生等や、実験の手順や試薬を混同するなど、作業が危険な学生等に対し、個別の実験時間や実習課題を設定したり、個別のティーチング・アシスタント等を付けたりすること。

Ⅲ　全府省庁対応指針（ガイドライン）

別紙2

## 分野別の留意点

### 学校教育分野

**1　総論**

　権利条約のうち、教育分野について規定した第24条は、教育についての障害者の権利を認めることを明言し、「インクルーシブ教育システム」(inclusive education system、障害者を包容する教育制度）及び生涯学習の確保を締約国に求めている。

　これらは、人間の多様性の尊重等の強化、障害者が精神的及び身体的な能力等を可能な最大限度まで発達させ、自由な社会に効果的に参加することを可能とするとの目的の下、障害のある者と障害のない者が共に学ぶ仕組みであり、障害のある者が一般的な教育制度から排除されないこと、自己の生活する地域において初等中等教育の機会が与えられること、個人に必要な合理的配慮が提供されること等が必要とされている。

　障害者基本法においては、第4条第1項において「何人も、障害者に対して、障害を理由として、差別することその他の権利利益を侵害する行為をしてはならない」と、また、同条第2項において「社会的障壁の除去は、それを必要としている障害者が現に存し、かつ、その実施に伴う負担が過重でないときは、それを怠ることによつて前項の規定に違反することとならないよう、その実施について必要かつ合理的な配慮がされなければならない」とされている。さらに、国及び地方公共団体は、教育基本法（平成18年法律第120号）第4条第2項において「障害のある者が、その障害の状態に応じ、十分な教育を受けられるよう、教育上必要な支援を講じなければならない」とされているほか、障害者基本法第16条第1項において「障害者が、その年齢及び能力に応じ、かつ、その特性を踏まえた十分な教育が受けられるようにするため、可能な限り障害者である児童及び生徒が障害者でない児童及び生徒と共に教育を受けられるよう配慮しつつ、教育の内容及び方法の改善及び充実を図る等必要な施策を講じなければならない」とされている。

　学校教育分野においては、これらの規定も踏まえて既に権利条約等への対応のための取組が進められており、合理的配慮等の考え方も、中央教育審議会初等中等教育分科会が平成24年7月に取りまとめた「共生社会の形成に向けたインクルーシブ教育システム構築のための特別支援教育の推進（報告）」（以下「報告」という。）及び文部科学省

高等教育局長決定により開催された「障がいのある学生の修学支援に関する検討会」が平成24年12月に取りまとめた「障がいのある学生の修学支援に関する検討会報告（第一次まとめ）」により示されている。

　教育基本法第4条第2項による義務を負うのは国及び地方公共団体であるが、障害者基本法第4条及び同条を具体化する法の理念を踏まえ、学校教育を行う事業者においても、これらの有識者会議により示された考え方を参考とし、取組を一層推進することが必要である。また、専修学校及び各種学校を設置する事業者においては、後述する初等中等教育段階又は高等教育段階のうち相当する教育段階の留意点を参考として対応することが望ましい。

　なお、有識者会議により示された考え方は、特別支援教育及び障害のある学生の修学支援の全体に関するものであり、現に社会的障壁の除去を必要としている旨の意思の表明を受けて行う合理的配慮の提供にとどまらず、これらに基づく取組を推進することにより、当該意思の表明がない場合にも、適切と思われる配慮に関する建設的対話を働きかけるなどの自主的な取組も推進され、自ら意思を表明することが必ずしも容易ではない児童生徒等も差別を受けることのない環境の醸成につながることが期待される。

### 2　初等中等教育段階

#### （1）合理的配慮に関する留意点

　障害のある幼児、児童及び生徒に対する合理的配慮の提供については、中央教育審議会初等中等教育分科会の報告に示された合理的配慮の考え方を踏まえて対応することが適当である。具体的には、主として以下の点に留意する。

　ア　合理的配慮の合意形成に当たっては、権利条約第24条第1項にある、人間の多様性の尊重等の強化、障害者が精神的及び身体的な能力等を可能な最大限度まで発達させ、自由な社会に効果的に参加することを可能とするといった目的に合致するかどうかの観点から検討が行われることが重要である。

　イ　合理的配慮は、一人一人の障害の状態や教育的ニーズ等に応じ、設置者・学校（学校教育法（昭和22年法律第26号）第1条に規定する学校（大学及び高等専門学校を除く。）をいう。以下同じ。）及び本人・保護者により、発達の段階を考慮しつつ合意形成を図った上で提供されることが望ましく、その内容を個別の教育支援計画に明記することが重要である。

ウ　合理的配慮の合意形成後も、幼児、児童及び生徒一人一人の発達の程度、適応の状況等を勘案しながら柔軟に見直しができることを共通理解とすることが重要である。
エ　合理的配慮は、障害者がその能力を可能な最大限度まで発達させ、自由な社会に効果的に参加することを可能とするとの目的の下、障害のある者と障害のない者が共に学ぶ仕組みであるインクルーシブ教育システムの理念に照らし、その障害のある幼児、児童及び生徒が十分な教育が受けられるために提供できているかという観点から評価することが重要である。例えば、個別の教育支援計画や個別の指導計画について、各学校において計画に基づき実行した結果を評価して定期的に見直すなど、ＰＤＣＡサイクルを確立させていくことが重要である。
オ　進学等の移行時においても途切れることのない一貫した支援を提供するため、個別の教育支援計画の引継ぎ、学校間や関係機関も含めた情報交換等により、合理的配慮の引継ぎを行うことが必要である。

なお、学校教育分野において、障害のある幼児、児童及び生徒の将来的な自立と社会参加を見据えた障害の早期発見・早期支援の必要性及びインクルーシブ教育システムの理念に鑑み、幼児教育段階や小学校入学時点において、意思の表明の有無に関わらず、幼児及び児童に対して適切と思われる支援を検討するため、幼児及び児童の障害の状態等の把握に努めることが望ましい。具体的には、保護者と連携し、プライバシーにも留意しつつ、地方公共団体が実施する乳幼児健診の結果や就学前の療育の状況、就学相談の内容を参考とすること、後述する校内委員会において幼児及び児童の支援のニーズ等に関する実態把握を適切に行うこと等が考えられる。

（２）合理的配慮の具体例
　別紙１のほか、報告において整理された合理的配慮の観点や障害種別の例及び独立行政法人国立特別支援教育総合研究所が運営する「インクルーシブ教育システム構築支援データベース」や「特別支援教育教材ポータルサイト」も参考とすることが効果的である。
　なお、これらに示されているもの以外は提供する必要がないということではなく、一人一人の障害の状態や教育的ニーズ等に応じて決定されることが望ましい。

### (3) 相談体制の整備に関する留意点

　学校教育法第81条第１項の規定により、私立学校を含め、障害により教育上特別の支援を必要とする幼児、児童及び生徒が在籍する全ての学校において、特別支援教育を実施することとされている。

　学校の校長（園長を含む。以下同じ。）は、特別支援教育の実施の責任者として、自らが特別支援教育や障害に関する認識を深めるとともに、リーダーシップを発揮しつつ、特別支援学校のセンター的機能等も活用しながら、次の体制の整備を行い、組織として十分に機能するよう教職員を指導することが重要である。

　ア　特別支援教育コーディネーターの指名

　　　各学校の校長は、各学校における特別支援教育の推進のため、主に、２（３）イに述べる校内委員会や校内研修の企画・運営、関係諸機関や関係する学校との連絡・調整、保護者からの相談窓口などの役割を担う教員を「特別支援教育コーディネーター」に指名し、校務分掌に明確に位置付ける。

　　　また、校長は、特別支援教育コーディネーターが合理的配慮の合意形成、提供、評価、引継ぎ等の一連の過程において重要な役割を担うことに十分留意し、学校において組織的に機能するよう努める。

　イ　特別支援教育に関する校内委員会の設置

　　　各学校においては、校長のリーダーシップの下、全校的な支援体制を確立し、障害のある又はその可能性があり特別な支援を必要としている幼児、児童及び生徒の実態把握や支援方策の検討等を行うため、校内に特別支援教育に関する校内委員会を設置する。

　　　校内委員会は、校長、教頭、特別支援教育コーディネーター、教務主任、生徒指導主事、通級による指導担当教員、特別支援学級担当教員、養護教諭、対象の幼児、児童及び生徒の学級担任、学年主任、その他必要と認められる者などで構成する。

　学校においては、主として学級担任や特別支援教育コーディネーター等が、幼児、児童及び生徒・保護者等からの相談及び現に社会的障壁の除去を必要としている旨の意思の表明を最初に受け付けることが想定される。各学校は、相談等を受けた学級担任や特別支援教育コーディネーター等と本人・保護者との対話による合意形成が困難である場合には、校内委員会を含む校内体制への接続が確実に行われるようにし、校長のリーダー

シップの下、合意形成に向けた検討を組織的に行うことが必要である。
　このような校内体制を用いてもなお合意形成が難しい場合は、設置者である学校法人等が、法的知見を有する専門家等の助言を得るなどしつつ、法の趣旨に即して適切に対応することが必要である。

### （4）研修・啓発に関する留意点

　基本方針は、地域住民等に対する啓発活動として、「障害者差別が、本人のみならず、その家族等にも深い影響を及ぼすことを、国民一人ひとりが認識するとともに、法の趣旨について理解を深めることが不可欠であり、また、障害者からの働きかけによる建設的対話を通じた相互理解が促進されるよう、障害者も含め、広く周知・啓発を行うことが重要である」としている。
　この周知・啓発において学校教育が果たす役割は大きく、例えば、障害者基本法第16条第3項にも規定されている障害のある幼児、児童及び生徒と障害のない幼児、児童及び生徒の交流及び共同学習は、障害のない幼児、児童及び生徒が障害のある幼児、児童及び生徒と特別支援教育に対する正しい理解と認識を深めるための絶好の機会であり、同じ社会に生きる人間として、お互いを正しく理解し、共に助け合い、支え合って生きていくことの大切さを学ぶ場である。また、障害のある幼児、児童及び生徒の保護者、障害のない幼児、児童及び生徒の保護者ともに、このような学校教育に関わることにより、障害者に対する理解を深めていくことができる。
　学校においては、学校教育が担う重要な役割を認識し、幼児、児童及び生徒の指導や保護者との連絡に携わる教職員一人一人が、研修等を通じて、法の趣旨を理解するとともに、障害に関する理解を深めることが重要である。

### 3　高等教育段階

#### （1）合理的配慮に関する留意点

　障害のある学生に対する合理的配慮の提供については、大学等（大学及び高等専門学校をいう。以下同じ。）が個々の学生の状態・特性等に応じて提供するものであり、多様かつ個別性が高いものである。合理的配慮を提供するに当たり、大学等が指針とすべき考え方を項目別に以下のように整理した。ここで示すもの以外は合理的配慮として提供する必要がないというものではなく、個々の学生の障害の状態・特性や教育的ニーズ

等に応じて配慮されることが望まれる。
① 機会の確保：障害を理由に修学を断念することがないよう、修学機会を確保すること、また、高い教養と専門的能力を培えるよう、教育の質を維持すること。
② 情報公開：障害のある大学進学希望者や学内の障害のある学生に対し、大学等全体としての受入れ姿勢・方針を示すこと。
③ 決定過程：権利の主体が学生本人にあることを踏まえ、学生本人の要望に基づいた調整を行うこと。
④ 教育方法等：情報保障、コミュニケーション上の配慮、公平な試験、成績評価などにおける配慮を行うこと。
⑤ 支援体制：大学等全体として専門性のある支援体制の確保に努めること。
⑥ 施設・設備：安全かつ円滑に学生生活を送れるよう、バリアフリー化に配慮すること。

（2）合理的配慮の具体例

別紙1のほか、独立行政法人日本学生支援機構が作成する「大学等における障害のある学生への支援・配慮事例」や「教職員のための障害学生修学支援ガイド」も参考とすることが効果的である。

なお、これらに示されているもの以外は提供する必要がないということではなく、一人一人の障害の状態や教育的ニーズ等に応じて決定されることが望ましい。

（3）相談体制の整備に関する留意点

大学等の学長（校長を含む。以下同じ。）は、リーダーシップを発揮し、大学等全体として、学生から相談を受けた時の体制整備を含む次のような支援体制を確保することが重要である。

ア　担当部署の設置及び適切な人的配置

支援体制を整備するに当たり、必要に応じ、障害のある学生の支援を専門に行う担当部署の設置及び適切な人的配置（専門性のある専任教職員、コーディネーター、相談員、手話通訳等の専門技術を有する支援者等）を行うほか、学内（学生相談に関する部署・施設、保健管理に関する部署・施設、学習支援に関する部署・施設、障害に関する様々な専門性を持つ教職員）との役割を明確にした上で、関係部署・

施設との連携を図る。

なお、障害のある学生の所属学部や学科、担当教職員により提供する支援の内容が著しく異なるなどの状況が発生した場合は、学長及び障害のある学生の支援を専門に行う担当部署を中心に、これらの事案の内容を十分に確認した上で、必要な調整を図り、さらに再発防止のための措置を講じることが望ましい。

また、障害のある学生と大学等との間で提供する合理的配慮の内容の決定が困難な場合は、第三者的視点に立ち調整を行う組織が必要となるため、このような組織を学内に設置することが望ましい。

これらの調整の結果、なお合意形成が難しい場合は、大学等の設置者である学校法人等が、法的知見を有する専門家等の助言を得るなどしつつ、法の趣旨に即して適切に対応することが必要である。

イ　外部資源の活用

　　障害は多岐にわたり、各大学等内の資源のみでは十分な対応が困難な場合があることから、必要に応じ、学外（地方公共団体、ＮＰＯ、他の大学等、特別支援学校など）の教育資源の活用や障害者関係団体、医療、福祉、労働関係機関等との連携についても検討する。

ウ　周囲の学生の支援者としての活用

　　障害のある学生の日常的な支援には、多数の人材が必要となる場合が多いことから、周囲の学生を支援者として活用することも一つの方法である。

　　一方で、これらの学生の支援者としての活用に当たっては、一部の学生に過度な負担が掛かることや支援に携わる学生と障害のある学生の人間関係に問題が生じる場合があることから、これらに十分留意するとともに、障害の知識や対応方法、守秘義務の徹底等、事前に十分な研修を行い、支援の質を担保した上で実施することが重要である。

（４）学生・教職員の理解促進・意識啓発を図るための配慮

障害のある学生からの様々な相談は、必ずしも担当部署に対して行われるとは限らず、

障害のある学生の身近にいる学生や教職員に対して行われることも多いと考えられる。それらに適切に対応するためには、障害により日常生活や学習場面において様々な困難が生じることについて、周囲の学生や教職員が理解していることが望ましく、その理解促進・意識啓発を図ることが重要である。

### （5）情報公開

各大学等は、障害のある大学進学希望者や学内の障害のある学生に対し、大学等全体としての受入れ姿勢・方針を明確に示すことが重要である。

また、各大学等が明確にすべき受入れ姿勢・方針は、入学試験における障害のある受験者への配慮の内容、大学構内のバリアフリーの状況、入学後の支援内容・支援体制（支援に関する窓口の設置状況、授業や試験等における支援体制、教材の保障等）、受入れ実績（入学者数、在学者数、卒業・修了者数、就職者数等）など、可能な限り具体的に明示することが望ましく、それらの情報をホームページ等に掲載するなど、広く情報を公開することが重要である。なお、ホームページ等に掲載する情報は、障害のある者が利用できるように情報アクセシビリティに配慮することが望まれる。

## スポーツ・文化芸術分野

スポーツ分野については、スポーツ基本法第2条第5項において、「スポーツは、障害者が自主的かつ積極的にスポーツを行うことができるよう、障害の種類及び程度に応じ必要な配慮をしつつ推進されなければならない。」と規定されている。スポーツに関する施設及びサービス等を提供する事業者においては、障害の有無にかかわらず誰もが楽しく安全にスポーツに親しむことができる環境を整備し、障害者がスポーツに参加する機会の拡充を図るとの基本的な考え方を踏まえて対応することが適当である。

文化芸術分野について、文化芸術振興基本法の前文は、「我が国の文化芸術の振興を図るためには、文化芸術活動を行う者の自主性を尊重することを旨としつつ、文化芸術を国民の身近なものとし、それを尊重し大切にするよう包括的な施策を推進していくことが不可欠である」との理念を掲げている。文化芸術分野の事業者においては、この理念に基づき、障害の有無にかかわらず、誰もが文化芸術活動に親しむことができるよう、適切に対応することが重要である。

具体的には、以下の点に留意する。
- 合理的配慮は、一人一人の障害の状態や必要な支援、活動内容等に応じて決定されるものである。本人・保護者等とよく相談し、可能な限り合意形成を図った上で決定し、提供されることが望ましい。
- 障害者が使用する用具等が施設の管理・維持に与える影響の程度については、具体的場面や状況により異なるものであるため、当該場面や状況に応じて、柔軟に対応することが重要である。

## 厚生労働省
福祉事業者向け

## はじめに

　平成28年4月1日から「障害者差別解消法」が施行されます。
　この法律は、障害を理由とする差別の解消の推進に関する基本的な事項や、国の行政機関、地方公共団体等及び民間事業者における障害を理由とする差別を解消するための措置などについて定めることによって、すべての国民が障害の有無によって分け隔てられることなく、相互に人格と個性を尊重し合いながら共生する社会の実現につなげることを目的としています。
　この対応指針は、「障害者差別解消法」の規定に基づき、福祉分野における事業者が障害者に対し不当な差別的取扱いをしないこと、また必要かつ合理的な配慮を行うために必要な考え方などを記載しています。
　日々の業務の参考にしていただき、障害者差別のない社会を目指しましょう。

# 目次

**第1　趣旨**
- （1）障害者差別解消法制定の経緯 ——— 198
- （2）対象となる障害者 ——— 200
- （3）障害を理由とする差別の解消の推進に関する基本方針 ——— 200
- （4）福祉分野における対応指針 ——— 202

**第2　障害を理由とする不当な差別的取扱い及び合理的配慮の基本的な考え方**
- （1）不当な差別的取扱い
  - ①不当な差別的取扱いの基本的考え方 ——— 207
  - ②正当な理由の判断の視点 ——— 207
- （2）合理的配慮
  - ①合理的配慮の基本的な考え方 ——— 208
  - ②過重な負担の基本的な考え方 ——— 210

**第3　障害を理由とする不当な差別的取扱い及び合理的配慮の例**
- （1）不当な差別的取扱いと考えられる例 ——— 212
- （2）合理的配慮と考えられる例 ——— 213
- （3）障害特性に応じた対応について ——— 214

**第4　事業者における相談体制の整備** ——— 248

**第5　事業者における研修・啓発** ——— 248

**第6　国の行政機関における相談窓口** ——— 253

**第7　主務大臣による行政措置** ——— 254

**おわりに** ——— 257

福祉分野における事業者が講ずべき障害を理由とする差別を解消するための措置に関する対応指針

平成２７年１１月

## 第１　趣旨

### （１）障害者差別解消法制定の経緯

　　　近年、障害者の権利擁護に向けた取組が国際的に進展し、平成18年に国連において、障害者の人権及び基本的自由の享有を確保し、並びに障害者の固有の尊厳の尊重を促進するための包括的かつ総合的な国際条約である障害者の権利に関する条約（以下「権利条約」という。）が採択されました。我が国は、平成19年に権利条約に署名し、以来、国内法の整備を始めとする取組を進めてきました。

　　　権利条約は第２条において、「「障害に基づく差別」とは、障害に基づくあらゆる区別、排除又は制限であって、政治的、経済的、社会的、文化的、市民的その他のあらゆる分野において、他の者との平等を基礎として全ての人権及び基本的自由を認識し、享有し、又は行使することを害し、又は妨げる目的又は効果を有するものをいう。障害に基づく差別には、あらゆる形態の差別（合理的配慮の否定を含む。）を含む。」と定義し、その禁止について、締約国に全ての適当な措置を求めています。

　　　我が国においては、平成16年の障害者基本法（昭和45年法律第84号）の改正において、障害者に対する差別の禁止が基本的理念として明示され、さらに、平成23年の同法改正の際には、権利条約の趣旨を踏まえ、同法第２条第２号において、社会的障壁について、「障害がある者にとつて日常生活又は社会生活を営む上で障壁となるような社会における事物、制度、慣行、観念その他一切のものをいう。」と定義されるとともに、基本原則として、同法第４条第１項に、「何人も、障害者に対して、障害を理由として、差別することその他の権利利益を侵害する行為をしてはならない」こと、また、同条第２項に、「社会的障壁の除去は、それを必要としている障害者が現に存し、かつ、その実施に伴う負担が過重でないときは、それを怠ることによって前項の規定に違反することとならないよう、その実施について必要かつ合理的な配慮がされなければならない」ことが規定されました。

　　　障害を理由とする差別の解消の推進に関する法律（平成25年法律第65号。以下「法」

## Ⅲ 全府省庁対応指針（ガイドライン）

**参考ページ**

### ■障害者差別解消法関係の経緯

| | | |
|---|---|---|
| 平成16年 6月 4日 | 障害者基本法改正 | |
| | ※施策の基本的理念として差別の禁止を規定 | |
| 平成18年12月13日 | 第61回国連総会において障害者権利条約を採択 | |
| 平成19年 9月28日 | 日本による障害者権利条約への署名 | |
| 平成23年 8月 5日 | 障害者基本法改正 | |
| | ※障害者権利条約の考え方を踏まえ、合理的配慮の概念を規定 | |
| 平成25年 4月26日 | 障害者差別解消法案閣議決定、国会提出 | |
| 　　　　 6月26日 | 障害者差別解消法　公布・一部施行 | |
| 平成26年 1月20日 | 障害者の権利に関する条約締結 | |
| 平成27年 2月24日 | 障害者差別解消法「基本方針」閣議決定 | |
| 平成28年 4月 1日 | 障害者差別解消法施行（予定） | |

厚生労働省 ● 福祉事業者向け

という。）は、障害者基本法の差別の禁止の基本原則を具体化するものであり、全ての国民が、障害の有無によって分け隔てられることなく、相互に人格と個性を尊重し合いながら共生する社会の実現に向け、障害者差別の解消を推進することを目的として、平成25年6月に制定されました。我が国は、法の制定を含めた一連の障害者施策に係る取組の成果を踏まえ、平成26年1月に権利条約を締結しました。

　法は、平成28年4月1日から施行されることになっています。

### （2）対象となる障害者

　対象となる障害者・障害児（以下「障害者」という。）は、障害者基本法第2条第1号に規定する障害者、すなわち、「身体障害、知的障害、精神障害（発達障害を含む。）その他の心身の機能の障害（以下「障害」と総称する。）がある者であって、障害及び社会的障壁により継続的に日常生活又は社会生活に相当な制限を受ける状態にあるもの」です。

　これは、障害者が日常生活又は社会生活において受ける制限は、身体障害、知的障害、精神障害（発達障害を含む。）その他の心身の機能の障害（難病に起因する障害を含む。）のみに起因するものではなく、社会における様々な障壁と相対することによって生ずるというモデル（いわゆる「社会モデル」）の考え方を踏まえているものです。したがって、法が対象とする障害者は、いわゆる障害者手帳の所持者に限りません。なお、高次脳機能障害は精神障害に含まれています。

　また、特に女性である障害者は、障害に加えて女性であることにより、さらに複合的に困難な状況に置かれている場合があること、障害児には、成人の障害者とは異なる支援の必要性があることに留意する必要があります。

### （3）障害を理由とする差別の解消の推進に関する基本方針

　法第6条第1項の規定に基づき、「障害を理由とする差別の解消の推進に関する基本方針」（平成27年2月24日閣議決定。以下「基本方針」という。）が策定されました。

　基本方針は、障害を理由とする差別の解消の推進は、雇用、教育、医療、公共交通等、障害者の自立と社会参加に関わるあらゆる分野に関連し、各府省の所掌に横断的にまたがる施策であるため、政府として、施策の総合的かつ一体的な推進を図るとともに、行政機関間や分野間における取組のばらつきを防ぐため、施策の基本的な方向等を示したものです。

参考ページ

### ■障害者権利条約とは

　障害者権利条約は、障害者の人権及び基本的自由の享有を確保し、障害者の固有の尊厳の尊重を促進することを目的として、障害者の権利の実現のための措置等について定めた条約です。

　2006（平成18）年12月13日に国連総会において採択され、2008（平成20）年5月3日に発効しました。我が国は2007（平成19）年9月28日に条約に署名し、2014（平成26）年1月20日に批准書を寄託しました。また、同年2月19日に同条約は我が国について効力を発生しました。

　この条約の主な内容としては、以下のとおりです。

（1）一般原則
　　障害者の尊厳、自律及び自立の尊重、無差別、社会への完全かつ効果的な参加及び包容等
（2）一般的義務
　　合理的配慮の実施を怠ることを含め、障害に基づくいかなる差別もなしに、すべての障害者のあらゆる人権及び基本的自由を完全に実現することを確保し、及び促進すること等
（3）障害者の権利実現のための措置
　　身体の自由、拷問の禁止、表現の自由等の自由権的権利及び教育・労働等の社会権的権利について締約国がとるべき措置等を規定。社会権的権利の実現については漸進的に達成することを許容
（4）条約の実施のための仕組み
　　条約の実施及び監視のための国内の枠組みの設置。障害者の権利に関する委員会における各締約国からの報告の検討

## （4）福祉分野における対応指針

　法第11条第１項の規定に基づき、主務大臣は、基本方針に即して、事業者が法第８条に規定する事項に関し、適切に対応するために必要な指針（以下「対応指針」という。）を定めることとされています。

　本指針は、上に述べた法の目的を達成するため、特に福祉分野に関わる事業者の対応指針を定めたものです。

　本指針において定める措置については、「望まれます」と記載されている内容等法的義務ではないものも含まれますが、法の目的を踏まえ、具体的場面や状況に応じて柔軟な対応を積極的に行うことが期待されるものです。

　なお、事業者は、障害を理由とする差別を解消するための取組を行うに当たり、法、基本方針及び本指針に示す項目のほか、各事業に関連する法令等の規定を順守しなければなりません。

　また、福祉の専門知識及び技術をもって福祉サービスを提供する事業者は、日頃から、障害に関する理解や障害者の人権・権利擁護に関する認識を深めるとともに、より高い意識と行動規範をもって障害を理由とする差別を解消するための取組を進めていくことが期待されます。

　本指針の対象となる福祉事業者の範囲は、社会福祉法（昭和26年法律第45号）第２条に規定する社会福祉事業その他の福祉分野に関わる事業を行う事業者です。

「本指針の対象となる福祉事業者」

・生活保護関係事業（救護施設、更生施設などを経営する事業など）

・児童福祉、母子福祉関係事業（乳児院、母子生活支援施設、児童養護施設、障害児入所施設、情緒障害児短期治療施設、児童自立支援施設を経営する事業、障害児通所支援事業、障害児相談支援事業、保育所、婦人保護施設、母子・父子福祉施設など）

・老人福祉関係事業（養護老人ホーム又は特別養護老人ホームを経営する事業、老人居宅介護等事業、老人デイサービス事業など）

・障害福祉関係事業（障害者支援施設を経営する事業、障害福祉サービス事業、身体障害者生活訓練等事業、補装具製作施設など）

・隣保事業

・福祉サービス利用援助事業　など

　なお、基本方針において、「事業者は、商業その他の事業を行う者（地方公共団体の経営する企業及び公営企業型地方独立行政法人を含み、国、独立行政法人等、

# Ⅲ　全府省庁対応指針（ガイドライン）

地方公共団体及び公営企業型以外の地方独立行政法人を除く。）であり、目的の営利・非営利、個人・法人の別を問わず、同種の行為を反復継続する意思をもって行う者である。したがって、例えば、個人事業者や対価を得ない無報酬の事業を行う者、非営利事業を行う社会福祉法人や特定非営利活動法人も対象となる。」と規定されています。

> 注）事業者が事業主としての立場で労働者に対して行う障害を理由とする差別を解消するための措置については、法第13条により、障害者の雇用の促進等に関する法律（昭和35年法律第123号）の定めるところによることとされており、同法に基づき別途定められた「障害者差別禁止指針（※1）」及び「合理的配慮指針（※2）」を参照してください。
>
> ※1「障害者に対する差別の禁止に関する規定に定める事項に関し、事業主が適切に対処するための指針」
> 　（平成27年厚生労働省告示第116号）
>
> ※2「雇用の分野における障害者と障害者でない者との均等な機会若しくは待遇の確保又は障害者である労働者の 有する能力の有効な発揮の支障となっている事情を改善するために事業主が講ずべき措置に関する指針」
> 　（平成27年厚生労働省告示第117号）

参考ページ

■本指針に関する障害者差別解消法の参照条文

**障害を理由とする差別の解消の推進に関する法律（平成25年法律第65号）**

（目的）
**第1条** この法律は、障害者基本法の基本的な理念にのっとり、全ての障害者が、障害者でない者と等しく、基本的人権を享有する個人としてその尊厳が重んぜられ、その尊厳にふさわしい生活を保障される権利を有することを踏まえ、障害を理由とする差別の解消の推進に関する基本的な事項、行政機関等及び事業者における障害を理由とする差別を解消するための措置等を定めることにより、障害を理由とする差別の解消を推進し、もって全ての国民が、障害の有無によって分け隔てられることなく、相互に人格と個性を尊重し合いながら共生する社会の実現に資することを目的とする。

**第6条** 政府は、障害を理由とする差別の解消の推進に関する施策を総合的かつ一体的に実施するため、障害を理由とする差別の解消の推進に関する基本方針を定めなければならない。

**2～6** （略）

（事業者における障害を理由とする差別の禁止）
**第8条** 事業者は、その事業を行うに当たり、障害を理由として障害者でない者と不当な差別的取扱いをすることにより、障害者の権利利益を侵害してはならない。
**2** 事業者は、その事業を行うに当たり、障害者から現に社会的障壁の除去を必要としている旨の意思の表明があった場合において、その実施に伴う負担が過重でないときは、障害者の権利利益を侵害することとならないよう、当該障害者の性別、年齢及び障害の状態に応じて、社会的障壁の除去の実施について必要かつ合理的な配慮をするように努めなければならない。

（事業者のための対応指針）
**第11条** 主務大臣は、基本方針に即して、第8条に規定する事項に関し、事業者が適切に対応するために必要な指針を定めるものとする。
**2** （略）

（報告の徴収並びに助言、指導及び勧告）
**第12条** 主務大臣は、第8条の規定の施行に関し、特に必要があると認める時は、対応指針に定める事項について、当該事業者に対し、報告を求め、又は助言、指導若しくは勧告をすることができる。

■国の「基本方針」に定められた「対応指針」に関する規定

## 障害を理由とする差別の解消の推進に関する基本方針（平成27年2月24日閣議決定）

Ⅳ　事業者が講ずべき障害を理由とする差別を解消するための措置に関する基本的な事項
2　対応指針
（1）対応指針の位置付け及び作成手続

　　主務大臣は、個別の場面における事業者の適切な対応・判断に資するための対応指針を作成するものとされている。作成に当たっては、障害者や事業者等を構成員に含む会議の開催、障害者団体や事業者団体等からのヒアリングなど、障害者その他の関係者の意見を反映させるために必要な措置を講ずるとともに、作成後は、対応指針を公表しなければならない。

　　なお、対応指針は、事業者の適切な判断に資するために作成されるものであり、盛り込まれる合理的配慮の具体例は、事業者に強制する性格のものではなく、また、それだけに限られるものではない。事業者においては、対応指針を踏まえ、具体的場面や状況に応じて柔軟に対応することが期待される。

（2）対応指針の記載事項

　　対応指針の記載事項としては、以下のものが考えられる。
　　①趣旨
　　②障害を理由とする不当な差別的取扱い及び合理的配慮の基本的な考え方
　　③障害を理由とする不当な差別的取扱い及び合理的配慮の具体例
　　④事業者における相談体制の整備
　　⑤事業者における研修・啓発
　　⑥国の行政機関（主務大臣）における相談窓口

## 第2 障害を理由とする不当な差別的取扱い及び合理的配慮の基本的な考え方

(1) 不当な差別的取扱い

①不当な差別的取扱いの基本的考え方

　法は、障害者に対して、正当な理由なく、障害を理由として、サービス等の提供を拒否する又は提供に当たって場所・時間帯などを制限する、障害者でない者に対しては付さない条件を付するなどにより、障害者の権利利益を侵害することを禁止しています。

　なお、障害者の事実上の平等を促進し、又は達成するために必要な特別の措置は、不当な差別的取扱いではないことに留意する必要があります。

　したがって、障害者を障害者でない者と比べて優遇する取扱い（いわゆる積極的改善措置）、法に規定された障害者に対する合理的配慮の提供による障害者でない者との異なる取扱いや、合理的配慮を提供するために必要な範囲で、プライバシーに配慮しつつ障害者に障害の状況等を確認することは、不当な差別的取扱いには当たりません。

　不当な差別的取扱いとは、正当な理由なく、障害者を、問題となる事務・事業について本質的に関係する諸事情が同じ障害者でない者より不利に扱うことです。

②正当な理由の判断の視点

　不当な差別的取扱いであるのかどうかの判断には、その取扱いを行う正当な理由の有無が重要となります。正当な理由に相当するのは、障害者に対して、障害を理由として、財・サービスや各種機会の提供を拒否するなどの取扱いが客観的に見て正当な目的の下に行われたものであり、その目的に照らしてやむを得ないと言える場合です。

　正当な理由に相当するか否かについて、事業者は、個別の事案ごとに、障害者、事業者、第三者の権利利益（例：安全の確保、財産の保全、事業の目的・内容・機能の維持、損害発生の防止など）の観点に鑑み、具体的場面や状況に応じて総合的・客観的に判断することが必要であり、事業者は、正当な理由があると判断した場合には、障害者にその理由を説明するものとし、理解を得るよう努めることが望まれます。

　なお、「客観的に判断する」とは、主観的な判断に委ねられるのではなく、その主張が客観的な事実によって裏付けられ、第三者の立場から見ても納得を得ら

れるような「客観性」が必要とされるものです。

　また、「正当な理由」を根拠に、不当な差別的取扱いを禁止する法の趣旨が形骸化されるべきではなく、抽象的に事故の危惧がある、危険が想定されるといった理由によりサービスを提供しないといったことは適切ではありません。

### （２）合理的配慮
#### ①合理的配慮の基本的な考え方
＜合理的配慮とは＞

　権利条約第２条において、合理的配慮は、「障害者が他の者との平等を基礎として全ての人権及び基本的自由を享有し、又は行使することを確保するための必要かつ適当な変更及び調整であって、特定の場合において必要とされるものであり、かつ、均衡を失した又は過度の負担を課さないもの」と定義されています。

　法は、権利条約における合理的配慮の定義を踏まえ、事業者に対し、その事業を行うに当たり、個々の場面において、障害者から現に社会的障壁の除去を必要としている旨の意思の表明があった場合において、その実施に伴う負担が過重でないときは、障害者の権利利益を侵害することとならないよう、社会的障壁の除去の実施について、必要かつ合理的な配慮（以下「合理的配慮」という。）を行うことを求めています。

　合理的配慮は、事業者の事業の目的・内容・機能に照らし、必要とされる範囲で本来の業務に付随するものに限られ、障害者でない者との比較において同等の機会の提供を受けるためのものであり、事業の目的・内容・機能の本質的な変更には及びません。

　合理的配慮は、障害の特性や社会的障壁の除去が求められる具体的場面や状況に応じて異なり、多様かつ個別性の高いものであり、当該障害者が現に置かれている状況を踏まえ、社会的障壁の除去のための手段及び方法について様々な要素を考慮し、代替措置の選択も含め、双方の建設的対話による相互理解を通じ、必要かつ合理的な範囲で柔軟に対応がなされるものです。合理的配慮の内容は、技術の進展、社会情勢の変化等に応じて変遷することにも留意すべきです。

＜意思の表明＞

　意思の表明に当たっては、具体的場面において、社会的障壁の除去に関する配慮を必要としている状況にあることを、言語（手話を含む。）のほか、点字、拡大文字、筆談、実物の提示や身振りサイン等による合図、触覚による意思伝達な

## Ⅲ　全府省庁対応指針（ガイドライン）

ど、障害者が他人とコミュニケーションを図る際に必要な手段（通訳を介するものを含む。）により伝えられます。

また、障害者からの意思の表明のみでなく、知的障害や精神障害（発達障害を含む。）等により本人からの意思の表明が困難な場合には、障害者の家族、支援者・介助者、法定代理人等、コミュニケーションを支援する者が本人を補佐して行う意思の表明も含まれます。

なお、意思の表明が困難な障害者が、家族、支援者・介助者等を伴っていないことなどにより、意思の表明がない場合であっても、当該障害者が社会的障壁の除去を必要としていることが明白であるときには、法の趣旨に鑑みれば、当該障害者に対して適切と思われる配慮を提供するために自主的に取り組むことが望まれます。

＜環境整備との関係＞

法は、不特定多数の障害者を主な対象として行われる事前的改善措置（いわゆるバリアフリー法に基づく公共施設や交通機関のバリアフリー化、意思表示やコミュニケーションを支援するためのサービス・介助者・支援者等の人的支援、障害者による円滑な情報の取得・利用・発信のための情報アクセシビリティの向上等）については、個別の場合において、個々の障害者に対して行われる合理的配慮を的確に行うための環境の整備として実施に努めることとしています。

新しい技術開発が環境の整備に係る投資負担の軽減をもたらすこともあることから、技術進歩の動向を踏まえた取組が期待されています。また、環境の整備には、ハード面のみならず、職員に対する研修等のソフト面の対応も含まれることが重要です。

障害者差別の解消のための取組は、このような環境の整備を行うための施策と連携しながら進められることが重要であり、ハード面でのバリアフリー化施策、情報の取得・利用・発信における情報アクセシビリティ向上のための施策、職員に対する研修等、環境の整備の施策を着実に進めることが必要です。

合理的配慮は、上述の、障害者等の利用を想定して事前に行われる建築物のバリアフリー化、支援者・介助者等の人的支援、情報アクセシビリティの向上等の環境の整備を基礎として、その上で、個々の障害者に対して、その状況に応じて個別に実施される措置です。従って、各場面における環境の整備の状況により、合理的配慮の内容は異なることとなります。また、障害の状態等が変化することもあるため、特に、障害者との関係性が長期にわたる場合には、提供する合理的

配慮について、適宜、見直しを行うことが重要です。

**②過重な負担の基本的な考え方**
　　過重な負担については、事業者において、具体的な検討をせずに過重な負担を拡大解釈するなどして法の趣旨を損なうことなく、個別の事案ごとに、以下の要素等を考慮し、具体的場面や状況に応じて総合的・客観的に判断することが必要であり、過重な負担に当たると判断した場合、障害者にその理由を説明するものとし、理解を得るよう努めることが望まれます。

＊事務・事業への影響の程度（事務・事業の目的・内容・機能を損なうか否か）
　当該措置を講ずることによるサービス提供への影響、その他の事業への影響の程度。

＊実現可能性の程度（物理的・技術的制約、人的・体制上の制約）
　事業所の立地状況や施設の所有形態等の制約にも応じた、当該措置を講ずるための機器や技術、人材の確保、設備の整備等の実現可能性の程度。

＊費用・負担の程度
　当該措置を講ずることによる費用・負担の程度。複数の障害者から合理的配慮に関する要望があった場合、それらの複数の障害者に係る必要性や負担を勘案して判断することとなります。

＊事務・事業規模
　当該事業所の規模に応じた負担の程度。

＊財務状況
　当該事業所の財務状況に応じた負担の程度。

Ⅲ　全府省庁対応指針（ガイドライン）

### 参考ページ

■障害者に関するマーク

「H26年版障害者白書」（内閣府）より

【障害者のための国際シンボルマーク】
所管：公益財団法人日本障害者リハビリテーション協会

【身体障害者標識】
所管：警察庁

【聴覚障害者標識】
所管：警察庁

【盲人のための国際シンボルマーク】
所管：社会福祉法人日本盲人福祉委員会

【耳マーク】
所管：一般社団法人全日本難聴者・中途失聴者団体連合会

【ほじょ犬マーク】
所管：厚生労働省社会・援護局障害保健福祉部

【オストメイトマーク】
所管：公益社団法人日本オストミー協会

【ハート・プラスマーク】
所管：特定非営利活動法人ハート・プラスの会

■コミュニケーション支援用絵記号の例

「H26年版障害者白書」（内閣府）より

【絵記号の例】

わたし　　あなた　　感謝する　　助ける

【絵記号による意思伝達の例】

朝起きたら、顔を洗って歯を磨いてください

厚生労働省　●　福祉事業者向け

## 第3 障害を理由とする不当な差別的取扱い及び合理的配慮の例

### (1) 不当な差別的取扱いと考えられる例

事業者が福祉サービスを提供するに際して、次のような取扱いをすることは「不当な差別的取扱い」となるおそれがあります。

ここに記載する事例はあくまで例示であり、これに限られるものではありません。また、客観的にみて正当な理由が存在する場合(第2(1)②参照)は、不当な差別的取扱いに該当しない場合があることにご留意ください。

○サービスの利用を拒否すること
- 人的体制、設備体制が整っており、対応可能であるにもかかわらず、医療的ケアの必要な障害者、重度の障害者、多動の障害者の福祉サービスの利用を拒否すること
- 身体障害者補助犬の同伴を拒否すること

○サービスの利用を制限すること(場所・時間帯などの制限)
- 正当な理由なく、対応を後回しにすること、サービス提供時間を変更又は限定すること
- 正当な理由なく、他の者とは別室での対応を行うなど、サービス提供場所を限定すること
- 正当な理由なく、サービス事業所選択の自由を制限すること(障害当事者が望まないサービス事業者をすすめるなど)
- サービスの利用に必要な情報提供を行わないこと

○サービスの利用に際し条件を付すこと(障害のない者には付さない条件を付すこと)
- 保護者や支援者・介助者の同伴をサービスの利用条件とすること
- サービスの利用に当たって、他の利用者と異なる手順を課すこと(仮利用期間を設ける、他の利用者の同意を求めるなど)

○サービスの利用・提供に当たって、他の者とは異なる取扱いをすること
- 正当な理由なく、行事、娯楽等への参加を制限すること
- 正当な理由なく、年齢相当のクラスに所属させないこと
- 本人を無視して、支援者・介助者や付添者のみに話しかけること
- 正当な理由なく、本人の意思又はその家族等の意思(障害のある方の意思を確

認することが困難な場合に限る。）に反して、福祉サービス（施設への入所、通所、その他サービスなど）を行うこと

**（２）合理的配慮と考えられる例**

　事業者は、個々の場面において、障害者から現に社会的障壁の除去を必要としている旨の意思の表明があった場合には、次のような合理的配慮を提供することが求められています。合理的配慮を提供する際には、障害者の性別、年齢、状態等に十分に配慮することが必要です。

　ここに記載する事例はあくまで例示であり、これに限られるものではありません。また、事業者に強制する性格のものではなく、ここに記載された事例であっても、事業者の事業規模等によっては過重な負担となる可能性があるため、事業者においては、法、基本方針及び本指針を踏まえ、具体的場面や状況に応じて柔軟に対応することが期待されます。

　なお、合理的配慮の提供に当たっては、個別の支援計画（サービス等利用計画、ケアプラン等）に位置付けるなどの取組も望まれます。

〇**基準・手順の柔軟な変更**
- 障害の特性に応じた休憩時間等の調整などのルール、慣行を柔軟に変更すること

〇**物理的環境への配慮**
- 施設内の段差にスロープを渡すこと
- エレベーターがない施設の上下階に移動する際、マンパワーで移動をサポートすること
- 場所を１階に移す、トイレに近い場所にする等の配慮をすること

〇**補助器具・サービスの提供**

＜情報提供・利用手続きについての配慮や工夫＞
- 説明文書の点字版、拡大文字版、テキストデータ、音声データ（コード化したものを含む）の提供や必要に応じて代読・代筆を行うこと
- 手話、要約筆記、筆談、図解、ふりがな付文書を使用するなど、本人が希望する方法でわかりやすい説明を行うこと
- 文書を読み上げたり、口頭による丁寧な説明を行うこと
- 電子メール、ホームページ、ファックスなど多様な媒体で情報提供、利用受付を行うこと

＜建物や設備についての配慮や工夫＞
- 電光表示板、磁気誘導ループなどの補聴装置の設置、点字サイン付き手すりの設置、音声ガイドの設置を行うこと
- 色の組み合わせによる見にくさを解消するため、標示物や案内図等の配色を工夫すること
- トイレ、作業室など部屋の種類や、その方向を示す絵記号や色別の表示などを設けること
- パニック等を起こした際に静かに休憩できる場所を設けること

＜職員などとのコミュニケーションや情報のやりとり、サービス提供についての配慮や工夫＞
- 館内放送を文字化したり、電光表示板で表示したりすること
- 必要に応じて、手話通訳や要約筆記者を配置すること
- 口話が読めるようマスクを外して話をすること
- ICT（コンピューター等の情報通信技術）を活用したコミュニケーション機器（データを点字に変換して表示する、音声を文字変換する、表示された絵などを選択することができる機器など）を設置すること

※ 第2（2）①合理的配慮の基本的な考え方＜環境整備との関係＞においても触れましたが、不特定多数の障害者を主な対象として行われる事前の改善措置については、合理的配慮を的確に行うための環境の整備として実施に努めることとされています。そのうち、バリアフリーに関しては下記のような整備が一例として考えられます。
- 施設内の段差を解消すること、スロープを設置すること
- トイレや浴室をバリアフリー化・オストメイト対応にすること
- 床をすべりにくくすること
- 階段や表示を見やすく明瞭にすること
- 車椅子で利用しやすい高さにカウンターを改善すること

## （3）障害特性に応じた対応について

　　障害者と接する際には、それぞれの障害特性に応じた対応が求められます。以下に、代表的な障害特性と対応時に配慮すべき事項について簡単にまとめています。
　　このほか、障害児については、成人の障害者とは異なる支援の必要性があります。子どもは成長、発達の途上にあり、乳幼児期の段階から、個々の子どもの発達の段

階に応じて一人ひとりの個性と能力に応じた丁寧に配慮された支援を行う発達支援が必要です。また、子どもを養育する家族を含めた丁寧かつ早い段階からの家族支援が必要です。特に、保護者が子どもの障害を知った時の気持ちを出発点とし、障害を理解する態度を持つようになるまでの過程においては、関係者の十分な配慮と支援が必要です。

　また、医療的ケアを要する障害児については、配慮を要する程度に個人差があることに留意し、医療機関等と連携を図りながら、個々の状態や必要な支援を丁寧に確認し、適切な支援を行うことが必要です。

## 視覚障害（視力障害・視野障害）

〔主な特性〕
- 先天性で受障される方のほか、最近は糖尿病性網膜症などで受障される人も多く、高齢者では、緑内障や黄斑部変性症が多い
- 視力障害：視覚的な情報を全く得られない又はほとんど得られない人と、文字の拡大や視覚補助具等を使用し保有する視力を活用できる人に大きく分けられる
  （全盲、弱視といわれることもある）
  * 視力をほとんど活用できない人の場合、音声、触覚、嗅覚など、視覚以外の情報を手がかりに周囲の状況を把握している
  * 文字の読みとりは、点字に加えて最近では画面上の文字情報を読み上げるソフトを用いてパソコンで行うこともある（点字の読み書きができる人ばかりではない）
  * 視力をある程度活用できる人の場合は、補助具を使用したり文字を拡大したり近づいて見るなどの様々な工夫をして情報を得ている
- 視野障害：目を動かさないで見ることのできる範囲が狭くなる
  「求心性視野狭窄」見える部分が中心だけになって段々と周囲が見えなくなる
  　　　　　　　遠くは見えるが足元が見えず、つまづきやすくなる
  「中心暗転」周囲はぼんやり見えるが真ん中が見えない
  　　　　　　文字等、見ようとする部分が見えなくなる
- 視力障害、視野障害の状況によって、明るさの変化への対応が困難なため、移動などに困難さを生じる場合も多い

〔主な対応〕
- 音声や点字表示など、視覚情報を代替する配慮
- 中途受障の人では白杖を用いた歩行や点字の触読が困難な人も多いため留意が必要
- 声をかける時には前から近づき「○○さん、こんにちは。△△です。」など自ら名乗る
- 説明する時には「それ」「あれ」「こっち」「このくらいの」などと指差し表現や指示代名詞で表現せず、「あなたの正面」「○○くらいの大きさ」などと具体的に説明
- 普段から通路（点字ブロックの上等）に通行の妨げになるものを置かない、日頃視覚障害者が使用しているものの位置を変えないなど周囲の協力が不可欠
- 主に弱視の場合、室内における照明の状況に応じて、窓を背にして座ってもらうなどの配慮が必要

**聴覚障害**

〔主な特性〕
- 聴覚障害は外見上わかりにくい障害であり、その人が抱えている困難も他の人からは気づかれにくい側面がある
- 聴覚障害者は補聴器や人工内耳を装用するほか、コミュニケーション方法には手話、筆談、口話など様々な方法があるが、どれか一つで十分ということではなく、多くの聴覚障害者は話す相手や場面によって複数の手段を組み合わせるなど使い分けている
- 補聴器や人工内耳を装用している場合、スピーカーを通じる等、残響や反響のある音は、聞き取りにあまり効果が得られにくい
- 聴覚の活用による言葉の習得に課題があることにより、聴覚障害者の国語力は様々であるため、筆談の場合は、相手の状況にあわせる

〔主な対応〕
- 手話や文字表示、手話通訳や要約筆記者の配置など、目で見てわかる情報を提示したりコミュニケーションをとる配慮
- 補聴器や人工内耳を装用し、残響や反響のある音を聞き取ることが困難な場合には、代替する対応への配慮（磁気誘導ループの利用など）
- 音声だけで話すことは極力避け、視覚的なより具体的な情報も併用

・スマートフォンなどのアプリに音声を文字に変換できるものがあり、これらを使用すると筆談を補うことができる

## 盲ろう（視覚と聴覚の重複障害）

〔主な特性〕
・視覚と聴覚の重複障害の人を「盲ろう」と呼んでいるが、障害の状態や程度によって様々なタイプに分けられる（視覚障害、聴覚障害の項も参照のこと）
　　＜見え方と聴こえ方の組み合わせによるもの＞
　　　①全く見えず聴こえない状態の「全盲ろう」
　　　②見えにくく聴こえない状態の「弱視ろう」
　　　③全く見えず聴こえにくい状態の「盲難聴」
　　　④見えにくく聴こえにくい状態の「弱視難聴」
　　＜各障害の発症経緯によるもの＞
　　　①盲（視覚障害）から聴覚障害を伴った「盲ベース盲ろう」
　　　②ろう（聴覚障害）から視覚障害を伴った「ろうベース盲ろう」
　　　③先天的, あるいは乳幼児期に視覚と聴覚の障害を発症する「先天性盲ろう」
　　　④成人期以後に視覚と聴覚の障害が発症する「成人期盲ろう」
・盲ろう者がそれぞれ使用するコミュニケーション手段は、障害の状態や程度、盲ろうになるまでの経緯、あるいは生育歴、他の障害との重複の仕方によって異なり、介助方法も異なる
・テレビやラジオを楽しんだり本や雑誌を読むこともできず、家族といてもほとんど会話がないため、孤独な生活を強いられることが多い

〔主な対応〕
・盲ろう者関係機関に相談し、対応に関する助言を受ける
・障害の状態や程度に応じ視覚障害や聴覚障害の人と同じ対応が可能な場合があるが、同様な対応が困難な場合が多く、手書き文字や触手話、指点字などの代替な対応や移動の際にも配慮する
・言葉の通訳に加えて、視覚的・聴覚的情報についても意識的に伝える
　（例）状況説明として、人に関する情報（人数, 性別等）や環境に関する情報（部屋の大きさや机の配置, その場の雰囲気等）など

厚生労働省・福祉事業者向け

### 肢体不自由

○車椅子を使用されている場合

〔主な特性〕

- 脊髄損傷（対麻痺又は四肢麻痺、排泄障害、知覚障害、体温調節障害など）
- 脳性麻痺（不随意運動、手足の緊張、言語障害、知的障害重複の場合もある）
- 脳血管障害（片麻痺、運動失調）
- 病気等による筋力低下や関節損傷などで歩行が困難な場合もある
- ベッドへの移乗、着替え、洗面、トイレ、入浴など、日常の様々な場面で援助が必要な人の割合が高い
- 車椅子使用者にとっては、段差や坂道が移動の大きな妨げになる
- 手動車椅子の使用が困難な場合は、電動車椅子を使用する場合もある
- 障害が重複する場合には、呼吸器を使用する場合もある

〔主な対応〕

- 段差をなくす、車椅子移動時の幅・走行面の斜度、車椅子用トイレ、施設のドアを引き戸や自動ドアにするなどの配慮
- 机アプローチ時に車椅子が入れる高さや作業を容易にする手の届く範囲の考慮
- ドア、エレベータの中のスイッチなどの機器操作のための配慮
- 目線をあわせて会話する
- 脊髄損傷者は体温調整障害を伴うことがあるため、部屋の温度管理に配慮

○杖などを使用されている場合

〔主な特性〕

- 脳血管障害（歩行可能な片麻痺、運動失調）
- 麻痺の程度が軽いため、杖や装具歩行が可能な場合や、切断者などで義足を使用して歩行可能な場合は、日常生活動作は自立している人が多い
- 失語症や高次脳機能障害がある場合もある
- 長距離の歩行が困難であったり、階段、段差、エスカレーターや人ごみでの移動が困難な場合もあり、配慮が必要

〔主な対応〕

- 上下階に移動するときのエレベーター設置・手すりの設置
- 滑りやすい床など転びやすいので、雨天時などの対応
- トイレでの杖おきの設置や靴の履き替えが必要な場合に椅子を用意するなどの

配慮
・上肢の障害があれば、片手や筋力低下した状態で作業ができる配慮

## 構音障害

〔主な特性〕
・話す言葉自体を聞き取ることが困難な状態
・話す運動機能の障害、聴覚障害、咽頭摘出などの原因がある

〔主な対応〕
・しっかりと話を聞く
・会話補助装置などを使ってコミュニケーションをとることも考慮する

## 失語症

〔主な特性〕
・聞くことの障害
　　音は聞こえるが「ことば」の理解に障害があり「話」の内容が分からない
　　単語や簡単な文なら分かる人でも早口や長い話になると分からなくなる
・話すことの障害
　　伝えたいことをうまく言葉や文章にできない
　　発話がぎこちない、いいよどみが多くなったり、誤った言葉で話したりする
・読むことの障害
　　文字を読んでも理解が難しい
・書くことの障害
　　書き間違いが多い、また「てにをは」などをうまく使えない、文を書くことが難しい

〔主な対応〕
・表情がわかるよう、顔を見ながら、ゆっくりと短いことばや文章で、わかりやすく話しかける
・一度でうまく伝わらない時は、繰り返して言ったり、別のことばに言い換えたり、漢字や絵で書いたり、写真・実物・ジェスチャーで示したりすると理解しやすい
・「はい」「いいえ」で答えられるように問いかけると理解しやすい

- 話し言葉以外の手段（カレンダー、地図、時計など身近にあるもの）を用いると、コミュニケーションの助けとなる

＊「失語症のある人の雇用支援のために」（独立行政法人高齢・障害者雇用支援機構障害者職業総合センター）より一部引用

### 高次脳機能障害

　交通事故や脳血管障害などの病気により、脳にダメージを受けることで生じる認知や行動に生じる障害。身体的には障害が残らないことも多く、外見ではわかりにくいため「見えない障害」とも言われている。

〔主な特性〕
- 以下の症状が現れる場合がある
  記憶障害：すぐに忘れてしまったり、新しい出来事を覚えることが苦手なため、何度も同じことを繰り返したり質問したりする
  注意障害：集中力が続かなかったり、ぼんやりしていてしまい、何かをするとミスが多く見られる。二つのことを同時にしようとすると混乱する。主に左側で、食べ物を残したり、障害物に気が付かないことがある
  遂行機能障害：自分で計画を立てて物事を実行したり、効率よく順序立てられない
  社会的行動障害：ささいなことでイライラしてしまい、興奮しやすい。こだわりが強く表れたり、欲しいものを我慢できない。思い通りにならないと大声を出したり、時に暴力をふるったりする
  病識欠如：上記のような症状があることに気づかず、できるつもりで行動してトラブルになる
- 失語症（失語症の項を参照）を伴う場合がある
- 片麻痺や運動失調等の運動障害や眼や耳の損傷による感覚障害を持つ場合がある

〔主な対応〕
- 本障害に詳しいリハビリテーション専門医やリハ専門職、高次脳機能障害支援普及拠点機関、家族会等に相談する
- 記憶障害
  　手がかりがあると思い出せるので、手帳やメモ、アラームを利用したり、ルー

トマップを持ち歩いてもらうなどする

自分でメモを取ってもらい、双方で確認する

残存する受傷前の知識や経験を活用する（例えば、過去に記憶している自宅周囲では迷わず行動できるなど）

・注意障害

短時間なら集中できる場合もあるので、こまめに休憩を取るなどする

ひとつずつ順番にやる

左側に危険なものを置かない

・遂行機能障害

手順書を利用する

段取りを決めて目につくところに掲示する

スケジュール表を見ながら行動したり、チェックリストで確認する

・社会的行動障害

感情をコントロールできない状態にあるときは、上手に話題や場所を変えてクールダウンを図る

予め行動のルールを決めておく

## 内部障害

〔主な特性〕

・心臓機能、呼吸器機能、腎臓機能、膀胱・直腸機能、小腸機能、肝機能、HIVによる免疫機能のいずれかの障害により日常生活に支障がある
・疲れやすく長時間の立位や作業が困難な場合がある
・常に医療的対応を必要とすることが多い

〔主な対応〕

・ペースメーカーは外部からの電気や磁力に影響をうけることがあるので注意すべき機器や場所などの知識をもつ
・排泄に関し、人工肛門の場合、パウチ洗浄等特殊な設備が必要となることへの配慮
・人工透析が必要な人については、通院の配慮
・呼吸器機能障害のある方は、慢性的な呼吸困難、息切れ、咳等の症状があることを理解し、息苦しくならないよう、楽な姿勢でゆっくり話をしてもらうよう配慮

・常時酸素吸入が必要な方は、携帯用酸素ボンベが必要な場合があることを理解

## 重症心身障害・その他医療的ケアが必要な者

〔主な特性〕
・自分で体を動かすことができない重度の肢体不自由と、年齢に相応した知的発達が見られない重度の知的障害が重複している
・殆ど寝たままで自力では起き上がれない状態が多い
・移動、食事、着替え、洗面、トイレ、入浴などが自力ではできないため、日常の様々な場面で介助者による援助が必要
・常に医学的管理下でなければ、呼吸することも栄養を摂ることも困難な人もいる
・重度の肢体不自由や重度の知的障害はないが、人工呼吸器を装着するなど医療的ケアが必要な人もいる

〔主な対応〕
・人工呼吸器などを装着して専用の車椅子で移動する人もいるため、電車やバスの乗降時等において、周囲の人が手伝って車椅子を持ち上げるなどの配慮が必要
・体温調整がうまくできないことも多いので、急な温度変化を避ける配慮が必要

## 知的障害

〔主な特性〕
・概ね18歳頃までの心身の発達期に現れた知的機能の障害により、生活上の適応に困難が生じる
・「考えたり、理解したり、読んだり、書いたり、計算したり、話したり」する等の知的な機能に発達の遅れが生じる
・金銭管理、会話、買い物、家事などの社会生活への適応に状態に応じた援助が必要
・主な原因として、ダウン症候群などの染色体異常、または先天性代謝異常によるものや、脳症や外傷性脳損傷などの脳の疾患があるが、原因が特定できない場合もある
・てんかんを合併する場合もある

# Ⅲ　全府省庁対応指針（ガイドライン）

・ダウン症候群の場合の特性として、筋肉の低緊張、多くの場合、知的な発達の遅れがみられること、また、心臓に疾患を伴う場合がある

〔主な対応〕

・言葉による説明などを理解しにくいため、ゆっくり、ていねいに、わかりやすく話すことが必要
・文書は、漢字を少なくしてルビを振る、文書をわかりやすい表現に直すなどの配慮で理解しやすくなる場合があるが、一人ひとりの障害の特性により異なる
・写真、絵、ピクトグラムなどわかりやすい情報提供を工夫する
・説明が分からないときに提示するカードを用意したり、本人をよく知る支援者が同席するなど、理解しやすくなる環境を工夫をする

## 発達障害

### ○自閉症、アスペルガー症候群を含む広汎性発達障害（自閉症スペクトラム）

〔主な特性〕

・相手の表情や態度などよりも、文字や図形、物の方に関心が強い
・見通しの立たない状況では不安が強いが、見通しが立つ時はきっちりしている
・大勢の人がいる所や気温の変化などの感覚刺激への敏感さで苦労しているが、それが芸術的な才能につながることもある。

〔主な対応〕

・本人をよく知る専門家や家族にサポートのコツを聞く
・肯定的、具体的、視覚的な伝え方の工夫（「〇〇をしましょう」といったシンプルな伝え方、その人の興味関心に沿った内容や図・イラストなどを使って説明するなど）
・スモールステップによる支援（手順を示す、モデルを見せる、体験練習をする、新しく挑戦する部分は少しずつにするなど）
・感覚過敏がある場合は、音や肌触り、室温など感覚面の調整を行う（イヤーマフを活用する、大声で説明せずホワイトボードで内容を伝える、人とぶつからないように居場所を衝立などで区切る、クーラー等の設備のある部屋を利用できるように配慮するなど）

### ○学習障害（限局性学習障害）

〔主な特性〕

・「話す」「理解」は普通にできるのに、「読む」「書く」「計算する」ことが、努力しているのに極端に苦手

〔主な対応〕
・本人をよく知る専門家や家族にサポートのコツを聞く
・得意な部分を積極的に使って情報を理解し、表現できるようにする（ICTを活用する際は、文字を大きくしたり行間を空けるなど、読みやすくなるように工夫する）
・苦手な部分について、課題の量・質を適切に加減する、柔軟な評価をする

○注意欠陥多動性障害（注意欠如・多動性障害）

〔主な特性〕
・次々と周囲のものに関心を持ち、周囲のペースよりもエネルギッシュに様々なことに取り組むことが多い

〔主な対応〕
・本人をよく知る専門家や家族にサポートのコツを聞く
・短く、はっきりとした言い方で伝える
・気の散りにくい座席の位置の工夫、分かりやすいルール提示などの配慮
・ストレスケア（傷つき体験への寄り添い、適応行動が出来たことへのこまめな評価）

○その他の発達障害

〔主な特性〕
・体の動かし方の不器用さ、我慢していても声が出たり体が動いてしまったりするチック、一般的に吃音と言われるような話し方なども、発達障害に含まれる

〔主な対応〕
・本人をよく知る専門家や家族にサポートのコツを聞く
・叱ったり拒否的な態度を取ったり、笑ったり、ひやかしたりしない
・日常的な行動の一つとして受け止め、時間をかけて待つ、苦手なことに無理に取組まず出来ることで活躍する環境を作るなど、楽に過ごせる方法を一緒に考える

## 精神障害

- 精神障害の原因となる精神疾患は様々であり、原因となる精神疾患によって、その障害特性や制限の度合いは異なる
- 精神疾患の中には、長期にわたり、日常生活又は社会生活に相当な制限を受ける状態が続くものがある
- 代表的な精神疾患として、統合失調症や気分障害等がある
- 障害の特性もさまざまであるため、積極的に医療機関と連携を図ったり、専門家の意見を聴くなど、関係機関と協力しながら対応する

### ○統合失調症

〔主な特性〕

- 発症の原因はよく分かっていないが、１００人に１人弱かかる、比較的一般的な病気である
- 「幻覚」や「妄想」が特徴的な症状だが、その他にも様々な生活のしづらさが障害として表れることが知られている
- 陽性症状

    幻覚：実態がなく他人には認識できないが、本人には感じ取れる感覚のこと。なかでも、自分の悪口やうわさ、指図する声等が聞こえる幻聴が多い

    妄想：明らかに誤った内容を信じてしまい、周りが訂正しようとしても受け入れられない考えのこと。誰かにいやがらせをされているという被害妄想、周囲のことが何でも自分に関係しているように思える関係妄想などがある

- 陰性症状

    意欲が低下し、以前からの趣味や楽しみにしていたことに興味を示さなくなる

    疲れやすく集中力が保てず、人づきあいを避け引きこもりがちになる

    入浴や着替えなど清潔を保つことが苦手となる　　など

- 認知や行動の障害：

    考えがまとまりにくく何が言いたいのかわからなくなる

    相手の話の内容がつかめず、周囲にうまく合わせることができない　　など

〔主な対応〕

- 統合失調症は脳の病気であることを理解し、病気について正しい知識を学ぶ必

厚生労働省●福祉事業者向け

要がある
- 薬物療法が主な治療となるため、内服を続けるために配慮する
- 社会との接点を保つことも治療となるため、本人が病気と付き合いながら、他人と交流したり、仕事に就くことを見守る
- 一方で、ストレスや環境の変化に弱いことを理解し、配慮した対応を心掛ける
- 一度に多くの情報が入ると混乱するので、伝える情報は紙に書くなどして整理してゆっくり具体的に伝えることを心掛ける
- 症状が強い時には無理をさせず、しっかりと休養をとったり、速やかに主治医を受診することなどを促す

○気分障害
〔主な特性〕
- 気分の波が主な症状としてあらわれる病気。うつ状態のみを認める時はうつ病と呼び、うつ状態と躁状態を繰り返す場合には、双極性障害（躁うつ病）と呼ぶ
- うつ状態では気持ちが強く落ち込み、何事にもやる気が出ない、疲れやすい、考えが働かない、自分が価値のない人間のように思える、死ぬことばかり考えてしまい実行に移そうとするなどの症状がでる
- 躁状態では気持ちが過剰に高揚し、普段ならあり得ないような浪費をしたり、ほとんど眠らずに働き続けたりする。その一方で、ちょっとした事にも敏感に反応し、他人に対して怒りっぽくなったり、自分は何でも出来ると思い込んで人の話を聞かなくなったりする

〔主な対応〕
- 専門家の診察の上で、家族や本人、周囲の人が病気について理解する
- 薬物療法が主な治療となるため、内服を続けるために配慮する
- うつ状態の時は無理をさせず、しっかりと休養をとれるよう配慮する
- 躁状態の時は、金銭の管理、安全の管理などに気を付け、対応が難しい時には専門家に相談する
- 自分を傷つけてしまったり、自殺に至ることもあるため、自殺などを疑わせるような言動があった場合には、本人の安全に配慮した上で、速やかに専門家に相談するよう本人や家族等に促す

## ○依存症（アルコール）

〔主な特性〕
- 飲酒したいという強い欲求がコントロールができず、過剰に飲酒したり、昼夜問わず飲酒したりすることで身体的、社会生活上の様々な問題が生じる
- 体がアルコールに慣れることで、アルコールが体から抜けると、発汗、頻脈、手の震え、不安、イライラなどの離脱症状が出る
- 一念発起して断酒しようとしても、離脱症状の不快感や、日常生活での不安感から逃れるために、また飲んでしまう

〔主な対応〕
- 本人に病識がなく（場合によっては家族も）、アルコール依存症は治療を必要とする病気であるということを、本人・家族・周囲が理解する
- 周囲の対応が結果的に本人の飲酒につながってしまう可能性があるため、家族も同伴の上で、アルコール依存症の専門家に相談する
- 一度断酒しても、再度飲酒してしまうことが多いため、根気強く本人を見守る

## ○てんかん

〔主な特性〕
- 何らかの原因で、一時的に脳の一部が過剰に興奮することにより、発作がおきる
- 発作には、けいれんを伴うもの、突然意識を失うもの、意識はあるが認知の変化を伴うものなど、様々なタイプのものがある

〔主な対応〕
- 誰もがかかる可能性がある病気であり、専門家の指導の下に内服治療を行うことで、多くの者が一般的な生活が送れることを理解する
- 発作が起こっていないほとんどの時間は普通の生活が可能なので、発作がコントロールされている場合は、過剰に活動を制限しない
- 内服を適切に続けることが重要である。また、発作が起こってしまった場合には、本人の安全を確保した上で専門機関に相談する

## ○認知症

〔主な特性〕
- 認知症とは、単一の病名ではなく、種々の原因となる疾患により記憶障害など認知機能が低下し、生活に支障が出ている状態である

- 原因となる主な疾患として、アルツハイマー型認知症、血管性認知症、レビー小体型認知症、前頭側頭型認知症（ピック病など）がある
- 認知機能の障害の他に、行動・心理症状（BPSD）と呼ばれる症状（徘徊、不穏、興奮、幻覚、妄想など）がある

〔主な対応〕
- 高齢化社会を迎え、誰もが認知症とともに生きることになる可能性があり、また、誰もが介護者等として認知症に関わる可能性があるなど、認知症は皆にとって身近な病気であることを理解する
- 各々の価値観や個性、想い、人生の歴史等を持つ主体として尊重し、できないことではなく、できることに目を向けて、本人が有する力を最大限に活かしながら、地域社会の中で本人のなじみの暮らし方やなじみの関係が継続できるよう、支援していく
- 早期に気付いて適切に対応していくことができるよう、小さな異常を感じたときに速やかに適切な機関に相談できるようにする
- BPSDについては、BPSDには、何らかの意味があり、その人からのメッセージとして聴くことが重要であり、BPSDの要因として、さまざまな身体症状、孤立・不安、不適切な環境・ケア、睡眠や生活リズムの乱れなどにも目を向ける
- 症状が変化した等の場合には、速やかに主治医を受診し、必要に応じて専門機関に相談することなどを促す


### 難病

〔主な特性〕
- 神経筋疾病、骨関節疾病、感覚器疾病など様々な疾病により多彩な障害を生じる
- 常に医療的対応を必要とすることが多い
- 病態や障害が進行する場合が多い

〔主な対応〕
- 専門の医師に相談する
- それぞれの難病の特性が異なり、その特性に合わせた対応が必要
- 進行する場合、病態・障害の変化に対応が必要
- 排泄の問題、疲れやすさ、状態の変動などに留意が必要
- 体調がすぐれない時に休憩できる場所を確保する

Ⅲ　全府省庁対応指針（ガイドライン）

**参考ページ**

### ■身体障害者補助犬とは

「身体障害者補助犬」は、目や耳や手足に障害のある方の生活をお手伝いする、「盲導犬」・「聴導犬」・「介助犬」のことです。
身体障害者補助犬法に基づき認定された犬で、特別な訓練を受けています。

**補助犬の種類**

〇盲導犬

目の見えない人、見えにくい人が街なかを安全に歩けるようにサポートします。障害物を避けたり、立ち止まって曲がり角を教えたりします。ハーネス(胴輪)をつけています。

〇介助犬

手や足に障害のある人の日常の生活動作をサポートします。物を拾って渡したり、指示したものを持ってきたり、着脱衣の介助などを行ないます。"介助犬"と書かれた表示をつけています。

〇聴導犬

音が聞こえない、聞こえにくい人に、生活の中の必要な音を知らせます。玄関のチャイム音・FAX着信音・赤ちゃんの泣き声などを聞き分けて教えます。"聴導犬"と書かれた表示をつけています。

補助犬の同伴については、「身体障害者補助犬法」で、人が立ち入ることのできるさまざまな場所で受け入れるよう義務づけられています。「犬だから」という理由で受け入れを拒否しないでください。

**補助犬の同伴を受け入れる義務がある場所**
・国や地方公共団体などが管理する公共施設・公共交通機関（電車、バス、タクシーなど）
・不特定かつ多数の人が利用する民間施設－商業施設、飲食店、病院、ホテルなど
・事務所（職場）－国や地方公共団体などの事務所－従業員50人以上の民間企業

厚生労働省　●　福祉事業者向け

**補助犬の同伴を受け入れる努力をする必要がある場所**
・事務所（職場）－従業員50人未満の民間企業
・民間住宅

**補助犬の受け入れ施設の方へ**
●補助犬は、ユーザーの指示に従い待機することができるので、特別な設備は必要ありません。
●補助犬の同伴を受け入れる際に他のお客様から苦情がある場合は、「身体障害者補助犬法」で受け入れ義務があること、補助犬の行動や健康の管理はユーザーが責任をもって行なっていることを説明し、理解を求めてください。
●補助犬が通路をふさいだり、周りのにおいを嗅ぎ回ったり、その他、何か困った行動をしている場合は、そのことを補助犬ユーザーにはっきり伝えてください。
●補助犬を同伴していても、補助犬ユーザーへの援助が必要な場合があります。補助犬ユーザーが困っている様子を見かけたら、まずは声をかけたり、筆談をしたりコミュニケーションをとってください。

■障害特性や特性ごとの配慮事項等

※障害特性や特性ごとの配慮事項等を知るには、例えば、以下のようなホームページがあります。

【内閣府】公共サービス窓口における配慮マニュアル　-　障害のある方に対する心の身だしなみ-

　http://www8.cao.go.jp/shougai/manual.html

【厚生労働省】みんなのメンタルヘルス

　http://www.mhlw.go.jp/kokoro/

【青森県】障害を知るためのガイドブック

　https://www.pref.aomori.lg.jp/soshiki/kenko/syofuku/kyouseishakai.html

【群馬県障害者社会参加推進協議会】障害のある方へのマナーブック

　http://www.normanet.ne.jp/~gunmasin/pdf/syogai_mb.pdf

【千葉県】障害のある人に対する情報保障のためのガイドライン

　https://www.pref.chiba.lg.jp/shoufuku/shougai-kurashi/jouhouhoshou/guideline.html

【東京都心身障害者福祉センター】改訂版「障害のある方への接遇マニュアル」

　http://www.fukushihoken.metro.tokyo.jp/shinsho/tosho/hakkou/index.html

【八王子市】みんなちがってみんないい（障害のある人を理解するためのガイドブック）

　http://www.city.hachioji.tokyo.jp/korei_shogai/36129/37422/index.html

【武蔵野市】心のバリアフリーハンドブック

　http://www.city.musashino.lg.jp/shogai/shogaishafukushi_c/015620.html

【厚木市】この街でともに…～障害のある人を理解するためのガイドブック～

　http://www.city.atsugi.kanagawa.jp/shiminbenri/iryofukusi/fukushi/shougai/guide/d014788.html

【富山県】障害のある人もない人も共に暮らしやすいまちづくりのためのアドバイス事例集（障害のある人が「困った」事例から）

　http://www.pref.toyama.jp/cms_sec/1209/kj00011743.html

【大阪府】障がい者が必要とする社会的障壁の除去のための配慮や工夫の事例について

　http://www.pref.osaka.lg.jp/keikakusuishin/go-hai/

【島根県・鳥取県】障がいを知り、共に生きる～まず、知ることからはじめましょう～

http://www.pref.shimane.lg.jp/medical/fukushi/syougai/ippan/aisupport/supporter.data/H26panhu.pdf

http://www.pref.tottori.lg.jp/aisupport/

【熊本県】障害のある人もない人も共に生きる熊本づくりのために（パンフレット）

http://www.pref.kumamoto.jp/kiji_3020.html

【宮崎県】障がい理解のためのハンドブック

http://www.pref.miyazaki.lg.jp/shogaifukushi/kenko/shogaisha/shougairikai.html

【沖縄県】こころのバリアフリー２（各種冊子）

http://www.pref.okinawa.lg.jp/site/kodomo/shogaifukushi/keikaku/jorei/bf2.html

【名古屋市】こんなときどうする？ - 障害のある人を理解し、配慮のある接し方をするためのガイドブック -

http://www.city.nagoya.jp/kurashi/category/22-2-0-0-0-0-0-0-0.html

【福岡市】ユニバーサルデザインに配慮した印刷物作成の手引き

http://www.city.fukuoka.lg.jp/shisei/kouhou-hodo/kankoubutsu-video/ud.html

# Ⅲ 全府省庁対応指針（ガイドライン）

## ■障害特性に応じた具体的対応例（その１）

### 自分のタイミングで移動したい（視覚障害①）

　全盲の視覚障害者Ａさんは、地域の福祉センターを訪問する際、案内看板等が見えず単独で行くことができませんでした。しかしセンター入り口付近にガイドボランティアが配置され、手助けが必要な人に一声かけてくれるようになったことから、付き添いがなくても一人で通うことができるようになりました。
　また併せて、エレベーターや階段の手すりにも点字シールを表示することになり、ガイドボランティアと離れていても、自分のタイミングで移動することが可能になり、御本人の気持ちもとても自由になりました。

### アンケートも多様な方法で（視覚障害②）

　アンケートを取る際に、印刷物だけを配布していました。すると、視覚障害の方から、電子データでほしいと要望がありました。電子データであればパソコンの読み上げソフトを利用して回答できるからとのことでした。
　紙媒体という画一的な方法ではなく、テキストデータでアンケートを送信し、メールで回答を受け取るという方法をとることで、視覚障害の方にもアンケートに答えてもらえるようになりました。

厚生労働省 ● 福祉事業者向け

## ■障害特性に応じた具体的対応例（その２）

### 研修会等での配慮（聴覚障害①）

聴覚障害者（２級）のＡさんは、ある研修会に参加することとなりました。事務局から研修担当者には、Ａさんは聴覚障害があるので配慮するよう伝えていましたが、研修担当者はＡさんは補聴器を付けていたので問題ないと思い、特段の配慮もなく研修が進められ第１日目が終わってしまいました。Ａさんは、補聴器をつけていても、すべて聞き取れる訳ではないことを事務局に相談したところ、次回以降、手話通訳者か要約筆記者（ノートテイク）で対応してくれることとなりました。

### 呼び出し方法の改善（聴覚障害②）

聴覚障害者（発語可能・４級）のＢさんは事務手続きのため、受付を済ませ呼び出しを待っていましたがなかなか呼ばれませんでした。受付に、呼ばれていないことを申し出ると、「名前を呼びましたが、返事がありませんでした」とのことでした。音声による通常の呼び出ししか行われなかったためです。

その後、事務局は対応を検討し、聴覚障害のある方には、文字情報などでも呼び出しを伝え、手続きに関するやりとりに関しても筆談等で対応することとしました。

### 盲ろう者とのコミュニケーション（盲ろう者）

盲ろう者であるＡさんは、通訳・介助者を同伴し、パソコン訓練を実施する施設に相談に行きましたが、盲ろう者との特殊なコミュニケーション方法である「手書き文字」「点字筆記」「触手話」「指点字」ができる職員がいないとの理由で受け入れを断られてしまいました。

後日、Ａさんは通訳・介助者を同伴して盲ろう者関係機関に相談したところ、「Ａさんは点字ができること、また、手のひらに書く（手書き文字）ことでコミュニケーションがとれることを施設側に伝えたらよいのでは。」との助言を受け、あらためて、Ａさんは点字ができること、また、手のひらに書く（手書き文字）ことでコミュニケーションがとれることを施設に説明した結果、施設側も理解を示し、前向きに受け入れる方向で話が進展しました。

## ■障害特性に応じた具体的対応例（その３）

### 建物の段差が障壁に（肢体不自由①）

　車椅子を使用している身体障害者（1級）Aさんが、外出中、建物に入ろうとすると大きな段差があり立ち往生してしまいました。

　スタッフに協力をお願いしてみると、段差を車椅子で乗り越える手伝いを申し出てくれました。介助のお陰で、無事に建物に入ることができました。

### 障害への理解が深まれば（肢体不自由②）

　座骨部に褥瘡（床ずれ）発生を繰り返している脊髄損傷者Bさん。褥瘡は、長時間座位を保持していることが原因で発生していました。褥瘡悪化による手術で数ヶ月単位の入院を繰り返していました。

　納期がせまっており長時間作業をしなければならない場面でも、時間調整や褥瘡予防できる姿勢を確保するため途中で休憩をとることなど周囲の理解と協力を得ることで、褥瘡の発生をおさえ、入退院を繰り返すことなく生活することが可能になりました。

## ■障害特性に応じた具体的対応例(その4)

### 施設での電動車椅子による自立移動(肢体不自由③)

　重度の脳性麻痺であるCさんは、介助用車椅子を使用し、施設職員や家族の介助による移動が主でした。リハビリテーションセンターにおいて、施設での電動車椅子による自立移動が可能か検討したところ、座位保持装置や特殊スイッチを装備・使用した電動車椅子で安全に施設内を移動できることがわかりました。

　当初、施設側が電動車椅子移動による安全性の確保について懸念していましたが、リハビリテーションセンター担当職員による実地確認や使い方の指導により安全な移動が可能であることが理解され、その結果、施設内で本人の意思により自由に移動することが可能となりました。

### 脳卒中の後遺症があるが、働くことを希望する方への支援(肢体不自由④)

　50歳代で脳梗塞(脳卒中の種類の1つ)を発症し、入浴、更衣、屋外の外出などに介助が必要であることから、日中自宅に閉じこもりがちであるが、今後、働くことを希望しているDさん。本人の残存能力を踏まえ、更衣や外出練習などを提供する通所リハビリテーションに通うことになりました。訓練により、就労に向けて活動するための機能が向上し、地域の就労継続支援事業所に通うことで社会参加できるようになりました。

## ■障害特性に応じた具体的対応例（その5）

### 話すことの障害（失語症）

　失語症（発語がうまくできない）のAさんが、買い物に行きましたが、自分の欲しいものを探すことができませんでした。店員にどこにあるのか尋ねようとしましたが、欲しいものをうまく伝えられず、時間が経過するばかりでした。

　店員は、Aさんが言葉をうまく話せないことがわかったため、「食べ物」、「飲み物」、「日用品」等と的を徐々に絞って確認していく方法をとったところ、Aさんの欲しいものが判明し購入することができました。

## ■障害特性に応じた具体的対応例（その６）

### メモを活用して行き違いを防止（高次脳機能障害）

　高次脳機能障害のＡさんに、先ほど伝えたことを忘れて勝手な行動をしていると注意したところ、聞いていなかった、知らないと逆に怒り出してしまいました。Ａさんは普段、難しい言葉を使ったり、以前のことをよく覚えている方なので、高次脳機能障害の特性を知らない周囲の人は、Ａさんはいい加減な人だと腹を立てて、人間関係が悪化してしまいました。

　高次脳機能障害者は受傷前の知識や経験を覚えている場合が多いのですが、直近のことを忘れてしまいがちであるという説明を受け、周囲の人は、障害の特性であることを理解することができました。また、口頭で伝えたことは言った、言わないとトラブルのもとになりやすいので、メモに書いてもらい、双方で確認するようにしたら、トラブルがおきなくなりました。

## ■介護予防・日常生活支援総合事業における共生の場

　介護保険制度では、市町村の事業として、住民等の多様な主体が参画し、地域の支え合い体制を推進することで要支援者等の自立支援や介護予防につなげる介護予防・日常生活支援総合事業が平成27年度から順次施行されています。

　介護予防・日常生活支援総合事業は、市町村が地域の実情に応じて独自のサービスを設定していくこととなりますが、市町村がこの事業を円滑に実施できるよう、設定されるであろうサービス内容の例などを記載したガイドラインをお示ししています。

　その中で、高齢者のみならず障害者や児童など分け隔てなく自主的に集まり互いに支え合う場を作り出すことに対して、補助などを行い促進することができる共生型の通いの場を紹介しています。

　障害者差別解消法は共生社会の実現を目的としており、共生型の通いの場は、同目的にも資するものであると考えられます。

## ■障害者差別解消支援地域協議会とは

　障害者差別解消法では、国及び地方公共団体の機関であって、医療、介護、教育その他の障害者の自立と社会参加に関連する分野の事務に従事する者（以下「関係機関」）は、社会生活を円滑に営む上での困難を有する障害者に対する支援が効果的かつ円滑に実施されるよう、関係機関により構成される障害者差別解消支援地域協議会（以下「地域協議会」）を組織できるとされています。（法第17条第1項）

1　地域協議会とは
　＜地域協議会の事務＞
　　障害者差別に関する相談等に係る協議や地域における障害者差別を解消するための取組に関する提案に係る協議を行う
　　　※個別事案ごとに差別か否かの判断を行うことまでは想定されていない
　・事案の情報共有や構成機関への提言
　・地域における障害者差別解消の推進のための取組に関する協議・提案
　・事案の解決を後押しするための協議　など
　＜対象となる障害者差別に係る事案＞
　　一般私人による事案は地域協議会における情報共有の対象としないが、環境の整備に関する相談、制度等の運用に関する相談については情報共有の対象とする

2　地域協議会の組織
　　都道府県、市町村、特別区など地方公共団体が主導して組織する

　詳細については、内閣府ホームページに掲載されています。
　http://www8.cao.go.jp/shougai/suishin/sabekai.html

## ■障害特性に応じた具体的対応例（その7）

### 作業能力を発揮するための一工夫（知的障害①）

　Aさんは、作業能力はあるけれど、不安が強くなると本来の作業能力が発揮できなくなってしまいます。Aさんの担当は清掃作業。1フロアーを一人で担当するように任されていましたが、広い範囲を一人で任されることに不安を感じ、本来の作業能力を発揮できずミスが増えていました。

　作業量は変えずに2フロアーを二人で担当する様にしたところ、Aさんの不安が減少し、本来の能力を発揮できるようになり、ミスも減りました。

### 対人コミュニケーションに困難を抱える若者の就労支援（知的障害②）

　Bさんは、高校を中退後、一時アルバイトを経験したものの、すぐに辞めてしまってからは就労から遠ざかった生活を続けていました。軽度の知的障害が疑われ、対人コミュニケーションに課題を抱えるBさんは、以前、アルバイト先の上司から強く叱責を受けたことで、すっかり自信と意欲を失っていたのです。

　生活困窮者自立支援制度の自立相談支援機関は、すべての書類にルビを振り、また、Bさんが理解するまで繰り返し丁寧な説明を行うなど、Bさんの社会参加に向けて粘り強い支援を行いました。並行して、就労支援員がBさんの特性に理解のある職場の開拓をすすめました。その結果、アルバイト経験があり、本人の関心の高い飲食業界において、就労訓練事業として週3日、3時間程度の就労から始めることになりました。現在も、自立相談支援機関がBさん本人と就労先双方へのフォローを行いながら就労の継続を支援しています。

### 一人暮らしの金銭管理をサポート（知的障害③）

　一人暮らしをしながら地域の作業所に通うCさんは、身の回りのことはほとんど自分でできますが、お金の計算、特に何を買うのにいくらかかるのかを考えて使うのが苦手なため、日常の金銭管理をしてくれる福祉サービス（日常生活自立支援事業）を利用することになりました。

　生活支援員と必要なお金について1週間単位で相談し、一緒に銀行に行ってお金を下ろし、生活することになりました。買い物のレシートをノートに貼ることもアドバイスをうけ、お金を遣い過ぎることがなくなりました。また、お金がどれくらいあるのか心配なときは、支援員さんに聞けば分かるので安心とCさんは話しています。

## ■障害特性に応じた具体的対応例（その8）

### コミュニケーション支援機器を用いた就労訓練（発達障害①）

　発達障害のAさんは、就労訓練サービスを利用しています。挨拶、作業の終了時、作業中に必要と思われる会話（「おはようございます」「さようなら」「仕事が終わりました」「袋を持ってきてください」「紐を取ってください」「トイレへ行ってきます」「いらっしゃいませ」「100円です」等）をVOCA（会話補助装置）に録音し、伝えたいメッセージのシンボル（絵・写真・文字）を押してコミュニケーションをとるようにしたことで作業に集中することができ、休みなく事業所へ通う事ができるようになりました。

### 個別の対応で理解が容易に（発達障害②）

　発達障害のBさんは、利用者全体に向けた説明を聞いても、理解できないことがしばしばある方です。そのため、ルールや変更事項等が伝わらないことでトラブルになってしまうことも多々ありました。

　そこで、Bさんには、全体での説明の他に個別に時間を取り、正面に座り文字やイラストにして直接伝えるようにしたら、様々な説明が理解できるようになり、トラブルが減るようになりました。

### 本人が安心して過ごすための事前説明（発達障害③）

　発達障害のCさんは、就労継続支援事業を利用していますが、広い作業室の中で職員を見つけることが出来ない方でした。職員に連絡したくても連絡できず、作業の中で解らないことや聞きたいことがあってもそれが聞けず、不安や混乱が高まっていました。

　そこで、来所時にあらかじめCさんに職員の場所を図で示したり、現地を確認する、ユニフォームの違いを伝えるなど、職員をみつけるための手がかりを知らせておくようにしたら、Cさんは安心して作業に集中できるようになりました。

### 苦手なことに対しては、事前のサポート（発達障害④）

　発達障害のDさんは文字の読み書きが苦手であり、様々な手続きの際、書類の記入欄を間違えたり、誤字を書いてしまったりして、何回も書き直さなければなりませんでした。

　そこで、Dさんの相談を受けている職員は、「記入欄に鉛筆で丸をつけたり付箋を貼って示す」「書類のモデルを作成して示す」「職員が鉛筆で下書きする」などを試したところ、書類作成を失敗する回数が少なくなりました。

## ■障害特性に応じた具体的対応例（その9）

### 自己コントロール力をつけるために（障害児①）

　自閉症スペクトラム（発達障害）のAさんは知的にはかなり高い児童ですが、ちょっとした思い込みや刺激が元で、トイレや空室に長時間（長い場合は10時間近く）急に籠もってしまうことが多くありました。

　そこで、不適応を起こしそうになった場合（「起こす前」がポイント）に、事前に決めておいたルールに基づいて（例えば何色かのカードを用意し、イエローカードを見せたら事務室でクールダウンする、レッドカードであったら個別対応の部屋に行きたい等）自らがサインを出して対応方法を選択する経験を繰り返し積むことで、徐々にカードを使用せずに感情の自己コントロールができるようになってきました。約半年ほどで不適応を示すことが殆どなくなり、生活が安定しました。

### 日常生活動作を身につけるために（障害児②）

　保育所に通う発達障害児のBちゃんは、靴をそろえる、トイレにしっかり座るといった日常生活の動作の一部が十分に身についていません。言葉による説明よりも、視覚情報による説明の方が伝わりやすいため、これらの動作の順番を具体化した絵を作成し、必要に応じて見せるようにしています。また、話しかける際にも、顔を見ながら、穏やかに静かな声で話しかけるようにしています。

## Ⅲ　全府省庁対応指針（ガイドライン）

### ■障害特性に応じた具体的対応例（その１０）

#### 薬が効くまでの時間をもらえると（精神障害）

　Ａさんは、精神障害当事者としての経験を活かして、福祉サービス事業所でピアサポーターとして活動しています。しかし、月に一度位は幻聴が出現することがあり、Ａさんは活動に支障が出ることをとても心配していました。職員に相談すると、「普段はどうしているのですか？」と質問され、Ａさんは頓服薬を飲んで1時間位静養すると治まってくると説明しました。すると、「ご自分で対処できるならそうして下さい」「症状があっても、工夫をしながら活動を続けられるといいですね」「他の利用者の励みになるのだから気にする必要はないと思います」と言われて、幻聴が出た時は頓服が効くまで静養できることになりました。その後、Ａさんは、ピアサポーターとして自信を持ちながら、安心して活動を続けています。

## ■障害特性に応じた具体的対応例（その１１）

### 介護老人保健施設での対応（高齢者①）

　様々な障害があっても生活がしやすいように、点字ブロック、車いす用のトイレ、入所者用の居室階へ行くためのエレベーターの設置などを行いました。また、聴覚障害のある入所者とコミュニケーションを図れるよう部屋に筆談用の用具を置くなどの配慮を行っています。

### 特別養護老人ホームにおける対応（高齢者②）

　特別養護老人ホームにおいて地域交流活動を行う際、ボランティアのＡさん（視覚障害者）が資料や小道具を作ろうとしましたが、パソコンでの作業に手間取ってしまいました。そこで、施設は、職員や他のボランティアの人が共同して作成することに加え、施設で導入していた音声認識ソフトや点字付きキーボードを利用してもらうことによって、Ａさんが作業しやすい環境を作るように働きかけました。

### デイサービスを利用する前の交流（高齢者③）

　Ｂさん（精神障害者）は、要介護認定を受け、介護保険のデイサービスを利用することとなりました。しかし、家族から、Ｂさんは、知らない人と接することが苦手でありデイサービスのような人が集まる場に行くことは、精神的な負担が大きいのではないか、と心配の声が寄せられていました。

　そこで、デイサービスの職員は、いきなりデイサービスを利用するのではなく、まずはＢさんの自宅で交流を重ね、Ｂさんと親しくなることにしました。その後、Ｂさんは親しい職員がいることで、安心してデイサービスの場に通うことができるようになりました。

## ■障害特性に応じた具体的対応例(その12)

### 色素性乾皮症(XP)児の保育所における対応(難病)

　遮光対策が必要な疾病である色素性乾皮症患児のAちゃんは、紫外線対策がなされていない保育所に入所することは困難です。
　入所を希望する保育所と話し合った結果、UVカットシートを保育室等の窓ガラスに貼ること、紫外線を遮断するため窓は常時閉鎖しておくのでエアコンをとりつけること、日光に当たってしまった際の対応策などを保育所側に十分把握してもらったうえで、他の保育園児・保護者への説明も十分行うことで疾病に対する理解を得て、安心して保育所に通うことができるようになりました。

## ■障害者総合支援法の対象となる疾病について

　平成25年4月より、難病等が障害者総合支援法の対象となり130疾病を対象としていましたが、指定難病(医療費助成の対象となる難病)の検討を踏まえ、平成27年1月より、障害者総合支援法の対象疾病が151疾病に拡大されました(第1次検討)。
　また、第2次検討の結果、平成27年7月から332疾病に拡大されました。
　http://www.mhlw.go.jp/stf/seisakunitsuite/bunya/hukushi_kaigo/shougaishahukushi/hani/index.html

　対象となる方は、障害者手帳(※1)をお持ちでなくても、必要と認められた障害福祉サービス等(※2)が受けられます。

※1 身体障害者手帳・療育手帳・精神障害者保健福祉手帳
※2 障害者・児は、障害福祉サービス・相談支援・補装具及び地域生活支援事業(障害児は、障害児通所支援と障害児入所支援も含む)

＊難病の特徴(症状の変化や進行、福祉ニーズ等)については、「難病患者等に対する認定マニュアル(平成27年9月)」を参照ください

　http://www.mhlw.go.jp/file/06-Seisakujouhou-12200000-Shakaiengokyokushougaihokenfukushibu/1_13.pdf

厚生労働省・福祉事業者向け

## 第4　事業者における相談体制の整備

　障害者差別の解消を効果的に推進するには、障害者及びその家族その他の関係者からの相談等に的確に応じることが必要です。そのためには、法で定められた国や地方公共団体における相談及び紛争の防止等のための体制整備のみならず、障害者にサービス提供を行う事業者において、直接、障害者及びその家族その他の関係者からの相談等に応じるための体制の整備や職員の研修・啓発を行うことが重要です。

　中でも、福祉の専門知識及び技術をもって福祉サービスを提供する事業者については、特に、その基本的専門性に鑑み、より充実した相談体制の整備をはじめ、日頃から、障害に関する理解や人権意識の向上・障害者の権利擁護に向けた職員の研修に積極的に取り組むことが重要です。

　なお、事業所において相談窓口等を設置（事業所における既存の苦情解決体制や相談窓口を活用することも考えられます）する際には、ホームページ等を活用し、相談窓口等に関する情報の周知を図り、利用しやすいものとするよう努めるとともに、対面のほか、電話、ファックス、電子メールなどの多様な手段を用意しておくことが重要です。また、相談等に対応する際には、障害者の性別・年齢・状態等に配慮することが重要です。実際の相談事例については、相談者のプライバシーに配慮しつつ順次蓄積し、以後の合理的配慮の提供等に活用することが望まれます。あわせて、地方自治体の相談窓口や障害者差別解消支援地域協議会、障害当事者団体、医療、教育、労働関係機関などとも連携して、差別解消に向けた取組を着実に進めていくことが望まれます。


## 第5　事業者における研修・啓発

　障害者差別は、障害に関する知識・理解の不足、意識の偏りなどにより引き起こされることが大きいと考えられることから、障害の有無にかかわらず、相互に人格と個性を尊重する共生社会を目指すことの意義を職員が理解することが重要です。

　また、こうした理念が真に理解されることが、障害者差別や、障害者が時に感じる大人の障害者に対する子ども扱い、障害者に対する命令的、威圧的、強制的な発言などの解消にもつながるものと考えられます。

　このため、事業者においては、研修等を通じて、法の趣旨の普及を図るとともに、事業所の地域の取組のなかで近隣住民への理解を促していくことが重要です。

# ■権利擁護に関連する法律(その1)

## 【障害者虐待の防止、障害者の養護者に対する支援等に関する法律(障害者虐待防止法)】

1. 目的

　障害者に対する虐待が障害者の尊厳を害するものであり、障害者の自立及び社会参加にとって障害者に対する虐待を防止することが極めて重要であること等に鑑み、障害者に対する虐待の禁止、国等の責務、障害者虐待を受けた障害者に対する保護及び自立の支援のための措置、養護者に対する支援のための措置等を定めることにより、障害者虐待の防止、養護者に対する支援等に関する施策を促進し、もって障害者の権利利益の擁護に資することを目的としています。

2. 障害者に対する虐待の禁止と早期発見の努力義務

　何人も障害者を虐待してはならない旨を定め、障害者の虐待の防止に係る国等の責務や、障害者虐待の早期発見の努力義務を定めています。

3. 「障害者虐待」の通報義務

　「障害者虐待」を受けたと思われる障害者を発見した者に速やかな通報を義務付けています。

4. 「障害者虐待」とは

　①~③の人たちが、⑦~㋺の5つの虐待行為を行った場合を「障害者虐待」としています。

　①養護者(障害者の世話をしている家族等)

　②障害者福祉施設従事者等(障害福祉サービスの職員等)

　③使用者(障害者を雇用している者等)

　　5つの行為(具体的要件は、虐待を行う主体ごとに微妙に異なる。)

　　⑦身体的虐待:障害者の身体に外傷が生じ、若しくは生じるおそれのある暴行を加え、又は正当な理由なく障害者の身体を拘束すること

　　㋑放棄・放置:障害者を衰弱させるような著しい減食又は長時間の放置等による⑦

　　　　㋔㋐㋑の行為と同様の行為の放置等
　　　㋒心理的虐待：障害者に対する著しい暴言又は著しく拒絶的な対応その他の障害者
　　　　　　　　　に著しい心理的外傷を与える言動を行うこと
　　　㋓性的虐待　：障害者にわいせつな行為をすること又は障害者をしてわいせつな行
　　　　　　　　　為をさせること
　　　㋔経済的虐待：障害者から不当に財産上の利益を得ること

5．通報先
　　市町村・都道府県の部局等は、障害者虐待の通報や対応の窓口等となる「市町村障害者虐待防止センター」、「都道府県障害者権利擁護センター」の機能を果たしています。

6．学校、保育所、医療機関における虐待の防止
　　就学する障害者、保育所等に通う障害者及び医療機関を利用する障害者に対する虐待への対応について、その防止等のための措置の実施を学校の長、保育所等の長及び医療機関の管理者に義務付けています。

## ■権利擁護に関連する法律(その2)

### 【児童虐待の防止等に関する法律(児童虐待防止法)】

　児童に対する虐待の禁止、児童虐待の予防及び早期発見その他の児童虐待の防止に関する国及び地方公共団体の責務、児童虐待を受けた児童の保護及び自立の支援のための措置等を定めることにより、児童虐待の防止等に関する施策を促進し、もって児童の権利利益の擁護に資することを目的とする法律です。

　○「児童虐待」とは保護者がその監護する児童について行う次の行為をいいます。
　　①身体的虐待：殴る、蹴る、投げ落とす、激しく揺さぶる、やけどを負わせる、溺れさせる、首を絞める、縄などにより一室に拘束する　など
　　②性的虐待　：子どもへの性的行為、性的行為を見せる、性器を触る又は触らせる、ポルノグラフィの被写体にする　など
　　③ネグレクト：家に閉じ込める、食事を与えない、ひどく不潔にする、自動車の中に放置する、重い病気になっても病院に連れて行かない　など
　　④心理的虐待：言葉による脅し、無視、きょうだい間での差別的扱い、子どもの目の前で家族に対して暴力をふるう(ドメスティック・バイオレンス：DV)　など

### 【高齢者に対する虐待の防止、高齢者の養護者に対する支援等に関する法律(高齢者虐待防止法)】

　高齢者の虐待防止等に関する国等の責務、虐待を受けた高齢者の保護及び養護者に対する支援の措置等を定めることにより、高齢者虐待の防止に関する施策を促進し、もって高齢者の権利利益の擁護に資することを目的とする法律です。

　○虐待防止施策には、①養護者(家族等)による虐待に対するものと、②養介護施設従事者等による虐待に対するものに大別されます。
　○虐待の類型には、①身体的虐待、②養護を著しく怠る(ネグレクト)、③心理的虐待、④性的虐待、⑤経済的虐待があります。
　詳細は、
　http://www.mhlw.go.jp/stf/seisakunitsuite/bunya/hukushi_kaigo/kaigo_koureisha/boushi/index.html
　よりご覧ください。

厚生労働省 ● 福祉事業者向け

**【配偶者からの暴力の防止及び被害者の保護等に関する法律(配偶者暴力防止法)】**

配偶者からの暴力に係る通報、相談、保護、自立支援等の体制を整備し、配偶者からの暴力の防止及び被害者の保護を図ることを目的とする法律です。

○配偶者:男性、女性を問いません。事実婚や元配偶者*も含まれます。
 *離婚前に暴力を受け、離婚後も引き続き暴力を受ける場合
 *生活の本拠をともにする交際相手、元生活の本拠をともにする交際相手も対象

○暴力:身体的暴力のみならず、精神的・性的暴力*も含まれます。
 *保護命令の申し立ては身体に対する暴力又は生命等に対する脅迫のみ対象

詳細は、http://www.gender.go.jp/e-vaw/law/index2.html よりご覧ください。

なお、障害者差別の理解には、障害者虐待防止に関する理解も極めて重要になってくることから、併せて研修を行うことが望まれます。

## 第6　国の行政機関における相談窓口

法第14条において、「国及び地方公共団体は、障害者及びその家族その他の関係者からの障害を理由とする差別に関する相談に的確に応ずるとともに、障害を理由とする差別に関する紛争の防止又は解決を図ることができるよう必要な体制の整備を図るものとする」と規定されています。

相談に際しては、地域の自治体の様々な相談窓口（福祉事務所、児童相談所など）や各都道府県において組織される障害者差別解消支援地域協議会などもご活用ください。

厚生労働省における福祉関係の担当窓口は以下のとおりです。

（1）子ども・子育て関係
　　　雇用均等・児童家庭局家庭福祉課
　　　　　〃　　　総務課少子化総合対策室
　　　　　〃　　　保育課
　　　　　〃　　　母子保健課
（2）生活保護関係
　　　社会・援護局保護課
（3）地域福祉、生活困窮者自立支援関係
　　　社会・援護局地域福祉課
　　　社会・援護局地域福祉課　生活困窮者自立支援室
（4）障害福祉、精神保健関係
　　　障害保健福祉部企画課
　　　　　〃　　　障害福祉課
　　　　　〃　　　精神・障害保健課
（5）高齢者福祉関係
　　　老健局総務課

## 第7　主務大臣による行政措置

　事業者における障害者差別解消に向けた取組は、本指針を参考にして、各事業者により自主的に取組が行われることが期待されています。しかし、事業者による自主的な取組のみによっては、その適切な履行が確保されず、例えば、事業者が法に反した取扱いを繰り返し、自主的な改善を期待することが困難である場合など、特に必要があると認められるときは、主務大臣は、事業者に対し、報告を求め、又は助言、指導若しくは勧告をすることができるとされています。（法第12条）

III　全府省庁対応指針（ガイドライン）

**参考ページ**

## ■発達障害者支援法とは

Ⅰ．目的

　親をはじめとする身近な人、保育所や学校などの担任、病院や福祉機関で支援に携わる者、行政機関の職員、その他様々な立場の国民全体が、発達障害の特性を理解し支援ができるようにするために
・早期発見・発達支援に関する国・地方公共団体の責務を明らかにしました。
・発達障害のある人の自立や社会参加のために、様々な分野で支援の充実を図る必要性があることが示されました。

Ⅱ．定義（発達障害とは）

　自閉症やアスペルガー症候群などを含む広汎性発達障害、学習障害、注意欠陥多動性障害などが代表的ですが、このほかにもトゥレット症候群、吃音症など様々なものがあります。

　現時点では、確かな原因は明らかにはなっていませんが、様々な調査から、脳の機能が平均的な世の中の人とは違う発達の仕方をしているらしいということが徐々に分かってきています。

　「発達障害」という名前から、「発達しない」「子どもの時期だけの障害」などというイメージが持たれることもありますが、これは誤解です。その人に合った支援があれば、自立や社会参加の可能性は高まります。また、発達障害の特性を踏まえた支援は、子どもの時期だけではなく成人期や老年期にも必要になります。

Ⅲ．相談機関等（発達障害について相談したいとき）

　まずは、現在住んでいる地域の中にある様々なサービス機関（たとえば、市町村の役場、保育所、学校、医療機関、ハローワークなど）でも、発達障害に対する知識が年々高まってきています。

　また、都道府県や政令市には、発達障害者支援センターが必ず置かれていますので、お住まいの地域の発達障害者支援センターに連絡をしたりホームページを確認したりするのも良いでしょう。

　国においても、発達障害情報・支援センターのホームページを随時更新し、様々な情

厚生労働省・福祉事業者向け

報を掲載しています。　　（掲載先）http://www.rehab.go.jp/ddis/

Ⅳ．普及啓発

　発達障害については、日本だけではなく世界中で関心が高まりつつあります。たとえば、平成19年には国連総会において「4月2日を世界自閉症啓発デーと定める」決議、平成24年には「自閉症スペクトラム障害、発達障害及び関連する障害により影響を受けている個人、家族及び社会の社会経済的ニーズへの対応」に関する決議が採択されています。

　日本国内でも、4月2日の世界自閉症啓発デーには様々な場所で建物を青くライトアップする取組や、4月2日から8日を発達障害啓発週間として様々な啓発イベントが行われるようになっています。

（掲載先）http://www.worldautismawarenessday.jp/htdocs/

■関連ホームページ

障害者権利条約（外務省）
　http://www.mofa.go.jp/mofaj/gaiko/jinken/index_shogaisha.html
障害者差別解消法（内閣府）
　http://www8.cao.go.jp/shougai/suishin/sabekai.html
障害者基本法（内閣府）
　http://www8.cao.go.jp/shougai/suishin/wakugumi.html
厚生労働省
　http://www.mhlw.go.jp/

## Ⅲ　全府省庁対応指針（ガイドライン）

おわりに

　障害者差別解消法の理念を実現していくには、国民一人ひとりの障害に対する理解と適切な配慮が不可欠であり、差別と解される事例についても、お互いの意思疎通不足や理解の不足が起因していると思われることも見受けられます。法に定められたから義務としてやるという姿勢ではなく、事業者や障害者が歩み寄り理解を深めていくことが、差別解消の第一歩につながると考えられます。

　本指針は、そうした事業者の取組に資するよう、今後も、より具体的な事例、特に好事例をお示しできるよう随時見直しを図るなど努めてまいります。

　事業者のみなさまの本法に関するより深い理解と、障害者差別解消に向けた取組を積極的に進めて頂きますようお願いします。

## 厚生労働省
医療関係事業者向け

## はじめに

　平成28年4月1日から「障害者差別解消法」が施行されます。
　この法律は、障害を理由とする差別の解消の推進に関する基本的な事項や、国の行政機関、地方公共団体等及び民間事業者における障害を理由とする差別を解消するための措置などについて定めることによって、全ての国民が障害の有無によって分け隔てられることなく、相互に人格と個性を尊重し合いながら共生する社会の実現につなげることを目的としています。
　この対応指針は、「障害者差別解消法」の規定に基づき、医療分野における事業者が障害者に対し不当な差別的取扱いをしないこと、また必要かつ合理的な配慮を行うために必要な考え方などを記載しています。
　日々の業務の参考にしていただき、障害者差別のない社会を目指しましょう。

## 目次

### 第1 趣旨
- （1）障害者差別解消法制定の経緯 —————————————— 262
- （2）対象となる障害者 —————————————————— 263
- （3）障害を理由とする差別の解消の推進に関する基本方針 ————— 263
- （4）医療分野における対応指針 ——————————————— 264

### 第2 障害を理由とする不当な差別的取扱い及び合理的配慮の基本的な考え方
- （1）不当な差別的取扱い
  - ①不当な差別的取扱いの基本的考え方 ——————————— 265
  - ②正当な理由の判断の視点 ———————————————— 266
- （2）合理的配慮
  - ①合理的配慮の基本的な考え方 —————————————— 266
  - ②過重な負担の基本的な考え方 —————————————— 268

### 第3 障害を理由とする不当な差別的取扱い及び合理的配慮の例
- （1）不当な差別的取扱いと考えられる例 ———————————— 269
- （2）合理的配慮と考えられる例 ——————————————— 270
- （3）障害特性に応じた対応について —————————————— 272

### 第4 事業者における相談体制の整備 ——————————————— 286

### 第5 事業者における研修・啓発 ————————————————— 286

### 第6 国の行政機関における相談窓口 ——————————————— 287

### 第7 主務大臣による行政措置 —————————————————— 287

### おわりに ———————————————————————————— 288

### 参考ページ ——————————————————————————— 289

# 医療分野における事業者が講ずべき障害を理由とする差別を解消するための措置に関する対応指針

平成２８年１月

## 第１　趣旨

### （１）障害者差別解消法制定の経緯

　　近年、障害者の権利擁護に向けた取組が国際的に進展し、平成18年に国連において、障害者の人権及び基本的自由の享有を確保し、並びに障害者の固有の尊厳の尊重を促進するための包括的かつ総合的な国際条約である障害者の権利に関する条約（以下「権利条約」という。）が採択されました。我が国は、平成19年に権利条約に署名し、以来、国内法の整備を始めとする取組を進めてきました。

　　権利条約は第２条において、「「障害に基づく差別」とは、障害に基づくあらゆる区別、排除又は制限であって、政治的、経済的、社会的、文化的、市民的その他のあらゆる分野において、他の者との平等を基礎として全ての人権及び基本的自由を認識し、享有し、又は行使することを害し、又は妨げる目的又は効果を有するものをいう。障害に基づく差別には、あらゆる形態の差別（合理的配慮の否定を含む。）を含む。」と定義し、その禁止について、締約国に全ての適当な措置を求めています。

　　我が国においては、平成16年の障害者基本法（昭和45年法律第84号）の改正において、障害者に対する差別の禁止が基本的理念として明示され、さらに、平成２３年の同法改正の際には、権利条約の趣旨を踏まえ、同法第２条第２号において、社会的障壁について、「障害がある者にとって日常生活又は社会生活を営む上で障壁となるような社会における事物、制度、慣行、観念その他一切のものをいう。」と定義されるとともに、基本原則として、同法第４条第１項に、「何人も、障害者に対して、障害を理由として、差別することその他の権利利益を侵害する行為をしてはならない」こと、また、同条第２項に、「社会的障壁の除去は、それを必要としている障害者が現に存し、かつ、その実施に伴う負担が過重でないときは、それを怠ることによって前項の規定に違反することとならないよう、その実施について必要かつ合理的な配慮がされなければならない」ことが規定されました。

　　障害を理由とする差別の解消の推進に関する法律（平成25年法律第65号。以下「法」

Ⅲ　全府省庁対応指針（ガイドライン）

という。）は、障害者基本法の差別の禁止の基本原則を具体化するものであり、全ての国民が、障害の有無によって分け隔てられることなく、相互に人格と個性を尊重し合いながら共生する社会の実現に向け、障害者差別の解消を推進することを目的として、平成25年6月に制定されました。我が国は、法の制定を含めた一連の障害者施策に係る取組の成果を踏まえ、平成26年1月に権利条約を締結しました。

　法は、平成28年4月1日から施行されることになっています。

### （2）対象となる障害者

　対象となる障害者・障害児（以下「障害者」という。）は、障害者基本法第2条第1号に規定する障害者、すなわち、「身体障害、知的障害、精神障害（発達障害を含む。）その他の心身の機能の障害（以下「障害」と総称する。）がある者であって、障害及び社会的障壁により継続的に日常生活又は社会生活に相当な制限を受ける状態にあるもの」です。

　これは、障害者が日常生活又は社会生活において受ける制限は、身体障害、知的障害、精神障害（発達障害を含む。）その他の心身の機能の障害（難病に起因する障害を含む。）のみに起因するものではなく、社会における様々な障壁と相対することによって生ずるというモデル（いわゆる「社会モデル」）の考え方を踏まえているものです。したがって、法が対象とする障害者は、いわゆる障害者手帳の所持者に限りません。なお、高次脳機能障害は精神障害に含まれています。

　また、特に女性である障害者は、障害に加えて女性であることにより、さらに複合的に困難な状況に置かれている場合があること、障害児には、成人の障害者とは異なる支援の必要性があることに留意する必要があります。

### （3）障害を理由とする差別の解消の推進に関する基本方針

　法第6条第1項の規定に基づき、「障害を理由とする差別の解消の推進に関する基本方針」（平成27年2月24日閣議決定。以下「基本方針」という。）が策定されました。

　基本方針は、障害を理由とする差別の解消の推進は、雇用、教育、医療、公共交通等、障害者の自立と社会参加に関わるあらゆる分野に関連し、各府省の所掌に横断的にまたがる施策であるため、政府として、施策の総合的かつ一体的な推進を図るとともに、行政機関間や分野間における取組のばらつきを防ぐため、施策の基本的な方向等を示したものです。

## （4）医療分野における対応指針

　法第11条第１項の規定に基づき、主務大臣は、基本方針に即して、事業者が法第８条に規定する事項に関し、適切に対応するために必要な指針（以下「対応指針」という。）を定めることとされています。

　本指針は、上に述べた法の目的を達成するため、特に医療分野に関わる事業者の対応指針を定めたものです。

　本指針において定める措置については、「望まれます」と記載されている内容等法的義務ではないものも含まれますが、法の目的を踏まえ、具体的場面や状況に応じて柔軟な対応を積極的に行うことが期待されるものです。

　なお、事業者は、障害を理由とする差別を解消するための取組を行うに当たり、法、基本方針及び本指針に示す項目のほか、各事業に関連する法令等の規定を順守しなければなりません。

　また、医療分野のサービスの提供に当たっては、福祉サービスその他の関連するサービスとの有機的な連携を図ることが求められることから、事業者は、日頃から、障害に関する理解や障害者の人権・権利擁護に関する認識を深めるとともに、より高い意識と行動規範をもって障害を理由とする差別を解消するための取組を進めていくことが期待されます。

　本指針の対象となる医療関係事業者の範囲は、医療法（昭和２３年法律第２０５号）第１条の２に規定する医療提供施設（介護老人保健施設等を除く。）の運営事業や、その他の医療分野に関わる事業を行う事業者です。

　「本指針の対象となる医療関係事業者」
　・病院
　・診療所
　・助産所
　・調剤を実施する薬局　など

　なお、基本方針において、「事業者は、商業その他の事業を行う者（地方公共団体の経営する企業及び公営企業型地方独立行政法人を含み、国、独立行政法人等、地方公共団体及び公営企業型以外の地方独立行政法人を除く。）であり、目的の営利・非営利、個人・法人の別を問わず、同種の行為を反復継続する意思をもって行う者である。したがって、例えば、個人事業者や対価を得ない無報酬の事業を行う者、非営利事業を行う社会福祉法人や特定非営利活動法人も対象となる。」と規定されています。

> 注）事業者が事業主としての立場で労働者に対して行う障害を理由とする差別を解消するための措置については、法第13条により、障害者の雇用の促進等に関する法律（昭和35年法律第123号）の定めるところによることとされており、同法に基づき別途定められた「障害者差別禁止指針（※1）」及び「合理的配慮指針（※2）」を参照してください。
> 
> ※1　「障害者に対する差別の禁止に関する規定に定める事項に関し、事業主が適切に対処するための指針」
> （平成27年厚生労働省告示第116号）
> 
> ※2　「雇用の分野における障害者と障害者でない者との均等な機会若しくは待遇の確保又は障害者である労働者の有する能力の有効な発揮の支障となっている事情を改善するために事業主が講ずべき措置に関する指針」
> （平成27年厚生労働省告示第117号）

## 第2　障害を理由とする不当な差別的取扱い及び合理的配慮の基本的な考え方

### （1）不当な差別的取扱い

#### ①不当な差別的取扱いの基本的考え方

　法は、障害者に対して、正当な理由なく、障害を理由として、サービス等の提供を拒否する又は提供に当たって場所・時間帯などを制限する、障害者でない者に対しては付さない条件を付するなどにより、障害者の権利利益を侵害することを禁止しています。

　なお、障害者の事実上の平等を促進し、又は達成するために必要な特別の措置は、不当な差別的取扱いではないことに留意する必要があります。

　したがって、障害者を障害者でない者と比べて優遇する取扱い（いわゆる積極的改善措置）、法に規定された障害者に対する合理的配慮の提供による障害者でない者との異なる取扱いや、合理的配慮を提供するために必要な範囲で、プライバシーに配慮しつつ障害者に障害の状況等を確認することは、不当な差別的取扱いには当たりません。

　不当な差別的取扱いとは、正当な理由なく、障害者を、問題となる事務・事業について本質的に関係する諸事情が同じ障害者でない者より不利に扱うことです。

②正当な理由の判断の視点

　　不当な差別的取扱いであるのかどうかの判断には、その取扱いを行う正当な理由の有無が重要となります。正当な理由に相当するのは、障害者に対して、障害を理由として、財・サービスや各種機会の提供を拒否するなどの取扱いが客観的に見て正当な目的の下に行われたものであり、その目的に照らしてやむを得ないと言える場合です。

　　正当な理由に相当するか否かについて、事業者は、個別の事案ごとに、障害者、事業者、第三者の権利利益（例：安全の確保、財産の保全、事業の目的・内容・機能の維持、損害発生の防止等）の観点に鑑み、具体的場面や状況に応じて総合的・客観的に判断することが必要であり、事業者は、正当な理由があると判断した場合には、障害者にその理由を説明するものとし、理解を得るよう努めることが望まれます。

　　なお、「客観的に判断する」とは、主観的な判断に委ねられるのではなく、その主張が客観的な事実によって裏付けられ、第三者の立場から見ても納得を得られるような「客観性」が必要とされるものです。

　　また、「正当な理由」を根拠に、不当な差別的取扱いを禁止する法の趣旨が形骸化されるべきではなく、抽象的に事故の危惧がある、危険が想定されるといった理由によりサービスを提供しないといったことは適切ではありません。

## （2）合理的配慮
### ①合理的配慮の基本的な考え方
＜合理的配慮とは＞

　　権利条約第2条において、合理的配慮は、「障害者が他の者との平等を基礎として全ての人権及び基本的自由を享有し、又は行使することを確保するための必要かつ適当な変更及び調整であって、特定の場合において必要とされるものであり、かつ、均衡を失した又は過度の負担を課さないもの」と定義されています。

　　法は、権利条約における合理的配慮の定義を踏まえ、事業者に対し、その事業を行うに当たり、個々の場面において、障害者から現に社会的障壁の除去を必要としている旨の意思の表明があった場合において、その実施に伴う負担が過重でないときは、障害者の権利利益を侵害することとならないよう、社会的障壁の除去の実施について、必要かつ合理的な配慮（以下「合理的配慮」という。）を行うことを求めています。

　　合理的配慮は、事業者の事業の目的・内容・機能に照らし、必要とされる範囲

で本来の業務に付随するものに限られ、障害者でない者との比較において同等の機会の提供を受けるためのものであり、事業の目的・内容・機能の本質的な変更には及びません。

　合理的配慮は、障害の特性や社会的障壁の除去が求められる具体的場面や状況に応じて異なり、多様かつ個別性の高いものであり、当該障害者が現に置かれている状況を踏まえ、社会的障壁の除去のための手段及び方法について様々な要素を考慮し、代替措置の選択も含め、双方の建設的対話による相互理解を通じ、必要かつ合理的な範囲で柔軟に対応がなされるものです。合理的配慮の内容は、技術の進展、社会情勢の変化等に応じて変遷することにも留意すべきです。

＜意思の表明＞

　意思の表明に当たっては、具体的場面において、社会的障壁の除去に関する配慮を必要としている状況にあることを、言語（手話を含む。）のほか、点字、拡大文字、筆談、実物の提示や身振りサイン等による合図、触覚による意思伝達など、障害者が他人とコミュニケーションを図る際に必要な手段（通訳を介するものを含む。）により伝えられます。

　また、障害者からの意思の表明のみでなく、知的障害や精神障害（発達障害を含む。）等により本人からの意思の表明が困難な場合には、障害者の家族、支援者・介助者、法定代理人等、コミュニケーションを支援する者が本人を補佐して行う意思の表明も含まれます。

　なお、意思の表明が困難な障害者が、家族、支援者・介助者等を伴っていないことなどにより、意思の表明がない場合であっても、当該障害者が社会的障壁の除去を必要としていることが明白であるときには、法の趣旨に鑑みれば、当該障害者に対して適切と思われる配慮を提供するために自主的に取り組むことが望まれます。

＜環境整備との関係＞

　法は、不特定多数の障害者を主な対象として行われる事前的改善措置（いわゆるバリアフリー法に基づく公共施設や交通機関のバリアフリー化、意思表示やコミュニケーションを支援するためのサービス・介助者・支援者等の人的支援、障害者による円滑な情報の取得・利用・発信のための情報アクセシビリティの向上等）については、個別の場合において、個々の障害者に対して行われる合理的配慮を的確に行うための環境の整備として実施に努めることとしています。

新しい技術開発が環境の整備に係る投資負担の軽減をもたらすこともあることから、技術進歩の動向を踏まえた取組が期待されています。また、環境の整備には、ハード面のみならず、職員に対する研修等のソフト面の対応も含まれることが重要です。

　障害者差別の解消のための取組は、このような環境の整備を行うための施策と連携しながら進められることが重要であり、ハード面でのバリアフリー化施策、情報の取得・利用・発信における情報アクセシビリティ向上のための施策、職員に対する研修等、環境の整備の施策を着実に進めることが必要です。

　合理的配慮は、上述の、障害者等の利用を想定して事前に行われる建築物のバリアフリー化、支援者・介助者等の人的支援、情報アクセシビリティの向上等の環境の整備を基礎として、その上で、個々の障害者に対して、その状況に応じて個別に実施される措置です。従って、各場面における環境の整備の状況により、合理的配慮の内容は異なることとなります。また、障害の状態等が変化することもあるため、特に、障害者との関係性が長期にわたる場合には、提供する合理的配慮について、適宜、見直しを行うことが重要です。

### ②過重な負担の基本的な考え方

　過重な負担については、事業者において、具体的な検討をせずに過重な負担を拡大解釈するなどして法の趣旨を損なうことなく、個別の事案ごとに、以下の要素等を考慮し、具体的場面や状況に応じて総合的・客観的に判断することが必要であり、過重な負担に当たると判断した場合、障害者にその理由を説明するものとし、理解を得るよう努めることが望まれます。

＊事務・事業への影響の程度（事務・事業の目的・内容・機能を損なうか否か）
　当該措置を講ずることによるサービス提供への影響、その他の事業への影響の程度。

＊実現可能性の程度（物理的・技術的制約、人的・体制上の制約）
　事業所の立地状況や施設の所有形態等の制約にも応じた、当該措置を講ずるための機器や技術、人材の確保、設備の整備等の実現可能性の程度。

＊費用・負担の程度
　当該措置を講ずることによる費用・負担の程度。複数の障害者から合理的配慮

# Ⅲ　全府省庁対応指針（ガイドライン）

に関する要望があった場合、それらの複数の障害者に係る必要性や負担を勘案して判断することとなります。

＊事務・事業規模
　当該事業所の規模に応じた負担の程度。

＊財務状況
　当該事業所の財務状況に応じた負担の程度。

## 第3　障害を理由とする不当な差別的取扱い及び合理的配慮の例

### （1）不当な差別的取扱いと考えられる例

事業者が医療分野のサービスを提供するに際して、次のような取扱いをすることは「不当な差別的取扱い」となるおそれがあります。

ここに記載する事例はあくまで例示であり、これに限られるものではありません。また、客観的にみて正当な理由が存在する場合（第2（1）②参照）は、不当な差別的取扱いに該当しない場合があることにご留意ください。

○サービスの提供を拒否すること
- 医療機関や薬局において、人的体制、設備体制が整っており、対応可能であるにもかかわらず、障害があることを理由に診療・入院・調剤等を拒否すること。特に、緊急の対応を要する場面も想定されることに十分留意が必要です。
- 正当な理由なく、医療機関や薬局内に、身体障害者補助犬を同伴することを拒否すること

※身体障害者補助犬については【参考ページ】「身体障害者補助犬とは」参照

○サービスの提供を制限すること（場所・時間帯などの制限）
- 正当な理由なく、診察などを後回しにすること、サービス提供時間を変更又は限定すること
- 正当な理由なく、診察室や病室の制限を行うこと
- 医療の提供に際して必要な情報提供を行わないこと

○サービスの提供に際し条件を付すこと(障害のない者には付さない条件を付すこと)
- 正当な理由なく、保護者や支援者・介助者の同伴を診察・治療・調剤等の条件とすること

○サービスの提供に当たって、他の者とは異なる取扱いをすること
- 正当な理由なく、本人（本人の意思を確認することが困難な場合は家族等）の意思に反した医療の提供を行うこと又は意思に沿った医療の提供を行わないこと
- 正当な理由なく、病院や施設が行う行事等への参加や共用設備の利用を制限すること
- 本人を無視して、支援者・介助者や付添者のみに話しかけること
- 大人の患者に対して、幼児の言葉で接すること
- わずらわしそうな態度や、患者を傷つけるような言葉をかけること
- 診療等に当たって患者の身体への丁寧な扱いを怠ること

(2) 合理的配慮と考えられる例

　事業者は、個々の場面において、障害者から現に社会的障壁の除去を必要としている旨の意思の表明があった場合には、次のような合理的配慮を提供することが求められています。合理的配慮を提供する際には、障害者の性別、年齢、状態等に十分に配慮することが必要です。

　ここに記載する事例はあくまで例示であり、これに限られるものではありません。また、事業者に強制する性格のものではなく、ここに記載された事例であっても、事業者の事業規模等によっては過重な負担となる可能性があるため、事業者においては、法、基本方針及び本指針を踏まえ、具体的場面や状況に応じて柔軟に対応することが期待されます。

○基準・手順の柔軟な変更
- 障害の特性に応じて施設のルール、慣行を柔軟に変更すること（診察等で待つ場合、患者が待ちやすい近くの場所で待っていただく、順番が来たら電話で呼び込むなど）。

○物理的環境への配慮
- 施設内の段差にスロープを渡すこと
- エレベーターがない施設の上下階に移動する際、マンパワーで移動をサポートすること

Ⅲ　全府省庁対応指針（ガイドライン）

○補助器具・サービスの提供

＜情報提供等についての配慮や工夫＞

- 説明文書の点字版、拡大文字版、テキストデータ、音声データ（コード化したものを含む。）の提供や必要に応じて代読・代筆を行うこと
- 身振り、手話、要約筆記、筆談、図解、ふりがな付文書を使用するなど、本人が希望する方法で分かりやすい説明を行うこと
- 文書を読み上げたり、口頭による丁寧な説明を行うこと
- 電子メール、ホームページ、ファックスなど多様な媒体で情報提供、予約受付、案内を行うこと

＜建物や設備についての配慮や工夫＞

- 電光表示板、磁気誘導ループなどの補聴装置の設置、点字サイン付き手すりの設置、音声ガイドの設置を行うこと
- 色の組み合わせによる見にくさを解消するため、標示物や案内図等の配色を工夫すること
- トイレ、病室など部屋の種類や、その方向を示す絵記号や色別の表示などを設けること
- パニック等を起こした際に静かに休憩できる場所を設けること
- 障害者に配慮したナースコールの設置を行うこと（息でナースコールができるマルチケアコール、機能障害者用押しボタンなど）

＜職員などとのコミュニケーションや情報のやりとり、サービス提供についての配慮や工夫＞

- 個人情報の保護に配慮した上で、施設内放送を文字化したり、電光表示板で表示したりすること
- 必要に応じて、手話通訳や要約筆記者を配置すること
- 声がよく聞こえるように、また、口の動きや表情を読めるようにマスクを外して話をすること
- ICT（コンピューター等の情報通信技術）を活用したコミュニケーション機器（データを点字に変換して表示する、音声を文字変換する、表示された絵などを選択することができる機器など）を設置すること

＜職員同士での連絡手段の工夫＞

- 外見上、障害者であると分かりづらい患者（聴覚障害の方など）の受付票にその旨が分かる連絡カードを添付するなど、スタッフ間の連絡体制を工夫すること

・診療の予約時などに、患者から申出があった自身の障害特性などの情報を、スタッフ間で事前に共有すること

※ 第2（2）①合理的配慮の基本的な考え方＜環境整備との関係＞においても触れましたが、不特定多数の障害者を主な対象として行われる事前の改善措置については、合理的配慮を的確に行うための環境の整備として実施に努めることとされています。そのうち、バリアフリーに関しては下記のような整備が一例として考えられます。
・施設内の段差を解消すること、スロープを設置すること
・トイレや浴室をバリアフリー化・オストメイト対応にすること
・床をすべりにくくすること
・階段や表示を見やすく明瞭にすること
・車椅子で利用しやすい高さにカウンターを改善すること

### (3) 障害特性に応じた対応について

障害者と接する際には、それぞれの障害特性に応じた対応が求められます。以下に、代表的な障害特性と対応時に配慮すべき事項について簡単にまとめています。

**視覚障害（視力障害・視野障害）**

〔主な特性〕
・先天性で受障される方のほか、最近は糖尿病性網膜症などで受障される人も多く、高齢者では、緑内障や黄斑部変性症が多い
・視力障害：視覚的な情報を全く得られない又はほとんど得られない人と、文字の拡大や視覚補助具等を使用し保有する視力を活用できる人に大きく分けられる

（全盲、弱視といわれることもある）
＊視力をほとんど活用できない人の場合、音声、触覚、嗅覚など、視覚以外の情報を手がかりに周囲の状況を把握している
＊文字の読みとりは、点字に加えて最近では画面上の文字情報を読み上げるソフトを用いてパソコンで行うこともある（点字の読み書きができる人ばかりではない）
＊視力をある程度活用できる人の場合は、補助具を使用したり文字を拡大した

り近づいて見るなどの様々な工夫をして情報を得ている
・視野障害：目を動かさないで見ることのできる範囲が狭くなる
　　　　「求心性視野狭窄」見える部分が中心だけになって段々と周囲が見えなくなる
　　　　　　　　　　　遠くは見えるが足元が見えず、つまずきやすくなる
　　　「中心暗転」周囲はぼんやり見えるが真ん中が見えない
　　　　　　　　　文字等、見ようとする部分が見えなくなる
　視力障害、視野障害の状況によって、明るさの変化への対応が困難なため、移動などに困難さを生じる場合も多い

〔主な対応〕
・音声や点字表示など、視覚情報を代替する配慮
・中途受障の人では白杖を用いた歩行や点字の触読が困難な人も多いため留意が必要
・声をかける時には前から近づき「〇〇さん、こんにちは。△△です。」など自ら名乗る
・説明する時には「それ」「あれ」「こっち」「このくらいの」などと指差し表現や指示代名詞で表現せず、「あなたの正面」「〇〇くらいの大きさ」などと具体的に説明
・普段から通路（点字ブロックの上など）に通行の妨げになるものを置かない、日頃視覚障害者が使用しているものの位置を変えないなど周囲の協力が不可欠
・主に弱視の場合、室内における照明の状況に応じて、窓を背にして座ってもらうなどの配慮が必要

## 聴覚障害

〔主な特性〕
・聴覚障害は外見上分かりにくい障害であり、その人が抱えている困難も他の人からは気づかれにくい側面がある
・聴覚障害者は補聴器や人工内耳を装用するほか、コミュニケーション方法には手話、筆談、口話など様々な方法があるが、どれか一つで十分ということではなく、多くの聴覚障害者は話す相手や場面によって複数の手段を組み合わせるなど使い分けている
・補聴器や人工内耳を装用している場合、スピーカーを通じる等、残響や反響のある音は、聞き取りにあまり効果が得られにくい

- 聴覚の活用による言葉の習得に課題があることにより、聴覚障害者の国語力は様々であるため、筆談の場合は、相手の状況にあわせる

〔主な対応〕
- 手話や文字表示、手話通訳や要約筆記者の配置など、目で見て分かる情報を提示したりコミュニケーションをとる配慮
- 補聴器や人工内耳を装用し、残響や反響のある音を聞き取ることが困難な場合には、代替する対応への配慮（磁気誘導ループの利用など）
- 音声だけで話すことは極力避け、視覚的なより具体的な情報も併用
- スマートフォンなどのアプリに音声を文字に変換できるものがあり、これらを使用すると筆談を補うことができる

### 盲ろう（視覚と聴覚の重複障害）

〔主な特性〕
- 視覚と聴覚の重複障害の人を「盲ろう」と呼んでいるが、障害の状態や程度によって様々なタイプに分けられる（視覚障害、聴覚障害の項も参照のこと）
    ＜見え方と聴こえ方の組み合わせによるもの＞
        ①全く見えず聴こえない状態の「全盲ろう」
        ②見えにくく聴こえない状態の「弱視ろう」
        ③全く見えず聴こえにくい状態の「盲難聴」
        ④見えにくく聴こえにくい状態の「弱視難聴」
    ＜各障害の発症経緯によるもの＞
        ①盲（視覚障害）から聴覚障害を伴った「盲ベース盲ろう」
        ②ろう（聴覚障害）から視覚障害を伴った「ろうベース盲ろう」
        ③先天的、あるいは乳幼児期に視覚と聴覚の障害を発症する「先天性盲ろう」
        ④成人期以後に視覚と聴覚の障害が発症する「成人期盲ろう」
- 盲ろう者がそれぞれ使用するコミュニケーション手段は、障害の状態や程度、盲ろうになるまでの経緯、あるいは生育歴、他の障害との重複の仕方によって異なり、介助方法も異なる
- テレビやラジオを楽しんだり本や雑誌を読むこともできず、家族といてもほとんど会話がないため、孤独な生活を強いられることが多い

〔主な対応〕
- 盲ろう者関係機関に相談し、対応に関する助言を受ける

# Ⅲ 全府省庁対応指針（ガイドライン）

- 障害の状態や程度に応じ視覚障害や聴覚障害の人と同じ対応が可能な場合があるが、同様な対応が困難な場合が多く、手書き文字や触手話、指点字などの代替する対応や移動の際にも配慮する
- 言葉の通訳に加えて、視覚的・聴覚的情報についても意識的に伝える
 （例）状況説明として、人に関する情報（人数、性別等）や環境に関する情報（部屋の大きさや机の配置、その場の雰囲気等）など

## 肢体不自由

### ○車椅子を使用されている場合
〔主な特性〕
- 脊髄損傷（対麻痺又は四肢麻痺、排泄障害、知覚障害、体温調節障害など）
- 脳性麻痺（不随意運動、手足の緊張、言語障害、知的障害重複の場合もある）
- 脳血管障害（片麻痺、運動失調）
- 病気等による筋力低下や関節損傷などで歩行が困難な場合もある
- ベッドへの移乗、着替え、洗面、トイレ、入浴など、日常の様々な場面で援助が必要な人の割合が高い
- 車椅子使用者にとっては、段差や坂道が移動の大きな妨げになる
- 手動車椅子の使用が困難な場合は、電動車椅子を使用する場合もある
- 障害が重複する場合には、呼吸器を使用する場合もある

〔主な対応〕
- 段差をなくす、車椅子移動時の幅・走行面の斜度、車椅子用トイレ、施設のドアを引き戸や自動ドアにするなどの配慮
- 机アプローチ時に車椅子が入れる高さや作業を容易にする手の届く範囲の考慮
- ドア、エレベーターの中のスイッチなどの機器操作のための配慮
- 目線をあわせて会話する
- 脊髄損傷者は体温調整障害を伴うことがあるため、部屋の温度管理に配慮

### ○杖などを使用されている場合
〔主な特性〕
- 脳血管障害（歩行可能な片麻痺、運動失調）
- 麻痺の程度が軽いため、杖や装具歩行が可能な場合や、切断者などで義足を使用して歩行可能な場合は、日常生活動作は自立している人が多い

- 失語症や高次脳機能障害がある場合もある
- 長距離の歩行が困難であったり、階段、段差、エスカレーターや人ごみでの移動が困難な場合もあり、配慮が必要

〔主な対応〕
- 上下階に移動するときのエレベーター設置・手すりの設置
- 滑りやすい床など転びやすいので、雨天時などの対応
- トイレでの杖おきの設置や靴の履き替えが必要な場合に椅子を用意するなどの配慮

## 構音障害

〔主な特性〕
- 話す言葉自体を聞き取ることが困難な状態
- 話す運動機能の障害、聴覚障害、咽頭摘出などの原因がある

〔主な対応〕
- しっかりと話を聞く
- 会話補助装置などを使ってコミュニケーションをとることも考慮する

## 失語症

〔主な特性〕
- 聞くことの障害
  音は聞こえるが「ことば」の理解に障害があり「話」の内容が分からない
  単語や簡単な文なら分かる人でも早口や長い話になると分からなくなる
- 話すことの障害
  伝えたいことをうまく言葉や文章にできない
  発話がぎこちない、いいよどみが多くなったり、誤った言葉で話したりする
- 読むことの障害
  文字を読んでも理解が難しい
- 書くことの障害
  書き間違いが多い、また「てにをは」などをうまく使えない、文を書くことが難しい

〔主な対応〕

- 表情が分かるよう、顔を見ながら、ゆっくりと短いことばや文章で、分かりやすく話しかける
- 一度でうまく伝わらない時は、繰り返して言ったり、別のことばに言い換えたり、漢字や絵で書いたり、写真・実物・ジェスチャーで示したりすると理解しやすい
- 「はい」「いいえ」で答えられるように問いかけると理解しやすい
- 話し言葉以外の手段(カレンダー、地図、時計など身近にあるもの)を用いると、コミュニケーションの助けとなる

＊「失語症のある人の雇用支援のために」(独立行政法人高齢・障害者雇用支援機構障害者職業総合センター)より一部引用

## 高次脳機能障害

交通事故や脳血管障害などの病気により、脳にダメージを受けることで生じる認知や行動に生じる障害。身体的には障害が残らないことも多く、外見では分かりにくいため「見えない障害」とも言われている。

〔主な特性〕
- 以下の症状が現れる場合がある

　　記憶障害：すぐに忘れてしまったり、新しい出来事を覚えることが苦手なため、何度も同じことを繰り返したり質問したりする

　　注意障害：集中力が続かなかったり、ぼんやりしていてしまい、何かをするとミスが多く見られる
　　　　　　　二つのことを同時にしようとすると混乱する
　　　　　　　主に左側で、食べ物を残したり、障害物に気が付かないことがある

　　遂行機能障害：自分で計画を立てて物事を実行したり、効率よく順序立てられない

　　社会的行動障害：ささいなことでイライラしてしまい、興奮しやすい
　　　　　　　　　　こだわりが強く表れたり、欲しいものを我慢できない
　　　　　　　　　　思い通りにならないと大声を出したり、時に暴力をふるったりする

　　病識欠如：上記のような症状があることに気づかず、できるつもりで行動してトラブルになる

- 失語症（失語症の項を参照）を伴う場合がある
- 片麻痺や運動失調等の運動障害や眼や耳の損傷による感覚障害を持つ場合がある

〔主な対応〕
- 本障害に詳しいリハビリテーション専門医やリハ専門職、高次脳機能障害支援普及拠点機関、家族会などに相談する
- 記憶障害

  手がかりがあると思い出せるので、手帳やメモ、アラームを利用したり、ルートマップを持ち歩いてもらうなどする

  自分でメモを取ってもらい、双方で確認する

  残存する受傷前の知識や経験を活用する（例えば、過去に記憶している自宅周囲では迷わず行動できるなど）
- 注意障害

  短時間なら集中できる場合もあるので、こまめに休憩を取るなどする

  ひとつずつ順番にやる

  左側に危険なものを置かない
- 遂行機能障害

  手順書を利用する

  段取りを決めて目につくところに掲示する

  スケジュール表を見ながら行動したり、チェックリストで確認する
- 社会的行動障害

  感情をコントロールできない状態にあるときは、上手に話題や場所を変えてクールダウンを図る

  予め行動のルールを決めておく

## 内部障害

〔主な特性〕
- 心臓機能、呼吸器機能、腎臓機能、膀胱・直腸機能、小腸機能、肝機能、HIVによる免疫機能のいずれかの障害により日常生活に支障がある
- 疲れやすく長時間の立位や作業が困難な場合がある

〔主な対応〕
- ペースメーカーは外部からの電気や磁力に影響をうけることがあるので注意す

べき機器や場所などの知識をもつ
- 排泄に関し、人工肛門の場合、パウチ洗浄等特殊な設備が必要となることへの配慮
- 人工透析が必要な人については、通院への配慮
- 呼吸器機能障害のある方は、慢性的な呼吸困難、息切れ、咳等の症状があることを理解し、息苦しくならないよう、楽な姿勢でゆっくり話をしてもらうよう配慮
- 常時酸素吸入が必要な方は、携帯用酸素ボンベが必要な場合があることを理解

## 重症心身障害・その他医療的ケアが必要な者

〔主な特性〕
- 自分で体を動かすことができない重度の肢体不自由と、年齢に相応した知的発達が見られない重度の知的障害が重複している
- 殆ど寝たままで自力では起き上がれない状態が多い
- 移動、食事、着替え、洗面、トイレ、入浴などが自力ではできないため、日常の様々な場面で介助者による援助が必要
- 常に医学的管理下でなければ、呼吸することも栄養を摂ることも困難な人もいる
- 重度の肢体不自由や重度の知的障害はないが、人工呼吸器を装着するなど医療的ケアが必要な人もいる

〔主な対応〕
- 人工呼吸器などを装着して専用の車椅子で移動する人もいるため、電車やバスの乗降時等において、周囲の人が手伝って車椅子を持ち上げるなどの配慮が必要
- 体温調整がうまくできないことも多いので、急な温度変化を避ける配慮が必要

## 知的障害

〔主な特性〕
- 概ね18歳頃までの心身の発達期に現れた知的機能の障害により、生活上の適応に困難が生じる
- 「考えたり、理解したり、読んだり、書いたり、計算したり、話したり」する

- 等の知的な機能に発達の遅れが生じる
- 金銭管理、会話、買い物、家事などの社会生活への適応に状態に応じた援助が必要
- 主な原因として、ダウン症候群などの染色体異常、または先天性代謝異常によるものや、脳症や外傷性脳損傷などの脳の疾患があるが、原因が特定できない場合もある
- てんかんを合併する場合もある
- ダウン症候群の場合の特性として、筋肉の低緊張、多くの場合、知的な発達の遅れがみられること、また、心臓に疾患を伴う場合がある

〔主な対応〕
- 言葉による説明などを理解しにくいため、ゆっくり、ていねいに、分かりやすく話すことが必要
- 文書は、漢字を少なくしてルビを振る、文書を分かりやすい表現に直すなどの配慮で理解しやすくなる場合があるが、一人ひとりの障害の特性により異なる
- 写真、絵、ピクトグラムなど分かりやすい情報提供を工夫する
- 説明が分からないときに提示するカードを用意したり、本人をよく知る支援者が同席するなど、理解しやすくなる環境を工夫する

### 発達障害

#### ○自閉症、アスペルガー症候群を含む広汎性発達障害(自閉症スペクトラム)

〔主な特性〕
- 相手の表情や態度などよりも、文字や図形、物の方に関心が強い
- 見通しの立たない状況では不安が強いが、見通しが立つ時はきっちりしている
- 大勢の人がいる所や気温の変化などの感覚刺激への敏感さで苦労しているが、それが芸術的な才能につながることもある

〔主な対応〕
- 本人をよく知る専門家や家族にサポートのコツを聞く
- 肯定的、具体的、視覚的な伝え方の工夫(「○○をしましょう」といったシンプルな伝え方、その人の興味関心に沿った内容や図・イラストなどを使って説明するなど)
- 感覚過敏がある場合は、音や肌触り、室温など感覚面の調整を行う(イヤーマフを活用する、大声で説明せずホワイトボードで内容を伝える、人とぶつから

Ⅲ　全府省庁対応指針（ガイドライン）

ないように居場所を衝立などで区切る、クーラー等の設備のある部屋を利用できるように配慮するなど）

○学習障害（限局性学習障害）
〔主な特性〕
・「話す」「理解」は普通にできるのに、「読む」「書く」「計算する」ことが、努力しているのに極端に苦手
〔主な対応〕
・本人をよく知る専門家や家族にサポートのコツを聞く
・得意な部分を積極的に使って情報を理解し、表現できるようにする（ICT を活用する際は、文字を大きくしたり行間を空けるなど、読みやすくなるように工夫する）

○注意欠陥多動性障害（注意欠如・多動性障害）
〔主な特性〕
・次々と周囲のものに関心を持ち、周囲のペースよりもエネルギッシュに様々なことに取り組むことが多い
〔主な対応〕
・本人をよく知る専門家や家族にサポートのコツを聞く
・短く、はっきりとした言い方で伝える
・待合室における気の散りにくい座席の位置の工夫、分かりやすいルール提示などの配慮
・ストレスケア（傷つき体験への寄り添い、適応行動が出来たことへのこまめな評価）

○その他の発達障害
〔主な特性〕
・体の動かし方の不器用さ、我慢していても声が出たり体が動いてしまったりするチック、一般的に吃音と言われるような話し方なども、発達障害に含まれる
〔主な対応〕
・本人をよく知る専門家や家族にサポートのコツを聞く
・叱ったり拒否的な態度を取ったり、笑ったり、ひやかしたりしない
・日常的な行動の一つとして受け止め、時間をかけて待つ、苦手なことに無理に

取組まず出来ることで活躍する環境を作るなど、楽に過ごせる方法を一緒に考える

**精神障害**

- 精神障害の原因となる精神疾患は様々であり、原因となる精神疾患によって、その障害特性や制限の度合いは異なる
- 精神疾患の中には、長期にわたり、日常生活又は社会生活に相当な制限を受ける状態が続くものがある
- 代表的な精神疾患として、統合失調症や気分障害等がある
- 障害の特性もさまざまであるため、積極的に医療機関と連携を図ったり、専門家の意見を聴くなど、関係機関と協力しながら対応する。

○統合失調症
〔主な特性〕
- 発症の原因はよく分かっていないが、100人に1人弱かかる、比較的一般的な病気である
- 「幻覚」や「妄想」が特徴的な症状だが、その他にも様々な生活のしづらさが障害として表れることが知られている
- 陽性症状
  幻覚：実態がなく他人には認識できないが、本人には感じ取れる感覚のこと
  　　　なかでも、自分の悪口やうわさ、指図する声等が聞こえる幻聴が多い
  妄想：明らかに誤った内容を信じてしまい、周りが訂正しようとしても受け入れられない考えのこと。誰かにいやがらせをされているという被害妄想、周囲のことが何でも自分に関係しているように思える関係妄想などがある
- 陰性症状
  意欲が低下し、以前からの趣味や楽しみにしていたことに興味を示さなくなる
  疲れやすく集中力が保てず、人づきあいを避け引きこもりがちになる
  入浴や着替えなど清潔を保つことが苦手となる　　　など
- 認知や行動の障害
  考えにまとまりにくく何が言いたいのか分からなくなる
  相手の話の内容がつかめず、周囲にうまく合わせることができない　　　など

〔主な対応〕
- 統合失調症は脳の病気であることを理解し、病気について正しい知識を学ぶ必要がある
- 薬物療法が主な治療となるため、内服を続けるために配慮する
- 社会との接点を保つことも治療となるため、本人が病気と付き合いながら、他人と交流したり、仕事に就くことを見守る
- 一方で、ストレスや環境の変化に弱いことを理解し、配慮した対応を心掛ける
- 一度に多くの情報が入ると混乱するので、伝える情報は紙に書くなどして整理してゆっくり具体的に伝えることを心掛ける
- 症状が強い時には無理をさせず、しっかりと休養をとったり、速やかに主治医を受診することなどを促す

○気分障害

〔主な特性〕
- 気分の波が主な症状としてあらわれる病気。うつ状態のみを認める時はうつ病と呼び、うつ状態と躁状態を繰り返す場合には、双極性障害（躁うつ病）と呼ぶ
- うつ状態では気持ちが強く落ち込み、何事にもやる気が出ない、疲れやすい、考えが働かない、自分が価値のない人間のように思える、死ぬことばかり考えてしまい実行に移そうとするなどの症状がでる
- 躁状態では気持ちが過剰に高揚し、普段ならあり得ないような浪費をしたり、ほとんど眠らずに働き続けたりする。その一方で、ちょっとした事にも敏感に反応し、他人に対して怒りっぽくなったり、自分は何でも出来ると思い込んで人の話を聞かなくなったりする

〔主な対応〕
- 専門家の診察の上で、家族や本人、周囲の人が病気について理解する
- 薬物療法が主な治療となるため、内服を続けるために配慮する
- うつ状態の時は無理をさせず、しっかりと休養をとれるよう配慮する
- 躁状態の時は、金銭の管理、安全の管理などに気を付け、対応が難しい時には専門家に相談する
- 自分を傷つけてしまったり、自殺に至ることもあるため、自殺などを疑わせるような言動があった場合には、本人の安全に配慮した上で、速やかに専門家に相談するよう本人や家族等に促す

## ○依存症（アルコール）

〔主な特性〕

- 飲酒したいという強い欲求がコントロールができず、過剰に飲酒したり、昼夜問わず飲酒したりすることで身体的、社会生活上の様々な問題が生じる
- 体がアルコールに慣れることで、アルコールが体から抜けると、発汗、頻脈、手の震え、不安、イライラなどの離脱症状が出る
- 一念発起して断酒しようとしても、離脱症状の不快感や、日常生活での不安感から逃れるために、また飲んでしまう

〔主な対応〕

- 本人に病識がなく（場合によっては家族も）、アルコール依存症は治療を必要とする病気であるということを、本人・家族・周囲が理解する
- 周囲の対応が結果的に本人の飲酒につながってしまう可能性があるため、家族も同伴の上で、アルコール依存症の専門家に相談する
- 一度断酒しても、再度飲酒してしまうことが多いため、根気強く本人を見守る

## ○てんかん

〔主な特性〕

- 何らかの原因で、一時的に脳の一部が過剰に興奮することにより、発作がおきる
- 発作には、けいれんを伴うもの、突然意識を失うもの、意識はあるが認知の変化を伴うものなど、様々なタイプのものがある

〔主な対応〕

- 誰もがかかる可能性がある病気であり、専門家の指導の下に内服治療を行うことで、多くの者が一般的な生活が送れることを理解する
- 発作が起こっていないほとんどの時間は普通の生活が可能なので、発作がコントロールされている場合は、過剰に活動を制限しない
- 内服を適切に続けることが重要である。また、発作が起こってしまった場合には、本人の安全を確保した上で専門機関に相談する

## ○認知症

〔主な特性〕

- 認知症とは、単一の病名ではなく、種々の原因となる疾患により記憶障害など認知機能が低下し、生活に支障が出ている状態である

- 原因となる主な疾患として、アルツハイマー型認知症、血管性認知症、レビー小体型認知症、前頭側頭型認知症（ピック病など）がある
- 認知機能の障害の他に、行動・心理症状（BPSD）と呼ばれる症状（徘徊、不穏、興奮、幻覚、妄想など）がある

〔主な対応〕
- 高齢化社会を迎え、誰もが認知症とともに生きることになる可能性があり、また、誰もが介護者等として認知症に関わる可能性があるなど、認知症は皆にとって身近な病気であることを理解する
- 各々の価値観や個性、想い、人生の歴史等を持つ主体として尊重し、できないことではなく、できることに目を向けて、本人が有する力を最大限に活かしながら、地域社会の中で本人のなじみの暮らし方やなじみの関係が継続できるよう、支援していく
- 早期に気付いて適切に対応していくことができるよう、小さな異常を感じたときに速やかに適切な機関に相談できるようにする
- BPSDについては、BPSDには何らかの意味があり、その人からのメッセージとして聴くことが重要であり、BPSDの要因として、さまざまな身体症状、孤立・不安、不適切な環境・ケア、睡眠や生活リズムの乱れなどにも目を向ける
- 症状が変化した等の場合には、速やかに主治医を受診し、必要に応じて専門機関に相談することなどを促す

## 難病

〔主な特性〕
- 神経筋疾病、骨関節疾病、感覚器疾病など様々な疾病により多彩な障害を生じる
- 常に医療的対応を必要とすることが多い
- 病態や障害が進行する場合が多い

〔主な対応〕
- 専門の医師に相談する
- それぞれの難病の特性が異なり、その特性に合わせた対応が必要
- 進行する場合、病態・障害の変化に対応が必要
- 排泄の問題、疲れやすさ、状態の変動などに留意が必要
- 体調がすぐれない時に休憩できる場所を確保する

## 第4　事業者における相談体制の整備

　障害者差別の解消を効果的に推進するには、障害者及びその家族その他の関係者からの相談等に的確に応じることが必要です。そのためには、法で定められた国や地方公共団体における相談及び紛争の防止等のための体制整備のみならず、障害者にサービス提供を行う事業者において、直接、障害者及びその家族その他の関係者からの相談等に応じるための体制の整備や職員の研修・啓発を行うことが重要です。
　なお、相談窓口等を設置（既存の苦情解決体制や相談窓口を活用することも考えられます）する際には、ホームページ等を活用し、相談窓口等に関する情報の周知を図り、利用しやすいものとするよう努めるとともに、対面のほか、電話、ファックス、電子メールなどの多様な手段を用意しておくことが重要です。また、相談等に対応する際には、障害者の性別・年齢・状態などに配慮することが重要です。実際の相談事例については、相談者のプライバシーに配慮しつつ順次蓄積し、以後の合理的配慮の提供等に活用することが望まれます。あわせて、地方自治体の相談窓口や障害者差別解消支援地域協議会、障害当事者団体、医療、教育、労働関係機関などとも連携して、差別解消に向けた取組を着実に進めていくことが望まれます。

## 第5　事業者における研修・啓発

　障害者差別は、障害に関する知識・理解の不足、意識の偏りなどにより引き起こされることが大きいと考えられることから、障害の有無にかかわらず、相互に人格と個性を尊重する共生社会を目指すことの意義を職員が理解することが重要です。
　また、こうした理念が真に理解されることが、障害者差別や、障害者が時に感じる大人の障害者に対する子ども扱い、障害者に対する命令的、威圧的、強制的な発言などの解消にもつながるものと考えられます。
　このため、事業者においては、研修等を通じて、法の趣旨の普及を図るとともに、事業所の地域の取組のなかで近隣住民への理解を促していくことが重要です。
　なお、障害者差別の理解には、障害者虐待防止に関する理解も極めて重要になってくることから、併せて研修を行うことが望まれます。

## 第6　国の行政機関における相談窓口

　法第14条において、「国及び地方公共団体は、障害者及びその家族その他の関係者からの障害を理由とする差別に関する相談に的確に応ずるとともに、障害を理由とする差別に関する紛争の防止又は解決を図ることができるよう必要な体制の整備を図るものとする」と規定されています。
　相談に際しては、地域の自治体の様々な相談窓口（福祉事務所、児童相談所など）や各都道府県において組織される障害者差別解消支援地域協議会などもご活用ください。
　厚生労働省における医療関係の担当窓口は以下のとおりです。
（1）医療機関関係
　　　医政局総務課
（2）薬局関係
　　　医薬・生活衛生局総務課


## 第7　主務大臣による行政措置

　事業者における障害者差別解消に向けた取組は、本指針を参考にして、各事業者により自主的に取組が行われることが期待されています。しかし、事業者による自主的な取組のみによっては、その適切な履行が確保されず、例えば、事業者が法に反した取扱いを繰り返し、自主的な改善を期待することが困難である場合など、特に必要があると認められるときは、主務大臣は、事業者に対し、報告を求め、又は助言、指導若しくは勧告をすることができるとされています。（法第12条）

## おわりに

　障害者差別解消法の理念を実現していくには、国民一人ひとりの障害に対する理解と適切な配慮が不可欠であり、差別と解される事例についても、お互いの意思疎通不足や理解の不足が起因していると思われることも見受けられます。法に定められたから義務としてやるという姿勢ではなく、事業者や障害者が歩み寄り理解を深めていくことが、差別解消の第一歩につながると考えられます。

　本指針は、そうした事業者の取組に資するよう、今後も、より具体的な事例、特に好事例をお示しできるよう随時見直しを図るなど努めてまいります。

　事業者のみなさまの本法に関するより深い理解と、障害者差別解消に向けた取組を積極的に進めて頂きますようお願いします。

Ⅲ　全府省庁対応指針（ガイドライン）

**参考ページ**

## ■ 障害者差別解消法関係の経緯

| | | |
|---|---|---|
| 平成16年 6月 4日 | | 障害者基本法改正 |
| | | ※施策の基本的理念として差別の禁止を規定 |
| 平成18年12月13日 | | 第61回国連総会において障害者権利条約を採択 |
| 平成19年 9月28日 | | 日本による障害者権利条約への署名 |
| 平成23年 8月 5日 | | 障害者基本法改正 |
| | | ※障害者権利条約の考え方を踏まえ、合理的配慮の概念を規定 |
| 平成25年 4月26日 | | 障害者差別解消法案閣議決定、国会提出 |
| | 6月26日 | 障害者差別解消法　公布・一部施行 |
| 平成26年 1月20日 | | 障害の権利に関する条約締結 |
| 平成27年 2月24日 | | 障害者差別解消法「基本方針」閣議決定 |
| 平成28年 4月 1日 | | 障害者差別解消法施行（予定） |

厚生労働省　●　医療関係事業者向け

## ■障害者権利条約とは

　障害者権利条約は、障害者の人権及び基本的自由の享有を確保し、障害者の固有の尊厳の尊重を促進することを目的として、障害者の権利の実現のための措置等について定めた条約です。

　2006（平成18）年12月13日に国連総会において採択され、2008（平成20）年5月3日に発効しました。我が国は2007（平成19）年9月28日に条約に署名し、2014（平成26）年1月20日に批准書を寄託しました。また、同年2月19日に同条約は我が国について効力を発生しました。

　この条約の主な内容としては、以下のとおりです。

（1）一般原則
　　障害者の尊厳、自律及び自立の尊重、無差別、社会への完全かつ効果的な参加及び包容等
（2）一般的義務
　　合理的配慮の実施を怠ることを含め、障害に基づくいかなる差別もなしに、全ての障害者のあらゆる人権及び基本的自由を完全に実現することを確保し、及び促進すること等
（3）障害者の権利実現のための措置
　　身体の自由、拷問の禁止、表現の自由等の自由権的権利及び教育・労働等の社会権的権利について締約国がとるべき措置等を規定。社会権的権利の実現については漸進的に達成することを許容
（4）条約の実施のための仕組み
　　条約の実施及び監視のための国内の枠組みの設置。障害者の権利に関する委員会における各締約国からの報告の検討

## ■本指針に関する障害者差別解消法の参照条文

### 障害を理由とする差別の解消の推進に関する法律（平成25年法律第65号）

（目的）
**第1条** この法律は、障害者基本法の基本的な理念にのっとり、全ての障害者が、障害者でない者と等しく、基本的人権を享有する個人としてその尊厳が重んぜられ、その尊厳にふさわしい生活を保障される権利を有することを踏まえ、障害を理由とする差別の解消の推進に関する基本的な事項、行政機関等及び事業者における障害を理由とする差別を解消するための措置等を定めることにより、障害を理由とする差別の解消を推進し、もって全ての国民が、障害の有無によって分け隔てられることなく、相互に人格と個性を尊重し合いながら共生する社会の実現に資することを目的とする。

**第6条** 政府は、障害を理由とする差別の解消の推進に関する施策を総合的かつ一体的に実施するため、障害を理由とする差別の解消の推進に関する基本方針を定めなければならない。
**2～6** （略）

（事業者における障害を理由とする差別の禁止）
**第8条** 事業者は、その事業を行うに当たり、障害を理由として障害者でない者と不当な差別的取扱いをすることにより、障害者の権利利益を侵害してはならない。
**2** 事業者は、その事業を行うに当たり、障害者から現に社会的障壁の除去を必要としている旨の意思の表明があった場合において、その実施に伴う負担が過重でないときは、障害者の権利利益を侵害することとならないよう、当該障害者の性別、年齢及び障害の状態に応じて、社会的障壁の除去の実施について必要かつ合理的な配慮をするように努めなければならない。

（事業者のための対応指針）
**第11条** 主務大臣は、基本方針に即して、第8条に規定する事項に関し、事業者が適切に対応するために必要な指針を定めるものとする。
**2** （略）

（報告の徴収並びに助言、指導及び勧告）

**第12条** 主務大臣は、第8条の規定の施行に関し、特に必要があると認める時は、対応指針に定める事項について、当該事業者に対し、報告を求め、又は助言、指導若しくは勧告をすることができる。

■国の「基本方針」に定められた「対応指針」に関する規定

## 障害を理由とする差別の解消の推進に関する基本方針（平成27年2月24日閣議決定）

Ⅳ 事業者が講ずべき障害を理由とする差別を解消するための措置に関する基本的な事項
2 対応指針
（1）対応指針の位置付け及び作成手続

　主務大臣は、個別の場面における事業者の適切な対応・判断に資するための対応指針を作成するものとされている。作成に当たっては、障害者や事業者等を構成員に含む会議の開催、障害者団体や事業者団体等からのヒアリングなど、障害者その他の関係者の意見を反映させるために必要な措置を講ずるとともに、作成後は、対応指針を公表しなければならない。

　なお、対応指針は、事業者の適切な判断に資するために作成されるものであり、盛り込まれる合理的配慮の具体例は、事業者に強制する性格のものではなく、また、それだけに限られるものではない。事業者においては、対応指針を踏まえ、具体的場面や状況に応じて柔軟に対応することが期待される。

（2）対応指針の記載事項

　対応指針の記載事項としては、以下のものが考えられる。
　①趣旨
　②障害を理由とする不当な差別的取扱い及び合理的配慮の基本的な考え方
　③障害を理由とする不当な差別的取扱い及び合理的配慮の具体例
　④事業者における相談体制の整備
　⑤事業者における研修・啓発
　⑥国の行政機関（主務大臣）における相談窓口

## ■身体障害者補助犬とは

「身体障害者補助犬」は、目や耳や手足に障害のある方の生活をお手伝いする、「盲導犬」・「聴導犬」・「介助犬」のことです。

身体障害者補助犬法に基づき認定された犬で、特別な訓練を受けています。

### 補助犬の種類

○盲導犬

　目の見えない人、見えにくい人が街なかを安全に歩けるようにサポートします。障害物を避けたり、立ち止まって曲がり角を教えたりします。ハーネス(胴輪)をつけています。

○介助犬

　手や足に障害のある人の日常の生活動作をサポートします。物を拾って渡したり、指示したものを持ってきたり、着脱衣の介助などを行ないます。"介助犬"と書かれた表示をつけています。

○聴導犬

　音が聞えない、聞こえにくい人に、生活の中の必要な音を知らせます。玄関のチャイム音・FAX着信音・赤ちゃんの泣き声などを聞き分けて教えます。"聴導犬"と書かれた表示をつけています。

補助犬の同伴については、「身体障害者補助犬法」で、人が立ち入ることのできるさまざまな場所で受け入れるよう義務づけられています。「犬だから」という理由で受け入れを拒否しないでください。

### 補助犬の同伴を受け入れる義務がある場所

・国や地方公共団体などが管理する公共施設・公共交通機関（電車、バス、タクシーなど）
・不特定かつ多数の人が利用する民間施設－商業施設、飲食店、病院、ホテルなど
・事務所（職場）－国や地方公共団体などの事務所－従業員50人以上の民間企業

### 補助犬の同伴を受け入れる努力をする必要がある場所
・事務所（職場）－従業員50人未満の民間企業
・民間住宅

### 補助犬の受け入れ施設の方へ
●補助犬は、ユーザーの指示に従い待機することができるので、特別な設備は必要ありません。
●補助犬の同伴を受け入れる際に他のお客様から苦情がある場合は、「身体障害者補助犬法」で受け入れ義務があること、補助犬の行動や健康の管理はユーザーが責任をもって行なっていることを説明し、理解を求めてください。
●補助犬が通路をふさいだり、周りのにおいを嗅ぎ回ったり、その他、何か困った行動をしている場合は、そのことを補助犬ユーザーにはっきり伝えてください。
●補助犬を同伴していても、補助犬ユーザーへの援助が必要な場合があります。補助犬ユーザーが困っている様子を見かけたら、まずは声をかけたり、筆談をしたりコミュニケーションをとってください。
●特に身体障害者補助犬ユーザーの受け入れを円滑にするために、医療機関に考慮していただきたいことを、次のホームページに掲載しておりますので、こちらも併せてご確認ください。　　http://www.mhlw.go.jp/topics/bukyoku/syakai/hojyoken/html/a08.html

## ■障害者に関するマーク

「H26年版障害者白書」（内閣府）より

【障害者のための国際シンボルマーク】
所管：公益財団法人日本障害者リハビリテーション協会

【身体障害者標識】
所管：警察庁

【聴覚障害者標識】
所管：警察庁

【盲人のための国際シンボルマーク】
所管：社会福祉法人日本盲人福祉委員会

【耳マーク】
所管：一般社団法人全日本難聴者・中途失聴者団体連合会

【ほじょ犬マーク】
所管：厚生労働省社会・援護局障害保健福祉部

【オストメイトマーク】
所管：公益社団法人日本オストミー協会

【ハート・プラスマーク】
所管：特定非営利活動法人ハート・プラスの会

## ■コミュニケーション支援用絵記号の例

「H26年版障害者白書」（内閣府）より

【絵記号の例】

わたし　　あなた　　感謝する　　助ける

【絵記号による意思伝達の例】

朝起きたら、顔を洗って歯を磨いてください

■障害特性に応じた具体的対応例(その1)

自分のタイミングで移動したい(視覚障害)

　全盲の視覚障害者Aさんは、地域の医療機関を受診する際、内科への案内看板等が見えず単独で行くことができませんでした。しかし医療機関入り口付近にガイドボランティアが配置され、手助けが必要な人に一声かけてくれるようになったことから、付き添いがなくても一人で通うことができるようになりました。
　また併せて、エレベーターや階段の手すりにも点字シールを表示することになり、ガイドボランティアと離れていても、自分のタイミングで移動することが可能になり、御本人の気持ちもとても自由になりました。

■障害特性に応じた具体的対応例(その2)

呼び出し方法の改善(聴覚障害)

　聴覚障害者(発語可能・4級)のBさんは受診申込みのため、受付を済ませ呼び出しを待っていましたがなかなか呼ばれませんでした。受付に、呼ばれていないことを申し出ると、「名前を呼びましたが、返事がありませんでした」とのことでした。音声による通常の呼び出ししか行われなかったためです。
　その後、事務局は対応を検討し、聴覚障害のある方には、文字情報などでも呼び出しを伝え、手続きに関するやりとりに関しても筆談等で対応することとしました。

■障害特性に応じた具体的対応例(その3)

建物の段差が障壁に(肢体不自由)

　車椅子を使用している身体障害者(1級)Aさんが、医療機関に入ろうとすると大きな段差があり立ち往生してしまいました。
　スタッフに協力をお願いしてみると、段差を車椅子で乗り越える手伝いを申し出てくれました。介助のお陰で、無事に医療機関に入ることができました。

## ■ 障害特性や特性ごとの配慮事項等

※障害特性や特性ごとの配慮事項等を知るには、例えば、以下のようなホームページがあります。

【内閣府】公共サービス窓口における配慮マニュアル・障害のある方に対する心の身だしなみ

http://www8.cao.go.jp/shougai/manual.html

【厚生労働省】みんなのメンタルヘルス

http://www.mhlw.go.jp/kokoro/

【青森県】障害を知るためのガイドブック

https://www.pref.aomori.lg.jp/soshiki/kenko/syofuku/kyouseishakai.html

【群馬県障害者社会参加推進協議会】障害のある方へのマナーブック

http://www.normanet.ne.jp/~gunmasin/pdf/syogai_mb.pdf

【千葉県】障害のある人に対する情報保障のためのガイドライン

https://www.pref.chiba.lg.jp/shoufuku/shougai-kurashi/jouhouhoshou/

【東京都心身障害者福祉センター】改訂版「障害のある方への接遇マニュアル」

http://www.fukushihoken.metro.tokyo.jp/shinsho/tosho/hakkou/index.html

【八王子市】みんなちがってみんないい（障害のある人を理解するためのガイドブック）

http://www.city.hachioji.tokyo.jp/korei_shogai/36129/37422/index.html

【武蔵野市】心のバリアフリーハンドブック

http://www.city.musashino.lg.jp/shogai/shogaishafukushi_c/015620.html

【厚木市】この街でともに…～障害のある人を理解するためのガイドブック～

http://www.city.atsugi.kanagawa.jp/shiminbenri/iryofukusi/fukushi/shougai/guide/d014788.html

【富山県】障害のある人もない人も共に暮らしやすいまちづくりのためのアドバイス事例集（障害のある人が「困った」事例から）

http://www.pref.toyama.jp/cms_sec/1209/kj00011743.html

【大阪府】障がい者が必要とする社会的障壁の除去のための配慮や工夫の事例について

http://www.pref.osaka.lg.jp/keikakusuishin/go-hai/

【島根県・鳥取県】障がいを知り、共に生きる～まず、知ることからはじめましょう～
http://www.pref.shimane.lg.jp/medical/fukushi/syougai/ippan/aisupport/supporter.data/H26panhu.pdf
http://www.pref.tottori.lg.jp/aisupport/

【熊本県】障害のある人もない人も共に生きる熊本づくりのために（パンフレット）
http://www.pref.kumamoto.jp/kiji_3020.html

【宮崎県】障がい理解のためのハンドブック
http://www.pref.miyazaki.lg.jp/shogaifukushi/kenko/shogaisha/shougairikai.html

【沖縄県】こころのバリアフリー２（各種冊子）
http://www.pref.okinawa.lg.jp/site/kodomo/shogaifukushi/keikaku/jorei/bf2.html

【名古屋市】こんなときどうする？ - 障害のある人を理解し、配慮のある接し方をするためのガイドブック -
http://www.city.nagoya.jp/kurashi/category/22-2-0-0-0-0-0-0-0.html

【福岡市】ユニバーサルデザインに配慮した印刷物作成の手引き
http://www.city.fukuoka.lg.jp/shisei/kouhou-hodo/kankoubutsu-video/ud.html

## ■障害者差別解消支援地域協議会とは

　障害者差別解消法では、国及び地方公共団体の機関であって、医療、介護、教育その他の障害者の自立と社会参加に関連する分野の事務に従事する者（以下「関係機関」という。）は、社会生活を円滑に営む上での困難を有する障害者に対する支援が効果的かつ円滑に実施されるよう、関係機関により構成される障害者差別解消支援地域協議会（以下「地域協議会」という。）を組織できるとされています。（法第17条第1項）

1　地域協議会とは
　＜地域協議会の事務＞
　　障害者差別に関する相談等に係る協議や地域における障害者差別を解消するための取組に関する提案に係る協議を行う
　　　※個別事案ごとに差別か否かの判断を行うことまでは想定されていない
　　・事案の情報共有や構成機関への提言
　　・地域における障害者差別解消の推進のための取組に関する協議・提案
　　・事案の解決を後押しするための協議　　など
　＜対象となる障害者差別に係る事案＞
　　一般私人による事案は地域協議会における情報共有の対象としないが、環境の整備に関する相談、制度等の運用に関する相談については情報共有の対象とする

2　地域協議会の組織
　　都道府県、市町村、特別区など地方公共団体が主導して組織する

　詳細については、内閣府ホームページに掲載されています。
　　http://www8.cao.go.jp/shougai/suishin/sabekai.html

■障害者総合支援法の対象となる疾病について

　平成25年4月より、難病等が障害者総合支援法の対象となり130疾病を対象としていましたが、指定難病（医療費助成の対象となる難病）の検討を踏まえ、平成27年1月より、障害者総合支援法の対象疾病が151疾病に拡大されました（第1次検討）。

　また、第2次検討の結果、平成27年7月から332疾病に拡大されました。

http://www.mhlw.go.jp/stf/seisakunitsuite/bunya/hukushi_kaigo/shougaishahukushi/hani/index.html

　対象となる方は、障害者手帳（※1）をお持ちでなくても、必要と認められた障害福祉サービス等（※2）が受けられます。

※1　身体障害者手帳・療育手帳・精神障害者保健福祉手帳
※2　障害者・児は、障害福祉サービス・相談支援・補装具及び地域生活支援事業
　　（障害児は、障害児通所支援と障害児入所支援も含む。）

*難病の特徴（症状の変化や進行、福祉ニーズ等）については、「難病患者等に対する認定マニュアル（平成27年9月）」を参照ください

http://www.mhlw.go.jp/file/06-Seisakujouhou-12200000-Shakaiengokyokushougaihokenfukushibu/1_13.pdf

# Ⅲ 全府省庁対応指針(ガイドライン)

■ 権利擁護に関連する法律(その1)

**【障害者虐待の防止、障害者の養護者に対する支援等に関する法律(障害者虐待防止法)】**

1. 目的

　障害者に対する虐待が障害者の尊厳を害するものであり、障害者の自立及び社会参加にとって障害者に対する虐待を防止することが極めて重要であること等に鑑み、障害者に対する虐待の禁止、国等の責務、障害者虐待を受けた障害者に対する保護及び自立の支援のための措置、養護者に対する支援のための措置等を定めることにより、障害者虐待の防止、養護者に対する支援等に関する施策を促進し、もって障害者の権利利益の擁護に資することを目的としています。

2. 障害者に対する虐待の禁止と早期発見の努力義務

　何人も障害者を虐待してはならない旨を定め、障害者の虐待の防止に係る国等の責務や、障害者虐待の早期発見の努力義務を定めています。

3. 「障害者虐待」の通報義務

　「障害者虐待」を受けたと思われる障害者を発見した者に速やかな通報を義務付けています。

4. 「障害者虐待」とは

　①〜③の人たちが、㋐〜㋔の5つのいずれかの虐待行為を行った場合を「障害者虐待」としています。

　①養護者(障害者の世話をしている家族等)
　②障害者福祉施設従事者等(障害福祉サービスの職員等)
　③使用者(障害者を雇用している者等)
　5つの行為(具体的要件は、虐待を行う主体ごとに微妙に異なる。)
　㋐身体的虐待:障害者の身体に外傷が生じ、若しくは生じるおそれのある暴行を加え、又は正当な理由なく障害者の身体を拘束すること
　㋑放棄・放置:障害者を衰弱させるような著しい減食又は長時間の放置等による㋐㋒

*厚生労働省・医療関係事業者向け*

　　　　　㋑の行為と同様の行為の放置等
　　㋒心理的虐待：障害者に対する著しい暴言又は著しく拒絶的な対応その他の障害者に
　　　　　　　　　著しい心理的外傷を与える言動を行うこと
　　㋓性的虐待　：障害者にわいせつな行為をすること又は障害者をしてわいせつな行為
　　　　　　　　　をさせること
　　㋔経済的虐待：障害者から不当に財産上の利益を得ること

5．通報先
　　市町村・都道府県の部局等は、障害者虐待の通報や対応の窓口等となる「市町村障害者虐待防止センター」、「都道府県障害者権利擁護センター」の機能を果たしています。

6．学校、保育所、医療機関における虐待の防止
　　就学する障害者、保育所等に通う障害者及び医療機関を利用する障害者に対する虐待への対応について、その防止等のための措置の実施を学校の長、保育所等の長及び医療機関の管理者に義務付けています。

Ⅲ　全府省庁対応指針（ガイドライン）

■権利擁護に関連する法律（その２）

【児童虐待の防止等に関する法律（児童虐待防止法）】

　児童に対する虐待の禁止、児童虐待の予防及び早期発見その他の児童虐待の防止に関する国及び地方公共団体の責務、児童虐待を受けた児童の保護及び自立の支援のための措置等を定めることにより、児童虐待の防止等に関する施策を促進し、もって児童の権利利益の擁護に資することを目的とする法律です。

　○「児童虐待」とは保護者がその監護する児童について行う次の行為をいいます。
　　①身体的虐待：殴る、蹴る、投げ落とす、激しく揺さぶる、やけどを負わせる、溺れさせる、首を絞める、縄などにより一室に拘束する　など
　　②性的虐待　：子どもへの性的行為、性的行為を見せる、性器を触る又は触らせる、ポルノグラフィの被写体にする　など
　　③ネグレクト：家に閉じ込める、食事を与えない、ひどく不潔にする、自動車の中に放置する、重い病気になっても病院に連れて行かない　など
　　④心理的虐待：言葉による脅し、無視、きょうだい間での差別的扱い、子どもの目の前で家族に対して暴力をふるう（ドメスティック・バイオレンス：ＤＶ）　など

【高齢者に対する虐待の防止、高齢者の養護者に対する支援等に関する法律（高齢者虐待防止法）】

　高齢者の虐待防止等に関する国等の責務、虐待を受けた高齢者の保護及び養護者に対する支援の措置等を定めることにより、高齢者虐待の防止に関する施策を促進し、もって高齢者の権利利益の擁護に資することを目的とする法律です。

　○虐待防止施策には、①養護者（家族等）による虐待に対するものと、②養介護施設従事者等による虐待に対するものに大別されます。
　○虐待の類型には、①身体的虐待、②養護を著しく怠る（ネグレクト）、③心理的虐待、④性的虐待、⑤経済的虐待があります。

　詳細は、
　http://www.mhlw.go.jp/stf/seisakunitsuite/bunya/hukushi_kaigo/kaigo_koureisha/boushi/index.html よりご覧ください。

厚生労働省　●　医療関係事業者向け

**【配偶者からの暴力の防止及び被害者の保護等に関する法律(配偶者暴力防止法)】**

　配偶者からの暴力に係る通報、相談、保護、自立支援等の体制を整備し、配偶者からの暴力の防止及び被害者の保護を図ることを目的とする法律です。

　○配偶者：男性、女性を問いません。事実婚や元配偶者＊も含まれます。
　　＊離婚前に暴力を受け、離婚後も引き続き暴力を受ける場合
　　＊生活の本拠をともにする交際相手、元生活の本拠をともにする交際相手も対象
　○暴力：身体的暴力のみならず、精神的・性的暴力＊も含まれます。
　　＊保護命令の申し立ては身体に対する暴力又は生命等に対する脅迫のみ対象

　詳細は、http://www.gender.go.jp/e-vaw/law/index2.html よりご覧ください。

Ⅲ　全府省庁対応指針（ガイドライン）

## ■発達障害者支援法とは

Ⅰ．目的

　親をはじめとする身近な人、保育所や学校などの担任、病院や福祉機関で支援に携わる者、行政機関の職員、その他様々な立場の国民全体が、発達障害の特性を理解し支援ができるようにするために

　　・早期発見・発達支援に関する国・地方公共団体の責務を明らかにしました。
　　・発達障害のある人の自立や社会参加のために、様々な分野で支援の充実を図る必要性があることが示されました。

Ⅱ．定義（発達障害とは）

　自閉症やアスペルガー症候群などを含む広汎性発達障害、学習障害、注意欠陥多動性障害などが代表的ですが、このほかにもトゥレット症候群、吃音症など様々なものがあります。

　現時点では、確かな原因は明らかにはなっていませんが、様々な調査から、脳の機能が平均的な世の中の人とは違う発達の仕方をしているらしいということが徐々に分かってきています。

　「発達障害」という名前から、「発達しない」「子どもの時期だけの障害」などというイメージが持たれることもありますが、これは誤解です。その人に合った支援があれば、自立や社会参加の可能性は高まります。また、発達障害の特性を踏まえた支援は、子どもの時期だけではなく成人期や老年期にも必要になります。

Ⅲ．相談機関等（発達障害について相談したいとき）

　まずは、現在住んでいる地域の中にある様々なサービス機関（たとえば、市町村の役場、保育所、学校、医療機関、ハローワークなど）でも、発達障害に対する知識が年々高まってきています。

　また、都道府県や政令市には、発達障害者支援センターが必ず置かれていますので、お住まいの地域の発達障害者支援センターに連絡をしたりホームページを確認したりするのも良いでしょう。

　国においても、発達障害情報・支援センターのホームページを随時更新し、様々な情

報を掲載しています。　（掲載先）http://www.rehab.go.jp/ddis/

Ⅳ．普及啓発

　発達障害については、日本だけではなく世界中で関心が高まりつつあります。たとえば、平成19年には国連総会において「4月2日を世界自閉症啓発デーと定める」決議、平成24年には「自閉症スペクトラム障害、発達障害及び関連する障害により影響を受けている個人、家族及び社会の社会経済的ニーズへの対応」に関する決議が採択されています。

　日本国内でも、4月2日の世界自閉症啓発デーには様々な場所で建物を青くライトアップする取組や、4月2日から8日を発達障害啓発週間として様々な啓発イベントが行われるようになっています。

（掲載先）http://www.worldautismawarenessday.jp/htdocs/

# Ⅲ　全府省庁対応指針（ガイドライン）

■関連ホームページ

障害者権利条約（外務省）
　http://www.mofa.go.jp/mofaj/gaiko/jinken/index_shogaisha.html

障害者差別解消法（内閣府）
　http://www8.cao.go.jp/shougai/suishin/sabekai.html

障害者基本法（内閣府）
　http://www8.cao.go.jp/shougai/suishin/wakugumi.html

厚生労働省
　http://www.mhlw.go.jp/

## 厚生労働省

衛生事業者向け

## はじめに

　平成28年４月１日から「障害者差別解消法」が施行されます。
　この法律は、障害を理由とする差別の解消の推進に関する基本的な事項や、国の行政機関、地方公共団体等及び民間事業者における障害を理由とする差別を解消するための措置などについて定めることによって、すべての国民が障害の有無によって分け隔てられることなく、相互に人格と個性を尊重し合いながら共生する社会の実現につなげることを目的としています。
　この対応指針は、「障害者差別解消法」の規定に基づき、衛生分野における事業者が障害者に対し不当な差別的取扱いをしないこと、また必要かつ合理的な配慮を行うために必要な考え方などを記載しています。
　日々の業務の参考にしていただき、障害者差別のない社会を目指しましょう。

# 目次

**第1　趣旨**
- （1）障害者差別解消法制定の経緯 —— 314
- （2）対象となる障害者 —— 315
- （3）障害を理由とする差別の解消の推進に関する基本方針 —— 316
- （4）衛生分野における対応指針 —— 316

**第2　障害を理由とする不当な差別的取扱い及び合理的配慮の基本的な考え方**
- （1）不当な差別的取扱い
  - ①不当な差別的取扱いの基本的考え方 —— 321
  - ②正当な理由の判断の視点 —— 322
- （2）合理的配慮
  - ①合理的配慮の基本的な考え方 —— 322
  - ②過重な負担の基本的な考え方 —— 324

**第3　障害を理由とする不当な差別的取扱い及び合理的配慮の例**
- （1）不当な差別的取扱いと考えられる例 —— 325
- （2）合理的配慮と考えられる例 —— 326
- （3）障害特性に応じた対応について —— 327

**第4　事業者における相談体制の整備** —— 345

**第5　事業者における研修・啓発** —— 346

**第6　国の行政機関における相談窓口** —— 346

**第7　主務大臣による行政措置** —— 346

**おわりに** —— 348

**参考資料** —— 349

# 衛生分野における事業者が講ずべき障害を理由とする差別を解消するための措置に関する対応指針

平成２７年１１月

## 第１　趣旨

(１) 障害者差別解消法制定の経緯

　　近年、障害者の権利擁護に向けた取組が国際的に進展し、平成18年に国連において、障害者の人権及び基本的自由の享有を確保し、並びに障害者の固有の尊厳の尊重を促進するための包括的かつ総合的な国際条約である障害者の権利に関する条約（以下「権利条約」という。）が採択されました。我が国は、平成19年に権利条約に署名し、以来、国内法の整備を始めとする取組を進めてきました。

　　権利条約は第２条において、「「障害に基づく差別」とは、障害に基づくあらゆる区別、排除又は制限であって、政治的、経済的、社会的、文化的、市民的その他のあらゆる分野において、他の者との平等を基礎として全ての人権及び基本的自由を認識し、享有し、又は行使することを害し、又は妨げる目的又は効果を有するものをいう。障害に基づく差別には、あらゆる形態の差別（合理的配慮の否定を含む。）を含む。」と定義し、その禁止について、締約国に全ての適当な措置を求めています。

　　我が国においては、平成16年の障害者基本法（昭和45年法律第84号）の改正において、障害者に対する差別の禁止が基本的理念として明示され、さらに、平成23年の同法改正の際には、権利条約の趣旨を踏まえ、同法第２条第２号において、社会的障壁について、「障害がある者にとつて日常生活又は社会生活を営む上で障壁となるような社会における事物、制度、慣行、観念その他一切のものをいう。」と定義されるとともに、基本原則として、同法第４条第１項に、「何人も、障害者に対して、障害を理由として、差別することその他の権利利益を侵害する行為をしてはならない」こと、また、同条第２項に、「社会的障壁の除去は、それを必要としている障害者が現に存し、かつ、その実施に伴う負担が過重でないときは、それを怠ることによって前項の規定に違反することとならないよう、その実施について必要かつ合理的な配慮がされなければならない」ことが規定されました。

　　障害を理由とする差別の解消の推進に関する法律（平成25年法律第65号。以下「法

Ⅲ 全府省庁対応指針（ガイドライン）

という。）は、障害者基本法の差別の禁止の基本原則を具体化するものであり、全ての国民が、障害の有無によって分け隔てられることなく、相互に人格と個性を尊重し合いながら共生する社会の実現に向け、障害者差別の解消を推進することを目的として、平成25年６月に制定されました。我が国は、法の制定を含めた一連の障害者施策に係る取組の成果を踏まえ、平成26年１月に権利条約を締結しました。

法は、平成28年４月１日から施行されることになっています。

■ **障害者差別解消法関係の経緯**

| | | |
|---|---|---|
| 平成16年　6月　4日 | | 障害者基本法改正 |
| | | ※施策の基本的理念として差別の禁止を規定 |
| 平成18年12月13日 | | 第61回国連総会において障害者権利条約を採択 |
| 平成19年　9月28日 | | 日本による障害者権利条約への署名 |
| 平成23年　8月　5日 | | 障害者基本法改正 |
| | | ※障害者権利条約の考え方を踏まえ、合理的配慮の概念を規定 |
| 平成25年　4月26日 | | 障害者差別解消法案閣議決定、国会提出 |
| 　　　　　6月26日 | | 障害者差別解消法公布・一部施行 |
| 平成26年　1月20日 | | 障害者の権利に関する条約締結 |
| 平成27年　2月24日 | | 障害者差別解消法「基本方針」閣議決定 |
| 平成28年　4月　1日 | | 障害者差別解消法施行（予定） |

（２）対象となる障害者

対象となる障害者・障害児（以下「障害者」という。）は、障害者基本法第２条第１号に規定する障害者、すなわち、「身体障害、知的障害、精神障害（発達障害を含む。）その他の心身の機能の障害（以下「障害」と総称する。）がある者であって、障害及び社会的障壁により継続的に日常生活又は社会生活に相当な制限を受ける状態にあるもの」です。

これは、障害者が日常生活又は社会生活において受ける制限は、身体障害、知的障害、精神障害（発達障害を含む。）その他の心身の機能の障害（難病に起因する障害を含む。）のみに起因するものではなく、社会における様々な障壁と相対する

ことによって生ずるというモデル（いわゆる「社会モデル」）の考え方を踏まえているものです。したがって、法が対象とする障害者は、いわゆる障害者手帳の所持者に限りません。なお、高次脳機能障害は精神障害に含まれています。

また、特に女性である障害者は、障害に加えて女性であることにより、さらに複合的に困難な状況に置かれている場合があること、障害児には、成人の障害者とは異なる支援の必要性があることに留意する必要があります。

### （3）障害を理由とする差別の解消の推進に関する基本方針

法第6条第1項の規定に基づき、「障害を理由とする差別の解消の推進に関する基本方針」（平成27年2月24日閣議決定。以下「基本方針」という。）が策定されました。

基本方針は、障害を理由とする差別の解消の推進は、雇用、教育、医療、公共交通等、障害者の自立と社会参加に関わるあらゆる分野に関連し、各府省の所掌に横断的にまたがる施策であるため、政府として、施策の総合的かつ一体的な推進を図るとともに、行政機関間や分野間における取組のばらつきを防ぐため、施策の基本的な方向等を示したものです。

### （4）衛生分野における対応指針

法第11条第1項の規定に基づき、主務大臣は、基本方針に即して、事業者が法第8条に規定する事項に関し、適切に対応するために必要な指針（以下「対応指針」という。）を定めることとされています。

本指針は、上に述べた法の目的を達成するため、特に衛生分野に関わる事業者の対応指針を定めたものです。

本指針において定める措置については、「望まれます」と記載されている内容等法的義務ではないものも含まれますが、法の目的を踏まえ、具体的場面や状況に応じて柔軟な対応を積極的に行うことが期待されるものです。

本指針の対象となる衛生事業者の範囲は、生活衛生関係営業の運営の適正化及び振興に関する法律（昭和32年法律第164号）第2条第1項各号に掲げる営業を営む者、水道法（昭和32年法律第177号）第6条第1項の認可を受けて水道事業を経営する者、同法第26条の認可を受けて水道用水供給事業を経営する者及び同法第16条の2第1項により水道事業者からの指定を受けた給水装置工事事業者です。

# Ⅲ 全府省庁対応指針（ガイドライン）

> ※本指針の対象となる衛生事業一覧
> ・食品衛生法（昭和22年法律第233号）の規定により許可を受けて営む営業のうち飲食店営業、喫茶店営業、食肉販売業及び氷雪販売業
> ・理容業（理容師法（昭和22年法律第234号）の規定により届出をして理容所を開設することをいう。）
> ・美容業（美容師法（昭和32年法律第163号）の規定により届出をして美容所を開設することをいう。）
> ・興行場法（昭和23年法律第137号）に規定する興行場営業のうち映画、演劇又は演芸に係るもの
> ・旅館業法（昭和23年法律第138号）に規定する旅館業
> ・公衆浴場法（昭和23年法律第139号）に規定する浴場業
> ・クリーニング業法（昭和25年法律第207号）に規定するクリーニング業
> ・水道法（昭和32年法律第177号）に規定する水道事業、水道用水供給事業
> ・水道法の規定により水道事業者からの指定を受けた給水装置工事事業者

　事業者は、障害を理由とする差別を解消するための取組を行うに当たり、法、基本方針及び本指針に示す項目のほか、各事業に関連する法令等の規定を遵守しなければなりません。

　また、生活衛生関係営業に係る事業者については、当該業種に係る営業の振興に必要な事項に関する指針（振興指針）における障害者等への配慮に係る記載事項についても留意する必要があります。

　なお、基本方針において、「事業者は、商業その他の事業を行う者（地方公共団体の経営する企業及び公営企業型地方独立行政法人を含み、国、独立行政法人等、地方公共団体及び公営企業型以外の地方独立行政法人を除く。）であり、目的の営利・非営利、個人・法人の別を問わず、同種の行為を反復継続する意思をもって行う者である。したがって、例えば、個人事業者や対価を得ない無報酬の事業を行う者、非営利事業を行う社会福祉法人や特定非営利活動法人も対象となる。」と規定されています。

注）事業者が事業主としての立場で労働者に対して行う障害を理由とする差別を解消するための措置については、法第１３条により、障害者の雇用の促進等に関する法律（昭和３５年法律第１２３号）の定めるところによることとされており、同法に基づき別途定められた「障害者差別禁止指針（※1）」及び「合理的配慮指針（※２）」を参照してください。

※1「障害者に対する差別の禁止に関する規定に定める事項に関し、事業主が適切に対処するための指針」

（平成27年厚生労働省告示第116号）

※2「雇用の分野における障害者と障害者でない者との均等な機会若しくは待遇の確保又は障害者である労働者の有する能力の有効な発揮の支障となっている事情を改善するために事業主が講ずべき措置に関する指針」

（平成27年厚生労働省告示第117号）

## ■ 本指針に関する障害者差別解消法の参照条文

### 障害を理由とする差別の解消の推進に関する法律（平成25年法律第65号）

（目的）

**第1条** この法律は、障害者基本法の基本的な理念にのっとり、全ての障害者が、障害者でない者と等しく、基本的人権を享有する個人としてその尊厳が重んぜられ、その尊厳にふさわしい生活を保障される権利を有することを踏まえ、障害を理由とする差別の解消の推進に関する基本的な事項、行政機関等及び事業者における障害を理由とする差別を解消するための措置等を定めることにより、障害を理由とする差別の解消を推進し、もって全ての国民が、障害の有無によって分け隔てられることなく、相互に人格と個性を尊重し合いながら共生する社会の実現に資することを目的とする。

**第6条** 政府は、障害を理由とする差別の解消の推進に関する施策を総合的かつ一体的に実施するため、障害を理由とする差別の解消の推進に関する基本方針を定めなければならない。

２～６　（略）

（事業者における障害を理由とする差別の禁止）

**第8条** 事業者は、その事業を行うに当たり、障害を理由として障害者でない者と不当な差別的取扱いをすることにより、障害者の権利利益を侵害してはならない。

**2** 事業者は、その事業を行うに当たり、障害者から現に社会的障壁の除去を必要としている旨の意思の表明があった場合において、その実施に伴う負担が過重でないときは、障害者の権利利益を侵害することとならないよう、当該障害者の性別、年齢及び障害の状態に応じて、社会的障壁の除去の実施について必要かつ合理的な配慮をするように努めなければならない。

（事業者のための対応指針）
**第11条** 主務大臣は、基本方針に即して、第8条に規定する事項に関し、事業者が適切に対応するために必要な指針を定めるものとする。

**2** （略）

（報告の徴収並びに助言、指導及び勧告）
**第12条** 主務大臣は、第8条の規定の施行に関し、特に必要があると認める時は、対応指針に定める事項について、当該事業者に対し、報告を求め、又は助言、指導若しくは勧告をすることができる。

■ 国の「基本方針」に定められた「対応指針」に関する規定

## 障害を理由とする差別の解消の推進に関する基本方針（平成27年2月24日閣議決定）

Ⅳ 事業者が講ずべき障害を理由とする差別を解消するための措置に関する基本的な事項
2 対応指針
（1）対応指針の位置付け及び作成手続

　主務大臣は、個別の場面における事業者の適切な対応・判断に資するための対応指針を作成するものとされている。作成に当たっては、障害者や事業者等を構成員に含む会議の開催、障害者団体や事業者団体等からのヒアリングなど、障害者その他の関係者の意見を反映させるために必要な措置を講ずるとともに、作成後は、対応指針を公表しなければならない。

なお、対応指針は、事業者の適切な判断に資するために作成されるものであり、盛り込まれる合理的配慮の具体例は、事業者に強制する性格のものではなく、また、それだけに限られるものではない。事業者においては、対応指針を踏まえ、具体的場面や状況に応じて柔軟に対応することが期待される。

(2) 対応指針の記載事項

対応指針の記載事項としては、以下のものが考えられる。

①趣旨

②障害を理由とする不当な差別的取扱い及び合理的配慮の基本的な考え方

③障害を理由とする不当な差別的取扱い及び合理的配慮の具体例

④事業者における相談体制の整備

⑤事業者における研修・啓発

⑥国の行政機関（主務大臣）における相談窓口

## ■ 生活衛生関係営業における振興指針について

### 生活衛生関係営業の運営の適正化及び振興に関する法律（昭和32年法律第164号）

（振興指針）

**第56条の2** 厚生労働大臣は、業種を指定して、当該業種に係る営業の振興に必要な事項に関する指針（以下「振興指針」という。）を定めることができる。

2 振興指針には、次に掲げる事項について定めるものとする。

一 目標年度における衛生施設の水準、役務の内容又は商品の品質、経営内容その他の振興の目標及び役務又は商品の供給の見通しに関する事項

二 施設の整備、技術の開発、経営管理の近代化、事業の共同化、役務又は商品の提供方法の改善、従事者の技能の改善向上、取引関係の改善その他の振興の目標の達成に必要な事項

三 従業員の福祉の向上、環境の保全その他の振興に際し配慮すべき事項

3 振興指針は、公衆衛生の向上及び増進を図り、あわせて利用者又は消費者の利益に資するものでなければならない。

> ■ 水道法における供給規程について
>
> **水道法（昭和32年法律第177号）**
> （供給規程）
> 第14条　水道事業者は、料金、給水装置工事の費用の負担区分その他の供給条件について、供給規程を定めなければならない。
> 2　前項の供給規程は、次の各号に掲げる要件に適合するものでなければならない。
> 　一～三　（略）
> 　四　特定の者に対して不当な差別的取扱いをするものでないこと。
> 　五　（略）
> 3　（略）

## 第2　障害を理由とする不当な差別的取扱い及び合理的配慮の基本的な考え方

### （1）不当な差別的取扱い

#### ①不当な差別的取扱いの基本的考え方

　　法は、障害者に対して、正当な理由なく、障害を理由として、サービス等の提供を拒否する又は提供にあたって場所・時間帯などを制限する、障害者でない者に対しては付さない条件を付するなどにより、障害者の権利利益を侵害することを禁止しています。

　　なお、障害者の事実上の平等を促進し、又は達成するために必要な特別の措置は、不当な差別的取扱いではないことに留意する必要があります。

　　したがって、障害者を障害者でない者と比べて優遇する取扱い（いわゆる積極的改善措置）、法に規定された障害者に対する合理的配慮の提供による障害者でない者との異なる取扱いや、合理的配慮を提供するために必要な範囲で、プライバシーに配慮しつつ障害者に障害の状況等を確認することは、不当な差別的取扱いには当たりません。

　　不当な差別的取扱いとは、正当な理由なく、障害者を、問題となる事務・事業について本質的に関係する諸事情が同じ障害者でない者より不利に扱うことです。

②正当な理由の判断の視点

　不当な差別的取扱いであるのかどうかの判断には、その取扱いを行う正当な理由の有無が重要となります。正当な理由に相当するのは、障害者に対して、障害を理由として、財・サービスや各種機会の提供を拒否するなどの取扱いが客観的に見て正当な目的の下に行われたものであり、その目的に照らしてやむを得ないと言える場合です。

　正当な理由に相当するか否かについて、事業者は、個別の事案ごとに、障害者、事業者、第三者の権利利益（例：安全の確保、財産の保全、事業の目的・内容・機能の維持、損害発生の防止など）の観点に鑑み、具体的場面や状況に応じて総合的・客観的に判断することが必要であり、事業者は、正当な理由があると判断した場合には、障害者にその理由を説明するものとし、理解を得るよう努めることが望まれます。

　なお、「客観的に判断する」とは、主観的な判断に委ねられるのではなく、その主張が客観的な事実によって裏付けられ、第三者の立場から見ても納得を得られるような「客観性」が必要とされるものです。

　また、「正当な理由」を根拠に、不当な差別的取扱いを禁止する法の趣旨が形骸化されるべきではなく、抽象的に事故の危惧がある、危険が想定されるといった理由によりサービスを提供しないといったことは適切ではありません。

（２）合理的配慮

①合理的配慮の基本的な考え方

＜合理的配慮とは＞

　権利条約第２条において、合理的配慮は、「障害者が他の者との平等を基礎として全ての人権及び基本的自由を享有し、又は行使することを確保するための必要かつ適当な変更及び調整であって、特定の場合において必要とされるものであり、かつ、均衡を失した又は過度の負担を課さないもの」と定義されています。

　法は、権利条約における合理的配慮の定義を踏まえ、事業者に対し、その事業を行うに当たり、個々の場面において、障害者から現に社会的障壁の除去を必要としている旨の意思の表明があった場合において、その実施に伴う負担が過重でないときは、障害者の権利利益を侵害することとならないよう、社会的障壁の除去の実施について、必要かつ合理的な配慮（以下「合理的配慮」という。）を行うことを求めています。

　合理的配慮は、事業者の事業の目的・内容・機能に照らし、必要とされる範囲

# Ⅲ　全府省庁対応指針（ガイドライン）

で本来の業務に付随するものに限られ、障害者でない者との比較において同等の機会の提供を受けるためのものであり、事業の目的・内容・機能の本質的な変更には及びません。

　合理的配慮は、障害の特性や社会的障壁の除去が求められる具体的場面や状況に応じて異なり、多様かつ個別性の高いものであり、当該障害者が現に置かれている状況を踏まえ、社会的障壁の除去のための手段及び方法について様々な要素を考慮し、代替措置の選択も含め、双方の建設的対話による相互理解を通じ、必要かつ合理的な範囲で柔軟に対応がなされるものです。合理的配慮の内容は、技術の進展、社会情勢の変化等に応じて変遷することにも留意すべきです。

＜意思の表明＞

　意思の表明にあたっては、具体的場面において、社会的障壁の除去に関する配慮を必要としている状況にあることを、言語（手話を含む。）のほか、点字、拡大文字、筆談、実物の提示や身振りサイン等による合図、触覚による意思伝達など、障害者が他人とコミュニケーションを図る際に必要な手段（通訳を介するものを含む。）により伝えられます。

　また、障害者からの意思の表明のみでなく、知的障害や精神障害（発達障害を含む。）等により本人からの意思の表明が困難な場合には、障害者の家族、支援者・介助者、法定代理人等、コミュニケーションを支援する者が本人を補佐して行う意思の表明も含まれます。

　なお、意思の表明が困難な障害者が、家族、支援者・介助者等を伴っていないことなどにより、意思の表明がない場合であっても、当該障害者が社会的障壁の除去を必要としていることが明白であるときには、法の趣旨に鑑みれば、当該障害者に対して適切と思われる配慮を提供するために自主的に取り組むことが望まれます。

＜環境整備との関係＞

　法は、不特定多数の障害者を主な対象として行われる事前的改善措置（いわゆるバリアフリー法に基づく公共施設や交通機関のバリアフリー化、意思表示やコミュニケーションを支援するためのサービス・介助者・支援者等の人的支援、障害者による円滑な情報の取得・利用・発信のための情報アクセシビリティの向上等）については、個別の場合において、個々の障害者に対して行われる合理的配慮を的確に行うための環境の整備として実施に努めることとしています。

新しい技術開発が環境の整備に係る投資負担の軽減をもたらすこともあることから、技術進歩の動向を踏まえた取組が期待されています。また、環境の整備には、ハード面のみならず、職員に対する研修等のソフト面の対応も含まれることが重要です。
　障害者差別の解消のための取組は、このような環境の整備を行うための施策と連携しながら進められることが重要であり、ハード面でのバリアフリー化施策、情報の取得・利用・発信における情報アクセシビリティ向上のための施策、職員に対する研修等、環境の整備の施策を着実に進めることが必要です。
　合理的配慮は、上述の、障害者等の利用を想定して事前に行われる建築物のバリアフリー化、支援者・介助者等の人的支援、情報アクセシビリティの向上等の環境の整備を基礎として、その上で、個々の障害者に対して、その状況に応じて個別に実施される措置です。従って、各場面における環境の整備の状況により、合理的配慮の内容は異なることとなります。
　また、障害の状態等が変化することもあるため、特に、障害者との関係性が長期にわたる場合には、提供する合理的配慮について、適宜、見直しを行うことが重要です。

### ②過重な負担の基本的な考え方
　過重な負担については、事業者において、具体的な検討をせずに過重な負担を拡大解釈するなどして法の趣旨を損なうことなく、個別の事案ごとに、以下の要素等を考慮し、具体的場面や状況に応じて総合的・客観的に判断することが必要であり、過重な負担に当たると判断した場合、障害者にその理由を説明するものとし、理解を得るよう努めることが望まれます。

＊事務・事業への影響の程度（事務・事業の目的・内容・機能を損なうか否か）
　当該措置を講ずることによるサービス提供への影響、その他の事業への影響の程度。

＊実現可能性の程度（物理的・技術的制約、人的・体制上の制約）
　事業所の立地状況や施設の所有形態等の制約にも応じた、当該措置を講ずるための機器や技術、人材の確保、設備の整備等の実現可能性の程度。

## Ⅲ 全府省庁対応指針（ガイドライン）

＊費用・負担の程度
　当該措置を講ずることによる費用・負担の程度。複数の障害者から合理的配慮に関する要望があった場合、それらの複数の障害者に係る必要性や負担を勘案して判断することとなります。

＊事務・事業規模
　当該事業所の規模に応じた負担の程度。

＊財務状況
　当該事業所の財務状況に応じた負担の程度。

## 第3　障害を理由とする不当な差別的取扱い及び合理的配慮の例

### （1）不当な差別的取扱いと考えられる例

　事業者が衛生サービスを提供するに際して、次のような取扱いをすることは「不当な差別的取扱い」となるおそれがあります。
　ここに記載する事例はあくまで例示であり、これに限られるものではありません。また、客観的にみて正当な理由が存在する場合（第2（1）②参照）は、不当な差別的取扱いに該当しない場合があることにご留意ください。

○サービスの利用を拒否すること
・人的体制、設備体制が整っており、対応可能であるにもかかわらず、医療的ケアの必要な障害者、重度の障害者、多動の障害者の衛生サービスの利用を拒否すること
・身体障害者補助犬の同伴を拒否すること

○サービスの利用を制限すること（場所・時間帯などの制限）
・対応を後回しにすること、サービス提供時間を変更又は限定すること
・他の者とは別室での対応を行うなど、サービス提供場所を限定すること
・サービスの利用に必要な情報提供を行わないこと

○サービスの利用に際し条件を付すこと（障害のない者には付さない条件を付すこと）
・保護者や支援者・介助者の同伴をサービスの利用条件とすること

・サービスの利用にあたって、他の利用者と異なる手順を課すこと（他の利用者の同意を求めるなど）

○サービスの利用・提供にあたって、他の者とは異なる取扱いをすること
・行事、娯楽等への参加を制限すること
・本人を無視して、支援者・介助者や付添者のみに話しかけること


（2）合理的配慮と考えられる例

　事業者は、個々の場面において、障害者から現に社会的障壁の除去を必要としている旨の意思の表明があった場合には、次のような合理的配慮を提供することが求められています。合理的配慮を提供する際には、障害者の性別、年齢、状態等に十分に配慮することが必要です。

　ここに記載する事例はあくまで例示であり、これに限られるものではありません。また、事業者に強制する性格のものではなく、ここに記載された事例であっても、事業者の事業規模等によっては過重な負担となる可能性があるため、事業者においては、法、基本方針及び本指針を踏まえ、具体的場面や状況に応じて柔軟に対応することが期待されます。


○基準・手順の柔軟な変更
・障害の特性に応じた休憩時間等の調整などのルール、慣行を柔軟に変更すること

○物理的環境への配慮
・施設内の段差にスロープを渡すこと
・エレベータがない施設の上下階に移動する際、マンパワーで移動をサポートすること
・場所を1階に移す、トイレに近い場所にする等の配慮をすること

○補助器具・サービスの提供
＜情報提供・利用手続きについての配慮や工夫＞
・説明文書の点字版、拡大文字版、テキストデータ、音声データ（コード化したものを含む）の提供
・手話、要約筆記、筆談、図解、ふりがな付文書を使用するなど、本人が希望する方法でわかりやすい説明を行うこと
・文書を読み上げたり、口頭による丁寧な説明を行うこと
・電子メール、ホームページ、ファックスなど多様な媒体で情報提供、利用受付

を行うこと

＜建物や設備についての配慮や工夫＞
- 電光表示板、磁気誘導ループなどの補聴装置の設置、点字サイン付き手すりの設置、音声ガイドの設置を行うこと
- 色の組み合わせによる見にくさを解消するため、標示物や案内図等の配色を工夫すること
- トイレなど各場所ごとの種類や、その方向を示す絵記号や色別の表示などを設けること
- パニック等を起こした際に静かに休憩できる場所を設けること

＜従業員などとのコミュニケーションや情報のやりとり、サービス提供についての配慮や工夫＞
- 館内放送を文字化したり、電光表示板で表示したりすること
- 必要に応じて、手話通訳や要約筆記者を配置すること
- 口話が読めるようマスクを外して話をすること
- ICT（コンピューター等の情報通信技術）を活用したコミュニケーション機器（データを点字に変換して表示する、音声を文字変換する、表示された絵などを選択することができる機器など）を設置すること

※ 第2（2）①合理的配慮の基本的な考え方＜環境整備との関係＞においても触れましたが、不特定多数の障害者を主な対象として行われる事前の改善措置については、合理的配慮を的確に行うための環境の整備として実施に努めることとされています。そのうち、バリアフリーに関しては下記のような整備が一例として考えられます。
- 施設内の段差を解消すること、スロープを設置すること
- トイレや浴室をバリアフリー化・オストメイト対応にすること
- 床をすべりにくくすること
- 階段や表示を見やすく明瞭にすること
- 車椅子で利用しやすい高さにカウンターを改善すること

### （3）障害特性に応じた対応について

障害者と接する際には、それぞれの障害特性に応じた対応が求められます。以下に、代表的な障害特性と対応時に配慮すべき事項について簡単にまとめています。

このほか、障害児については、成人の障害者とは異なる支援の必要性があります。

子どもは成長、発達の途上にあり、乳幼児期の段階から、個々の子どもの発達の段階に応じて一人ひとりの個性と能力に応じた丁寧に配慮された支援を行う発達支援が必要です。また、子どもを養育する家族を含めた丁寧かつ早い段階からの家族支援が必要です。特に、保護者が子どもの障害を知った時の気持ちを出発点とし、障害を理解する態度を持つようになるまでの過程においては、関係者の十分な配慮と支援が必要です。

　※以下の〔主な対応〕は、あくまで望ましい配慮について例示したものであり、必ずしも法に基づく「合理的な配慮」として実施が義務付けられるものではなく、また、実施しないことがそのまま不当な差別に当たるということではありません。

### 視覚障害（視力障害・視野障害）

　〔主な特性〕
- 先天性で受障される方のほか、最近は糖尿病性網膜症などで受障される人も多く、高齢者では、緑内障や黄斑部変性症が多い
- 視力障害：視覚的な情報を全く得られない又はほとんど得られない人と、文字の拡大や視覚補助具等を使用し保有する視力を活用できる人に大きく分けられる（全盲、弱視といわれることもある）
  * 視力をほとんど活用できない人の場合、音声、触覚、嗅覚など、視覚以外の情報を手がかりに周囲の状況を把握している
  * 文字の読みとりは、点字に加えて最近では画面上の文字情報を読み上げるソフトを用いてパソコンで行うこともある（点字の読み書きができる人ばかりではない）
  * 視力をある程度活用できる人の場合は、補助具を使用したり文字を拡大したり近づいて見るなどの様々な工夫をして情報を得ている
- 視野障害：目を動かさないで見ることのできる範囲が狭くなる
  　　「求心性視野狭窄」見える部分が中心だけになって段々と周囲が見えなくなる
  　　　　　　　　　遠くは見えるが足元が見えず、つまづきやすくなる
  　　「中心暗転」周囲はぼんやり見えるが真ん中が見えない
  　　　　　　　文字等、見ようとする部分が見えなくなる
- 視力障害、視野障害の状況によって、明るさの変化への対応が困難なため、移

動などに困難さを生じる場合も多い

〔主な対応〕
- 音声や点字表示など、視覚情報を代替する配慮
- 中途受障の人では白杖を用いた歩行や点字の触読が困難な人も多いため留意が必要
- 声をかける時には前から近づき「○○さん、こんにちは。△△です。」など自ら名乗る
- 説明する時には「それ」「あれ」「こっち」「このくらいの」などと指差し表現や指示代名詞で表現せず、「あなたの正面」「○○くらいの大きさ」などと具体的に説明
- 普段から通路(点字ブロックの上等)に通行の妨げになるものを置かない、日頃視覚障害者が使用しているものの位置を変えないなど周囲の協力が不可欠
- 主に弱視の場合、室内における照明の状況に応じて、窓を背にして座ってもらうなどの配慮が必要

**聴覚障害**

〔主な特性〕
- 聴覚障害は外見上わかりにくい障害であり、その人が抱えている困難も他の人からは気づかれにくい側面がある
- 聴覚障害者は補聴器や人工内耳を装用するほか、コミュニケーション方法には手話、筆談、口話など様々な方法があるが、どれか一つで十分ということではなく、多くの聴覚障害者は話す相手や場面によって複数の手段を組み合わせるなど使い分けている
- 補聴器や人工内耳を装用している場合、スピーカーを通じる等、残響や反響のある音は、聞き取りにあまり効果が得られにくい
- 聴覚の活用による言葉の習得に課題があることにより、聴覚障害者の国語力は様々であるため、筆談の場合は、相手の国語力にあわせる

〔主な対応〕
- 手話や文字表示、手話通訳や要約筆記者の配慮など、目で見てわかる情報を提示したりコミュニケーションをとる配慮
- 補聴器や人工内耳を装用し、残響や反響のある音を聞き取ることが困難な場合には、代替する対応への配慮(磁気誘導ループの利用など)

- 音声だけで話すことは極力避け、視覚的なより具体的な情報も併用
- スマートフォンなどのアプリとして音声を文字に変換できるものがあり、これらを使用すると筆談を補うことができる

## 盲ろう（視覚と聴覚の重複障害）

〔主な特性〕
- 視覚と聴覚の重複障害の方を「盲ろう」と呼んでいるが、障害の状態や程度によって様々なタイプに分けられる（視覚障害、聴覚障害の項も参照のこと）
    ＜見え方と聴こえ方の組み合わせによるもの＞
    ①全く見えず聴こえない状態の「全盲ろう」
    ②見えにくく聴こえない状態の「弱視ろう」
    ③全く見えず聴こえにくい状態の「盲難聴」
    ④見えにくく聴こえにくい状態の「弱視難聴」
    ＜各障害の発症経緯によるもの＞
    ①盲（視覚障害）から聴覚障害を伴った「盲ベース盲ろう」
    ②ろう（聴覚障害）から視覚障害を伴った「ろうベース盲ろう」
    ③先天的、あるいは乳幼児期に視覚と聴覚の障害を発症する「先天性盲ろう」
    ④成人期以後に視覚と聴覚の障害が発症する「成人期盲ろう」
- 盲ろう者がそれぞれ使用するコミュニケーション手段は、障害の状態や程度、盲ろうになるまでの経緯、あるいは生育歴、他の障害との重複の仕方によって異なり、介助方法も異なる
- テレビやラジオを楽しんだり本や雑誌を読むこともできず、家族といてもほとんど会話がないため、孤独な生活を強いられることが多い

〔主な対応〕
- 盲ろう者関係機関に相談し、対応に関する助言を受ける
- 障害の状態や程度に応じ視覚障害や聴覚障害の人と同じ対応が可能な場合があるが、同様な対応が困難な場合が多く、手書き文字や触手話、指点字などの代替する対応や移動の際にも配慮する
- 言葉の通訳に加えて、視覚的・聴覚的情報についても意識的に伝える
    （例）状況説明として、人に関する情報（人数、性別等）や環境に関する情報（部屋の大きさや机の配置、その場の雰囲気等）など

## 肢体不自由

○車いすを使用されている場合

〔主な特性〕
- 脊髄損傷（対麻痺又は四肢麻痺、排泄障害、知覚障害、体温調節障害など）
- 脳性麻痺（不随意運動、手足の緊張、言語障害、知的障害重複の場合もある）
- 脳血管障害（片麻痺、運動失調）
- 病気等による筋力低下や関節損傷などで歩行が困難な場合もある
- ベッドへの移乗、着替え、洗面、トイレ、入浴など、日常の様々な場面で援助が必要な人の割合が高い
- 車椅子使用者にとっては、段差や坂道が移動の大きな妨げになる
- 手動車椅子の使用が困難な場合は、電動車椅子を使用する場合もある
- 障害が重複する場合には、呼吸器を使用する場合もある

〔主な対応〕
- 段差をなくす、車椅子移動時の幅・走行面の斜度、車椅子用トイレ、店舗のドアを引き戸や自動ドアにするなどの配慮
- 机アプローチ時に車椅子が入れる高さや作業を容易にする手の届く範囲の考慮
- ドア、エレベータの中のスイッチなどの機器操作のための配慮
- 目線をあわせて会話する
- 脊髄損傷者は体温調節障害を伴うことがあるため、部屋の温度管理に配慮

○杖などを使用されている場合

〔主な特性〕
- 脳血管障害（歩行可能な片麻痺、運動失調）
- 麻痺の程度が軽いため、杖や装具歩行が可能な場合や、切断者などで義足を使用して歩行可能な場合は、日常生活動作は自立している人が多い
- 失語症や高次脳機能障害がある場合もある
- 長距離の歩行が困難であったり、階段、段差、エスカレーターや人ごみでの移動が困難な場合もあり、配慮が必要

〔主な対応〕
- 上下階に移動するときのエレベータ設置・手すりの設置
- 滑りやすい床など転びやすいので、雨天時などの対応
- トイレでの杖おきの設置や靴の履き替えが必要な場合に椅子を用意するなどの

配慮

## 構音障害

〔主な特性〕
- 話す言葉自体を聞き取ることが困難な状態
- 話す運動機能の障害、聴覚障害、咽頭摘出などの原因がある

〔主な対応〕
- しっかりと話を聞く
- 会話補助装置などを使ってコミュニケーションをとることも考慮する

## 失語症

〔主な特性〕
- 聞くことの障害
    音は聞こえるが「ことば」の理解に障害があり「話」の内容が分からない
    単語や簡単な文なら分かる人でも早口や長い話になると分からなくなる
- 話すことの障害
    伝えたいことをうまく言葉や文章にできない
    発話がぎこちない、いいよどみが多くなったり、誤った言葉で話したりする
- 読むことの障害
    文字を読んでも理解が難しい
- 書くことの障害
    書き間違いが多い、「てにをは」などをうまく使えない、文を書くことが難しい

〔主な対応〕
- 表情がわかるよう、顔を見ながら、ゆっくりと短いことばや文章で、わかりやすく話しかける
- 一度でうまく伝わらない時は、繰り返して言ったり、別のことばに言い換えたり、漢字や絵で書いたり、写真・実物・ジェスチャーで示したりすると理解しやすい
- 「はい」「いいえ」で答えられるように問いかけると理解しやすい
- 話し言葉以外の手段（カレンダー、地図、時計など身近にあるもの）を用いると、

コミュニケーションの助けとなる

＊「失語症のある人の雇用支援のために」（独立行政法人高齢・障害者雇用支援機構障害者職業総合センター）より一部引用

## 高次脳機能障害

　交通事故や脳血管障害などの病気により、脳にダメージを受けることで生じる認知や行動に生じる障害。身体的には障害が残らないことも多く、外見ではわかりにくいため「見えない障害」とも言われている。
〔主な特性〕
・以下の症状が現れる場合がある
　記憶障害：すぐに忘れてしまったり、新しい出来事を覚えることが苦手なため、何度も同じことを繰り返したり質問したりする
　注意障害：集中力が続かなかったり、ぼんやりしていてしまい、何かをするとミスが多く見られる
　　　　　　二つのことを同時にしようとすると混乱する
　遂行機能障害：自分で計画を立てて物事を実行したり、効率よく順序立てられない
　社会的行動障害：ささいなことでイライラしてしまい、興奮しやすい
　　　　　　　　　こだわりが強く表れたり、欲しいものを我慢できない
　　　　　　　　　思い通りにならないと大声を出したり、時に暴力をふるったりする
　病識欠如：上記のような症状があることに気づかず、できるつもりで行動してトラブルになる
・失語症（失語症の項を参照）を伴う場合がある
・片麻痺や運動失調等の運動障害や眼や耳の損傷による感覚障害を持つ場合がある
〔主な対応〕
・本障害に詳しいリハビリテーション専門医やリハ専門職、高次脳機能障害支援普及拠点機関、家族会等に相談する
・記憶障害
　　手がかりがあると思い出せるので、手帳やメモ、アラームを利用したり、ルー

トマップを持ち歩いてもらうなどする

　　　自分でメモを取ってもらい、双方で確認する

　　　残存する受傷前の知識や経験を活用する（例えば、過去に記憶している自宅周囲では迷わず行動できるなど）

・注意障害

　　　短時間なら集中できる場合もあるので、こまめに休憩を取るなどする

　　　ひとつずつ順番にやる

　　　左側に危険なものを置かない

・遂行機能障害

　　　手順書を利用する

　　　段取りを決めて目につくところに掲示する

　　　スケジュール表を見ながら行動したり、チェックリストで確認する

・社会的行動障害

　　　感情をコントロールできない状態にあるときは、上手に話題や場所を変えてクールダウンを図る

　　　予め行動のルールを決めておく


## 内部障害

〔主な特性〕

- 心臓機能、呼吸器機能、腎臓機能、膀胱・直腸機能、小腸機能、肝機能、HIVによる免疫機能のいずれかの障害により日常生活に支障がある
- 疲れやすく長時間の立位や作業が困難な場合がある
- 常に医療的対応を必要とすることが多い

〔主な対応〕

- ペースメーカーは外部からの電気や磁力に影響をうけることがあるので注意すべき機器や場所などの知識をもつ
- 排泄に関し人工肛門の場合、パウチ洗浄等特殊な設備が必要となることへの配慮。
- 呼吸器機能障害のある方は、慢性的な呼吸困難、息切れ、咳等の症状があることを理解し、息苦しくならないよう、楽な姿勢でゆっくり話をしてもらうよう配慮
- 常時酸素吸入が必要な方は、携帯用酸素ボンベが必要な場合があることを理解

# Ⅲ 全府省庁対応指針（ガイドライン）

## 重症心身障害・その他医療的ケアが必要な者

〔主な特性〕
- 自分で体を動かすことができない重度の肢体不自由と、年齢に相応した知的発達が見られない重度の知的障害が重複している
- 殆ど寝たままで自力では起き上がれない状態が多い
- 移動、食事、着替え、洗面、トイレ、入浴などが自力ではできないため、日常の様々な場面で介助者による援助が必要
- 常に医学的管理下でなければ、呼吸することも栄養を摂ることも困難な人もいる
- 重度の肢体不自由や重度の知的障害はないが、人工呼吸器を装着するなど医療的ケアが必要な人もいる

〔主な対応〕
- 人工呼吸器などを装着して専用の車椅子で移動する人もいるため、電車やバスの乗降時等において、周囲の人が手伝って車椅子を持ち上げるなどの配慮が必要
- 体温調整がうまくできないことも多いので、急な温度変化を避ける配慮が必要

## 知的障害

〔主な特性〕
- 概ね１８歳頃までの心身の発達期に現れた知的機能の障害により、生活上の適応に困難が生じる
- 「考えたり、理解したり、読んだり、書いたり、計算したり、話したり」する等の知的な機能に発達の遅れが生じる
- 金銭管理、会話、買い物、家事などの社会生活への適応に状態に応じた援助が必要
- 主な原因として、ダウン症候群などの染色体異常、または先天性代謝異常によるものや、脳症や外傷性脳損傷などの脳の疾患があるが、原因が特定できない場合もある
- てんかんを合併する場合もある
- ダウン症候群の場合の特性として、筋肉の低緊張、多くの場合、知的な発達の遅れがみられること、また、心臓に疾患を伴う場合がある

〔主な対応〕
- 言葉による説明などを理解しにくいため、ゆっくり、ていねいに、わかりやすく話すことが必要
- 文書は、漢字を少なくしてルビを振る、文書をわかりやすい表現に直すなどの配慮で理解しやすくなる場合があるが、一人ひとりの障害の特性により異なる
- 写真、絵、ピクトグラムなどわかりやすい情報提供を工夫する
- 説明が分からないときに提示するカードを用意したり、本人をよく知る支援者が同席するなど、理解しやすくなる環境を工夫する

**発達障害**

**○自閉症、アスペルガー症候群を含む広汎性発達障害（自閉症スペクトラム）**
〔主な特性〕
- 相手の表情や態度などよりも、文字や図形、物の方に関心が強い
- 見通しの立たない状況では不安が強いが、見通しの立つ時はきっちりしている
- 大勢の人がいる所や気温の変化などの感覚刺激への敏感さで苦労しているが、それが芸術的な才能につながることもある。

〔主な対応〕
- 本人をよく知る専門家や家族にサポートのコツを聞く
- 肯定的、具体的、視覚的な伝え方の工夫（「○○をしましょう」といったシンプルな伝え方、その人の興味関心に沿った内容や図・イラストなどを使って説明するなど）
- スモールステップによる支援（手順を示す、モデルを見せる、体験練習をする、新しく挑戦する部分は少しずつにする）
- 感覚過敏がある場合は、音や肌触り、室温などの感覚面の調整を行う（イヤーマフを活用する、大声で説明せずホワイトボードで内容を伝える、人とぶつからないように居場所を衝立などで区切る、クーラー等の設備のある部屋を利用できるように配慮するなど）

**○学習障害（限局性学習障害）**
〔主な特性〕
- 「話す」「理解」は普通にできるのに、「読む」「書く」「計算する」ことが、努力しているのに極端に苦手

〔主な対応〕
- 本人をよく知る専門家や家族にサポートのコツを聞く
- 得意な部分を積極的に使って情報を理解し、表現できるようにする（ICTを活用する際は、文字を大きくしたり行間を空けるなど、読みやすくなるように工夫する）
- 苦手な部分について、課題の量・質を適切に加減する、柔軟な評価をする

## ○注意欠陥多動性障害（注意欠如・多動性障害）
〔主な特性〕
- 次々と周囲のものに関心を持ち、周囲のペースよりもエネルギッシュに様々なことに取り組むことが多い

〔主な対応〕
- 本人をよく知る専門家や家族にサポートのコツを聞く
- 短く、はっきりとした言い方で伝える
- 気の散りにくい座席の位置の工夫、分かりやすいルール提示などの配慮
- ストレスケア（傷つき体験への寄り添い、適応行動が出来たことへのこまめな評価）

## ○その他の発達障害
〔主な特性〕
- 体の動かし方の不器用さ、我慢していても声が出たり体が動いてしまったりするチック、一般的に「どもる」と言われるような話し方なども、発達障害に含まれる

〔主な対応〕
- 本人をよく知る専門家や家族にサポートのコツを聞く
- 叱ったり拒否的な態度を取ったり、笑ったり、ひやかしたりしない
- 日常的な行動の一つとして受け止め、時間をかけて待つ、苦手なことに無理に取組まず出来ることで活躍する環境を作るなど、楽に過ごせる方法を一緒に考える

## 精神障害

- 精神障害の原因となる精神疾患は様々であり、原因となる精神疾患によって、

その障害特性や制限の度合いは異なる
・精神疾患の中には、長期にわたり、日常生活又は社会生活に相当な制限を受ける状態が続くものがある
・代表的な精神疾患として、統合失調症や気分障害等がある

○統合失調症
〔主な特性〕
・発症の原因はよく分かっていないが１００人に１人弱かかる、一般的な病気である
・「幻覚」や「妄想」が特徴的な症状だが、その他にも様々な生活のしづらさが障害として表れることが知られている
・陽性症状
　　幻覚：実態がなく他人には認識ができないが、本人には感じ取れる感覚のこと。なかでも、自分の悪口やうわさ、指図する声等が聞こえる幻聴が多い
　　妄想：明らかにあり得ない内容を信じてしまい、周りが訂正しようとしても受け入れられない考えのこと。誰かにいやがらせをされているという被害的妄想、周囲のことで何でも自分に関係しているように思える関係妄想などがある
・陰性症状
　　意欲が低下し、以前からの趣味や楽しみにしていたことに興味を示さなくなる
　　つかれやすく集中力が保てず、人づきあいを避け引きこもるようになる
　　入浴や着替えなど清潔を保つことが苦手となる　など
・認知や行動の障害：
　　考えにまとまりにくく何が言いたいのかわからなくなる
　　相手の話の内容がつかめず、周囲にうまく合わせることができない　など
・感情の障害：
　　感情の動きが少なくなる
　　他人の感情や表情についての理解が苦手になる
　　その場にふさわしい感情表現ができなくなる　など
〔主な対応〕
・統合失調症は脳の病気であることを理解し、病気について正しい知識を学ぶ必

要がある
- 薬物療法が主な治療となるため、内服を続けるために配慮する
- 社会との接点を保つことも治療となるため、本人が病気と付き合いながら、他人と交流したり、仕事に就くことを見守る
- 一方で、ストレスや環境の変化に弱いことを理解し、配慮した対応を心掛ける
- 一度に多くの情報が入ると混乱するので、伝える情報は紙に書くなどして整理してゆっくり具体的に伝えることを心掛ける

○気分障害
〔主な特性〕
- 気分の波が主な症状としてあらわれる病気。うつ状態のみを認める時はうつ病と呼び、うつ状態と躁状態を繰り返す場合には、双極性障害（躁うつ病）と呼ぶ
- うつ状態では気持ちが強く落ち込み、何事にもやる気が出ない、疲れやすい、考えが働かない、自分が価値のない人間のように思える、死ぬことばかり考えてしまい実行に移そうとするなどの症状がでる
- 躁状態では気持ちが過剰に高揚し、普段ならあり得ないような浪費をしたり、ほとんど眠らずに働き続けたりする。その一方で、ちょっとした事にも敏感に反応し、他人に対して怒りっぽくなったり、自分は何でも出来ると思い込んで人の話を聞かなくなったりする

〔主な対応〕
- 専門家の診察の上で、家族や本人、周囲の人が病気について理解する
- 薬物療法が主な治療となるため、内服を続けるために配慮する
- うつ状態の時は無理をさせず、しっかりと休養をとれるよう配慮する
- 躁状態の時は、金銭の管理、安全の管理などに気を付け、対応が難しい時には専門家に相談する
- 自分を傷つけてしまったり、自殺に至ることもあるため、自殺などを疑わせるような言動があった場合には、本人の安全に配慮した上で、速やかに専門家に相談するよう本人や家族等に促す

○依存症（アルコール）
〔主な特性〕
- 飲酒したいという強い欲求がコントロールができず、過剰に飲酒したり、昼夜

問わず飲酒したりすることで身体的、社会生活上の様々な問題が生じる
- 体がアルコールに慣れることで、アルコールが体から抜けると、発汗、頻脈、手の震え、不安、イライラなどの離脱症状が出る
- 一念発起して断酒しようとしても、離脱症状の不快感や、日常生活での不安感から逃れるために、また飲んでしまう

〔主な対応〕
- 本人に病識がなく（場合によっては家族も）、アルコール依存症は治療を必要とする病気であるということを、本人・家族・周囲が理解する
- 周囲の対応が結果的に本人の飲酒につながってしまう可能性があるため、家族も同伴の上で、アルコール依存症の専門家に相談する
- 一度断酒しても、再度飲酒してしまうことが多いため、根気強く本人を見守る

○てんかん

〔主な特性〕
- 何らかの原因で、一時的に脳の一部が過剰に興奮することにより、発作がおきる
- 発作には、けいれんを伴うもの、突然意識を失うもの、意識はあるが認知の変化を伴うものなど、様々なタイプのものがある

〔主な対応〕
- 誰もがかかる可能性がある病気であり、専門家の指導の下に内服治療を行うことで、多くの者が一般的な生活が送れることを理解する
- 発作が起こっていないほとんどの時間は普通の生活が可能なので、発作がコントロールされている場合は、過剰に活動を制限しない
- 内服を適切に続けることが重要である。また、発作が起こってしまった場合には、本人の安全を確保した上で専門機関に相談する

○認知症

〔主な特性〕
- 認知症は、単一の病名ではなく、種々の原因となる疾患により記憶障害など認知機能が低下し、生活に支障が出ている状態
- 原因となる主な疾患として、アルツハイマー型認知症、血管性認知症、レビー小体型認知症、前頭側頭型認知症（ピック病など）がある
- 認知機能の障害の他に、行動・心理症状（BPSD）と呼ばれる症状（徘徊、不穏、

## Ⅲ 全府省庁対応指針（ガイドライン）

興奮、幻覚、妄想など）がある

〔主な対応〕

- 高齢化社会を迎え、誰もが認知症とともに生きることになる可能性があり、また、誰もが介護者等として認知症に関わる可能性があるなど、認知症は皆にとって身近な病気であることを理解する
- 各々の価値観や個性、想い、人生の歴史等を持つ主体として尊重し、できないことではなく、できることに目を向けて、本人が有する力を最大限に活かしながら、地域社会の中で本人のなじみの暮らし方やなじみの関係が継続できるよう、支援していく
- 早期に気付いて適切に対応していくことができるよう、小さな異常を感じたときに速やかに適切な機関に相談できるようにする
- BPSDについては、BPSDには、何らかの意味があり、その人からのメッセージとして聴くことが重要であり、BPSDの要因として、さまざまな身体症状、孤立・不安、不適切な環境・ケア、睡眠や生活リズムの乱れなどにも目を向ける
- 症状が変化した等の場合には、速やかに主治医を受診し、必要に応じて専門機関に相談することなどを促す

### 難病

〔主な特性〕

- 神経筋疾病、骨関節疾病、感覚器疾病など様々な疾病により多彩な障害を生じる
- 常に医療的対応を必要とすることが多い
- 病態や障害が進行する場合が多い

〔主な対応〕

- 専門の医師に相談する
- それぞれの難病の特性が異なり、その特性に合わせた対応が必要
- 進行する場合、病態・障害の変化に対応が必要
- 排泄の問題、疲れやすさ、状態の変動などに留意が必要
- 体調がすぐれない時に休憩できる場所を確保する

## ■障害特性に応じた具体的対応例(その1)

### アンケートも多様な方法で(視覚障害①)

　アンケートを取る際に、印刷物だけを配布していました。すると、視覚障害の方から、電子データでほしいと要望がありました。電子データであればパソコンの読み上げソフトを利用して回答できるからとのことでした。

　紙媒体という画一的な方法ではなく、テキストデータでアンケートを送信し、メールで回答を受け取るという方法をとることで、視覚障害の方にもアンケートに答えてもらえるようになりました。

### 飲食店の配慮(視覚障害②)

　視覚障害のあるAさんは、食事をするため外出しましたが、一般の飲食店では視覚障害の方がスタッフの手助けなく注文を行うことや配膳された食事の位置などを把握することは困難でした。

　しかし、飲食店によっては、点字メニューを準備しており、また、料理が配膳された際に、店員が料理内容や食事の位置を具体的に説明してくれる店舗もあるため、外食する自由を楽しめるようになりました。

### 旅館・ホテルでのコミュニケーションツール等について(聴覚障害①)

　聴覚障害者のCさんは、宿泊の際、旅館・ホテルの受付で対応に困ることがよくありました。しかし、最近では手話のできるスタッフが配置されていたり、連絡用の貸し出しFAXが配置されていたりするため、スムーズに宿泊手続を行うことができ、快適に宿泊することができました。

　また、部屋のテレビが字幕対応のものだったことから、退屈することがなく、楽しんで過ごすことができました。

# Ⅲ　全府省庁対応指針（ガイドライン）

## ■障害特性に応じた具体的対応例（その２）

### 会計時等の気配り（聴覚障害②）

　聴覚障害者のＡさんは、飲食店等を利用した際に、席への誘導、メニューの選択や支払いの時などに、口頭で説明を受けても聞こえず困ることがありました。しかし、飲食店によっては、身振り手振りで誘導してくれたり、オススメメニューを指で示してくれたり、ホワイトボードにより筆談ができるように準備されているなどの配慮がされており、困ることが少なくなりました。

### 建物の段差が障壁に（肢体不自由①）

　車椅子を使用している身体障害者（1級）Ａさんが、外出中、建物に入ろうとすると大きな段差があり立ち往生してしまいました。
　スタッフに協力をお願いしてみると、段差を車椅子で乗り越える手伝いを申し出てくれました。介助のお陰で、無事に建物に入ることができました。

### オストメイトへの配慮（肢体不自由②）

　病気のためストマを活用することになったＢさん。これまで外出先のトイレにおいてストマの処理を適切に行うことに困難を感じていましたが、最近では、旅館や公衆浴場でも多目的トイレが設置されてきており、トイレを安心して利用することができるようになりました。

### 映画の楽しみ方（肢体不自由③）

　事故に遭い車椅子を利用しているＣさんは昔から映画館をよく利用していましたが、車椅子のため座席に着席することに困難を感じていました。
　しかし、最近は座席をとりはずすことにより車椅子用のスペースを確保することができる映画館もあり、不自由に感じることは少なくなりました。

厚生労働省・衛生事業者向け

### 入浴の自由について(肢体不自由④)

　事故に遭い車椅子を利用しているＡさんは、外出先で入浴する際、浴槽の高さまで足をあげることに困難を感じていました。先日、家族で旅館に宿泊することになりましたが、車椅子利用者に配慮した浴場となっているか事前に確認したところ、イスに座ると浴場の高さまで上昇するリフトが設置され、車椅子利用者への配慮がなされているとのことでした。このため、Ａさんは、安心して入浴を楽しむことができました。

## ■障害特性に応じた具体的対応例(その３)

### 話すことの障害(失語症)

　失語症(発語がうまくできない)のＡさんが、買い物に行きましたが、自分の欲しいものを探すことができませんでした。店員にどこにあるのか尋ねようとしましたが、欲しいものをうまく伝えられず、時間が経過するばかりでした。
　店員は、Ａさんが言葉をうまく話せないことがわかったため、「食べ物」、「飲み物」、「日用品」等と的を徐々に絞って確認していく方法をとったところ、Ａさんの欲しいものが判明し購入することができました。

### 飲食店のメニュー選び(知的障害)

　外食をしようとしたＤさんは、飲食店等で料理を選ぶことが苦手でした。メニューが字だけで書かれている場合、内容を把握することがなかなか難しいからです。
　しかし、Ｄさんが利用した飲食店では、ほとんどのメニューに写真が活用されており、また、店員が分かりやすく説明をしてくれたため、好きな料理を選ぶことができました。

### 苦手なことに対しては、事前のサポート（発達障害）

発達障害のCさんは文字の読み書きが苦手であり、様々な手続きの際、書類の記入欄を間違えたり、誤字を書いてしまったりして、何回も書き直さなければなりませんでした。

そこで、Cさんの相談を受けている職員は、「記入欄に鉛筆で丸をつけたり付箋を貼って示す」「書類のモデルを作成して示す」「職員が鉛筆で下書きする」などを試したところ、書類作成を失敗する回数が少なくなりました。

### 高齢者、障害者へのサービスの充実等について（高齢者）

Cさん（高齢者）は、加齢によりデイサービスを利用していましたが、在宅時や施設利用時にケア理容師の講習を受けた資格者による出張理容サービスを活用することによって、充実したサービスを受けることができました。

## 第4　事業者における相談体制の整備

　障害者差別の解消を効果的に推進するには、障害者及びその家族その他の関係者からの相談等に的確に応じることが必要です。そのためには、法で定められた国や地方公共団体における相談及び紛争の防止等のための体制整備のみならず、障害者にサービス提供を行う事業者において、直接、障害者及びその家族その他の関係者からの相談等に応じるための体制の整備や職員の研修・啓発を行うことが重要です。

　なお、事業者において相談窓口等を設置する際には、ホームページ等を活用し、相談窓口等に関する情報の周知を図り、利用しやすいものとするよう努めるとともに、対面のほか、電話、ファックス、電子メールなどの多用な手段を用意しておくことが重要です。また、相談等に対応する際には、障害者の性別・年齢・状態等に配慮することが重要です。実際の相談事例については、相談者のプライバシーに配慮しつつ順次蓄積し、以後の合理的配慮の提供等に活用することが望まれます。あわせて、地方自治体の相談窓口や障害者差別解消支援地域協議会、障害当事者団体、医療、教育、労働関係機関などとも連携して、差別解消に向けた取組を着実に進めていくことが望まれます。

## 第5　事業者における研修・啓発

　障害者差別は、障害に関する知識・理解の不足、意識の偏りなどにより引き起こされることが大きいと考えられることから、障害の有無にかかわらず、相互に人格と個性を尊重する共生社会を目指すことの意義を職員が理解することが重要です。
　また、こうした理念が真に理解されることが、障害者差別や、障害者が時に感じる大人の障害者に対する子ども扱い、障害者に対する命令的、威圧的、強制的な発言などの解消にもつながるものと考えられます。
　このため、事業者においては、研修等を通じて、法の趣旨の普及を図るとともに、事業所の地域の取組のなかで近隣住民への理解を促していくことが重要です。
　なお、障害者差別の理解には、障害者虐待防止に関する理解も極めて重要になってくることから、併せて研修を行うことが望まれます。


## 第6　国の行政機関における相談窓口

　法第14条において、「国及び地方公共団体は、障害者及びその家族その他の関係者からの障害を理由とする差別に関する相談に的確に応ずるとともに、障害を理由とする差別に関する紛争の防止又は解決を図ることができるよう必要な体制の整備を図るものとする」と規定されています。
　相談に際しては、地域の自治体の様々な相談窓口（福祉事務所、児童相談所など）や各都道府県において組織される障害者差別解消地域協議会などもご活用ください。
　厚生労働省における衛生関係の担当窓口は以下のとおりです。
　（1）生活衛生関係営業関係
　　　　医薬・生活衛生局生活衛生・食品安全部生活衛生課
　（2）水道事業者、水道用水供給事業者、給水装置工事事業者
　　　　医薬・生活衛生局生活衛生・食品安全部水道課


## 第7　主務大臣による行政措置

　事業者における障害者差別解消に向けた取組は、本指針を参考にして、各事業者によ

Ⅲ　全府省庁対応指針（ガイドライン）

り自主的に取組が行われることが期待されています。しかし、事業者による自主的な取組のみによっては、その適切な履行が確保されず、例えば、事業者が法に反した取扱いを繰り返し、自主的な改善を期待することが困難である場合など、特に必要があると認められるときは、主務大臣は、事業者に対し、報告を求め、又は助言、指導若しくは勧告をすることができるとされています。（法第12条）

おわりに

　障害者差別解消法の理念を実現していくには、国民一人ひとりの障害に対する理解と適切な配慮が不可欠であり、差別と解される事例についても、お互いの意思疎通不足や理解の不足が起因していると思われることも見受けられます。法に定められたから義務としてやるという姿勢ではなく、事業者や障害者が歩み寄り理解を深めていくことが、差別解消の第一歩につながると考えられます。
　本指針は、そうした事業者の取組に資するよう、今後も、より具体的な事例、特に好事例をお示しできるよう随時見直しを図るなど努めてまいります。
　事業者のみなさまの本法に関するより深い理解と、障害者差別解消に向けた取組を積極的に進めて頂きますようお願いします。

Ⅲ　全府省庁対応指針（ガイドライン）

**参考資料**

## ■　障害者権利条約とは

　障害者権利条約は、障害者の人権及び基本的自由の享有を確保し、障害者の固有の尊厳の尊重を促進することを目的として、障害者の権利の実現のための措置等について定めた条約です。

　2006（平成18）年12月13日に国連総会において採択され、2008（平成20）年5月3日に発効しました。我が国は2007（平成19）年9月28日に条約に署名し、2014（平成26）年1月20日に批准書を寄託しました。また、同年2月19日に同条約は我が国について効力を発生しました。

　この条約の主な内容としては、以下のとおりです。

(1) 一般原則
　　障害者の尊厳、自律及び自立の尊重、無差別、社会への完全かつ効果的な参加及び包容等
(2) 一般的義務
　　合理的配慮の実施を怠ることを含め、障害に基づくいかなる差別もなしに、すべての障害者のあらゆる人権及び基本的自由を完全に実現することを確保し、及び促進すること等
(3) 障害者の権利実現のための措置
　　身体の自由、拷問の禁止、表現の自由等の自由権的権利及び教育・労働等の社会権的権利について締約国がとるべき措置等を規定。社会権的権利の実現については漸進的に達成することを許容
(4) 条約の実施のための仕組み
　　条約の実施及び監視のための国内の枠組みの設置。障害者の権利に関する委員会における各締約国からの報告の検討

厚生労働省・衛生事業者向け

## ■障害者総合支援法の対象となる疾病について

　平成25年4月より、難病等が障害者総合支援法の対象となり130疾病を対象としていましたが、指定難病（医療費助成の対象となる難病）の検討を踏まえ、平成27年1月より、障害者総合支援法の対象疾病が151疾病に拡大されました（第1次検討）。
　また、第2次検討の結果、平成27年7月施行予定で、332疾病に拡大されました。
http://www.mhlw.go.jp/stf/seisakunitsuite/bunya/hukushi_kaigo/shougaishahukushi/hani/index.html

　対象となる方は、障害者手帳（※1）をお持ちでなくても、必要と認められた障害福祉サービス等（※2）が受けられます。

※1　身体障害者手帳・療育手帳・精神障害者保健福祉手帳
※2　障害者・児は、障害福祉サービス・相談支援・補装具及び地域生活支援事業
　　（障害児は、障害児通所支援と障害児入所支援も含む）

＊難病の特徴（症状の変化や進行、福祉ニーズ等）については、「難病患者等に対する認定マニュアル（平成27年9月）を参照ください
http://www.mhlw.go.jp/file/06-Seisakujouhou-12200000-Shakaiengokyokushougaihokenfukushibu/1_13.pdf

Ⅲ　全府省庁対応指針（ガイドライン）

■障害者に関するマーク　　　　　　　　　　　　　「H26年版障害者白書」（内閣府）より

【障害者のための国際シンボルマーク】
所管：公益財団法人日本障害者リハビリテーション協会

【身体障害者標識】
所管：警察庁

【聴覚障害者標識】
所管：警察庁

【盲人のための国際シンボルマーク】
所管：社会福祉法人日本盲人福祉委員会

【耳マーク】
所管：一般社団法人全日本難聴者・中途失聴者団体連合会

【ほじょ犬マーク】
所管：厚生労働省社会・援護局障害保健福祉部

【オストメイトマーク】
所管：公益社団法人日本オストミー協会

【ハート・プラスマーク】
所管：特定非営利活動法人ハート・プラスの会

■コミュニケーション支援用絵記号の例　　　　　「H26年版障害者白書」（内閣府）より

【絵記号の例】

わたし　　　あなた　　　感謝する　　　助ける

【絵記号による意思伝達の例】

朝起きたら、顔を洗って歯を磨いてください

厚生労働省　●　衛生事業者向け

■身体障害者補助犬とは

「身体障害者補助犬」は、目や耳や手足に障害のある方の生活をお手伝いする、「盲導犬」・「聴導犬」・「介助犬」のことです。

身体障害者補助犬法に基づき認定された犬で、特別な訓練を受けています。

補助犬の種類

〇盲導犬

目の見えない人、見えにくい人が街なかを安全に歩けるようにサポートします。障害物を避けたり、立ち止まって曲がり角を教えたりします。ハーネス（胴輪）をつけています。

〇介助犬

手や足に障害のある人の日常の生活動作をサポートします。物を拾って渡したり、指示したものを持ってきたり、着脱衣の介助などを行ないます。"介助犬"と書かれた表示をつけています。

〇聴導犬

音が聞えない、聞こえにくい人に、生活の中の必要な音を知らせます。玄関のチャイム音・FAX着信音・赤ちゃんの泣き声などを聞き分けて教えます。"聴導犬"と書かれた表示をつけています。

補助犬の同伴については、「身体障害者補助犬法」で、人が立ち入ることのできるさまざまな場所で受け入れるよう義務づけられています。「犬だから」という理由で受け入れを拒否しないでください。

補助犬の同伴を受け入れる義務がある場所

・国や地方公共団体などが管理する公共施設・公共交通機関（電車、バス、タクシーなど）
・不特定かつ多数の人が利用する民間施設－商業施設、飲食店、病院、ホテルなど
・事務所（職場）－国や地方公共団体などの事務所－従業員50人以上の民間企業

補助犬の同伴を受け入れる努力をする必要がある場所

・事務所（職場）－従業員50人未満の民間企業
・民間住宅

**補助犬の受け入れ施設の方へ**
●補助犬は、ユーザーの指示に従い待機することができるので、特別な設備は必要ありません。
●補助犬の同伴を受け入れる際に他のお客様から苦情がある場合は、「身体障害者補助犬法」で受け入れ義務があること、補助犬の行動や健康の管理はユーザーが責任をもって行なっていることを説明し、理解を求めてください。
●補助犬が通路をふさいだり、周りのにおいを嗅ぎ回ったり、その他、何か困った行動をしている場合は、そのことを補助犬ユーザーにはっきり伝えてください。
●補助犬を同伴していても、補助犬ユーザーへの援助が必要な場合があります。補助犬ユーザーが困っている様子を見かけたら、まずは声をかけたり、筆談をしたりコミュニケーションをとってください。

■障害特性や特性ごとの配慮事項等を知る

※障害特性や特性ごとの配慮事項等を知るには、例えば、以下のようなホームページがあります。

【内閣府】公共サービス窓口における配慮マニュアル　-　障害のある方に対する心の身だしなみ -
　　http://www8.cao.go.jp/shougai/manual.html

【厚生労働省】みんなのメンタルヘルス
　　http://www.mhlw.go.jp/kokoro/

【青森県】障害を知るためのガイドブック
　　https://www.pref.aomori.lg.jp/soshiki/kenko/syofuku/kyouseishakai.html

【群馬県障害者社会参加推進協議会】障害のある方へのマナーブック
　　http://www.normanet.ne.jp/~gunmasin/pdf/syogai_mb.pdf

【千葉県】障害のある人に対する情報保障のためのガイドライン
　　https://www.pref.chiba.lg.jp/shoufuku/shougai-kurashi/jouhouhoshou/guideline.html

【東京都心身障害者福祉センター】改訂版「障害のある方への接遇マニュアル」
　　http://www.fukushihoken.metro.tokyo.jp/shinsho/tosho/hakkou/index.html

【八王子市】みんなちがってみんないい（障害のある人を理解するためのガイドブック）
　　http://www.city.hachioji.tokyo.jp/korei_shogai/36129/37422/index.html

【武蔵野市】心のバリアフリーハンドブック
　　http://www.city.musashino.lg.jp/shogai/shogaishafukushi_c/015620.html

【厚木市】この街でともに…～障害のある人を理解するためのガイドブック～
　　http://www.city.atsugi.kanagawa.jp/shiminbenri/iryofukusi/fukushi/shougai/guide/d014788.html

【富山県】障害のある人もない人も共に暮らしやすいまちづくりのためのアドバイス事例集（障害のある人が「困った」事例から）
　　http://www.pref.toyama.jp/cms_sec/1209/kj00011743.html

【大阪府】障がい者が必要とする社会的障壁の除去のための配慮や工夫の事例について
　　http://www.pref.osaka.lg.jp/keikakusuishin/go-hai/

Ⅲ　全府省庁対応指針（ガイドライン）

【島根県・鳥取県】障がいを知り、共に生きる～まず、知ることからはじめましょう～
http://www.pref.shimane.lg.jp/medical/fukushi/syougai/ippan/aisupport/supporter.data/H26panhu.pdf
http://www.pref.tottori.lg.jp/aisupport/

【熊本県】障害のある人もない人も共に生きる熊本づくりのために（パンフレット）
http://www.pref.kumamoto.jp/kiji_3020.html

【宮崎県】障がい理解のためのハンドブック
http://www.pref.miyazaki.lg.jp/shogaifukushi/kenko/shogaisha/shougairikai.html

【沖縄県】こころのバリアフリー２（各種冊子）
http://www.pref.okinawa.lg.jp/site/kodomo/shogaifukushi/keikaku/jorei/bf2.html

【名古屋市】こんなときどうする？ - 障害のある人を理解し、配慮のある接し方をするためのガイドブック -
http://www.city.nagoya.jp/kurashi/category/22-2-0-0-0-0-0-0-0.html

【福岡市】ユニバーサルデザインに配慮した印刷物作成の手引き
http://www.city.fukuoka.lg.jp/shisei/kouhou-hodo/kankoubutsu-video/ud.html

■権利擁護に関連する法律（その1）

【障害者虐待防止法】
1. 目的
　　障害者に対する虐待が障害者の尊厳を害するものであり、障害者の自立及び社会参加にとって障害者に対する虐待を防止することが極めて重要であること等に鑑み、障害者に対する虐待の禁止、国等の責務、障害者虐待を受けた障害者に対する保護及び自立の支援のための措置、養護者に対する支援のための措置等を定めることにより、障害者虐待の防止、養護者に対する支援等に関する施策を促進し、もって障害者の権利利益の擁護に資することを目的としています。

2. 障害者に対する虐待の禁止と早期発見の努力義務
　　何人も障害者を虐待してはならない旨を定め、障害者の虐待の防止に係る国等の責務や、障害者虐待の早期発見の努力義務を定めています。

3. 「障害者虐待」の通報義務
　　「障害者虐待」を受けたと思われる障害者を発見した者に速やかな通報を義務付けています。

4. 「障害者虐待」とは
　　①～③の人たちが、㋐～㋔の5つの虐待行為を行った場合を「障害者虐待」としています。
　　①養護者（障害者の世話をしている家族等）
　　②障害者福祉施設従事者等（障害福祉サービスの職員等）
　　③使用者（障害者を雇用している者等）
　　　5つの行為（具体的要件は、虐待を行う主体ごとに微妙に異なる。）
　　　㋐身体的虐待：障害者の身体に外傷が生じ、若しくは生じるおそれのある暴行を加え、又は正当な理由なく障害者の身体を拘束すること
　　　㋑放棄・放置：障害者を衰弱させるような著しい減食又は長時間の放置等による㋐㋒㋓の行為と同様の行為の放置等

## Ⅲ　全府省庁対応指針（ガイドライン）

　　㋒心理的虐待：障害者に対する著しい暴言又は著しく拒絶的な対応その他の障害者
　　　　　　　　に著しい心理的外傷を与える言動を行うこと
　　㋓性的虐待　：障害者にわいせつな行為をすること又は障害者をしてわいせつな行
　　　　　　　　為をさせること
　　㋔経済的虐待：障害者から不当に財産上の利益を得ること

5．通報先
　市町村・都道府県の部局等は、障害者虐待の通報や対応の窓口等となる「市町村障害者虐待防止センター」、「都道府県障害者権利擁護センター」の機能を果たしています。

6．学校、保育所、医療機関における虐待の防止
　就学する障害者、保育所等に通う障害者及び医療機関を利用する障害者に対する虐待への対応について、その防止等のための措置の実施を学校の長、保育所等の長及び医療機関の管理者に義務付けています。

## ■権利擁護に関連する法律（その２）

### 【児童虐待の防止等に関する法律】

　児童に対する虐待の禁止、児童虐待の予防及び早期発見その他の児童虐待の防止に関する国及び地方公共団体の責務、児童虐待を受けた児童の保護及び自立の支援のための措置等を定めることにより、児童虐待の防止等に関する施策を促進し、もって児童の権利利益の擁護に資することを目的とする法律です。

　○「児童虐待」とは保護者がその監護する児童について行う次の行為をいいます。
　　①身体的虐待：殴る、蹴る、投げ落とす、激しく揺さぶる、やけどを負わせる、溺れさせる、首を絞める、縄などにより一室に拘束する　など
　　②性的虐待　：子どもへの性的行為、性的行為を見せる、性器を触る又は触らせる、ポルノグラフィの被写体にする　など
　　③ネグレクト：家に閉じ込める、食事を与えない、ひどく不潔にする、自動車の中に放置する、重い病気になっても病院に連れて行かない　など
　　④心理的虐待：言葉による脅し、無視、きょうだい間での差別的扱い、子どもの目の前で家族に対して暴力をふるう（ドメスティック・バイオレンス：DV）　など

### 【高齢者虐待防止法】

　高齢者の虐待防止等に関する国等の責務、虐待を受けた高齢者の保護及び養護者に対する支援の措置等を定めることにより、高齢者虐待の防止に関する施策を促進し、もって高齢者の権利利益の擁護に資することを目的とする法律です。

　○虐待防止施策には、①養護者（家族等）による虐待に対するものと、②養介護施設従事者等による虐待に対するものに大別されます。
　○虐待の類型には、①身体的虐待、②養護を著しく怠る（ネグレクト）、③心理的虐待、④性的虐待、⑤経済的虐待があります。

　詳細は、

　http://www.mhlw.go.jp/stf/seisakunitsuite/bunya/hukushi_kaigo/kaigo_koureisha/boushi/index.html
　よりご覧ください。

### III　全府省庁対応指針（ガイドライン）

【配偶者からの暴力の防止及び被害者の保護等に関する法律（配偶者暴力防止法）】
　配偶者からの暴力に係る通報、相談、保護、自立支援等の体制を整備し、配偶者からの暴力の防止及び被害者の保護を図ることを目的とする法律です。
　○配偶者：男性、女性を問いません。事実婚や元配偶者＊も含まれます。
　　＊離婚前に暴力を受け、離婚後も引き続き暴力を受ける場合
　　＊生活の本拠をともにする交際相手、元生活の本拠をともにする交際相手も対象
　○暴力：身体的暴力のみならず、精神的・性的暴力＊も含まれます。
　　＊保護命令の申し立ては身体に対する暴力又は生命等に対する脅迫のみ対象
詳細は、http://www.gender.go.jp/e-vaw/law/index2.html よりご覧ください。

厚生労働省　●　衛生事業者向け

## ■発達障害者支援法とは

Ⅰ．目的

親をはじめとする身近な人、保育所や学校などの担任、病院や福祉機関で支援に携わる者、行政機関の職員、その他様々な立場の国民全体が、発達障害の特性を理解し支援ができるようにするために

・早期発見・発達支援に関する国・地方公共団体の責務を明らかにしました。
・発達障害のある人の自立や社会参加のために、様々な分野で支援の充実を図る必要性があることが示されました。

Ⅱ．定義（発達障害とは）

自閉症やアスペルガー症候群などを含む広汎性発達障害、学習障害、注意欠陥多動性障害などが代表的ですが、このほかにもトゥレット症候群、吃音症など様々なものがあります。

現時点では、確かな原因は明らかにはなっていませんが、様々な調査から、脳の機能が平均的な世の中の人とは違う発達の仕方をしているらしいということが徐々に分かってきています。

「発達障害」という名前から、「発達しない」「子どもの時期だけの障害」などというイメージが持たれることもありますが、これは誤解です。その人に合った支援があれば、自立や社会参加の可能性は高まります。また、発達障害の特性を踏まえた支援は、子どもの時期だけではなく成人期や老年期にも必要になります。

Ⅲ．相談機関等（発達障害について相談したいとき）

まずは、現在住んでいる地域の中にある様々なサービス機関（たとえば、市町村の役場、保育所、学校、医療機関、ハローワークなど）でも、発達障害に対する知識が年々高まってきています。

また、都道府県や政令市には、発達障害者支援センターが必ず置かれていますので、お住まいの地域の発達障害者支援センターに連絡をしたりホームページを確認したりするのも良いでしょう。

国においても、発達障害情報・支援センターのホームページを随時更新し、様々な情報を掲載しています。　　（掲載先）http://www.rehab.go.jp/ddis/

Ⅳ．普及啓発

　発達障害については、日本だけではなく世界中で関心が高まりつつあります。たとえば、平成19年には国連総会において「4月2日を世界自閉症啓発デーと定める」決議、平成24年には「自閉症スペクトラム障害、発達障害及び関連する障害により影響を受けている個人、家族及び社会の社会経済的ニーズへの対応」に関する決議が採択されています。

　日本国内でも、4月2日の世界自閉症啓発デーには様々な場所で建物を青くライトアップする取組や、4月2日から8日を発達障害啓発週間として様々な啓発イベントが行われるようになっています。

（掲載先）http://www.worldautismawarenessday.jp/htdocs/

■関連ホームページ

障害者権利条約（外務省）
　http://www.mofa.go.jp/mofaj/gaiko/jinken/index_shogaisha.html

障害者差別解消法（内閣府）
　http://www8.cao.go.jp/shougai/suishin/sabekai.html

障害者基本法（内閣府）
　http://www8.cao.go.jp/shougai/suishin/wakugumi.html

厚生労働省
　http://www.mhlw.go.jp/

**厚生労働省**

社会保険労務士の
業務を行う事業者向け

## はじめに

　平成28年4月1日から「障害者差別解消法」が施行されます。
　この法律は、障害を理由とする差別の解消の推進に関する基本的な事項や、国の行政機関、地方公共団体等及び民間事業者における障害を理由とする差別を解消するための措置などについて定めることによって、すべての国民が障害の有無によって分け隔てられることなく、相互に人格と個性を尊重し合いながら共生する社会の実現につなげることを目的としています。
　この対応指針は、「障害者差別解消法」の規定に基づき、社会保険労務士の業務を行う事業者が障害者に対し不当な差別的取扱いをしないこと、また必要かつ合理的な配慮を行うために必要な考え方などを記載しています。
　日々の業務の参考にしていただき、障害者差別のない社会を目指しましょう。

# Ⅲ　全府省庁対応指針（ガイドライン）

目次

## 第1　趣旨
- （1）障害者差別解消法制定の経緯 ———— 366
- （2）対象となる障害者 ———— 367
- （3）障害を理由とする差別の解消の推進に関する基本方針 ———— 367
- （4）社会保険労務士の業務を行う事業者への対応指針 ———— 368

## 第2　障害を理由とする不当な差別的取扱い及び合理的配慮の基本的な考え方
- （1）不当な差別的取扱い
  - ①不当な差別的取扱いの基本的考え方 ———— 369
  - ②正当な理由の判断の視点 ———— 369
- （2）合理的配慮
  - ①合理的配慮の基本的な考え方 ———— 370
  - ②過重な負担の基本的な考え方 ———— 371

## 第3　障害を理由とする不当な差別的取扱い及び合理的配慮の例
- （1）不当な差別的取扱いと考えられる例 ———— 371
- （2）合理的配慮と障害特性に応じた対応について ———— 372

## 第4　事業者における相談体制の整備 ———— 374

## 第5　事業者における研修・啓発 ———— 374

## 第6　国の行政機関における相談窓口 ———— 374

## 第7　主務大臣による行政措置 ———— 375

## おわりに ———— 376

社会保険労務士の業務を行う事業者が講ずべき障害を理由とする差別を解消するための措置に関する対応指針

平成２７年１１月

## 第１　趣旨

### （１）障害者差別解消法制定の経緯

　　近年、障害者の権利擁護に向けた取組が国際的に進展し、平成18年に国連において、障害者の人権及び基本的自由の享有を確保し、並びに障害者の固有の尊厳の尊重を促進するための包括的かつ総合的な国際条約である障害者の権利に関する条約（以下「権利条約」という。）が採択されました。我が国は、平成19年に権利条約に署名し、以来、国内法の整備を始めとする取組を進めてきました。

　　権利条約は第２条において、「「障害に基づく差別」とは、障害に基づくあらゆる区別、排除又は制限であって、政治的、経済的、社会的、文化的、市民的その他のあらゆる分野において、他の者との平等を基礎として全ての人権及び基本的自由を認識し、享有し、又は行使することを害し、又は妨げる目的又は効果を有するものをいう。障害に基づく差別には、あらゆる形態の差別（合理的配慮の否定を含む。）を含む。」と定義し、その禁止について、締約国にすべての適当な措置を求めています。

　　我が国においては、平成16年の障害者基本法（昭和45年法律第84号）の改正において、障害者に対する差別の禁止が基本的理念として明示され、さらに、平成23年の同法改正の際には、権利条約の趣旨を踏まえ、同法第２条第２号において、社会的障壁について、「障害がある者にとつて日常生活又は社会生活を営む上で障壁となるような社会における事物、制度、慣行、観念その他一切のものをいう。」と定義されるとともに、基本原則として、同法第４条第１項に、「何人も、障害者に対して、障害を理由として、差別することその他の権利利益を侵害する行為をしてはならない」こと、また、同条第２項に、「社会的障壁の除去は、それを必要としている障害者が現に存し、かつ、その実施に伴う負担が過重でないときは、それを怠ることによつて前項の規定に違反することとならないよう、その実施について必要かつ合理的な配慮がされなければならない」ことが規定されました。

# Ⅲ　全府省庁対応指針（ガイドライン）

障害を理由とする差別の解消の推進に関する法律（平成25年法律第65号。以下「法」という。）は、障害者基本法の差別の禁止の基本原則を具体化するものであり、すべての国民が、障害の有無によって分け隔てられることなく、相互に人格と個性を尊重し合いながら共生する社会の実現に向け、障害者差別の解消を推進することを目的として、平成25年６月に制定されました。我が国は、法の制定を含めた一連の障害者施策に係る取組の成果を踏まえ、平成26年１月に権利条約を締結しました。

法は、平成28年４月１日から施行されることになっています。

### （２）対象となる障害者

対象となる障害者・障害児（以下「障害者」という。）は、障害者基本法第２条第１号に規定する障害者、すなわち、「身体障害、知的障害、精神障害（発達障害を含む。）その他の心身の機能の障害（以下「障害」と総称する。）がある者であって、障害及び社会的障壁により継続的に日常生活又は社会生活に相当な制限を受ける状態にあるもの」です。

これは、障害者が日常生活又は社会生活において受ける制限は、身体障害、知的障害、精神障害（発達障害を含む。）その他の心身の機能の障害（難病に起因する障害を含む。）のみに起因するものではなく、社会における様々な障壁と相対することによって生ずるというモデル（いわゆる「社会モデル」）の考え方を踏まえているものです。

したがって、法が対象とする障害者は、いわゆる障害者手帳の所持者に限りません。なお、高次脳機能障害は精神障害に含まれています。

また、特に女性である障害者は、障害に加えて女性であることにより、さらに複合的に困難な状況に置かれている場合があること、障害児には、成人の障害者とは異なる支援の必要性があることに留意する必要があります。

### （３）障害を理由とする差別の解消の推進に関する基本方針

法第６条第１項の規定に基づき、「障害を理由とする差別の解消の推進に関する基本方針」（平成27年２月24日閣議決定。以下「基本方針」という。）が策定されました。

基本方針は、障害を理由とする差別の解消の推進は、雇用、教育、医療、公共交通等、障害者の自立と社会参加に関わるあらゆる分野に関連し、各府省の所掌に横断的にまたがる施策であるため、政府として、施策の総合的かつ一体的な推進を図るとともに、行政機関間や分野間における取組のばらつきを防ぐため、施策の基本

的な方向等を示したものです。

### （4）社会保険労務士の業務を行う事業者への対応指針

　　法第11条第1項の規定に基づき、主務大臣は、基本方針に即して、事業者が法第8条に規定する事項に関し、適切に対応するために必要な指針（以下「対応指針」という。）を定めることとされています。

　　本指針は、上に述べた法の目的を達成するため、特に社会保険労務士の業務を行う事業者の対応指針を定めたものです。

　　本指針において定める措置については、「望まれます」と記載している内容等法的義務ではないものも含まれますが、法の目的を踏まえ、具体的場面や状況に応じて柔軟な対応を積極的に行うことが期待されるものです。

　　本指針の対象となる事業者の範囲は、社会保険労務士法（昭和43年法律第89号）第2条及び第2条の2に規定する社会保険労務士の業務を行う事業者です。

---

注）事業者が事業主としての立場で労働者に対して行う障害を理由とする差別を解消するための措置については、法第13条により、障害者の雇用の促進等に関する法律（昭和35年法律第123号）の定めるところによることとされており、同法に基づき別途定められた「障害者差別禁止指針（※1）」及び「合理的配慮指針（※2）」を参照してください。

　※1　「障害者に対する差別の禁止に関する規定に定める事項に関し、事業主が適切に対処するための指針」（平成27年厚生労働省告示第116号）

　※2　「雇用の分野における障害者と障害者でない者との均等な機会若しくは待遇の確保又は障害者である労働者の有する能力の有効な発揮の支障となっている事情を改善するために事業主が講ずべき措置に関する指針」（平成27年厚生労働省告示第117号）

---

## 第2　障害を理由とする不当な差別的取扱い及び合理的配慮の基本的な考え方

### （1）不当な差別的取扱い

#### ①不当な差別的取扱いの基本的考え方

　法は、障害者に対して、正当な理由なく、障害を理由として、役務の提供を拒否する又は提供にあたって場所・時間帯などを制限する、障害者でない者に対しては付さない条件を付するなどにより、障害者の権利利益を侵害することを禁止しています。

　なお、障害者の事実上の平等を促進し、又は達成するために必要な特別の措置は、不当な差別的取扱いではないことに留意する必要があります。

　したがって、障害者を障害者でない者と比べて優遇する取扱い（いわゆる積極的改善措置）、法に規定された障害者に対する合理的配慮の提供による障害者でない者との異なる取扱いや、合理的配慮を提供するために必要な範囲で、プライバシーに配慮しつつ障害者に障害の状況等を確認することは、不当な差別的取扱いには当たりません。

　不当な差別的取扱いとは、正当な理由なく、障害者を、問題となる事務・事業について本質的に関係する諸事情が同じ障害者でない者より不利に扱うことです。

#### ②正当な理由の判断の視点

　不当な差別的取扱いであるのかどうかの判断には、その取扱いを行う正当な理由の有無が重要となります。正当な理由に相当するのは、障害者に対して、障害を理由として、役務の提供を拒否するなどの取扱いが客観的に見て正当な目的の下に行われたものであり、その目的に照らしてやむを得ないと言える場合です。

　正当な理由に相当するか否かについて、事業者は、個別の事案ごとに、障害者、事業者、第三者の権利利益（例：安全の確保、財産の保全、事業の目的・内容・機能の維持、損害発生の防止など）の観点に鑑み、具体的場面や状況に応じて総合的・客観的に判断することが必要であり、事業者は、正当な理由があると判断した場合には、障害者にその理由を説明するものとし、理解を得るよう努めることが望まれます。

　なお、「客観的に判断する」とは、主観的な判断に委ねられるのではなく、その主張が客観的な事実によって裏付けられ、第三者の立場から見ても納得を得ら

れるような「客観性」が必要とされるものです。

　また、「正当な理由」を根拠に、不当な差別的取扱いを禁止する法の趣旨が形骸化されるべきではなく、抽象的に事故の危惧がある、危険が想定されるといった理由により役務の提供を行わないといったことは適切ではありません。

## （2）合理的配慮
### ①合理的配慮の基本的な考え方
＜合理的配慮とは＞

　権利条約第2条において、合理的配慮は、「障害者が他の者との平等を基礎として全ての人権及び基本的自由を享有し、又は行使することを確保するための必要かつ適当な変更及び調整であって、特定の場合において必要とされるものであり、かつ、均衡を失した又は過度の負担を課さないもの」と定義されています。

　法は、権利条約における合理的配慮の定義を踏まえ、事業者に対し、その事業を行うに当たり、個々の場面において、障害者から現に社会的障壁の除去を必要としている旨の意思の表明があった場合において、その実施に伴う負担が過重でないときは、障害者の権利利益を侵害することとならないよう、社会的障壁の除去の実施について、必要かつ合理的な配慮（以下「合理的配慮」という。）を行うことを求めています。

　合理的配慮は、事業者の事業の目的・内容・機能に照らし、必要とされる範囲で本来の業務に付随するものに限られ、障害者が障害者でない者との比較において同等の機会の提供を受けるためのものであり、事業の目的・内容・機能の本質的な変更には及びません。

　合理的配慮は、障害の特性や社会的障壁の除去が求められる具体的場面や状況に応じて異なり、多様かつ個別性の高いものであり、当該障害者が現に置かれている状況を踏まえ、社会的障壁の除去のための手段及び方法について様々な要素を考慮し、代替措置の選択も含め、双方の建設的対話による相互理解を通じ、必要かつ合理的な範囲で柔軟に対応がなされるものです。合理的配慮の内容は、技術の進展、社会情勢の変化等に応じて変遷することにも留意すべきです。

＜意思の表明＞

　意思の表明に当たっては、具体的場面において、社会的障壁の除去に関する配慮を必要としている状況にあることを、言語（手話を含む。）のほか、点字、拡大文字、筆談、実物の提示や身振りサイン等による合図、触覚による意思伝達な

Ⅲ 全府省庁対応指針（ガイドライン）

ど、障害者が他人とコミュニケーションを図る際に必要な手段（通訳を介するものを含む。）により伝えられます。

　また、知的障害や精神障害（発達障害を含む。）等により本人からの意思の表明が困難な場合には、障害者からの意思の表明のみでなく、障害者の家族、支援者・介助者、法定代理人等、コミュニケーションを支援する者が本人を補佐して行う意思の表明も含まれます。

　なお、意思の表明が困難な障害者が、家族等を伴っていないことなどにより、意思の表明がない場合であっても、当該障害者が社会的障壁の除去を必要としていることが明白であるときには、法の趣旨に鑑みれば、当該障害者に対して適切と思われる配慮を提供するために自主的に取り組むことが望まれます。

②過重な負担の基本的な考え方

　過重な負担については、事業者において、具体的な検討をせずに過重な負担の意味を拡大解釈するなどして法の趣旨を損なうことなく、個別の事案ごとに、具体的場面や状況に応じて総合的・客観的に判断することが必要であり、過重な負担に当たると判断した場合、障害者にその理由を説明するものとし、理解を得るよう努めることが望まれます。

## 第3　障害を理由とする不当な差別的取扱い及び合理的配慮の例

### （1）不当な差別的取扱いと考えられる例

　社会保険労務士の業務を行う事業者がその役務を提供するに際して、次のような取扱いをすることは「不当な差別的取扱い」となるおそれがあります。

　ここに記載する事例はあくまで例示であり、これに限られるものではありません。また、客観的にみて正当な理由が存在する場合（第2（1）②参照）は、不当な差別的取扱いに該当しない場合があることにご留意ください。

○役務の提供を拒否すること
・身体障害者補助犬の同伴を拒否すること、また、身体障害者補助犬の同伴を理由に役務の提供を拒否すること

○役務の内容を制限すること（場所・時間帯などの制限）
・正当な理由なく、対応を後回しにすること

○役務の提供に際し条件を付すこと（障害のない者には付さない条件を付すこと）
・家族や支援者・介助者の同伴を役務の提供の条件とすること

### （2）合理的配慮と障害特性に応じた対応について

　事業者は、個々の場面において、障害者から現に社会的障壁の除去を必要としている旨の意思の表明があった場合には、合理的配慮を提供することが求められています。合理的配慮を提供する際には、障害者の性別、年齢、状態等に十分に配慮することが必要です。また、障害者と接する際には、それぞれの障害特性に応じた対応が求められます。

　ここに記載する事例はあくまで例示であり、これに限られるものではありません。また、事業者に強制する性格のものではなく、ここに記載された事例であっても、事業者の事業規模等によっては過重な負担となる可能性があるため、事業者においては、法、基本方針及び本指針を踏まえ、具体的場面や状況に応じて柔軟に対応することが期待されます。

#### ■障害特性に応じた具体的対応例

**自分のタイミングで移動したい（視覚障害）**

　全盲の視覚障害者Aさんは、労働相談のため社会保険労務士事務所を訪問する際、案内看板が見えず単独で行くことができませんでした。しかし、労働相談の予約を取る際に、事務所の入り口付近に職員を配置しておいてほしい旨伝えたところ、快く引き受けていただき、職員の方が事務所の外で待ってくれており、声をかけていただいたので、付き添いがいなくとも一人で通うことができました。

**講演会等での配慮（聴覚障害）**

　聴覚障害者（2級）のBさんは、ある社会保険労務士事務所が開催する講演会に参加することとなりました。Bさんは補聴器を付けていましたが、講演会の事務局に聴覚障害があるため配慮してほしいと事前に伝えたところ、当日は、手話通訳者や要約筆記者に対応してもらえるよう配慮していただきました。

Ⅲ　全府省庁対応指針（ガイドライン）

### 建物の段差が障壁に（肢体不自由）

車椅子を使用している身体障害者（1級）Cさんが、外出中、社会保険労務士事務所の建物に入ろうとすると大きな段差があり立ち往生してしまいました。事務所に協力をお願いしてみると、事務所のスタッフが段差を車椅子で乗り越える手伝いを申し出てくれました。介助のお陰で、無事に建物に入ることができました。

### 苦手なことに対しては、事前のサポート（発達障害①）

発達障害のDさんは文字の読み書きが苦手であり、様々な手続きの際、書類の記入欄を間違えたり、誤字を書いてしまったりして、何回も書き直さなければなりませんでした。そこで、Dさんの相談を受けている社会保険労務士事務所の職員が、「記入欄に鉛筆で丸をつけたり付箋を貼って示す」「書類のモデルを作成して示す」などを試してくれ、Dさんは書類作成を失敗する回数が少なくなりました。

### 相談対応での配慮（発達障害②）

発達障害のEさんは吃音症で、会話の際に単語の一部を何度も繰り返したり、つかえてすぐに返事ができないことがあります。本来は電話をかけることは苦手なのですが、職場の悩みについてどうしても相談することが必要になったので、社会保険労務士事務所に電話をかけました。

その際、相談を受けた社会保険労務士事務所の職員は、Eさんの吃音症に気づき、時間がかかっても話を急がせることなく、不快感を示すこともなく、話す内容を丁寧に聞いてくれました。

そして、Eさんは、いろいろな場面で時に言われることのある「性格に問題がある」「それでは仕事にならない」という誤解や無理解からくる言葉をかけられなかったので、安心して相談をすることができました。

## 第4　事業者における相談体制の整備

　障害者差別の解消を効果的に推進するには、障害者及びその家族その他の関係者からの相談等に的確に応じることが必要です。そのためには、法で定められた国や地方公共団体における相談及び紛争の防止等のための体制整備のみならず、障害者に役務の提供を行う事業者において、直接、障害者及びその家族その他の関係者からの相談等に応じるための体制の整備や職員の研修・啓発を行うことが重要です。

　社会保険労務士の業務を行う事業者においても、より充実した相談体制の整備（対面のほか、電話・ファックス・電子メール等多様な相談方法を用意しておくこと）や相談窓口の分かりやすい周知をはじめ、日頃から、障害に関する理解や人権意識の向上・障害者の権利擁護に向けた職員の研修に積極的に取り組むことが重要です。

　なお、実際の相談事例や対応については、相談者のプライバシーに配慮しつつ順次蓄積し、その後の合理的配慮の提供等に活かしていくことが望まれます。


## 第5　事業者における研修・啓発

　障害者差別は、障害に関する知識・理解の不足、意識の偏りなどにより引き起こされることが大きいと考えられることから、障害の有無にかかわらず、相互に人格と個性を尊重する共生社会を目指すことの意義を職員が理解することが重要です。

　また、こうした理念が真に理解されることが、障害者差別や、障害者が時に感じる大人の障害者に対する子ども扱い、障害者に対する命令的、威圧的、強制的な発言などの解消にもつながるものと考えられます。

　このため、事業者においては、研修等を通じて、法の趣旨の普及を図るとともに、事業所の地域の取組のなかで近隣住民への理解を促していくことが重要です。

　なお、障害者差別の理解には、障害者虐待防止に関する理解も極めて重要になってくることから、併せて研修を行うことが望まれます。


## 第6　国の行政機関における相談窓口

　法第14条において、「国及び地方公共団体は、障害者及びその家族その他の関係者か

らの障害を理由とする差別に関する相談に的確に応ずるとともに、障害を理由とする差別に関する紛争の防止又は解決を図ることができるよう必要な体制の整備を図るものとする」と規定されています。

相談に際しては、地域の自治体の様々な相談窓口（福祉事務所、児童相談所など）や各都道府県において組織される障害者差別解消地域協議会などもご活用ください。

なお、厚生労働省における社会保険労務士関係の担当窓口は、労働基準局監督課社会保険労務士係です。

## 第7　主務大臣による行政措置

事業者における障害者差別解消に向けた取組は、本指針を参考にして、各事業者により自主的に取組が行われることが期待されています。しかし、事業者による自主的な取組のみによっては、その適切な履行が確保されず、例えば、事業者が法に反した取扱いを繰り返し、自主的な改善を期待することが困難である場合など、特に必要があると認められるときは、主務大臣は、「事業者に対し、報告を求め、又は助言、指導若しくは勧告をすることができる」と法第12条に規定されています。

## おわりに

　法の理念を実現していくには、国民一人ひとりの障害に対する理解と適切な配慮が不可欠であり、差別と解される事例についても、お互いの意思疎通不足や理解の不足に起因していると思われることも見受けられます。法に定められたから義務として行うという姿勢ではなく、事業者や障害者が歩み寄り理解を深めていくことが、差別解消の第一歩につながると考えられます。

　本指針は、そうした事業者の取組に資するよう、今後も、より具体的な事例、特に好事例をお示しできるよう随時見直しなどに努めてまいります。

　事業者のみなさまの本法に関するより深い理解とともに、障害者差別解消に向けた取組を積極的に進めていただくようお願いします。

## Ⅲ　全府省庁対応指針（ガイドライン）

**参考ページ**

### ■ 障害者差別解消法関係の経緯

| | | |
|---|---|---|
| 平成16年 6月 4日 | | 障害者基本法改正 |
| | | ※施策の基本的理念として差別の禁止を規定 |
| 平成18年12月13日 | | 第61回国連総会において障害者権利条約を採択 |
| 平成19年 9月28日 | | 日本による障害者権利条約への署名 |
| 平成23年 8月 5日 | | 障害者基本法改正 |
| | | ※障害者権利条約の考え方を踏まえ、合理的配慮の概念を規定 |
| 平成25年 4月26日 | | 障害者差別解消法案閣議決定、国会提出 |
| 　　　　 6月26日 | | 障害者差別解消法　公布・一部施行 |
| 平成26年 1月20日 | | 障害者の権利に関する条約締結 |
| 平成27年 2月24日 | | 障害者差別解消法「基本方針」閣議決定 |
| 平成28年 4月 1日 | | 障害者差別解消法施行（予定） |

厚生労働省　●　社会保険労務士の業務を行う事業者向け

### ■ 障害者権利条約とは

　障害者権利条約は、障害者の人権及び基本的自由の享有を確保し、障害者の固有の尊厳の尊重を促進することを目的として、障害者の権利の実現のための措置等について定めた条約です。

　2006（平成18）年12月13日に国連総会において採択され、2008（平成20）年5月3日に発効しました。我が国は2007（平成19）年9月28日に条約に署名し、2014（平成26）年1月20日に批准書を寄託しました。また、同年2月19日に同条約は我が国について効力を発生しました。

　この条約の主な内容としては、以下のとおりです。

（1）一般原則
　　障害者の尊厳、自律及び自立の尊重、無差別、社会への完全かつ効果的な参加及び包容等
（2）一般的義務
　　合理的配慮の実施を怠ることを含め、障害に基づくいかなる差別もなしに、すべての障害者のあらゆる人権及び基本的自由を完全に実現することを確保し、及び促進すること等
（3）障害者の権利実現のための措置
　　身体の自由、拷問の禁止、表現の自由等の自由権的権利及び教育・労働等の社会権的権利について締約国がとるべき措置等を規定。社会権的権利の実現については漸進的に達成することを許容
（4）条約の実施のための仕組み
　　条約の実施及び監視のための国内の枠組みの設置。障害者の権利に関する委員会における各締約国からの報告の検討

Ⅲ　全府省庁対応指針（ガイドライン）

### ■　本指針に関する障害者差別解消法の参照条文

**障害を理由とする差別の解消の推進に関する法律（平成25年法律第65号）**

（目的）

**第1条**　この法律は、障害者基本法の基本的な理念にのっとり、全ての障害者が、障害者でない者と等しく、基本的人権を享有する個人としてその尊厳が重んぜられ、その尊厳にふさわしい生活を保障される権利を有することを踏まえ、障害を理由とする差別の解消の推進に関する基本的な事項、行政機関等及び事業者における障害を理由とする差別を解消するための措置等を定めることにより、障害を理由とする差別の解消を推進し、もって全ての国民が、障害の有無によって分け隔てられることなく、相互に人格と個性を尊重し合いながら共生する社会の実現に資することを目的とする。

**第6条**　政府は、障害を理由とする差別の解消の推進に関する施策を総合的かつ一体的に実施するため、障害を理由とする差別の解消の推進に関する基本方針を定めなければならない。

2～6　（略）

（事業者における障害を理由とする差別の禁止）

**第8条**　事業者は、その事業を行うに当たり、障害を理由として障害者でない者と不当な差別的取扱いをすることにより、障害者の権利利益を侵害してはならない。

2　事業者は、その事業を行うに当たり、障害者から現に社会的障壁の除去を必要としている旨の意思の表明があった場合において、その実施に伴う負担が過重でないときは、障害者の権利利益を侵害することとならないよう、当該障害者の性別、年齢及び障害の状態に応じて、社会的障壁の除去の実施について必要かつ合理的な配慮をするように努めなければならない。

（事業者のための対応指針）

**第11条**　主務大臣は、基本方針に即して、第8条に規定する事項に関し、事業者が適切に対応するために必要な指針を定めるものとする。

2　（略）

厚生労働省●社会保険労務士の業務を行う事業者向け

（報告の徴収並びに助言、指導及び勧告）

**第12条** 主務大臣は、第8条の規定の施行に関し、特に必要があると認める時は、対応指針に定める事項について、当該事業者に対し、報告を求め、又は助言、指導若しくは勧告をすることができる。

## ■ 国の「基本方針」に定められた「対応指針」に関する規定

### 障害を理由とする差別の解消の推進に関する基本方針（平成27年2月24日閣議決定）

Ⅳ　事業者が講ずべき障害を理由とする差別を解消するための措置に関する基本的な事項
2　対応指針
（1）対応指針の位置付け及び作成手続

　　主務大臣は、個別の場面における事業者の適切な対応・判断に資するための対応指針を作成するものとされている。作成に当たっては、障害者や事業者等を構成員に含む会議の開催、障害者団体や事業者団体等からのヒアリングなど、障害者その他の関係者の意見を反映させるために必要な措置を講ずるとともに、作成後は、対応指針を公表しなければならない。

　　なお、対応指針は、事業者の適切な判断に資するために作成されるものであり、盛り込まれる合理的配慮の具体例は、事業者に強制する性格のものではなく、また、それだけに限られるものではない。事業者においては、対応指針を踏まえ、具体的場面や状況に応じて柔軟に対応することが期待される。

（2）対応指針の記載事項

　　対応指針の記載事項としては、以下のものが考えられる。
　　①趣旨
　　②障害を理由とする不当な差別的取扱い及び合理的配慮の基本的な考え方
　　③障害を理由とする不当な差別的取扱い及び合理的配慮の具体例
　　④事業者における相談体制の整備
　　⑤事業者における研修・啓発
　　⑥国の行政機関（主務大臣）における相談窓口

### ■ 身体障害者補助犬とは

「身体障害者補助犬」は、目や耳や手足に障害のある方の生活をお手伝いする、「盲導犬」・「聴導犬」・「介助犬」のことです。

身体障害者補助犬法に基づき認定された犬で、特別な訓練を受けています。

#### 補助犬の種類

○盲導犬

　目の見えない人、見えにくい人が街なかを安全に歩けるようにサポートします。障害物を避けたり、立ち止まって曲がり角を教えたりします。ハーネス(胴輪)をつけています。

○介助犬

　手や足に障害のある人の日常の生活動作をサポートします。物を拾って渡したり、指示したものを持ってきたり、着脱衣の介助などを行います。"介助犬"と書かれた表示をつけています。

○聴導犬

　音が聞こえない、聞こえにくい人に、生活の中の必要な音を知らせます。玄関のチャイム音・FAX着信音・赤ちゃんの泣き声などを聞き分けて教えます。"聴導犬"と書かれた表示をつけています。

　補助犬の同伴については、「身体障害者補助犬法」で、人が立ち入ることのできるさまざまな場所で受け入れるよう義務づけられています。「犬だから」という理由で受け入れを拒否しないでください。

#### 補助犬の同伴を受け入れる義務がある場所

・国や地方公共団体などが管理する公共施設・公共交通機関（電車、バス、タクシーなど）
・不特定かつ多数の人が利用する民間施設－商業施設、飲食店、病院、ホテルなど
・事務所（職場）－国や地方公共団体などの事務所－従業員50人以上の民間企業

## Ⅲ　全府省庁対応指針（ガイドライン）

**補助犬の同伴を受け入れる努力をする必要がある場所**
・事務所（職場）－従業員50人未満の民間企業
・民間住宅

**補助犬の受け入れ施設の方へ**
●補助犬は、ユーザーの指示に従い待機することができるので、特別な設備は必要ありません。
●補助犬の同伴を受け入れる際に他のお客様から苦情がある場合は、「身体障害者補助犬法」で受け入れ義務があること、補助犬の行動や健康の管理はユーザーが責任をもって行っていることを説明し、理解を求めてください。
●補助犬が通路をふさいだり、周りのにおいを嗅ぎ回ったり、その他、何か困った行動をしている場合は、そのことを補助犬ユーザーにはっきり伝えてください。
●補助犬を同伴していても、補助犬ユーザーへの援助が必要な場合があります。補助犬ユーザーが困っている様子を見かけたら、まずは声をかけたり、筆談をしたりコミュニケーションをとってください。

## ■ 障害者に関するマーク

「H26年版 障害者白書」（内閣府）より

【障害者のための国際シンボルマーク】
所管：公益財団法人日本障害者リハビリテーション協会

【身体障害者標識】
所管：警察庁

【聴覚障害者標識】
所管：警察庁

【盲人のための国際シンボルマーク】
所管：社会福祉法人日本盲人福祉委員会

【耳マーク】
所管：一般社団法人全日本難聴者・中途失聴者団体連合会

【ほじょ犬マーク】
所管：厚生労働省社会・援護局障害保健福祉部

【オストメイトマーク】
所管：公益社団法人日本オストミー協会

【ハート・プラスマーク】
所管：特定非営利活動法人ハート・プラスの会

## ■コミュニケーション支援用絵記号の例

「H26年版 障害者白書」（内閣府）より

【絵記号の例】

わたし　　あなた　　感謝する　　助ける

【絵記号による意思伝達の例】

朝起きたら、顔を洗って歯を磨いてください。

# Ⅲ 全府省庁対応指針（ガイドライン）

■ 障害特性や特性ごとの配慮事項等（※障害特性や特性ごとの配慮事項等が分かるホームページ例）

【内閣府】公共サービス窓口における配慮マニュアル － 障害のある方に対する心の身だしなみ －

　http://www8.cao.go.jp/shougai/manual.html

【厚生労働省】みんなのメンタルヘルス

　http://www.mhlw.go.jp/kokoro/

【政府広報オンライン】発達障害って何だろう？

　http://www.gov-online.go.jp/featured/201104/

【発達障害情報・支援センター（国立障害者リハビリテーションセンター）】

　http://www.rehab.go.jp/ddis/

【青森県】障害を知るためのガイドブック

　https://www.pref.aomori.lg.jp/soshiki/kenko/syofuku/kyouseishakai.html

【群馬県障害者社会参加推進協議会】障害のある方へのマナーブック

　http://www.normanet.ne.jp/~gunmasin/pdf/syogai_mb.pdf

【千葉県】障害のある人に対する情報保障のためのガイドライン

　https://www.pref.chiba.lg.jp/shoufuku/shougai-kurashi/jouhouhoshou/guideline.html

【東京都心身障害者福祉センター】改訂版「障害のある方への接遇マニュアル」

　http://www.fukushihoken.metro.tokyo.jp/shinsho/tosho/hakkou/index.html

【八王子市】みんなちがってみんないい（障害のある人を理解するためのガイドブック）

　http://www.city.hachioji.tokyo.jp/korei_shogai/36129/37422/index.html

【武蔵野市】心のバリアフリーハンドブック

　http://www.city.musashino.lg.jp/shogai/shogaishafukushi_c/015620.html

【厚木市】この街でともに…～障害のある人を理解するためのガイドブック～

　http://www.city.atsugi.kanagawa.jp/shiminbenri/iryofukusi/fukushi/shougai/guide/d014788.html

【富山県】障害のある人もない人も共に暮らしやすいまちづくりのためのアドバイス事例集

　http://www.pref.toyama.jp/cms_sec/1209/kj00011743.html

【大阪府】障がい者が必要とする社会的障壁の除去のための配慮や工夫の事例について

　http://www.pref.osaka.lg.jp/keikakusuishin/go-hai/

厚生労働省・社会保険労務士の業務を行う事業者向け

【島根県・鳥取県】障がいを知り、共に生きる～まず、知ることからはじめましょう～

http://www.pref.shimane.lg.jp/medical/fukushi/syougai/ippan/aisupport/supporter.data/H26panhu.pdf

http://www.pref.tottori.lg.jp/aisupport/

【熊本県】障害のある人もない人も共に生きる熊本づくりのために（パンフレット）

http://www.pref.kumamoto.jp/kiji_3020.html

【宮崎県】障がい理解のためのハンドブック

http://www.pref.miyazaki.lg.jp/shogaifukushi/kenko/shogaisha/shougairikai.html

【沖縄県】こころのバリアフリー２（各種冊子）

http://www.pref.okinawa.lg.jp/site/kodomo/shogaifukushi/keikaku/jorei/bf2.html

【名古屋市】こんなときどうする？‐障害のある人を理解し、配慮のある接し方をするためのガイドブック‐

http://www.city.nagoya.jp/kurashi/category/22-2-0-0-0-0-0-0-0.html

【福岡市】ユニバーサルデザインに配慮した印刷物作成の手引き

http://www.city.fukuoka.lg.jp/shisei/kouhou-hodo/kankoubutsu-video/ud.html

Ⅲ 全府省庁対応指針（ガイドライン）

■　障害者差別解消支援地域協議会とは

　障害者差別解消法では、国及び地方公共団体の機関であって、医療、介護、教育その他の障害者の自立と社会参加に関連する分野の事務に従事する者（以下「関係機関」）は、社会生活を円滑に営む上での困難を有する障害者に対する支援が効果的かつ円滑に実施されるよう、関係機関により構成される障害者差別解消支援地域協議会（以下「地域協議会」）を組織できるとされています。（法第17条第1項）

1　地域協議会とは
　＜地域協議会の事務＞
　　障害者差別に関する相談等に係る協議や地域における障害者差別を解消するための取組に関する提案に係る協議を行う
　　　※個別事案ごとに差別か否かの判断を行うことまでは想定されていない
　　・事案の情報共有や構成機関への提言
　　・地域における障害者差別解消の推進のための取組に関する協議・提案
　　・事案の解決を後押しするための協議　　　など
　＜対象となる障害者差別に係る事案＞
　　一般私人による事案は地域協議会における情報共有の対象としないが、環境の整備に関する相談、制度等の運用に関する相談については情報共有の対象とする
2　地域協議会の組織
　　都道府県、市町村、特別区など地方公共団体が主導して組織する

詳細については、内閣府ホームページに掲載されています。
　http://www8.cao.go.jp/shougai/suishin/sabekai.html

■ 関連ホームページ

障害者権利条約（外務省）

http://www.mofa.go.jp/mofaj/gaiko/jinken/index_shogaisha.html

障害者差別解消法（内閣府）

http://www8.cao.go.jp/shougai/suishin/sabekai.html

障害者基本法（内閣府）

http://www8.cao.go.jp/shougai/suishin/wakugumi.html

厚生労働省

http://www.mhlw.go.jp/

# 農林水産省

# 農林水産省所管事業分野における障害を理由とする差別の解消の推進に関する対応指針

## 第一　趣旨

### 1　障害を理由とする差別の解消の推進に関する法律の制定の経緯

　我が国は、平成19年に障害者の権利に関する条約（昭和26年条約第1号。以下「権利条約」という。）に署名して以来、障害者基本法（昭和45年法律第84号）の改正をはじめとする国内法の整備等を進めてきた。障害を理由とする差別の解消の推進に関する法律（平成25年法律第65号。以下「法」という。）は、障害者基本法の差別の禁止の基本原則を具体化するものであり、全ての国民が、障害の有無によって分け隔てられることなく、相互に人格と個性を尊重し合いながら共生する社会の実現に向け、障害者差別の解消を推進することを目的として、平成25年に制定された。

### 2　法の基本的な考え方

(1)　法の対象となる障害者は、障害者基本法第2条第1号に規定する障害者、すなわち、「身体障害、知的障害、精神障害（発達障害を含む。）その他の心身の機能の障害・・・がある者であつて、障害及び社会的障壁により継続的に日常生活又は社会生活に相当な制限を受ける状態にあるもの」である。これは、障害者が日常生活又は社会生活において受ける制限は、身体障害、知的障害、精神障害（発達障害を含む。）その他の心身の機能の障害（難病に起因する障害を含む。）のみに起因するものではなく、社会における様々な障壁と相対することによって生ずるものとの考え方を踏まえている。したがって、法が対象とする障害者は、いわゆる障害者手帳の所持者に限られない。なお、高次脳機能障害は精神障害に含まれる。

(2)　法は、日常生活及び社会生活全般に係る分野を広く対象としている。ただし、事業者が事業主としての立場で労働者に対して行う障害を理由とする差別を解消するための措置については、障害者の雇用の促進等に関する法律（昭和35年法律第123号）の定めるところによることとされている（法第13条）。

## 3　対応指針の位置付け

　この対応指針は、法第11条第１項の規定に基づき、障害を理由とする差別の解消の推進に関する基本方針（平成27年２月24日閣議決定。以下「基本方針」という。）に即して、法第８条に規定する事項に関し、農林水産省が所管する分野における事業者（以下「事業者」という。）が適切に対応するために必要な事項を定めたものである。

## 第二　障害を理由とする不当な差別的取扱い及び合理的配慮の基本的な考え方

### 1　不当な差別的取扱い

#### （1）不当な差別的取扱いの基本的な考え方

　　事業者は、その事業を行うに当たり、障害を理由として障害者でない者と不当な差別的取扱いをすることにより、障害者の権利利益を侵害してはならない（法第８条第１項）。

ア　法は、障害者に対して、正当な理由なく、障害を理由として、財・サービスや各種機会の提供を拒否すること、提供に当たって場所・時間帯などを制限すること、又は障害者のみに対して条件を付すこと等により、障害者の権利利益を侵害することを禁止している。

　　なお、障害者の事実上の平等を促進し、又は達成するために必要な特別の措置は、不当な差別的取扱いには当たらない。

イ　したがって、障害者を障害者でない者と比べて優遇する取扱いとすること（いわゆる積極的改善措置）、法に規定された障害者に対する合理的配慮の提供による障害者でない者と異なる取扱いとすること、合理的配慮を提供等するために必要な範囲でプライバシーに配慮しつつ障害者に障害の状況等を確認することは、不当な差別的取扱いには当たらない。不当な差別的取扱いとは、正当な理由なく、障害者を、問題となる事業について本質的に関係する諸事情が同じ障害者でない者より不利に扱うことである。

#### （2）正当な理由の判断の視点

　　正当な理由に相当するのは、障害者に対して、障害を理由として、財・サービスや各種機会の提供を拒否するなどの取扱いが客観的に見て正当な目的の下に行われたものであり、その目的に照らしてやむを得ないと言える場合である。事業者においては、正当な理由に相当するか否かについて、個別の事案ごとに、障害者、事業者、

第三者の権利利益（例：安全の確保、財産の保全、事業の目的・内容・機能の維持、損害発生の防止等）の観点から、具体的場面や状況に応じて総合的・客観的に判断することが必要である。事業者は、正当な理由があると判断した場合には、当該障害者にその理由を説明するものとし、理解を得るよう努めることが望ましい。

なお、「正当な理由」に該当するか否かについて具体的な検討を行うことなく、単にこれを根拠として不当な差別的取扱いを行うことは適当ではない。

### （3）不当な差別的取扱いの具体例

不当な差別的取扱いに当たり得る具体例は別紙のとおりである。なお、第二の1（2）「正当な理由の判断の視点」で示したとおり、不当な差別的取扱いに相当するか否かについては、個別の事案ごとに判断されることとなる。また、別紙に記載されている具体例については、正当な理由が存在しないことを前提としていること、さらに、それらはあくまでも例示であり、記載されている具体例だけに限られるものではないことに留意する必要がある。

## 2 合理的配慮

### （1）合理的配慮の基本的な考え方

事業者は、その事業を行うに当たり、障害者から現に社会的障壁の除去を必要としている旨の意思の表明があった場合において、その実施に伴う負担が過重でないときは、障害者の権利利益を侵害することとならないよう、当該障害者の性別、年齢及び障害の状態に応じて、社会的障壁の除去の実施について必要かつ合理的な配慮（以下「合理的配慮」という。）をするように努めなければならない（法第8条第2項）。

ア　権利条約第2条において、「合理的配慮」は、「障害者が他の者との平等を基礎として全ての人権及び基本的自由を享有し、又は行使することを確保するための必要かつ適当な変更及び調整であって、特定の場合において必要とされるものであり、かつ、均衡を失した又は過度の負担を課さないもの」と定義されている。

法は、権利条約における定義を踏まえ、事業者に対し、その事業を行うに当たり、個々の場面において、障害者から現に社会的障壁の除去を必要としている旨の意思の表明があった場合において、その実施に伴う負担が過重でないときは、障害者の権利利益を侵害することとならないよう、社会的障壁の除去の実施について、合理的配慮を行うことを求めている。

合理的配慮は、事業者の事業の目的・内容・機能に照らし、必要とされる範囲

で本来の業務に付随するものに限られること、障害者でない者との比較において同等の機会の提供を受けるためのものであること、事業の目的・内容・機能の本質的な変更には及ばないことに留意する必要がある。

イ　合理的配慮は、障害の特性や社会的障壁の除去が求められる具体的場面や状況に応じて異なる、多様かつ個別性の高いものであって、当該障害者が現に置かれている状況を踏まえ、社会的障壁の除去のための手段及び方法について、第二の２（２）「過重な負担の基本的な考え方」に掲げる要素を考慮し、代替措置の選択も含め、双方の建設的対話による相互理解を通じて、必要かつ合理的な範囲で、柔軟に対応がなされるべきものである。さらに、合理的配慮の内容は、技術の進展、社会情勢の変化等に応じて変わり得るものである。合理的配慮の提供に当たっては、障害者の性別、年齢、状態等に配慮するものとする。

　なお、合理的配慮を必要とする障害者が多数見込まれる場合や障害者との関係性が長期にわたる場合等には、その都度の合理的配慮の提供ではなく、エに記載する環境の整備を考慮に入れることにより、中・長期的なコストの削減・効率化につながることも重要である。

ウ　意思の表明は、具体的場面において、社会的障壁の除去に関する配慮を必要としている状況にあることを言語（手話を含む。）のほか、点字、拡大文字、筆談、実物の提示や身振りサイン等による合図、触覚による意思伝達など、障害者が他人とコミュニケーションを図る際に必要な手段（通訳を介するものを含む。）により伝えられる。

　また、知的障害や精神障害（発達障害を含む。）等により障害者本人からの意思の表明が困難な場合には、障害者の家族や介助者等のコミュニケーションを支援する者が本人を補佐して行うこともあり得る。

　なお、意思の表明が困難な障害者が家族や介助者等を伴っていない場合など、意思の表明がない場合であっても、当該障害者が社会的障壁の除去を必要としていることが明白である場合には、法の趣旨に鑑み、当該障害者に対して適切と思われる配慮を提案するために建設的対話を働きかけるなど、自主的な取組に努めることが望ましい。

エ　合理的配慮は、障害者等の利用を想定して事前に行われる建築物のバリアフリー化、介助者等の人的支援又は障害者による円滑な情報の取得・利用・発信のための情報アクセシビリティの向上等の環境の整備を基礎として、個々の障害者に対して、その状況に応じて個別に実施される措置である。したがって、各場面における環境の整備の状況により、合理的配慮の内容は異なることとなる。また、

障害の状態等が変化することもあるため、特に、障害者との関係性が長期にわたる場合等には、提供する合理的配慮について、適宜、見直しを行うことが重要である。
　オ　同種の事業が行政機関等と事業者の双方で行われる場合は、事業の類似性を踏まえつつ、事業主体の違いも考慮した上での対応に努めることが望ましい。

### （２）過重な負担の基本的な考え方

　過重な負担について、事業者においては、個別の事案ごとに、以下の要素等を考慮し、具体的場面や状況に応じて総合的・客観的に判断することが必要である。事業者は、過重な負担に当たると判断した場合は、障害者にその理由を説明するものとし、理解を得るよう努めることが望ましい。

　なお、「過重な負担」に該当するか否かについて具体的な検討を行うことなく、単にこれを根拠として合理的配慮を行わないこととすることは適当ではない。
- 事業への影響の程度（事業の目的・内容・機能を損なうか否か）
- 実現可能性の程度（物理的・技術的制約、人的・体制上の制約）
- 費用・負担の程度
- 事業規模
- 財務状況

### （３）合理的配慮の具体例

　合理的配慮の具体例は別紙のとおりである。なお、第二の２（１）イで示したとおり、合理的配慮は、具体的場面や状況に応じて異なる、多様かつ個別性の高いものであり、掲載した具体例については、第二の２（２）で示した過重な負担が存在しないことを前提としていること、事業者に強制する性格のものではなく、あくまでも対応が可能な場面における例示であること、記載されている具体例に限られるものではないことに留意する必要がある。事業者においては、対応指針を踏まえ、具体的場面や状況に応じて柔軟に対応することが期待される。

## 第三　事業者における相談体制の整備

　事業者においては、障害者及びその家族その他の関係者からの相談等に的確に対応するため、既存の相談窓口等の活用や窓口の開設により相談窓口を明確化するとともに、

ホームページ等を活用し、相談窓口等に関する情報を周知することが重要である。

　また、相談時には、性別、年齢、その状態等に配慮するとともに、対面のほか、電話、ファクシミリ、電子メールなど、障害者とコミュニケーションを図る際に必要となる多様な手段を用意しておくことが望ましい。

## 第四　事業者における研修・啓発

　事業者は、障害者に対して適切に対応し、また、障害者及びその家族その他の関係者からの相談等に的確に対応するため、研修等を通じて、法の趣旨の普及を図るとともに、障害に関する理解の促進を図ることが重要である。

　なお、研修等においては、多様な障害者の相談に対応できるよう、実際の相談事例等を当該事業者において相談者のプライバシーに配慮しつつ順次蓄積し、これを適宜活用して内容の充実を図ることも重要である。

## 第五　その他

　農林水産省所管事業分野のうち、他府省が所管する事業分野と関係のある事業分野（例えば、農業協同組合が実施している信用事業等）については、法第11条第1項の規定に基づいて定める当該他府省の対応指針における当該事業分野の取扱いにも、十分に留意することとする。

## 第六　農林水産省所管事業分野に係る相談窓口

（1）対応指針に関する全般的なこと　　　農村振興局農村政策部都市農村交流課
（2）農林水産省が所管する各事業分野に関すること　　　当該事業分野の所管課

別紙

## 障害を理由とする不当な差別的取扱い及び合理的配慮の具体例

### 1 不当な差別的取扱いに当たり得る具体例

これらは、正当な理由が存在しないことを前提とした例示である。

なお、財・サービスや各種機会の提供に当たり、合理的配慮を提供するために必要な範囲で、プライバシーに配慮しつつ、障害者に障害の状態等を確認することは、不当な差別的取扱いに当たらない。

- 障害を理由に、窓口対応を拒否し、又は対応の順序を後回しにすること。
- 障害を理由に、資料の送付やパンフレットの提供、説明会やシンポジウム等への出席を拒むこと。
- 人的体制、設備体制が整っており、対応可能であるにもかかわらず、障害を理由に、財・サービスの提供等を拒否することや、その代わりとして正当な理由のない条件を付すこと。

### 2 合理的配慮の具体例

これらは、あくまでも対応が可能な場面における例示であって、実施を強制するものではない。

#### （1）物理的環境への配慮の具体例

- 事業者が管理する施設・敷地内において、車椅子・歩行器利用者のためにキャスター上げ等の補助をし、又は段差に携帯スロープを渡すこと。
- 配架棚の高い所に置かれたパンフレット等を取って渡すこと。パンフレット等の位置を分かりやすく伝えること。
- 目的の場所まで案内する際に、障害者の歩行速度に合わせて歩いたり、左右・前後・距離の位置取りについて、障害者の希望を聞いたりすること。

#### （2）意思疎通の配慮の具体例

- 筆談、読み上げ、手話など多様なコミュニケーションを用いて意思疎通に配慮すること。

- 障害の特徴を察して、見えにくさに応じた情報の提供（例えば、拡大コピーした資料、文字の大きいパンフレット、老眼鏡などの拡大鏡を用意する）、聞こえにくさに応じた視覚的な情報の提供（例えば、事務手続を絵で示したコミュニケーションボードを用意する）、知的障害に配慮した情報の提供（例えば、内容の要点を筆記する、漢字にルビを振る、英語のように言葉と言葉の間にスペースを入れて分かりやすくする）により、情報を的確に伝えること。
- 意思疎通が不得意な障害者に対し、絵カード等を活用して意思を確認すること。
- 比喩表現等の理解が困難な障害者に対し、比喩や暗喩、二重否定表現などを用いずに説明すること。
- 見えにくさと聞こえにくさの両方がある障害者（盲ろう者）に、手のひらに文字を書いて伝えること。

### （3）ルール・慣行の柔軟な変更の具体例

- 障害者が立って列に並んで順番を待っている場合に、周囲の理解を得た上で、当該障害者の順番が来るまで椅子などを用意すること。
- スクリーン、板書等がよく見えるように、状況に応じてスクリーン等に近い席を確保すること。
- 他人との接触、多人数の中にいることによる緊張等により、発作等がある場合、緊張を緩和するため、当該障害者に説明の上、施設の状況に応じて間仕切りで区切った空間や別室を準備すること。
- 事務手続の際など、その場に居合わせた事業関係者等が、必要書類の代読・代筆を行うこと。

農林水産省

経済産業省

# 経済産業省所管事業分野における障害を理由とする差別の解消の推進に関する対応指針

## 第1　趣旨

### 1　障害者差別解消法の制定の経緯

　我が国は、平成19年に障害者の権利に関する条約（以下「権利条約」という。）に署名して以来、障害者基本法（昭和45年法律第84号）の改正を始めとする国内法の整備等を進めてきた。障害を理由とする差別の解消の推進に関する法律（平成25年法律第65号。以下「法」という。）は、障害者基本法の差別の禁止の基本原則を具体化するものであり、全ての国民が、障害の有無によって分け隔てられることなく、相互に人格と個性を尊重し合いながら共生する社会の実現に向け、障害者差別の解消を推進することを目的として、平成25年に制定された。

### 2　法の基本的な考え方

(1)　法の対象となる障害者は、障害者基本法第2条第1号に規定する障害者、すなわち、「身体障害、知的障害、精神障害（発達障害を含む。）その他の心身の機能の障害（以下「障害」と総称する。）がある者であって、障害及び社会的障壁により継続的に日常生活又は社会生活に相当な制限を受ける状態にあるもの」である。これは、障害者が日常生活又は社会生活において受ける制限は、身体障害、知的障害、精神障害（発達障害を含む。）その他の心身の機能の障害（難病に起因する障害を含む。）のみに起因するものではなく、社会における様々な障壁と相対することによって生ずるものとのいわゆる「社会モデル」の考え方を踏まえている。したがって、法が対象とする障害者は、いわゆる障害者手帳の所持者に限られない。なお、高次脳機能障害は精神障害に含まれる。

(2)　法は、日常生活及び社会生活全般に係る分野を広く対象としている。ただし、事業者が事業主としての立場で労働者に対して行う障害を理由とする差別を解消するための措置については、法第13条により、障害者の雇用の促進等に関する法律（昭和35年法律第123号）の定めるところによることとされている。

## 3 対応指針の位置付け

　この指針(以下「対応指針」という。)は、法第11条第1項の規定に基づき、また、障害を理由とする差別の解消の推進に関する基本方針(平成27年2月24日閣議決定。以下「基本方針」という。)に即して、法第8条に規定する事項に関し、経済産業省が所管する分野における事業者＊(以下「事業者」という。)が適切に対応するために必要な事項を定めたものである。

　　＊対象となる事業者は、商業その他の事業を行う者(地方公共団体の経営する企業及び公営企業型地方独立行政法人を含み、国、独立行政法人等、地方公共団体及び公営企業型以外の地方独立行政法人を除く。)であり、目的の営利・非営利、個人・法人の別を問わず、同種の行為を反復継続する意思をもって行う者である。したがって、例えば、一般社団法人や一般財団法人、公益社団法人や公益財団法人、個人事業者や対価を得ない無報酬の事業を行う者、非営利事業を行う社会福祉法人や特定非営利活動法人も対象となる。

## 4 留意点

　対応指針で「望ましい」と記載している内容は、事業者がそれに従わない場合であっても、法に反すると判断されることはないが、障害者基本法の基本的な理念及び法の目的を踏まえ、できるだけ取り組むことが望まれることを意味する。

　事業者における障害者差別解消に向けた取組は、対応指針を参考にして、各事業者により自主的に取組が行われることが期待される。しかしながら、事業者による自主的な取組のみによっては、その適切な履行が確保されず、例えば、事業者が法に反した取扱いを繰り返し、自主的な改善を期待することが困難である場合など、経済産業大臣は、特に必要があると認められるときは、法第12条の規定により、事業者に対し、報告を求め、又は助言、指導若しくは勧告をすることができることとされている。

## 第2 障害を理由とする不当な差別的取扱い及び合理的配慮の基本的な考え方

### 1 不当な差別的取扱い

#### (1) 不当な差別的取扱いの基本的な考え方

　　事業者は、法第8条第1項の規定のとおり、その事業を行うに当たり、障害を理由として障害者でない者と不当な差別的取扱いをすることにより、障害者の権利利益を侵害してはならない。

ア 法は、障害者に対して、正当な理由なく、障害を理由として、財・サービスや各種機会の提供を拒否する又は提供に当たって場所・時間帯などを制限する、障害者でない者に対しては付さない条件を付けることなどにより、障害者の権利利益を侵害することを禁止している。

なお、障害者の事実上の平等を促進し、又は達成するために必要な特別の措置は、不当な差別的取扱いではない。

イ したがって、障害者を障害者でない者と比べて優遇する取扱い(いわゆる積極的改善措置)、法に規定された障害者に対する合理的配慮の提供による障害者でない者との異なる取扱いや、合理的配慮を提供等するために必要な範囲で、プライバシーに配慮しつつ障害者に障害の状況等を確認することは、不当な差別的取扱いには当たらない。不当な差別的取扱いとは、正当な理由なく、障害者を、問題となる事業について本質的に関係する諸事情が同じ障害者でない者より不利に扱うことである点に留意する必要がある。

(2) 正当な理由の判断の視点

正当な理由に相当するのは、障害者に対して、障害を理由として、財・サービスや各種機会の提供を拒否するなどの取扱いが客観的に見て正当な目的の下に行われたものであり、その目的に照らしてやむを得ないと言える場合である。事業者においては、正当な理由に相当するか否かについて、具体的な検討をせずに正当な理由を拡大解釈するなどして、法の趣旨を損なうことなく、個別の事案ごとに、障害者、事業者、第三者の権利利益(例:安全の確保、財産の保全、事業の目的・内容・機能の維持、損害発生の防止等)の観点に鑑み、具体的場面や状況に応じて総合的・客観的に判断することが必要である。事業者は、正当な理由があると判断した場合には、障害者にその理由を説明するものとし、理解を得るよう努めることが望ましい。

(3) 不当な差別的取扱いの具体例

不当な差別的取扱いに当たり得る具体例は別紙のとおりである。なお、第2の1(2)で示したとおり、不当な差別的取扱いに相当するか否かについては、個別の事案ごとに判断されることとなる。また、別紙に記載されている具体例については、正当な理由が存在しないことを前提としていること、さらに、それらはあくまでも例示であり、記載されている具体例だけに限られるものではないことに留意する必要がある。

## 2 合理的配慮

### (1) 合理的配慮の基本的な考え方

　事業者は、法第8条第2項の規定のとおり、その事業を行うに当たり、障害者から現に社会的障壁の除去を必要としている旨の意思の表明があった場合において、その実施に伴う負担が過重でないときは、障害者の権利利益を侵害することとならないよう、当該障害者の性別、年齢及び障害の状態に応じて、社会的障壁の除去の実施について必要かつ合理的な配慮（以下「合理的配慮」という。）をするように努めなければならない。

ア　権利条約第2条において、「合理的配慮」は、「障害者が他の者との平等を基礎として全ての人権及び基本的自由を享有し、又は行使することを確保するための必要かつ適当な変更及び調整であって、特定の場合において必要とされるものであり、かつ、均衡を失した又は過度の負担を課さないもの」と定義されている。

　法は、権利条約における合理的配慮の定義を踏まえ、事業者に対し、その事業を行うに当たり、個々の場面において、障害者から現に社会的障壁の除去を必要としている旨の意思の表明があった場合において、その実施に伴う負担が過重でないときは、障害者の権利利益を侵害することとならないよう、社会的障壁の除去の実施について、合理的配慮を行うことを求めている。合理的配慮は、障害者が受ける制限は、障害のみに起因するものではなく、社会における様々な障壁と相対することによって生ずるものとのいわゆる「社会モデル」の考え方を踏まえたものであり、障害者の権利利益を侵害することとならないよう、障害者が個々の場面において必要としている社会的障壁を除去するための必要かつ合理的な取組であり、その実施に伴う負担が過重でないものである。

　合理的配慮は、事業者の事業の目的・内容・機能に照らし、必要とされる範囲で本来の業務に付随するものに限られること、障害者でない者との比較において同等の機会の提供を受けるためのものであること、事業の目的・内容・機能の本質的な変更には及ばないことに留意する必要がある。

イ　合理的配慮は、障害の特性や社会的障壁の除去が求められる具体的場面や状況に応じて異なり、多様かつ個別性の高いものであり、当該障害者が現に置かれている状況を踏まえ、社会的障壁の除去のための手段及び方法について、第2の2(2)「過重な負担の基本的な考え方」に掲げた要素を考慮し、代替措置の選択も含め、双方の建設的対話による相互理解を通じて、必要かつ合理的な範囲で、柔軟に対応がなされるものである。さらに、合理的配慮の内容は、技術の進展、社会情勢の変化等に応じて変わり得るものである。合理的配慮の提供に当たっては、

障害者の性別、年齢、状態等に配慮するものとする。
　　なお、合理的配慮を必要とする障害者が多数見込まれる場合、障害者との関係性が長期にわたる場合等には、その都度の合理的配慮の提供とは別に、環境の整備を考慮に入れることにより、中・長期的なコストの削減・効率化につながる点は重要である。
ウ　意思の表明に当たっては、具体的場面において、社会的障壁の除去に関する配慮を必要としている状況にあることを言語（手話を含む。）のほか、点字、拡大文字、筆談、実物の提示や身振りサイン等による合図、触覚による意思伝達など、障害者が他人とコミュニケーションを図る際に必要な手段（言語通訳・手話通訳等を介するものを含む。）により伝えられる。
　　また、障害者からの意思表明のみでなく、知的障害や精神障害（発達障害を含む。）等により本人の意思表明が困難な場合には、障害者の家族、介助者等、コミュニケーションを支援する者が本人を補佐して行う意思の表明も含む。
　　なお、意思の表明が困難な障害者が、家族、介助者等を伴っていない場合など、意思の表明がない場合であっても、当該障害者が社会的障壁の除去を必要としていることが明白である場合には、法の趣旨に鑑みれば、当該障害者に対して適切と思われる配慮を提案するために建設的対話を働きかけるなど、自主的な取組に努めることが望ましい。
エ　合理的配慮は、障害者等の利用を想定して事前に行われる建築物のバリアフリー化、介助者等の人的支援、情報アクセシビリティの向上等の環境の整備を基礎として、個々の障害者に対して、その状況に応じて個別に実施される措置である。したがって、各場面における環境の整備の状況により、合理的配慮の内容は異なることとなる。また、障害の状態等が変化することもあるため、特に、障害者との関係性が長期にわたる場合等には、提供する合理的配慮について、適宜、見直しを行うことが重要である。
オ　同種の事業が行政機関等と事業者の双方で行われる場合は、事業の類似性を踏まえつつ、事業主体の違いも考慮した上での対応に努めることが望ましい。

## （2）過重な負担の基本的な考え方

　　過重な負担については、事業者において、具体的な検討をせずに拡大解釈するなどして、法の趣旨を損なうことなく、個別の事案ごとに、以下の要素等を考慮し、具体的場面や状況に応じて総合的・客観的に判断することが必要である。事業者は、過重な負担に当たると判断した場合は、障害者にその理由を説明するものとし、理

解を得るよう努めることが望ましい。
- ○ 事業への影響の程度（事業の目的・内容・機能を損なうか否か）
- ○ 実現可能性の程度（物理的・技術的制約、人的・体制上の制約）
- ○ 費用・負担の程度
- ○ 事業規模
- ○ 財務状況

### （3）合理的配慮の具体例

　合理的配慮の具体例は別紙のとおりである。なお、第2の2（1）イで示したとおり、合理的配慮は、具体的場面や状況に応じて異なり、多様かつ個別性の高いものであり、掲載した具体例については、第2の2（2）で示した過重な負担が存在しないことを前提としていること、事業者に強制する性格のものではないこと、また、それらはあくまでも例示であり、記載されている具体例に限られるものではないことに留意する必要がある。事業者においては、対応指針を踏まえ、具体的場面や状況に応じて柔軟に対応することが期待される。

## 第3　事業者における相談体制の整備

　事業者においては、障害者及びその家族その他の関係者からの相談等に的確に対応するため、既存の顧客相談窓口等の活用や窓口の開設により相談窓口を整備することが重要である。
　また、ホームページ等を活用し、相談窓口等に関する情報を周知することや、相談時の配慮として、対面のほか、電話、FAX、電子メールなどの障害の特性に応じた多様な手段を用意しておくことが望ましい。

## 第4　事業者における研修・啓発

　事業者においては、障害者に対して適切に対応し、また、障害者及びその家族その他の関係者からの相談等に的確に対応するため、研修・啓発の機会の確保が重要なことから、このような研修等を通じて、相談事例の共有や法の趣旨の普及を図るとともに、障害に関する理解の促進に努めるものとする。

## 第5　経済産業省所管事業分野における相談窓口

（対応指針全般に係るもの）
○経済産業省　本省　経済産業政策局　産業人材政策担当参事官室
○経済産業省　地方支分部局（別表）
　　　経済産業局　総務企画部　総務課
　　　産業保安監督部　管理課
○内閣府　沖縄総合事務局　経済産業部　政策課

（所管事業分野に係るもの）
○経済産業省　本省　業所管課室
○経済産業省　地方支分部局（別表）
　　　経済産業局　業所管課室
　　　産業保安監督部　業所管又は業務所管課室
○内閣府　沖縄総合事務局　経済産業部　業所管課室

別表　地方支分部局

| 経済産業局 | 産業保安監督部 |
|---|---|
| 北海道経済産業局 | 北海道産業保安監督部 |
| 東北経済産業局 | 関東東北産業保安監督部東北支部 |
| 関東経済産業局 | 関東東北産業保安監督部 |
| 中部経済産業局 | 中部近畿産業保安監督部 |
| 近畿経済産業局 | 中部近畿産業保安監督部近畿支部 |
| 中国経済産業局 | 中国四国産業保安監督部 |
| 四国経済産業局 | 中国四国産業保安監督部四国支部 |
| 九州経済産業局 | 九州産業保安監督部 |
|  | 那覇産業保安監督事務所 |

### 別紙

## 障害を理由とする不当な差別的取扱い及び合理的配慮の具体例

### 1　不当な差別的取扱いに当たり得る具体例

※以下具体例については、本文第2の1（2）で示す正当な理由が存在しないことを前提としていること、さらに、それらはあくまでも例示であり、記載されている具体例だけに限られるものではない。

- ▶ 障害を理由として以下を行うこと。
  - 窓口対応を拒否する。
  - 対応の順序を後回しにする。
  - 資料の送付、パンフレットの提供等を拒む。
  - 説明会、シンポジウム等への出席を拒む。
- ▶ 事業の遂行上、特に必要ではないにもかかわらず、障害を理由に、来訪の際に付き添い者の同行を求める等の条件を付ける。

### 2　合理的配慮の具体例

※以下具体例については、本文第2の2（2）で示す過重な負担が存在しないことを前提としていること、事業者に強制する性格のものではないこと、また、それらはあくまでも例示であり、記載されている具体例に限られるものではない。

【想定される場面例】
- 事務所（来客、窓口、問合せ等）
- 店舗（商品等販売、問合せ等）
- 自宅への訪問（商品等販売、小売事業者による商品宅配等）

（物理的環境への配慮の具体例）
- ▶ 困っていると思われるときは、まずは声をかけ、手伝いの必要性を確かめてから対応する。
- ▶ 段差がある場合に、車椅子利用者にキャスター上げ等の補助をする、携帯スロープを渡す等する。

- 配架棚の高い所に置かれた商品やパンフレット等を取って渡す。商品やパンフレット等の位置を分かりやすく教える。
- 売り場への案内の要望があった場合は目的の場所へ案内する。また一般的な案内の際に、障害者の歩行速度に合わせた速度で歩いたり、左右・前後・距離の位置取りについて、障害者の希望を聞いたりする。
- 疲労を感じやすい障害者から別室での休憩の申し出があった際、別室の確保が困難である場合に、当該障害者に事情を説明し、対応窓口の近くに長椅子を移動させて臨時の休憩スペースを設ける。
- 障害者用の駐車場について、健常者が利用することのないよう注意を促す。
- 小売事業者による商品宅配時において具体的要望があった際に、品物を家の中の指定されたところまで運ぶ。

(意思疎通の配慮の具体例)
- 筆談、読み上げ、手話、手書き文字(手のひらに文字を書いて伝える方法)等のコミュニケーション手段を用いる。
- 要望があった際に、文書記載事項を読み上げる。
- 意思疎通が不得意な障害者に対し、絵カード等を活用して意思を確認する。
- 書類記入の際に、記入方法等を本人の目の前で示したり、わかりやすい記述で伝達する。また要望があった際に、書類の内容や状況に応じて、代筆にも対応する。
- 比喩表現等が苦手な障害者に対し、比喩や暗喩、二重否定表現等を用いずに具体的に説明する。
- 知的障害者から申し出があった際に、2つ以上のことを同時に説明することは避け、ゆっくり、丁寧に、繰り返し説明し、内容が理解されたことを確認しながら応対する。また、なじみのない外来語は避ける、漢数字は用いない、時刻は24時間表記ではなく午前・午後で表記する等の配慮を念頭に置いたメモを、必要に応じて適時に渡す。また紙等に書いて伝達する場合には、分かち書き(文を書く時、語と語の間に空白を置く書き方)を行うよう努める。
- パニック状態になったときは、刺激しないように、また危険がないように配慮し、周りの人にも理解を求めながら、落ち着くまでしばらく見守る。また、パ

- ニック状態の障害者へ落ち着ける場所を提供する。
- 注文や問合せ等に際し、インターネット画面への入力によるものだけでなく電話等でも対応できるようにする。
- 店舗において障害者と話す際は、相手と1m位の距離で、相手の正面をむいて、顔（口）の動きが見えるように話す。
- 商品の色や形状、内容物等について説明の要望があった際に、具体的にわかりやすく説明を行う。
- 精算時に金額を示す際は、金額が分かるようにレジスター又は電卓の表示板を見やすいように向ける、紙等に書く、絵カードを活用する等して示すようにする。
- お金を渡す際に、紙幣と貨幣に分け、種類毎に直接手に渡す。

**（ルール・慣行の柔軟な変更の具体例）**
- 順番を待つことが負担となる障害者に対し、周囲の者の理解を得た上で、手続き順を入れ替える。
- 立って列に並んで順番を待っている場合に、周囲の者の理解を得た上で、当該障害者の順番が来るまで別室や席を用意する。
- 他人との接触、多人数の中にいることによる緊張等により、コミュニケーションに支障が出る等の場合には、当該障害者に説明の上、施設の状況に応じて別室を準備する。
- 展示会等開催時の入退場に支障が生じるような場合には、一般入場口とは別に専用口を設ける。
- スクリーンや板書等がよく見えるように、スクリーン等に近い席を確保する。
- 資格試験等を受験する際や学習塾等での座席は、必要なスペースを確保する。
- セルフサービスのガソリンスタンドにおいて、要望があった場合には、安全に配慮しつつ給油に協力する。

以上

**国土交通省**

目次

一　趣旨 ――――――――――――――――――――――― 413
　　1　障害者差別解消法の制定の経緯 ――――――――――― 413
　　2　法の基本的な考え方 ――――――――――――――――― 413
　　3　対応指針の意義・性質 ―――――――――――――――― 414

二　障害を理由とする不当な差別的取扱い及び合理的配慮の基本的な考え方 ―― 415
　　1　障害を理由とする不当な差別的取扱いの基本的な考え方 ――――――― 415
　　　（1）趣旨 ――――――――――――――――――――― 415
　　　（2）正当な理由の判断の視点 ――――――――――――― 415
　　　（3）積極的改善措置等の取扱い ―――――――――――― 416
　　2　合理的配慮の基本的な考え方 ―――――――――――― 416
　　　（1）趣旨 ――――――――――――――――――――― 416
　　　（2）意思の表明 ―――――――――――――――――― 417
　　　（3）過重な負担の基本的な考え方 ――――――――――― 417
　　　（4）事前的改善措置と合理的配慮の関係 ―――――――― 418

三　障害を理由とする不当な差別的取扱い及び合理的配慮の具体例 ―― 418

四　事業者における相談体制の整備 ――――――――――――― 419
　　1　相談窓口の設置 ――――――――――――――――――― 419
　　2　相談時のコミュニケーションへの配慮 ―――――――――― 419
　　3　相談事例の蓄積と活用 ―――――――――――――――― 419

五　事業者における研修・啓発 ―――――――――――――――― 419

六　国土交通省における相談窓口 ――――――――――――――― 420

別紙
　　【不動産業関係】 ―――――――――――――――――――― 421
　　【設計等業関係】 ―――――――――――――――――――― 423
　　【鉄道事業関係】 ―――――――――――――――――――― 424
　　【一般乗合旅客自動車運送業関係】 ――――――――――― 426
　　【一般乗用旅客自動車運送業関係】 ――――――――――― 428
　　【対外旅客定期航路事業関係】 ――――――――――――― 430
　　【国内旅客船業関係】 ―――――――――――――――――― 432
　　【航空運送業関係】 ――――――――――――――――――― 434
　　【旅行業関係】 ――――――――――――――――――――― 437

# 国土交通省所管事業における障害を理由とする差別の解消の推進に関する対応指針

平成27年11月

## 一　趣旨

### 1　障害者差別解消法の制定の経緯

- 我が国では、障害者権利条約の国連採択（平成18年）及び署名（平成19年）を受けて、障害者基本法（昭和45年法律第84号）の改正（平成23年）など、これに対応した国内法の整備を順次実施してきた。
- 障害を理由とする差別の解消の推進に関する法律（平成25年法律第65号。以下「法」という。）は、障害者基本法の差別禁止の基本原則を具体化するものであり、全ての国民が、障害の有無によって分け隔てられることなく、相互に人格と個性を尊重し合いながら共生する社会の実現に向け、障害者差別の解消を推進することを目的として、平成25年に制定された。

### 2　法の基本的な考え方

- 法が対象とする障害者は、障害者基本法第2条第1号に規定する障害者である。具体的には、身体障害、知的障害、精神障害（発達障害及び高次脳機能障害を含む。）その他の心身の機能の障害（難病に起因する障害を含む。）がある者であって、障害及び社会的障壁により継続的に日常生活又は社会生活に相当な制限を受ける状態にある者である。したがって、いわゆる障害者手帳の所持者に限定されない。また、特に女性である障害者は、障害に加えて女性であることにより、更に複合的に困難な状況に置かれている場合があること、障害児には、成人の障害者とは異なる支援の必要性があることに留意する。
- 法が対象とする事業者は、商業その他の事業を行う者（地方公共団体の経営する企業及び公営企業型地方独立行政法人を含み、国、独立行政法人等、地方公共団体及び公営企業型以外の地方独立行政法人を除く。）であり、目的の営利・非営利、個人・法人の別を問わず、同種の行為を反復継続する意思をもって行う者としている。したがって、例えば、個人事業者や対価を得ない無報酬の事業を行う者、

- 非営利事業を行う特定非営利活動法人も対象となる。
- 法は、日常生活及び社会生活全般に係る分野を広く対象としている。ただし、事業者が事業主としての立場で労働者に対して行う障害を理由とする差別を解消するための措置は、法第13条において、障害者の雇用の促進等に関する法律（昭和35年法律第123号）の定めによることとされている。
- 法は、障害者に対する不当な差別的取扱い及び合理的配慮の不提供を差別と規定し、事業者に対し、差別の解消に向けた具体的取組を求めるとともに、普及啓発活動等を通じて、障害者も含めた国民一人ひとりが、それぞれの立場において自発的に取り組むことを促している。
- 法は、事業者が障害を理由とする不当な差別的取扱いを行うこと及び合理的配慮の不提供により障害者への権利利益の侵害をもたらすことは、差別にあたるとして禁止するとともに、事業者に対し合理的な配慮の提供の努力義務を課している。

## 3　対応指針の意義・性質

- この対応指針は、法第11条第1項の規定に基づき、国土交通省が所管する事業の事業者が差別の解消に向けた具体的取組を適切に行うために必要な事項について、障害を理由とする差別の解消の推進に関する基本方針（平成27年2月24日閣議決定。以下「基本方針」という。）に即して作成するものである。
- この対応指針は、事業者における差別の解消に向けた具体的取組に資するための一般的な考え方を記載したものであり、この対応指針に盛り込まれた不当な差別的取扱いや合理的配慮の具体例は、事業者に強制する性格のものではなく、また、あくまで例示であって記載された具体例に限定されるものでもないこと、さらには、今後の事例の蓄積により、見直しがありえることに留意する必要がある。
- この対応指針で「望ましい」と記載している内容は、事業者がそれに従わない場合であっても、法に反すると判断されることはないが、障害者基本法の基本的な理念及び法の目的を踏まえ、できるだけ取り組むことが望まれることを意味する。
- 法の理念である共生社会の実現に向け、事業者において対応指針を積極的に活用し、取組を主体的に進めることが期待される。
- なお、事業者における障害者差別解消に向けた取組は、本対応指針を参考にして、各事業者により自主的に取組が行われることが期待されるが、自主的な取組のみによってはその適切な履行が確保されず、事業者が法に反した取扱いを繰り返し、自主的な改善を期待することが困難である場合など、特に必要があると認められるときは、法第12条の規定に基づき、国土交通大臣は、事業者に対し、報告を求め、

又は助言、指導若しくは勧告をすることがある。

## 二 障害を理由とする不当な差別的取扱い及び合理的配慮の基本的な考え方

### 1 障害を理由とする不当な差別的取扱いの基本的な考え方

#### （1）趣旨
- 法は、障害者に対して、正当な理由なく、障害を理由として、財・サービスや各種機会の提供を拒否すること、場所・時間等を制限すること、障害者でない者に対しては付さない条件を付けることなどにより、障害者の権利利益を侵害することを禁止している。

#### （2）正当な理由の判断の視点
- 正当な理由に相当するのは、障害者に対して、障害を理由として、財・サービスや各種機会の提供を拒否するなどの取扱いが客観的に見て正当な目的の下に行われたものであり、その目的に照らしてやむを得ないと言える場合である。
- 事業者においては、正当な理由に相当するか否かについて、個別の事案ごとに、以下に掲げるような障害者、事業者、第三者の権利利益等の観点を考慮し、具体的場面や状況に応じて総合的・客観的に判断することが必要である。
  - ○ 安全の確保
  - ○ 財産の保全
  - ○ 事業の目的・内容・機能の維持
  - ○ 損害発生の防止　等
- 事業者は、正当な理由があると判断した場合には、障害者にその理由を説明するものとし、理解を得るよう努めることが望ましい。
- なお、「客観的に判断する」とは、主観的な判断に委ねられるのではなく、その主張が客観的な事実によって裏付けられ、第三者の立場から見ても納得を得られるような「客観性」が必要とされるものである。また、「正当な理由」を根拠に、不当な差別的取扱いを禁止する法の趣旨が形骸化されるべきではなく、拡大解釈や具体的な検討もなく単に安全の確保などという説明のみでサービスを提供しないといったことは適切ではない。

### (3) 積極的改善措置等の取扱い

- 障害者を障害者でない者と比べて優遇する取扱い（いわゆる積極的改善措置）、法に規定された障害者に対する合理的配慮の提供による障害者でない者との異なる取扱いや、合理的配慮を提供等するために必要な範囲でプライバシーに配慮しつつ障害者に障害の状況等を確認することは、不当な差別的取扱いには当たらない。

## 2 合理的配慮の基本的な考え方

### (1) 趣旨

- 法は、事業者に対し、その事業を行うに当たり、個々の場面において、障害者から現に社会的障壁の除去を必要としている旨の意思の表明があった場合、その実施に伴う負担が過重でないときは、障害者の権利利益を侵害することとならないよう、社会的障壁の除去の実施について、必要かつ合理的な配慮（合理的配慮）を行うことを求めている。
- 合理的配慮は、事業者の事務・事業の目的・内容・機能に照らし、必要とされる範囲で本来の業務に付随するものに限られること、障害者でない者との比較において同等の機会の提供を受けるためのものであること、事務・事業の目的・内容・機能の本質的な変更には及ばないことに留意する必要がある。したがって、例えば、医療行為など実施にあたって高度な専門知識や法令上の資格が必要とされる行為や、食事・排泄等の介助行為などは、国土交通省所管事業の本来の業務に付随するものとはいえず、合理的配慮の対象外と考えられる。
- 合理的配慮は、障害の特性や社会的障壁の除去が求められる具体的場面や状況に応じて異なり、多様かつ個別性の高いものであり、当該障害者が現に置かれている状況を踏まえ、社会的障壁の除去のための手段及び方法について、以下（3）の過重な負担の判断要素を考慮し、代替措置の選択も含め、双方の建設的対話による相互理解を通じて、必要かつ合理的な範囲で、柔軟に対応がなされるものである。さらに、合理的配慮の内容は、技術の進展、社会情勢の変化等に応じて変わり得るものである。
- 合理的配慮の提供に当たっては、障害者の性別、年齢、状態等に配慮するものとする。
- なお、障害の状況等が変化することもあるため、特に障害者との関係性が長期にわたる場合等には、提供する合理的配慮について、適宜見直しを行うことが重要である。

### Ⅲ 全府省庁対応指針（ガイドライン）

### （2）意思の表明
- 障害者からの、現に社会的障壁の除去を必要としている旨の意思の表明は、言語（手話を含む。）、点字、拡大文字、筆談、実物の提示や身振りサイン等による合図、触覚による意思伝達など、障害者が他人とコミュニケーションを図る際に必要な手段（手話通訳、要約筆記等を介するものを含む。）により実施される。
- また、知的障害や精神障害（発達障害を含む。）等により本人の意思の表明が困難な場合には、障害者の家族、支援者・介助者、法定代理人等、コミュニケーションを支援する者が本人を補佐して行う場合もありうる。
- なお、意思の表明が困難な障害者が、家族、支援者・介助者等を伴っていない場合など、意思の表明がない場合であっても、当該障害者が社会的障壁の除去を必要としていることが明白である場合には、法の趣旨を踏まえ、当該障害者に対して適切と思われる配慮を提案するために建設的対話を働きかけるなど、自主的な取組に努めることが望ましい。

### （3）過重な負担の基本的な考え方
- 事業者においては、過重な負担に相当するか否かについて、個別の事案ごとに、以下の要素等を考慮し、具体的場面や状況に応じて総合的・客観的に判断することが必要である。
  - ○ 事務・事業への影響の程度（事務・事業の目的・内容・機能を損なうか否か）
  - ○ 実現可能性の程度（物理的・技術的制約、人的・体制上の制約）
  - ○ 費用・負担の程度
  - ○ 事務・事業規模
  - ○ 財政・財務状況
- 事業者は、上記判断にあたっては、当該障害者等との話し合いなどにより、その意向を十分に把握・尊重しつつ、具体的にどのような措置を講じるか検討・調整を行うこととする。
- 複数の事業者が関係する場合には、それぞれの事業者の負担も十分考慮した上で、提供予定の合理的配慮について、事業者間での引き継ぎなど連携を円滑に行うことが望ましい。
- また、同種のサービス等が行政機関等と事業者の双方で行われる場合には、その類似性を踏まえつつ、事業主体の違いも考慮した上での対応に努めることが望ましい。
- 事業者は、過重な負担に当たると判断した場合は、障害者にその理由を説明す

るものとし、理解を得るよう努めることが望ましい。
- 「過重な負担」とは、主観的な判断に委ねられるのではなく、その主張が客観的な事実によって裏付けられ、第三者の立場から見ても納得を得られるような「客観性」が必要とされるものである。また、「過重な負担」を根拠に、合理的配慮の提供を求める法の趣旨が形骸化されるべきではなく、拡大解釈や具体的な検討もなく合理的配慮の提供を行わないといったことは適切ではない。

### （4）事前的改善措置と合理的配慮の関係

- 法は、不特定多数の障害者を主な対象として行われる事前的改善措置（いわゆるバリアフリー法に基づく公共施設や交通機関におけるバリアフリー化、意思表示やコミュニケーションを支援するためのサービス・支援者・介助者等の人的支援及び障害者による円滑な情報の取得・利用・発信のための情報アクセシビリティの向上等）については、個別の場面において個々の障害者に対して行われる合理的配慮を的確に行うための環境の整備として実施に努めることとしている。
- このため、各場面における環境の整備の状況により、合理的配慮の内容は異なることとなる。
- 合理的配慮を必要とする障害者が多数見込まれる場合や障害者との関係性が長期にわたる場合等には、その都度の合理的配慮の提供ではなく、事前的改善措置の実施も考慮に入れることにより、中長期的なコスト削減・効率化につながりうる点は重要である。
- なお、社会情勢の変化に伴い、事前的改善措置と合理的配慮の関係が変わりうることにも注意が必要である。

## 三　障害を理由とする不当な差別的取扱い及び合理的配慮の具体例

- この対応指針は国土交通省所管事業の事業者向けに作成されたものであり、別紙において主な事業に関する障害を理由とする不当な差別的取扱い及び合理的配慮の具体例を示している。

## 四　事業者における相談体制の整備

### 1　相談窓口の設置

- 事業者は、障害者及びその家族その他の関係者からの相談等に的確に対応するため、既存の顧客相談窓口等がある場合にはその活用を、ない場合には新たに窓口を設置等することが重要である。
- また、HP等を活用し、相談窓口、相談方法等に関する情報を広く周知・広報することが重要である。
- なお、専門知識を有する担当者の配置や職員研修等により、窓口担当者の専門性を確保しておくことが望ましい。

### 2　相談時のコミュニケーションへの配慮

- 様々な障害特性を持つ障害者等からの相談が想定されることから、必要に応じて障害者団体等とも連携し、相談時には、電話、FAX、電子メール、点字、拡大文字、ルビ付与、分かりやすい表現への置換え、手話、筆談、要約筆記、手書き文字（手のひらに指で文字を書いて伝える方法）など、障害特性に応じた多様なコミュニケーション手段を、可能な範囲で用意して対応することが望ましい。
- なお、相談等に対応する際には、障害者の性別、年齢、状態等にも配慮することが重要である。

### 3　相談事例の蓄積と活用

- 相談事例等は、順次蓄積を行うこととし、蓄積した事例は、相談者の個人情報やプライバシーに配慮しつつ、事業者内で共有を図り、必要に応じて障害者団体等とも調整を行うなど、今後の合理的配慮の提供等にあたって適宜活用するものとする。

## 五　事業者における研修・啓発

- 事業者は、障害者に対して適切に対応し、また、障害者及びその家族その他の関係者からの相談等に的確に対応するため、障害特性などを理解することができるマニュアル等や各種研修等を通じて法の趣旨の普及を図るとともに、障害への

理解の促進に努めるなど、各事業者・各職員における認識の共有化を図るものとする。
- たとえば、障害者が参画する内部研修の企画、障害者団体やその他団体等が実施する既存の外部研修の受講等を通じた効果的な研修を実施することが考えられる。
- また、日ごろから障害者団体等と意見交換の機会をもつことや、接遇やコミュニケーションに関連する資格の取得も奨励される。
- なお、接遇方法やサービス等の提供方法を定めた各種対応マニュアル等が既に整備されている場合には、法の趣旨を踏まえ、必要に応じて内容の見直し等を行うことが求められる。


## 六　国土交通省における相談窓口

- 本対応指針に関する国土交通省の相談窓口を、別表のとおり設置する。
- 相談窓口となる部局は、障害者等から相談等を受けた場合には、その案件の内容に応じて、関係各局課室へ情報提供及び対応を依頼する。

別表

| 組織 | 担当部署 | 相談内容 |
|---|---|---|
| 本省 | 総合政策局安心生活政策課 | 法律全体及び以下の地方支分部局が所掌する事業以外 |
| 地方整備局 | 主任監査官 | 地方整備局が所掌する事業 |
| 北海道開発局 | 監察官 | 北海道開発局が所掌する事業 |
| 地方運輸局 | 交通政策部消費者行政・情報課 | 地方運輸局が所掌する事業 |
| 神戸運輸監理部 | 総務企画部総務課 | 神戸運輸監理部が所掌する事業 |

III 全府省庁対応指針（ガイドライン）

別紙

## 【不動産業関係】

### 1 対象事業

宅地建物取引業（宅地建物取引業法（昭和27年法律第176号）第2条第2号に規定する宅地建物取引業をいう。）を対象とする。

### 2 具体例

(1) 差別的取扱いの具体例

① 正当な理由がなく、不当な差別的取扱いにあたると想定される事例
- 物件一覧表に「障害者不可」と記載する。
- 物件広告に「障害者お断り」として入居者募集を行う。
- 宅地建物取引業者（以下「宅建業者」という。）が、障害者に対して、「当社は障害者向け物件は取り扱っていない」として話も聞かずに門前払いする。
- 宅建業者が、賃貸物件への入居を希望する障害者に対して、障害（身体障害、知的障害、精神障害（発達障害及び高次脳機能障害を含む。）その他の心身の機能の障害（難病に起因する障害を含む。））があることを理由に、賃貸人や家賃債務保証会社への交渉等、必要な調整を行うことなく仲介を断る。
- 宅建業者が、障害者に対して、「火災を起こす恐れがある」等の懸念を理由に、仲介を断る。
- 宅建業者が、一人暮らしを希望する障害者に対して、一方的に一人暮らしは無理であると判断して、仲介を断る。
- 宅建業者が、車いすで物件の内覧を希望する障害者に対して、車いすでの入室が可能かどうか等、賃貸人との調整を行わずに内覧を断る。
- 宅建業者が、障害者に対し、障害を理由とした誓約書の提出を求める。

② 障害を理由としない、又は、正当な理由があるため、不当な差別的取扱いにあたらないと考えられる事例
- 合理的配慮を提供等するために必要な範囲で、プライバシーに配慮しつつ、障害者に障害の状況等を確認する。

(2）合理的配慮の提供の具体例
① 多くの事業者にとって過重な負担とならず、積極的に提供を行うべきと考えられる事例
・ 障害者が物件を探す際に、最寄り駅から物件までの道のりを一緒に歩いて確認したり、1軒ずつ中の様子を手を添えて丁寧に案内する。
・ 車いすを使用する障害者が住宅を購入する際、住宅購入者の費用負担で間取りや引き戸の工夫、手すりの設置、バス・トイレの間口や広さ変更、車いす用洗面台への交換等を行う場合、必要な調整を行う。
・ 障害者の求めに応じて、バリアフリー物件等、障害者が不便と感じている部分に対応している物件があるかどうかを確認する。
・ 障害者の状態に応じて、ゆっくり話す、手書き文字（手のひらに指で文字を書いて伝える方法）、筆談を行う、分かりやすい表現に置き換える等、相手に合わせた方法での会話を行う。
・ 種々の手続きにおいて、障害者の求めに応じて、文章を読み上げたり、書類の作成時に書きやすいように手を添える。

② 過重な負担とならない場合に、提供することが望ましいと考えられる事例
・ 物件案内時に、段差移動のための携帯スロープを用意する。
・ 物件案内時に、車いすを押して案内をする。
・ 物件案内の際、肢体不自由で移動が困難な障害者に対し、事務所と物件の間を車で送迎する。
・ 車いす使用者のために、車いす専用駐車場を確保する。
・ 物件の案内や契約条件等の各種書類をテキストデータで提供する、ルビ振りを行う、書類の作成時に大きな文字を書きやすいように記入欄を広く設ける等、必要な調整を行う。
・ 物件のバリアフリー対応状況が分かるよう、写真を提供する。
・ 障害者の居住ニーズを踏まえ、バリアフリー化された物件等への入居が円滑になされるよう、居住支援協議会の活動等に協力し、国の助成制度等を活用して適切に改修された住戸等の紹介を行う。

## 【設計等業関係】

### 1 対象事業

設計等（建築士法（昭和25年法律第202号）第23条に規定する設計等をいう。）の業を対象とする。

### 2 具体例

#### （1）差別的取扱いの具体例

① **正当な理由がなく、不当な差別的取扱いにあたると想定される事例**
- 障害者であることを理由に、設計等の業務を受けることを拒否する。

② **障害を理由としない、又は、正当な理由があるため、不当な差別的取扱いにあたらないと考えられる事例**
- 合理的配慮を提供等するために必要な範囲で、プライバシーに配慮しつつ、障害者に障害の状況等を確認する。

#### （2）合理的配慮の提供の具体例

① **多くの事業者にとって過重な負担とならず、積極的に提供を行うべきと考えられる事例**
- 障害者の状態に応じて、ゆっくり話す、手書き文字（手のひらに指で文字を書いて伝える方法）、筆談を行う、分かりやすい表現に置き換える等、相手に合わせた方法での会話を行う。
- 種々の手続きにおいて、障害者の求めに応じて、文章を読み上げたり、書類の作成時に書きやすいように手を添える。

② **過重な負担とならない場合に、提供することが望ましいと考えられる事例**
- 重要事項説明や契約条件等の各種書類をテキストデータで提供する、ルビ振りを行う、書類の作成時に大きな文字を書きやすいように記入欄を広く設ける等、必要な調整を行う。

## 【鉄道事業関係】

### 1　対象事業

　鉄道事業法（昭和61年法律第92号）による鉄道事業及び軌道法（大正10年法律第76号）による軌道事業（以下、鉄道事業等という。）を対象とする。

　なお、鉄道事業等は、大量輸送の確保、安全・定時運行という事業特性を帯びており、障害のある方やその周囲の方を含めたすべての旅客に対し、安全で安定した輸送を提供することが求められている。また、鉄道事業等は多くの地域にまたがり、事業者ごとにその運営方法も異なる。

### 2　具体例

（1）差別的取扱いの具体例

①　正当な理由がなく、不当な差別的取扱いにあたると想定される事例
- 障害があることのみをもって、乗車を拒否する。
- 障害があることのみをもって、乗車できる場所や時間帯を制限し、又は障害者でない者に対して付さない条件をつける。
- 身体障害者補助犬法に基づく盲導犬、聴導犬、介助犬の帯同を理由として乗車を拒否する。

②　障害を理由としない、又は、正当な理由があるため、不当な差別的取扱いにあたらないと考えられる事例
- 合理的配慮を提供等するために必要な範囲で、プライバシーに配慮しつつ、障害者に障害の状況等を確認する。
- 車いす等を使用して列車に乗車する場合、段差が存在し、係員が補助を行っても上下移動が困難等の理由により、利用可能駅・利用可能列車・利用可能時間等の必要最小限の利用条件を示す。
- 車いす等を使用して列車に乗車する場合、段差にスロープ板を渡す等乗降時の対応にかかる人員の手配や車いす座席の調整等で乗降に時間がかかる。

# III 全府省庁対応指針（ガイドライン）

（2）合理的配慮の提供の具体例

① **多くの事業者にとって過重な負担とならず、積極的に提供を行うべきと考えられる事例**
- 窓口等で障害のある方の障害の特性に応じたコミュニケーション手段（筆談、読み上げなど）で対応する。

② **過重な負担とならない場合に、提供することが望ましいと考えられる事例**
- 障害のある方が列車に乗降する、又は列車の乗降のために駅構内を移動する際に手伝う。
- 券売機の利用が難しい場合、障害の特性に応じ、窓口での発売や券売機操作を手伝う。

## 【一般乗合旅客自動車運送業関係】

### 1　対象事業

　一般乗合旅客自動車運送事業（道路運送法（昭和26年法律第183号）第3条第1号イに規定する一般乗合旅客自動車運送事業）を対象とする。

### 2　具体例

（1）差別的取扱いの具体例

① 正当な理由がなく、不当な差別的取扱いにあたると想定される事例

- 障害があることのみをもって、乗車を拒否する。
- 運転者が、乗車スペースがあると認識していたにもかかわらず、介助者や他の乗客への協力を依頼することなく車いす使用者だけ乗車を拒否する。
- 車いす使用者に対し、混雑する時間のバス利用を避けてほしいと言う。
- 身体障害者補助犬法に基づく盲導犬、聴導犬、介助犬の帯同を理由として乗車を拒否する。

② 障害を理由としない、又は、正当な理由があるため、不当な差別的取扱いにあたらないと考えられる事例

- 合理的配慮を提供等するために必要な範囲で、プライバシーに配慮しつつ、障害者に障害の状況等を確認する。
- 車内が混雑していて車いすスペースが確保できない場合、車いす使用者に説明した上で、次の便への乗車をお願いする。
- 低床式車両やリフト付きバスでない場合、運転者ひとりで車いす使用者の安全な乗車を行うことは無理と判断し、他の利用者に車内マイクを使って協力をお願いしたが、車内で利用者の協力が得られず乗車できない場合、説明をした上で発車する。
- 車いすがバスに設置されている固定装置に対応していないため、転倒等により車いす利用者や他の乗客が怪我をする恐れがある場合は、乗車を遠慮してもらう場合がある。

(2) 合理的配慮の提供の具体例
① **多くの事業者にとって過重な負担とならず、積極的に提供を行うべきと考えられる事例**
- コミュニケーションボードや筆談により対応を行う。
- 定期的にバスを利用する車いす使用者の利用時間に合わせ、路線を指定してバリアフリー対応の車両を配車する。
- 車いす使用者がバスに乗車する際、車内の利用者へ車いすスペースを空けてもらうよう車内案内により協力をお願いする。
- 運賃支払いの手助けを必要とする障害者については、障害の特性に応じた配慮をする。

② **過重な負担とならない場合に、提供することが望ましいと考えられる事例**
- インターネットで、低床式車両の位置情報サービスを実施する。
- スロープ板を出すことが困難なバス停では、前後で乗降可能な位置にバスを停車する。
- バスと歩道等のすき間が広く開かないように停車する。
- 視覚障害者、聴覚障害者のため、音声合成装置や停留所名表示器を装備するなど、ハード面での充実を図るとともに、肉声による車内案内をこまめに行う。
- 車いす使用者の乗車ができないことがないように、スロープや車いす固定装置の整備・点検を徹底する。
- 高齢者や障害者等の特性を理解した上で、適切な接遇・介助を行うことができるよう、運転者へ教育を行う。

## 【一般乗用旅客自動車運送業関係】

### 1 対象事業

　一般乗用旅客自動車運送事業（道路運送法（昭和26年法律第183号）第3条第1号ハに規定する一般乗用旅客自動車運送事業）を対象とする。

### 2 具体例

（1）差別的取扱いの具体例

① 正当な理由がなく、不当な差別的取扱いにあたると想定される事例

- 車いす使用者、白杖使用者等外見上障害者と認識して止まることなく、乗車を拒否する。又は障害者と認識した時点で、乗車を拒否する。
- 身体障害者補助犬法に基づく盲導犬、聴導犬、介助犬の帯同を理由として乗車を拒否する。
- 障害者割引に対して、割引タクシー券の利用や領収書の発行を拒否する。

② 障害を理由としない、又は、正当な理由があるため、不当な差別的取扱いにあたらないと考えられる事例

- 合理的配慮を提供等するために必要な範囲で、プライバシーに配慮しつつ、障害者に障害の状況等を確認する。
- 車いすの乗車設備、固定装置等がない車両の場合、車いすを使用したままの乗車を断る。
- セダン式タクシーの場合、手動車いすや簡易電動車いす等の折りたたみ可能なものは、法令等の基準内においてトランクに（ひも等で縛り）積載が可能であるが、大型電動車いす等の折りたたみが不可能なものについては積載できないため、乗車を断る。
- 車いすからタクシー座席への移乗等にあたって、介助人がおらずタクシードライバーだけでは対応ができない場合は乗車を断る。
- 駐停車禁止除外標章等の交付を受けていない車両において、駐停車禁止場所での乗降や、車両を離れての介助行為等道路交通法等の法規制に抵触するサービスの提供を断る。

Ⅲ　全府省庁対応指針（ガイドライン）

（2）合理的配慮の提供の具体例
① **多くの事業者にとって過重な負担とならず、積極的に提供を行うべきと考えられる事例**
・　障害者のタクシーへの乗降時の補助、車いす等の大きな荷物のトランクへの収納の手助け等を行う。
・　自身でシートベルトを装着することができない障害者の方の場合、乗車時にシートベルトの装着と装着確認をタクシードライバーが行う。
・　メモ等筆談により対応を行う。

② **過重な負担とならない場合に、提供することが望ましいと考えられる事例**
・　タクシードライバーが高齢者や障害者等の特性を理解した上で、適切な接遇・介助を行うことを目的とした「ユニバーサルドライバー研修」を、全てのタクシードライバーが受講することが望まれる。

## 【対外旅客定期航路事業関係】

### 1 対象事業

対外旅客定期航路事業（海上運送法（昭和24年法律第187号）第19条の4に規定する対外旅客定期航路事業をいう。）を対象とする。

### 2 具体例

（1）差別的取扱いの具体例

① 正当な理由がなく、不当な差別的取扱いにあたると想定される事例
- 障害があることを理由に窓口手続きを拒否する。
- 障害があることを理由に対応の順序を後回しにする。
- 障害のみを理由に単独での乗船を拒否する。
- 船内宿泊の際、個室の予約を断る。
- 身体障害者補助犬法に基づく盲導犬、聴導犬、介助犬の帯同を理由として乗船を拒否する。

② 障害を理由としない、又は、正当な理由があるため、不当な差別的取扱いにあたらないと考えられる事例
- 合理的配慮を提供等するために必要な範囲で、プライバシーに配慮しつつ、障害者に障害の状況等を確認する。
- 障害の程度から客観的に判断して、緊急時に、乗組員が他の乗客の安全の確保を図りつつ補助を行ったとしても、安全に避難することが困難と考えられる場合において、当該障害者に介助者の付き添いを求める。
- 乗組員が乗降を補助する必要がある場合において、限られた乗組員で船舶を安全に離着岸させる都合上、乗下船の順番を前後させる。

（2）合理的配慮の提供の具体例

① 多くの事業者にとって過重な負担とならず、積極的に提供を行うべきと考えられる事例
- 窓口で筆談、読み上げなどのコミュニケーション手段を用いる。

## Ⅲ　全府省庁対応指針（ガイドライン）

② **過重な負担とならない場合に、提供することが望ましいと考えられる事例**
- 車いすの貸し出しを行う。
- 車いす使用者に対し、障壁がある場所において、職員による補助などを行う。
- パンフレット等の文字を大きくするなどの対応をとる。
- 電話や窓口で、事前に申告、相談することで、関係部署への引継ぎや情報共有を実施する。
- 車のまま乗船したい旨事前に申込みがあった場合には、可能な限り、客室に近い駐車スペースを確保する。
- 障害者割引制度などを、利用者へ積極的に周知・案内する。
- 車いす固定具やスロープなどの船舶設備の扱い方を乗組員に研修する。

## 【国内旅客船業関係】

### 1 対象事業

　国内旅客船事業（海上運送法（昭和24年法律第187号）第3条第1項に規定する一般旅客定期航路事業、同法第19条の3第1項に規定する特定旅客定期航路事業及び同法第21条第1項に規定する旅客不定期航路事業等をいう。）を対象とする。

　なお、国内旅客船事業は、完全な予測が不可能な気象・海象（波、風、潮流、霧など）により船体性能や操縦方法と無関係に船が動揺し、乗り心地に大きな影響を与える特性を有しており、また、運航時間、船体規模及び航行区域などにより、事業者毎に船員の配乗体制を含め運営方法が異なる。

### 2 具体例

(1) 差別的取扱いの具体例

① 正当な理由がなく、不当な差別的取扱いにあたると想定される事例
- 障害があることのみをもって、又は、障害を理由とした単独での乗船を拒否する。
- 身体障害者補助犬法に基づく盲導犬、聴導犬、介助犬の帯同を理由として乗船を拒否する。
- 船内宿泊の際、個室の予約を断る。

② 障害を理由としない、又は、正当な理由があるため、不当な差別的取扱いにあたらないと考えられる事例
- 合理的配慮を提供等するために必要な範囲で、プライバシーに配慮しつつ、障害者に障害の状況等を確認する。
- 障害の程度から客観的に判断して、緊急時に、乗組員が他の乗客の安全の確保を図りつつ補助を行ったとしても、安全に避難することが困難と考えられる場合において、当該障害者に介助者の付き添いを求める。
- 乗組員が乗降を補助する必要がある場合において、限られた乗組員で船舶を安全に離着岸させる都合上、乗下船の順番を前後させる。

Ⅲ　全府省庁対応指針（ガイドライン）

（２）合理的配慮の提供の具体例
① 多くの事業者にとって過重な負担とならず、積極的に提供を行うべきと考えられる事例
・ コミュニケーションボードや筆談による対応を実施する。

② 過重な負担とならない場合に、提供することが望ましいと考えられる事例
・ 車いすの貸し出しを行う。
・ 車いす使用者が旅客船に乗降する際に手伝う。
・ 電話や窓口で、事前に申告、相談することで、関係部署への引継ぎや情報共有を実施する。
・ 車のまま乗船したい旨事前に申込みがあった場合には、可能な限り、客室に近い駐車スペースを確保する。
・ 障害者割引制度などを、利用者へ積極的に周知・案内する。
・ 車いす固定具やスロープなどの船舶設備の扱い方を乗組員に研修する。

国土交通省

## 【航空運送業関係】

### 1 対象事業

航空運送事業（航空法（昭和27年法律第231号）第2条第18項）等を対象とする。

### 2 具体例

(1) 差別的取扱いの具体例

① 正当な理由がなく、不当な差別的取扱いにあたると想定される事例
- 航空旅行に関して特段の支障等がない利用者に対し、診断書の提出を求める。
- 安全上の問題などがないにもかかわらず、障害のみを理由に搭乗を拒否する。
- 同伴者がいないことを理由に、軽度な歩行困難な利用者の搭乗を拒否する。
- 安全上の理由などがなく、座席制限が不要であるにもかかわらず、座席を制限する。
- 身体障害者補助犬法に基づく盲導犬、聴導犬、介助犬（以下、「身体障害者補助犬」という。）の帯同を理由として搭乗を拒否する。

② 障害を理由としない、又は、正当な理由があるため、不当な差別的取扱いにあたらないと考えられる事例
- 合理的配慮を提供等するために必要な範囲で、プライバシーに配慮しつつ、障害者に障害の状況等を確認する。
- コミュニケーションに係る合理的配慮の提供に十分に努めた上で、緊急時等の客室乗務員の安全に関する指示が理解できないおそれのある利用者に対して付き添いの方の同伴を求める。
- 特別なお手伝いが必要な場合に、緊急時を含め、十分なサービスを提供できるよう当日空港で状況の確認を含めた搭乗手続きに時間を要する。
- 車いす使用者および一般の利用者に円滑に搭乗・降機してもらうため、車いす使用者に対して、最初の搭乗および最後の降機を依頼する。
- 国土交通省通達により、目、耳、言葉又は足が不自由な利用者もしくは身体障害者補助犬を同伴される利用者等、緊急脱出時の援助者として行動することが困難と考えられる利用者に対して非常口座席の利用を制限する。

- 保安上の理由により、障害者を含め全ての利用者を保安検査の対象とする。
- 客室乗務員等の本来の業務に付随するものでないため、食事・化粧室の利用などの介助が必要な利用者に対して、付き添いの方の同伴を求める。ただし、食事は不要である旨利用者より申し出があった場合は、食事の介助のための同伴は求めない。
- 本来の業務に付随するものでないため、包帯の交換や注射等医療行為は実施しない。
- 定時性確保のため、搭乗手続きや保安検査に時間がかかることが予想される利用者には早めに空港に来てもらう。
- 使用機材、空港車両もしくは人員等の理由により、車いすのサイズと重量が搭載の規定範囲を超えていると判断される場合は、車いすの受託を断る。
- 空港要件(エレベーターの有無や天候、車いすの重さなど)によって、飛行機のドア付近での車いすの受託ならびに返却を断る。
- 短時間でのストレッチャーの着脱は不可能であるため、ストレッチャー使用者が希望される搭乗便の機材上の前後の便が満席であることを理由に、搭乗便の変更を依頼する。
- ストレッチャーの取り付け可能な空港が限られているため、搭乗便の変更を依頼する。

（2）合理的配慮の提供の具体例
① **多くの事業者にとって過重な負担とならず、積極的に提供を行うべきと考えられる事例**
- WEBサイトにて、障害のある利用者用の情報を分かりやすく掲載する。
- 車いすの貸し出しを行う。
- 利用者自身で使用する車いすは無料で預かる。
- 杖・松葉杖（先の尖ったものを除く）の機内の持ち込みを許可する。
- 車いす使用者に対して、一般の利用者に優先して搭乗を開始する。
- 安全に関する案内について、視覚障害のある利用者に対して、個別に口頭にて案内を実施する、もしくは点字によるパンフレットを用意する。
- 聴覚障害あるいは言語障害のある利用者に対して、その障害の特性に応じたコ

ミュニケーション手段（メモや筆談ボードなど）を用いて対応する。
- 視覚障害のある利用者や握力の弱い利用者に対して、機内食の包装の開封を手伝う。
- 障害のある利用者が化粧室に行く際に、移動を手伝う。

② **過重な負担とならない場合に、提供することが望ましいと考えられる事例**
- 障害のある利用者専用の窓口を設置する。
- 膝を曲げることが困難な利用者に、可能な限り利用者の要望に沿った座席を用意する。
- 人的対応が可能な場合で、利用者の状況により利用者の希望があれば、チェックインカウンターから搭乗口へ、又は搭乗口から到着ロビーの間、係員が同行する。
- 人的対応が可能な場合で、利用者の希望があれば、車いすのサイズと重量が対応可能な範囲内で、利用者自身の車いすを搭乗口にて預かる。
- 調整可能な範囲で、車いすを使用され、かつ階段の昇降ができない利用者の予約がある場合は、ボーディングブリッジのあるスポット又はリフトカー等を準備する。

Ⅲ　全府省庁対応指針（ガイドライン）

## 【旅行業関係】

### 1　対象事業

　旅行業（旅行業法（昭和27年法律第239号）第2条第1項に規定する旅行業及び同条第2項に規定する旅行業者代理業をいう。）を対象とする。

　なお、旅行業とは、旅行者と運送機関、宿泊施設、飲食施設その他の観光関連施設（以下、総称して「運送機関等」という。）との間に入り、旅行者が、運送機関等による運送、宿泊、飲食その他の観光に関連するサービス（以下「運送等サービス」という。）の提供を受けられるよう、ツアーの企画、運送等サービスの手配等を行う事業であり、自ら運送等サービスを提供する事業ではない。

　以下では、旅行業にかかる「不当な差別的取扱い」及び「合理的配慮」の具体例を示すが、上記の旅行業の内容から、旅行中に利用される運送等サービスそのものにかかる「不当な差別的取扱い」及び「合理的配慮」の具体例（運送機関等がその主体となる。）についてまで示すものではない。

### 2　具体例

（1）差別的取扱いの具体例

　① 正当な理由がなく、不当な差別的取扱いにあたると想定される事例

・障害があるということだけを理由として、障害の状況、ツアー（参加者を募集するパッケージツアーを言う。以下同じ。）の内容、介助者の同行の有無にかかわらず、一律に、ツアーへの参加を拒否したり、旅程の一部に制限を加える。

・ツアーの内容、障害の状況、介助者の同行の有無に照らし、当該障害者がツアーに参加しても、ツアーの安全かつ円滑な実施に支障が生じるおそれがないにもかかわらず、ツアーへの参加を拒否したり、旅程の一部に制限を加える。なお、「ツアーの安全かつ円滑な実施に支障が生じる」場合とは、ツアー中の参加者全員（障害者本人を含む。）の安全を確保できない場合や、いずれかの参加者に対し旅程どおりのサービスを提供できなくなる場合等を指す。

・障害者について、ツアー中の介助、補助その他の支援措置が必要ない、又は、支援措置が必要であるとしても、添乗員等において対応可能な医学的、専門的知識を要しない軽微な措置で足りるにもかかわらず、一律に、ツアーへの参加を拒

国土交通省

437

否したり、旅程の一部に制限を加える、又は、介助者の同行をツアー参加の条件とする。
・ 障害者が、車椅子の使用、身体障害者補助犬法に基づく盲導犬、聴導犬、介助犬（以下、「身体障害者補助犬」という。）の同伴、特別食の準備等、ツアー参加に当たり必要となる条件、措置を旅行申込み時に申告しているにもかかわらず、ツアー中に利用する運送機関等における対応の可否、旅程への影響の有無、及び、他の参加者への影響の有無を確認することなく、一律に、ツアーへの参加を拒否したり、旅程の一部に制限を加える、又は、障害者が必要とする条件、措置を拒否する。

② **障害を理由としない、又は、正当な理由があるため、不当な差別的取扱いにあたらないと考えられる事例**
・ 合理的配慮を提供等するために必要な範囲で、プライバシーに配慮しつつ、障害者に障害の状況等を確認する。
・ 障害者から、事前に申告のあった障害の状況や、必要とする条件、措置に適切に対応できる運送等サービスをやむを得ず手配できない場合に、ツアーへの参加を拒否する、又は、旅程の一部に制限を加える。
・ 障害者について、ツアー中に、添乗員等において対応可能な医学的、専門的知識を要しない軽微な措置を超える介助、補助その他の支援措置が必要となるにもかかわらず、障害者が、介助者の同伴を拒絶する場合に、ツアーへの参加を拒否する、又は、旅程の一部に制限を加える。
・ 障害者から、障害の状況や必要とする条件、措置について、旅行申込み時に申告がなく、事前に、運送機関等における対応の可否、旅程への影響の有無、又は、他の参加者への影響の有無を確認することができず、当該障害への適切な対応を確保できない場合に、ツアーへの参加を拒否する、又は、旅程の一部に制限を加える。

（２）合理的配慮の提供の具体例
① 多くの事業者にとって過重な負担とならず、積極的に提供を行うべきと考えられる事例

- ツアーについて相談を受ける際、利用する運送機関等におけるバリアフリーの状況について情報を提供する。
- ツアーへの申込みを断る場合でも、障害者が安全、安心に参加できる旅行について相談する。
- 旅行申込み時に申告された障害の状況を踏まえ、利用しやすい運送等サービス（リフト付きバス、車椅子席付きバス、特別食を提供できる飲食施設等）を提案、紹介する（既に利用する運送等サービスが決定しており、その変更が困難なツアーについては、この限りではない。）。
- 貸切バスツアー等、事業者においてバスの座席位置を決められる場合は、旅行申込み時に申告された障害の状況や希望を踏まえ、座席位置に配慮する。
- 旅行申込み時に申告された障害の状況や希望を踏まえ、利用する運送機関等に、障害者に対して合理的な配慮を提供するよう要請する。
- ツアー中、エスカレーターやスロープのあるルートが付近にある場合に、添乗員等がそのルートを紹介する（ただし、添乗員等が同行するツアーに限る。）。

② **過重な負担とならない場合に、提供することが望ましいと考えられる事例**
- 取引条件説明書面、契約書面、申込書類、確定書面その他の契約に関する書面及び案内書面の重要な部分について、読上げによる説明、音声変換のためのテキストデータの交付等の措置をとる。
- ツアー中、聴覚障害者又は知的障害者のため、添乗員等が、集合・解散時間や重要な注意事項を大きなボードや画用紙等に記載して見せたり、それらが記載されたメモを交付する等して案内する（ただし、添乗員等が同行するツアーに限る。）。

環境省

# 環境省所管事業分野における障害を理由とする差別の解消の推進に関する対応指針

## 第一　趣旨

### 1　障害者差別解消法の制定の経緯

　我が国は、平成19年に障害者の権利に関する条約（昭和26年条約第1号。以下「権利条約」という。）に署名して以来、障害者基本法（昭和45年法律第84号）の改正を始めとする国内法の整備等を進めてきた。障害を理由とする差別の解消の推進に関する法律（平成25年法律第65号、以下「法」という。）は、障害者基本法の差別の禁止の基本原則を具体化するものであり、全ての国民が、障害の有無によって分け隔てられることなく、相互に人格と個性を尊重し合いながら共生する社会の実現に向け、障害者差別の解消を推進することを目的として、平成25年に制定された。

### 2　法の基本的な考え方

(1)　法の対象となる障害者は、障害者基本法第2条第1号に規定する障害者、すなわち、「身体障害、知的障害、精神障害（発達障害を含む。）その他の心身の機能の障害（以下「障害」と総称する。）がある者であつて、障害及び社会的障壁により継続的に日常生活又は社会生活に相当な制限を受ける状態にあるもの」である。これは、障害者が日常生活又は社会生活において受ける制限は、身体障害、知的障害、精神障害（発達障害を含む。）その他の心身の機能の障害（難病に起因する障害を含む。）のみに起因するものではなく、社会における様々な障壁と相対することによって生ずるものとのいわゆる「社会モデル」の考え方を踏まえている。したがって、法が対象とする障害者は、いわゆる障害者手帳の所持者に限られない。なお、高次脳機能障害は精神障害に含まれる。

(2)　法は、日常生活及び社会生活全般に係る分野を広く対象としている。ただし、事業者が事業主としての立場で労働者に対して行う障害を理由とする差別を解消するための措置については、法第13条により、障害者の雇用の促進等に関する法律（昭和35年法律第123号）の定めるところによることとされている。

(3) 法は、不特定多数の障害者を主な対象として行われる事前的改善措置（高齢者、障害者等の移動等の円滑化の促進に関する法律（平成18年法律第91号。いわゆるバリアフリー法）に基づく公共施設や交通機関におけるバリアフリー化、意思表示やコミュニケーションを支援するためのサービス・介助者等の人的支援、障害者による円滑な情報の取得・利用・発信のための情報アクセシビリティの向上等）については、個別の場面において、個々の障害者に対して行われる合理的配慮を的確に行うための環境の整備として実施に努めることとしている。新しい技術開発が環境の整備に係る投資負担の軽減をもたらすこともあることから、技術進歩の動向を踏まえた取組が期待される。また、環境の整備には、ハード面のみならず、職員に対する研修等のソフト面の対応も含まれることが重要である。

　障害者差別の解消のための取組は、このような環境の整備を行うための施策と連携しながら進められることが重要である。

## 3　対応指針の位置付け

　この指針（以下「対応指針」という。）は、法第11条第１項の規定に基づき、また、障害を理由とする差別の解消の推進に関する基本方針（平成27年２月24日閣議決定）に即して、法第８条に規定する事項に関し、環境省が所管する分野における事業者（以下「事業者」という。）が適切に対応するために必要な事項を定めたものである。

## 4　留意点

　対応指針で「望ましい」と記載している内容は、事業者がそれに従わない場合であっても、法に反すると判断されることはないが、障害者基本法の基本的な理念及び法の目的を踏まえ、できるだけ取り組むことが望まれることを意味する。

　事業者における障害者差別解消に向けた取組は、対応指針を参考にして、各事業者により自主的に取組が行われることが期待される。しかしながら、事業者による自主的な取組のみによっては、その適切な履行が確保されず、例えば、事業者が法に反した取扱いを繰り返し、自主的な改善を期待することが困難である場合など、特に必要があると認められるときは、法第12条の規定により、事業者に対し、報告を求め、又は助言、指導若しくは勧告をすることができることとされている。

## 第二 障害を理由とする不当な差別的取扱い及び合理的配慮の基本的な考え方

### 1 不当な差別的取扱い

#### （1）不当な差別的取扱いの基本的な考え方

事業者は、法第8条第1項の規定のとおり、その事業を行うに当たり、障害を理由として障害者でない者と不当な差別的取扱いをすることにより、障害者の権利利益を侵害してはならない。

ア 法は、障害者に対して、正当な理由なく、障害を理由として、財・サービスや各種機会の提供を拒否する又は提供に当たって場所・時間帯などを制限する、障害者でない者に対しては付さない条件を付けることなどにより、障害者の権利利益を侵害することを禁止している。

なお、障害者の事実上の平等を促進し、又は達成するために必要な特別の措置は、不当な差別的取扱いではない。

イ したがって、障害者を障害者でない者と比べて優遇する取扱い（いわゆる積極的改善措置）、法に規定された障害者に対する合理的配慮の提供による障害者でない者との異なる取扱いや、合理的配慮を提供等するために必要な範囲で、プライバシーに配慮しつつ障害者に障害の状況等を確認することは、不当な差別的取扱いには当たらない。不当な差別的取扱いとは、正当な理由なく、障害者を、問題となる事業について本質的に関係する諸事情が同じ障害者でない者より不利に扱うことである点に留意する必要がある。

#### （2）正当な理由の判断の視点

正当な理由に相当するのは、障害者に対して、障害を理由として、財・サービスや各種機会の提供を拒否するなどの取扱いが客観的に見て正当な目的の下に行われたものであり、その目的に照らしてやむを得ないと言える場合である。事業者においては、正当な理由に相当するか否かについて、具体的な検討をせずに正当な理由を拡大解釈するなどして法の趣旨を損なうことなく、個別の事案ごとに、障害者、事業者、第三者の権利利益（例：安全の確保、財産の保全、事業の目的・内容・機能の維持、損害発生の防止等）の観点に鑑み、具体的場面や状況に応じて総合的・客観的に判断することが必要である。事業者は、正当な理由があると判断した場合には、障害者にその理由を説明するものとし、理解を得るよう努めることが望ましい。

Ⅲ 全府省庁対応指針（ガイドライン）

### （３）不当な差別的取扱いの具体例

　不当な差別的取扱いに当たり得る具体例は別紙のとおりである。なお、第二の１（２）で示したとおり、不当な差別的取扱いに相当するか否かについては、個別の事案ごとに判断されることとなる。また、別紙に記載されている具体例については、正当な理由が存在しないことを前提としていること、さらに、それらはあくまでも例示であり、記載されている具体例だけに限られるものではないことに留意する必要がある。

## ２　合理的配慮

### （１）合理的配慮の基本的な考え方

　事業者は、法第８条第２項の規定のとおり、その事業を行うに当たり、障害者から現に社会的障壁の除去を必要としている旨の意思の表明があった場合において、その実施に伴う負担が過重でないときは、障害者の権利利益を侵害することとならないよう、当該障害者の性別、年齢及び障害の状態に応じて、社会的障壁の除去の実施について必要かつ合理的な配慮（以下「合理的配慮」という。）をするように努めなければならない。

　ア　権利条約第２条において、「合理的配慮」は、「障害者が他の者との平等を基礎として全ての人権及び基本的自由を享有し、又は行使することを確保するための必要かつ適当な変更及び調整であって、特定の場合において必要とされるものであり、かつ、均衡を失した又は過度の負担を課さないもの」と定義されている。

　　法は、権利条約における合理的配慮の定義を踏まえ、事業者に対し、その事業を行うに当たり、個々の場面において、障害者から現に社会的障壁の除去を必要としている旨の意思の表明があった場合において、その実施に伴う負担が過重でないときは、障害者の権利利益を侵害することとならないよう、社会的障壁の除去の実施について、合理的配慮を行うことを求めている。合理的配慮は、障害者が受ける制限は、障害のみに起因するものではなく、社会における様々な障壁と相対することによって生ずるものとのいわゆる「社会モデル」の考え方を踏まえたものであり、障害者の権利利益を侵害することとならないよう、障害者が個々の場面において必要としている社会的障壁を除去するための必要かつ合理的な取組であり、その実施に伴う負担が過重でないものである。

　　合理的配慮は、事業者の事業の目的・内容・機能に照らし、必要とされる範囲で本来の業務に付随するものに限られること、障害者でない者との比較において同等の機会の提供を受けるためのものであること、事業の目的・内容・機能の本

質的な変更には及ばないことに留意する必要がある。

イ　合理的配慮は、障害の特性や社会的障壁の除去が求められる具体的場面や状況に応じて異なり、多様かつ個別性の高いものであり、当該障害者が現に置かれている状況を踏まえ、社会的障壁の除去のための手段及び方法について、「（２）過重な負担の基本的な考え方」に掲げた要素を考慮し、代替措置の選択も含め、双方の建設的対話による相互理解を通じて、必要かつ合理的な範囲で、柔軟に対応がなされるものである。さらに、合理的配慮の内容は、技術の進展、社会情勢の変化等に応じて変わり得るものである。合理的配慮の提供に当たっては、障害者の性別、年齢、状態等に配慮するものとする。

　なお、合理的配慮を必要とする障害者が多数見込まれる場合、障害者との関係性が長期にわたる場合等には、その都度の合理的配慮とは別に、前述した環境の整備を考慮に入れることにより、中・長期的なコストの削減・効率化につながる点は重要である。

ウ　意思の表明に当たっては、具体的場面において、社会的障壁の除去に関する配慮を必要としている状況にあることを言語（手話を含む。）のほか、点字、拡大文字、筆談、実物の提示や身振りサイン等による合図、触覚による意思伝達など、障害者が他人とコミュニケーションを図る際に必要な手段（通訳を介するものを含む。）により伝えられる。

　また、障害者からの意思表明のみでなく、知的障害や精神障害（発達障害を含む。）等により本人の意思表明が困難な場合には、障害者の家族、支援者・介助者、法定代理人等、コミュニケーションを支援する者が本人を補佐して行う意思の表明も含む。

　なお、意思の表明が困難な障害者が、家族、支援者・介助者、法定代理人等を伴っていない場合など、意思の表明がない場合であっても、当該障害者が社会的障壁の除去を必要としていることが明白である場合には、法の趣旨に鑑みれば、当該障害者に対して適切と思われる配慮を提案するために建設的対話を働きかけるなど、自主的な取組に努めることが望ましい。

エ　合理的配慮は、障害者等の利用を想定して事前に行われる建築物のバリアフリー化、介助者等の人的支援、情報アクセシビリティの向上等の環境の整備を基礎として、個々の障害者に対して、その状況に応じて個別に実施される措置である。したがって、各場面における環境の整備の状況により、合理的配慮の内容は異なることとなる。また、障害の状態等が変化することもあるため、特に、障害者との関係性が長期にわたる場合等には、提供する合理的配慮について、適宜、

見直しを行うことが重要である。
　オ　同種の事業が行政機関等と事業者の双方で行われる場合は、事業の類似性を踏まえつつ、事業主体の違いも考慮した上での対応に努めることが望ましい。

## （２）過重な負担の基本的な考え方

　過重な負担については、事業者において、具体的な検討をせずに過重な負担を拡大解釈するなどして法の趣旨を損なうことなく、個別の事案ごとに、以下の要素等を考慮し、具体的場面や状況に応じて総合的・客観的に判断することが必要である。事業者は、過重な負担に当たると判断した場合は、障害者にその理由を説明するものとし、理解を得るよう努めることが望ましい。
　○　事業への影響の程度（事業の目的・内容・機能を損なうか否か）
　○　実現可能性の程度（物理的・技術的制約、人的・体制上の制約）
　○　費用・負担の程度
　○　事業規模
　○　財務状況

## （３）合理的配慮の具体例

　合理的配慮の具体例は別紙のとおりである。なお、第二の２（１）イで示したとおり、合理的配慮は、具体的場面や状況に応じて異なり、多様かつ個別性の高いものであり、掲載した具体例については、第二の２（２）で示した過重な負担が存在しないことを前提としていること、事業者に強制する性格のものではないこと、また、それらはあくまでも例示であり、記載されている具体例に限られるものではないことに留意する必要がある。事業者においては、対応指針を踏まえ、具体的場面や状況に応じて柔軟に対応することが期待される。

# 第三　事業者における相談体制の整備

　事業者においては、障害者及びその家族その他の関係者からの相談等に的確に対応するため、既存の顧客相談窓口等の活用や窓口の開設により相談窓口を整備することが重要である。また、ウェブサイト等を活用し、相談窓口等に関する情報を周知することや、相談時には、性別、年齢、状態等に配慮するとともに、対面のほか、電話、ファックス、電子メール、また、障害者が他人とコミュニケーションを図る際に必要となる多様な手段を、可能な範囲で用意して対応することが望ましい。さらに、実際の相談事例につい

ては、相談者のプライバシーに配慮しつつ順次蓄積し、以後の合理的配慮の提供等に活用することが望ましい。


### 第四　事業者における研修・啓発

　事業者は、障害者に対して適切に対応し、また、障害者及びその家族その他の関係者からの相談等に的確に対応するため、研修等を通じて、法の趣旨の普及を図るとともに、障害に関する理解の促進を図ることが重要である。


### 第五　環境省所管事業分野に係る相談窓口

　大臣官房政策評価広報課

Ⅲ　全府省庁対応指針（ガイドライン）

**別紙**

### 障害を理由とする不当な差別的取扱い及び合理的配慮の具体例

#### 1　不当な差別的取扱いに当たり得る具体例

障害を理由として、以下の取扱いを行うこと。

- 窓口対応を拒否、又は、対応の順序を後回しにすること。
- 資料の送付、パンフレットの提供、説明会、シンポジウム等への出席等を拒むこと。
- 客観的に見て、事業の遂行上、特に必要ではないにもかかわらず、障害があることを理由に、来訪の際に付き添い者の同行を求めるなどの条件を付けること。

#### 2　不当な差別的取扱いに当たらない具体例

- 合理的配慮を提供等するために必要な範囲で、プライバシーに配慮しつつ、障害者に障害の状況等を確認すること。

#### 3　合理的配慮に当たり得る配慮の具体例

##### （1）物理的環境への配慮の具体例

- 事業者が管理する施設・敷地内において、車椅子・歩行器利用者のためにキャスター上げ等の補助をし、又は段差に携帯スロープを渡すこと。
- 配架棚の高い所に置かれたパンフレット等を取って渡すこと。パンフレット等の位置を分かりやすく伝えること。
- 目的の場所までの案内の際に、障害者の歩行速度に合わせた速度で歩いたり、左右・前後・距離の位置取りについて、障害者の希望を聞いたりすること。
- 疲労を感じやすい障害者から別室での休憩の申し出があった際、別室の確保が困難であったことから、当該障害者に事情を説明し、対応窓口の近くに長椅子を移動させて臨時の休憩スペースを設けること。

##### （2）意思疎通の配慮の具体例

- 筆談、要約筆記、読み上げ、手話、点字など多様なコミュニケーション、分かりやすい表現を使って説明するなどの意思疎通の配慮を行うこと。
- 情報保障の観点から、見えにくさに応じた情報の提供（聞くことで内容が理解

できる説明・資料や、拡大コピー、拡大文字又は点字を用いた資料、遠くのものや動きの速いものなど触ることができないものを確認できる模型や写真等の提供等)、聞こえにくさに応じた視覚的な情報の提供、見えにくさと聞こえにくさの両方がある場合に応じた情報の提供(手のひらに文字を書いて伝える等)、知的障害に配慮した情報の提供(伝える内容の要点を筆記する、漢字にルビを振る、なじみのない外来語は避ける等)を行うこと。その際、各媒体間でページ番号等が異なり得ることに留意して使用すること。
- 意思疎通が不得意な障害者に対し、絵カード等を活用して意思を確認すること。
- 比喩表現等の理解が困難な障害者に対し、比喩や暗喩、二重否定表現などを用いずに具体的に説明すること。

(3) ルール・慣行の柔軟な変更の具体例
- 障害者が立って列に並んで順番を待っている場合に、周囲の理解を得た上で、当該障害者の順番が来るまで椅子などを用意すること。
- スクリーン、手話通訳者、板書等がよく見えるように、スクリーン等に近い席を確保すること。
- 他人との接触、多人数の中にいることによる緊張等により、発作等がある場合、緊張を緩和するため、当該障害者に説明の上、障害の特性や施設の状況に応じて別室を準備すること。
- 事務手続の際に、職員等が必要書類の代読・代筆を行うこと。

# Ⅲ　全府省庁対応指針（ガイドライン）

## 【参考】内閣府本府における障害を理由とする差別の解消の推進に関する対応要領

〔平成27年11月2日　内閣府訓令第39号〕

（目的）

**第1条**　この要領（以下「対応要領」という。）は、障害を理由とする差別の解消の推進に関する法律（平成25年法律第65号。以下「法」という。）第9条第1項の規定に基づき、また、障害を理由とする差別の解消の推進に関する基本方針（平成27年2月24日閣議決定）に即して、法第7条に規定する事項に関し、内閣府本府職員（非常勤職員を含む。以下「職員」という。）が適切に対応するために必要な事項を定めるものとする。

（不当な差別的取扱いの禁止）

**第2条**　職員は、法第7条第1項の規定のとおり、その事務又は事業を行うに当たり、障害（身体障害、知的障害、精神障害（発達障害を含む。）その他の心身の機能の障害をいう。以下同じ。）を理由として、障害者（障害及び社会的障壁により継続的に日常生活又は社会生活に相当な制限を受ける状態にあるもの。以下同じ。）でない者と不当な差別的取扱いをすることにより、障害者の権利利益を侵害してはならない。これに当たり、職員は、別紙に定める留意事項に留意するものとする。

　なお、別紙中、「望ましい」と記載している内容は、それを実施しない場合であっても、法に反すると判断されることはないが、障害者基本法（昭和45年法律第84号）の基本的な理念及び法の目的を踏まえ、できるだけ取り組むことが望まれることを意味する（次条において同じ。）。

（合理的配慮の提供）

**第3条**　職員は、法第7条第2項の規定のとおり、その事務又は事業を行うに当たり、障害者から現に社会的障壁の除去を必要としている旨の意思の表明があった場合において、その実施に伴う負担が過重でないときは、障害者の権利利益を侵害することとならないよう、当該障害者の性別、年齢及び障害の状態に応じて、社会的障壁の除去の実施について必要かつ合理的な配慮（以下「合理的配慮」という。）の提供をしなければならない。これに当たり、職員は、別紙に定める留意事項に留意するものとする。

（監督者の責務）

**第4条** 職員のうち、課長相当職以上の地位にある者（以下「監督者」という。）は、前2条に掲げる事項に関し、障害を理由とする差別の解消を推進するため、次の各号に掲げる事項を実施しなければならない。

　一　日常の執務を通じた指導等により、障害を理由とする差別の解消に関し、その監督する職員の注意を喚起し、障害を理由とする差別の解消に関する認識を深めさせること。

　二　障害者等から不当な差別的取扱い、合理的配慮の不提供に対する相談、苦情の申出等があった場合は、迅速に状況を確認すること。

　三　合理的配慮の必要性が確認された場合、監督する職員に対して、合理的配慮の提供を適切に行うよう指導すること。

2　監督者は、障害を理由とする差別に関する問題が生じた場合には、迅速かつ適切に対処しなければならない。

（懲戒処分等）

**第5条** 職員が、障害者に対し不当な差別的取扱いをし、又は、過重な負担がないにも関わらず合理的配慮の不提供をした場合、その態様等によっては、職務上の義務に違反し、又は職務を怠った場合等に該当し、懲戒処分等に付されることがある。

（相談体制の整備）

**第6条** 内閣府本府に、その職員による障害を理由とする差別に関する障害者及びその家族その他の関係者からの相談等に的確に対応するため、次に掲げる相談窓口を置く。ただし、沖縄総合事務局にあっては、沖縄総合事務局長が別に置く。

　一　大臣官房参事官（人事課担当）

　二　大臣官房人事課調査官

　三　大臣官房人事課課長補佐又は専門官（職員の服務を担当する者）

　四　政策統括官（共生社会政策担当）付参事官（障害者施策担当）の職にある者

　五　障害者である職員等大臣官房人事課長が指名する者

2　相談等を受ける場合は、性別、年齢、状態等に配慮するとともに、対面のほか、電話、ファックス、電子メールに加え、障害者が他人とコミュニケーションを図る際に必要となる多様な手段を可能な範囲で用意して対応するものとする。

3　第1項の相談窓口に寄せられた相談等は、大臣官房人事課に集約し、相談者のプライバシーに配慮しつつ関係者間で情報共有を図り、以後の相談等において活用することとする。

4　第1項の相談窓口は、必要に応じ、充実を図るよう努めるものとする。

（研修・啓発）
**第7条**　内閣府本府において、障害を理由とする差別の解消の推進を図るため、職員に対し、必要な研修・啓発を行うものとする。
2　新たに職員となった者に対しては、障害を理由とする差別の解消に関する基本的な事項について理解させるために、また、新たに監督者となった職員に対しては、障害を理由とする差別の解消等に関し求められる役割について理解させるために、それぞれ、研修を実施する。
3　前項の内容、回数等の詳細は、大臣官房人事課長が定める。
4　職員に対し、障害の特性を理解させるとともに、障害者に適切に対応するために必要なマニュアルの活用等により、意識の啓発を図る。


　　附　則

この訓令は、平成28年4月1日から施行する。

**別紙** 内閣府本府における障害を理由とする差別の解消の推進に関する対応要領に係る留意事項


## 第1 不当な差別的取扱いの基本的な考え方

　法は、障害者に対して、正当な理由なく、障害を理由として、財・サービスや各種機会の提供を拒否する又は提供に当たって場所・時間帯などを制限する、障害者でない者に対しては付さない条件を付けることなどにより、障害者の権利利益を侵害することを禁止している。

　ただし、障害者の事実上の平等を促進し、又は達成するために必要な特別の措置は、不当な差別的取扱いではない。したがって、障害者を障害者でない者と比べて優遇する取扱い（いわゆる積極的改善措置）、法に規定された障害者に対する合理的配慮の提供による障害者でない者との異なる取扱いや、合理的配慮を提供等するために必要な範囲で、プライバシーに配慮しつつ障害者に障害の状況等を確認することは、不当な差別的取扱いには当たらない。

　このように、不当な差別的取扱いとは、正当な理由なく、障害者を、問題となる事務又は事業について、本質的に関係する諸事情が同じ障害者でない者より不利に扱うことである点に留意する必要がある。


## 第2 正当な理由の判断の視点

　正当な理由に相当するのは、障害者に対して、障害を理由として、財・サービスや各種機会の提供を拒否するなどの取扱いが客観的に見て正当な目的の下に行われたものであり、その目的に照らしてやむを得ないと言える場合である。内閣府本府においては、正当な理由に相当するか否かについて、具体的な検討をせずに正当な理由を拡大解釈するなどして法の趣旨を損なうことなく、個別の事案ごとに、障害者、第三者の権利利益（例：安全の確保、財産の保全、損害発生の防止等）及び内閣府本府の事務又は事業の目的・内容・機能の維持等の観点に鑑み、具体的場面や状況に応じて総合的・客観的に判断することが必要である。

職員は、正当な理由があると判断した場合には、障害者にその理由を説明するものとし、理解を得るよう努めることが望ましい。


## 第3　不当な差別的取扱いの具体例

不当な差別的取扱いに当たり得る具体例は以下のとおりである。なお、第2で示したとおり、不当な差別的取扱いに相当するか否かについては、個別の事案ごとに判断されることとなる。また、以下に記載されている具体例については、正当な理由が存在しないことを前提としていること、さらに、それらはあくまでも例示であり、記載されている具体例だけに限られるものではないことに留意する必要がある。

（不当な差別的取扱いに当たり得る具体例）
○障害を理由に窓口対応を拒否する。
○障害を理由に対応の順序を後回しにする。
○障害を理由に書面の交付、資料の送付、パンフレットの提供等を拒む。
○障害を理由に説明会、シンポジウム等への出席を拒む。
○事務・事業の遂行上、特に必要ではないにもかかわらず、障害を理由に、来庁の際に付き添い者の同行を求めるなどの条件を付けたり、特に支障がないにもかかわらず、付き添い者の同行を拒んだりする。


## 第4　合理的配慮の基本的な考え方

1　障害者の権利に関する条約（以下「権利条約」という。）第2条において、「合理的配慮」は、「障害者が他の者との平等を基礎として全ての人権及び基本的自由を享有し、又は行使することを確保するための必要かつ適当な変更及び調整であって、特定の場合において必要とされるものであり、かつ、均衡を失した又は過度の負担を課さないもの」と定義されている。

　　法は、権利条約における合理的配慮の定義を踏まえ、行政機関等に対し、その事務又は事業を行うに当たり、個々の場面において、障害者から現に社会的障壁の除去を必要としている旨の意思の表明があった場合において、その実施に伴う負担が過重でないときは、障害者の権利利益を侵害することとならないよう、社会的障壁の除去の

実施について、合理的配慮を行うことを求めている。合理的配慮は、障害者が受ける制限は、障害のみに起因するものではなく、社会における様々な障壁と相対することによって生ずるものとのいわゆる「社会モデル」の考え方を踏まえたものであり、障害者の権利利益を侵害することとならないよう、障害者が個々の場面において必要としている社会的障壁を除去するための必要かつ合理的な取組であり、その実施に伴う負担が過重でないものである。

合理的配慮は、内閣府本府の事務又は事業の目的・内容・機能に照らし、必要とされる範囲で本来の業務に付随するものに限られること、障害者でない者との比較において同等の機会の提供を受けるためのものであること、事務又は事業の目的・内容・機能の本質的な変更には及ばないことに留意する必要がある。

2 合理的配慮は、障害の特性や社会的障壁の除去が求められる具体的場面や状況に応じて異なり、多様かつ個別性の高いものであり、当該障害者が現に置かれている状況を踏まえ、社会的障壁の除去のための手段及び方法について、「第5　過重な負担の基本的な考え方」に掲げる要素を考慮し、代替措置の選択も含め、双方の建設的対話による相互理解を通じて、必要かつ合理的な範囲で、柔軟に対応がなされるものである。さらに、合理的配慮の内容は、技術の進展、社会情勢の変化等に応じて変わり得るものである。合理的配慮の提供に当たっては、障害者の性別、年齢、状態等に配慮するものとする。

なお、合理的配慮を必要とする障害者が多数見込まれる場合、障害者との関係性が長期にわたる場合等には、その都度の合理的配慮とは別に、後述する環境の整備を考慮に入れることにより、中・長期的なコストの削減・効率化につながる点は重要である。

3 意思の表明に当たっては、具体的場面において、社会的障壁の除去に関する配慮を必要としている状況にあることを言語（手話を含む。）のほか、点字、拡大文字、筆談、実物の提示や身振りサイン等による合図、触覚による意思伝達など、障害者が他人とコミュニケーションを図る際に必要な手段（通訳を介するものを含む。）により伝えられる。

また、障害者からの意思表明のみでなく、知的障害や精神障害（発達障害を含む。）等により本人の意思表明が困難な場合には、障害者の家族、支援者・介助者、法定代理人等、コミュニケーションを支援する者が本人を補佐して行う意思の表明も含む。

なお、意思の表明が困難な障害者が、家族、支援者・介助者、法定代理人等を伴っていない場合など、意思の表明がない場合であっても、当該障害者が社会的障壁の除去を必要としていることが明白である場合には、法の趣旨に鑑みれば、当該障害者に対して適切と思われる配慮を提案するために建設的対話を働きかけるなど、自主的な

取組に努めることが望ましい。
4　合理的配慮は、障害者等の利用を想定して事前に行われる建築物のバリアフリー化、介助者等の人的支援、情報アクセシビリティの向上等の環境の整備を基礎として、個々の障害者に対して、その状況に応じて個別に実施される措置である。したがって、各場面における環境の整備の状況により、合理的配慮の内容は異なることとなる。また、障害の状態等が変化することもあるため、特に、障害者との関係性が長期にわたる場合等には、提供する合理的配慮について、適宜、見直しを行うことが重要である。
5　内閣府本府がその事務又は事業の一環として実施する業務を事業者に委託等する場合は、提供される合理的配慮の内容に大きな差異が生ずることにより障害者が不利益を受けることのないよう、委託等の条件に、対応要領を踏まえた合理的配慮の提供について盛り込むよう努めることが望ましい。

## 第5　過重な負担の基本的な考え方

　過重な負担については、具体的な検討をせずに過重な負担を拡大解釈するなどして法の趣旨を損なうことなく、個別の事案ごとに、以下の要素等を考慮し、具体的場面や状況に応じて総合的・客観的に判断することが必要である。職員は、過重な負担に当たると判断した場合は、障害者にその理由を説明するものとし、理解を得るよう努めることが望ましい。
　○事務又は事業への影響の程度（事務又は事業の目的、内容、機能を損なうか否か）
　○実現可能性の程度（物理的・技術的制約、人的・体制上の制約）
　○費用・負担の程度

## 第6　合理的配慮の具体例

　第4で示したとおり、合理的配慮は、具体的場面や状況に応じて異なり、多様かつ個別性の高いものであるが、具体例としては、次のようなものがある。
　なお、記載した具体例については、第5で示した過重な負担が存在しないことを前提としていること、また、これらはあくまでも例示であり、記載されている具体例だけに限られるものではないことに留意する必要がある。

(合理的配慮に当たり得る物理的環境への配慮の具体例)
○段差がある場合に、車椅子利用者にキャスター上げ等の補助をする、携帯スロープを渡すなどする。
○配架棚の高い所に置かれたパンフレット等を取って渡す。パンフレット等の位置を分かりやすく伝える。
○目的の場所までの案内の際に、障害者の歩行速度に合わせた速度で歩いたり、前後・左右・距離の位置取りについて、障害者の希望を聞いたりする。
○障害の特性により、頻繁に離席の必要がある場合に、会場の座席位置を扉付近にする。
○疲労を感じやすい障害者から別室での休憩の申し出があった際、別室の確保が困難であったことから、当該障害者に事情を説明し、対応窓口の近くに長椅子を移動させて臨時の休憩スペースを設ける。
○不随意運動等により書類等を押さえることが難しい障害者に対し、職員が書類を押さえたり、バインダー等の固定器具を提供したりする。
○災害や事故が発生した際、館内放送で避難情報等の緊急情報を聞くことが難しい聴覚障害者に対し、電光掲示板、手書きのボード等を用いて、分かりやすく案内し誘導を図る。

(合理的配慮に当たり得る意思疎通の配慮の具体例)
○筆談、読み上げ、手話、点字、拡大文字等のコミュニケーション手段を用いる。
○会議資料等について、点字、拡大文字等で作成する際に、各々の媒体間でページ番号等が異なり得ることに留意して使用する。
○視覚障害のある委員に会議資料等を事前送付する際、読み上げソフトに対応できるよう電子データ(テキスト形式)で提供する。
○意思疎通が不得意な障害者に対し、絵カード等を活用して意思を確認する。
○駐車場などで通常、口頭で行う案内を、紙にメモをして渡す。
○書類記入の依頼時に、記入方法等を本人の目の前で示したり、分かりやすい記述で伝達したりする。本人の依頼がある場合には、代読や代筆といった配慮を行う。
○比喩表現等が苦手な障害者に対し、比喩や暗喩、二重否定表現などを用いずに具体的に説明する。
○障害者から申し出があった際に、ゆっくり、丁寧に、繰り返し説明し、内容が理解されたことを確認しながら応対する。また、なじみのない外来語は避ける、漢数字は用いない、時刻は24時間表記ではなく午前・午後で表記するなどの配慮を念頭

# III　全府省庁対応指針（ガイドライン）

に置いたメモを、必要に応じて適時に渡す。
○会議の進行に当たり、資料を見ながら説明を聞くことが困難な視覚又は聴覚に障害のある委員や知的障害を持つ委員に対し、ゆっくり、丁寧な進行を心がけるなどの配慮を行う。
○会議の進行に当たっては、職員等が委員の障害の特性に合ったサポートを行う等、可能な範囲での配慮を行う。

（ルール・慣行の柔軟な変更の具体例）
○順番を待つことが苦手な障害者に対し、周囲の者の理解を得た上で、手続き順を入れ替える。
○立って列に並んで順番を待っている場合に、周囲の者の理解を得た上で、当該障害者の順番が来るまで別室や席を用意する。
○スクリーン、手話通訳者、板書等がよく見えるように、スクリーン等に近い席を確保する。
○車両乗降場所を施設出入口に近い場所へ変更する。
○内閣府本府の敷地内の駐車場等において、障害者の来庁が多数見込まれる場合、通常、障害者専用とされていない区画を障害者専用の区画に変更する。
○入館時にICカードゲートを通過することが困難な場合、別ルートからの入館を認める。
○他人との接触、多人数の中にいることによる緊張等により、発作等がある場合、当該障害者に説明の上、障害の特性や施設の状況に応じて別室を準備する。
○非公表又は未公表情報を扱う会議等において、情報管理に係る担保が得られることを前提に、障害のある委員の理解を援助する者の同席を認める。

# IV
## 関係法規

## ●障害者の権利に関する条約

[平成26年1月22日  
　条　約　1　]

**前文**

この条約の締約国は、

(a) 国際連合憲章において宣明された原則が、人類社会の全ての構成員の固有の尊厳及び価値並びに平等のかつ奪い得ない権利が世界における自由、正義及び平和の基礎を成すものであると認めていることを想起し、

(b) 国際連合が、世界人権宣言及び人権に関する国際規約において、全ての人はいかなる差別もなしに同宣言及びこれらの規約に掲げる全ての権利及び自由を享有することができることを宣明し、及び合意したことを認め、

(c) 全ての人権及び基本的自由が普遍的であり、不可分のものであり、相互に依存し、かつ、相互に関連を有すること並びに障害者が全ての人権及び基本的自由を差別なしに完全に享有することを保障することが必要であることを再確認し、

(d) 経済的、社会的及び文化的権利に関する国際規約、市民的及び政治的権利に関する国際規約、あらゆる形態の人種差別の撤廃に関する国際条約、女子に対するあらゆる形態の差別の撤廃に関する条約、拷問及び他の残虐な、非人道的な又は品位を傷つける取扱い又は刑罰に関する条約、児童の権利に関する条約及び全ての移住労働者及びその家族の構成員の権利の保護に関する国際条約を想起し、

(e) 障害が発展する概念であることを認め、また、障害が、機能障害を有する者とこれらの者に対する態度及び環境による障壁との間の相互作用であって、これらの者が他の者との平等を基礎として社会に完全かつ効果的に参加することを妨げるものによって生ずることを認め、

(f) 障害者に関する世界行動計画及び障害者の機会均等化に関する標準規則に定める原則及び政策上の指針が、障害者の機会均等を更に促進するための国内的、地域的及び国際的な政策、計画及び行動の促進、作成及び評価に影響を及ぼす上で重要であることを認め、

(g) 持続可能な開発に関連する戦略の不可分の一部として障害に関する問題を主流に組み入れることが重要であることを強調し、

(h) また、いかなる者に対する障害に基づく差別も、人間の固有の尊厳及び価値を侵害するものであることを認め、

(i) さらに、障害者の多様性を認め、
(j) 全ての障害者(より多くの支援を必要とする障害者を含む。)の人権を促進し、及び保護することが必要であることを認め、
(k) これらの種々の文書及び約束にもかかわらず、障害者が、世界の全ての地域において、社会の平等な構成員としての参加を妨げる障壁及び人権侵害に依然として直面していることを憂慮し、
(l) あらゆる国(特に開発途上国)における障害者の生活条件を改善するための国際協力が重要であることを認め、
(m) 障害者が地域社会における全般的な福祉及び多様性に対して既に貴重な貢献をしており、又は貴重な貢献をし得ることを認め、また、障害者による人権及び基本的自由の完全な享有並びに完全な参加を促進することにより、その帰属意識が高められること並びに社会の人的、社会的及び経済的開発並びに貧困の撲滅に大きな前進がもたらされることを認め、
(n) 障害者にとって、個人の自律及び自立(自ら選択する自由を含む。)が重要であることを認め、
(o) 障害者が、政策及び計画(障害者に直接関連する政策及び計画を含む。)に係る意思決定の過程に積極的に関与する機会を有すべきであることを考慮し、
(p) 人種、皮膚の色、性、言語、宗教、政治的意見その他の意見、国民的な、種族的な、先住民族としての若しくは社会的な出身、財産、出生、年齢又は他の地位に基づく複合的又は加重的な形態の差別を受けている障害者が直面する困難な状況を憂慮し、
(q) 障害のある女子が、家庭の内外で暴力、傷害若しくは虐待、放置若しくは怠慢な取扱い、不当な取扱い又は搾取を受ける一層大きな危険にしばしばさらされていることを認め、
(r) 障害のある児童が、他の児童との平等を基礎として全ての人権及び基本的自由を完全に享有すべきであることを認め、また、このため、児童の権利に関する条約の締約国が負う義務を想起し、
(s) 障害者による人権及び基本的自由の完全な享有を促進するためのあらゆる努力に性別の視点を組み込む必要があることを強調し、
(t) 障害者の大多数が貧困の状況下で生活している事実を強調し、また、この点に関し、貧困が障害者に及ぼす悪影響に対処することが真に必要であることを認め、
(u) 国際連合憲章に定める目的及び原則の十分な尊重並びに人権に関する適用可能な文書の遵守に基づく平和で安全な状況が、特に武力紛争及び外国による占領の期間中における障害者の十分な保護に不可欠であることに留意し、

(v) 障害者が全ての人権及び基本的自由を完全に享有することを可能とするに当たっては、物理的、社会的、経済的及び文化的な環境並びに健康及び教育を享受しやすいようにし、並びに情報及び通信を利用しやすいようにすることが重要であることを認め、

(w) 個人が、他人に対し及びその属する地域社会に対して義務を負うこと並びに国際人権章典において認められる権利の増進及び擁護のために努力する責任を有することを認識し、

(x) 家族が、社会の自然かつ基礎的な単位であること並びに社会及び国家による保護を受ける権利を有することを確信し、また、障害者及びその家族の構成員が、障害者の権利の完全かつ平等な享有に向けて家族が貢献することを可能とするために必要な保護及び支援を受けるべきであることを確信し、

(y) 障害者の権利及び尊厳を促進し、及び保護するための包括的かつ総合的な国際条約が、開発途上国及び先進国において、障害者の社会的に著しく不利な立場を是正することに重要な貢献を行うこと並びに障害者が市民的、政治的、経済的、社会的及び文化的分野に均等な機会により参加することを促進することを確信して、

次のとおり協定した。

**第1条** 目的

この条約は、全ての障害者によるあらゆる人権及び基本的自由の完全かつ平等な享有を促進し、保護し、及び確保すること並びに障害者の固有の尊厳の尊重を促進することを目的とする。

障害者には、長期的な身体的、精神的、知的又は感覚的な機能障害であって、様々な障壁との相互作用により他の者との平等を基礎として社会に完全かつ効果的に参加することを妨げ得るものを有する者を含む。

**第2条** 定義

この条約の適用上、

「意思疎通」とは、言語、文字の表示、点字、触覚を使った意思疎通、拡大文字、利用しやすいマルチメディア並びに筆記、音声、平易な言葉、朗読その他の補助的及び代替的な意思疎通の形態、手段及び様式（利用しやすい情報通信機器を含む。）をいう。

「言語」とは、音声言語及び手話その他の形態の非音声言語をいう。

「障害に基づく差別」とは、障害に基づくあらゆる区別、排除又は制限であって、政治的、経済的、社会的、文化的、市民的その他のあらゆる分野において、他の者との平等を基礎として全ての人権及び基本的自由を認識し、享有し、又は行使することを害し、又は妨げる目的又は効果を有するものをいう。障害に基づく差別には、あらゆる形態の差別（合理的配慮の否定を含む。）を含む。

「合理的配慮」とは、障害者が他の者との平等を基礎として全ての人権及び基本的自由を享有し、又は行使することを確保するための必要かつ適当な変更及び調整であって、特定の場合において必要とされるものであり、かつ、均衡を失した又は過度の負担を課さないものをいう。

「ユニバーサルデザイン」とは、調整又は特別な設計を必要とすることなく、最大限可能な範囲で全ての人が使用することのできる製品、環境、計画及びサービスの設計をいう。ユニバーサルデザインは、特定の障害者の集団のための補装具が必要な場合には、これを排除するものではない。

## 第3条　一般原則

この条約の原則は、次のとおりとする。

(a) 固有の尊厳、個人の自律（自ら選択する自由を含む。）及び個人の自立の尊重
(b) 無差別
(c) 社会への完全かつ効果的な参加及び包容
(d) 差異の尊重並びに人間の多様性の一部及び人類の一員としての障害者の受入れ
(e) 機会の均等
(f) 施設及びサービス等の利用の容易さ
(g) 男女の平等
(h) 障害のある児童の発達しつつある能力の尊重及び障害のある児童がその同一性を保持する権利の尊重

## 第4条　一般的義務

1　締約国は、障害に基づくいかなる差別もなしに、全ての障害者のあらゆる人権及び基本的自由を完全に実現することを確保し、及び促進することを約束する。このため、締約国は、次のことを約束する。

(a) この条約において認められる権利の実現のため、全ての適当な立法措置、行政措置その他の措置をとること。
(b) 障害者に対する差別となる既存の法律、規則、慣習及び慣行を修正し、又は廃止するための全ての適当な措置（立法を含む。）をとること。
(c) 全ての政策及び計画において障害者の人権の保護及び促進を考慮に入れること。
(d) この条約と両立しないいかなる行為又は慣行も差し控えること。また、公の当局及び機関がこの条約に従って行動することを確保すること。
(e) いかなる個人、団体又は民間企業による障害に基づく差別も撤廃するための全ての適当な措置をとること。
(f) 第2条に規定するユニバーサルデザインの製品、サービス、設備及び施設であって、

障害者に特有のニーズを満たすために必要な調整が可能な限り最小限であり、かつ、当該ニーズを満たすために必要な費用が最小限であるべきものについての研究及び開発を実施し、又は促進すること。また、当該ユニバーサルデザインの製品、サービス、設備及び施設の利用可能性及び使用を促進すること。さらに、基準及び指針を作成するに当たっては、ユニバーサルデザインが当該基準及び指針に含まれることを促進すること。

(g) 障害者に適した新たな機器（情報通信機器、移動補助具、補装具及び支援機器を含む。）についての研究及び開発を実施し、又は促進し、並びに当該新たな機器の利用可能性及び使用を促進すること。この場合において、締約国は、負担しやすい費用の機器を優先させる。

(h) 移動補助具、補装具及び支援機器（新たな機器を含む。）並びに他の形態の援助、支援サービス及び施設に関する情報であって、障害者にとって利用しやすいものを提供すること。

(i) この条約において認められる権利によって保障される支援及びサービスをより良く提供するため、障害者と共に行動する専門家及び職員に対する当該権利に関する研修を促進すること。

2 各締約国は、経済的、社会的及び文化的権利に関しては、これらの権利の完全な実現を漸進的に達成するため、自国における利用可能な手段を最大限に用いることにより、また、必要な場合には国際協力の枠内で、措置をとることを約束する。ただし、この条約に定める義務であって、国際法に従って直ちに適用されるものに影響を及ぼすものではない。

3 締約国は、この条約を実施するための法令及び政策の作成及び実施において、並びに障害者に関する問題についての他の意思決定過程において、障害者（障害のある児童を含む。以下この3において同じ。）を代表する団体を通じ、障害者と緊密に協議し、及び障害者を積極的に関与させる。

4 この条約のいかなる規定も、締約国の法律又は締約国について効力を有する国際法に含まれる規定であって障害者の権利の実現に一層貢献するものに影響を及ぼすものではない。この条約のいずれかの締約国において法律、条約、規則又は慣習によって認められ、又は存する人権及び基本的自由については、この条約がそれらの権利若しくは自由を認めていないこと又はその認める範囲がより狭いことを理由として、それらの権利及び自由を制限し、又は侵してはならない。

5 この条約は、いかなる制限又は例外もなしに、連邦国家の全ての地域について適用する。

**第5条** 平等及び無差別
1 締約国は、全ての者が、法律の前に又は法律に基づいて平等であり、並びにいかなる差別もなしに法律による平等の保護及び利益を受ける権利を有することを認める。
2 締約国は、障害に基づくあらゆる差別を禁止するものとし、いかなる理由による差別に対しても平等かつ効果的な法的保護を障害者に保障する。
3 締約国は、平等を促進し、及び差別を撤廃することを目的として、合理的配慮が提供されることを確保するための全ての適当な措置をとる。
4 障害者の事実上の平等を促進し、又は達成するために必要な特別の措置は、この条約に規定する差別と解してはならない。

**第6条** 障害のある女子
1 締約国は、障害のある女子が複合的な差別を受けていることを認識するものとし、この点に関し、障害のある女子が全ての人権及び基本的自由を完全かつ平等に享有することを確保するための措置をとる。
2 締約国は、女子に対してこの条約に定める人権及び基本的自由を行使し、及び享有することを保障することを目的として、女子の完全な能力開発、向上及び自律的な力の育成を確保するための全ての適当な措置をとる。

**第7条** 障害のある児童
1 締約国は、障害のある児童が他の児童との平等を基礎として全ての人権及び基本的自由を完全に享有することを確保するための全ての必要な措置をとる。
2 障害のある児童に関する全ての措置をとるに当たっては、児童の最善の利益が主として考慮されるものとする。
3 締約国は、障害のある児童が、自己に影響を及ぼす全ての事項について自由に自己の意見を表明する権利並びにこの権利を実現するための障害及び年齢に適した支援を提供される権利を有することを確保する。この場合において、障害のある児童の意見は、他の児童との平等を基礎として、その児童の年齢及び成熟度に従って相応に考慮されるものとする。

**第8条** 意識の向上
1 締約国は、次のことのための即時の、効果的かつ適当な措置をとることを約束する。
　(a) 障害者に関する社会全体（各家庭を含む。）の意識を向上させ、並びに障害者の権利及び尊厳に対する尊重を育成すること。
　(b) あらゆる活動分野における障害者に関する定型化された観念、偏見及び有害な慣行（性及び年齢に基づくものを含む。）と戦うこと。
　(c) 障害者の能力及び貢献に関する意識を向上させること。

2 このため、1の措置には、次のことを含む。
  (a) 次のことのための効果的な公衆の意識の啓発活動を開始し、及び維持すること。
    (i) 障害者の権利に対する理解を育てること。
    (ii) 障害者に対する肯定的認識及び一層の社会の啓発を促進すること。
    (iii) 障害者の技能、長所及び能力並びに職場及び労働市場に対する障害者の貢献についての認識を促進すること。
  (b) 教育制度の全ての段階(幼年期からの全ての児童に対する教育制度を含む。)において、障害者の権利を尊重する態度を育成すること。
  (c) 全ての報道機関が、この条約の目的に適合するように障害者を描写するよう奨励すること。
  (d) 障害者及びその権利に関する啓発のための研修計画を促進すること。

**第9条** 施設及びサービス等の利用の容易さ

1 締約国は、障害者が自立して生活し、及び生活のあらゆる側面に完全に参加することを可能にすることを目的として、障害者が、他の者との平等を基礎として、都市及び農村の双方において、物理的環境、輸送機関、情報通信(情報通信機器及び情報通信システムを含む。)並びに公衆に開放され、又は提供される他の施設及びサービスを利用する機会を有することを確保するための適当な措置をとる。この措置は、施設及びサービス等の利用の容易さに対する妨げ及び障壁を特定し、及び撤廃することを含むものとし、特に次の事項について適用する。
  (a) 建物、道路、輸送機関その他の屋内及び屋外の施設(学校、住居、医療施設及び職場を含む。)
  (b) 情報、通信その他のサービス(電子サービス及び緊急事態に係るサービスを含む。)
2 締約国は、また、次のことのための適当な措置をとる。
  (a) 公衆に開放され、又は提供される施設及びサービスの利用の容易さに関する最低基準及び指針を作成し、及び公表し、並びに当該最低基準及び指針の実施を監視すること。
  (b) 公衆に開放され、又は提供される施設及びサービスを提供する民間の団体が、当該施設及びサービスの障害者にとっての利用の容易さについてあらゆる側面を考慮することを確保すること。
  (c) 施設及びサービス等の利用の容易さに関して障害者が直面する問題についての研修を関係者に提供すること。
  (d) 公衆に開放される建物その他の施設において、点字の表示及び読みやすく、かつ、理解しやすい形式の表示を提供すること。

(e) 公衆に開放される建物その他の施設の利用の容易さを促進するため、人又は動物による支援及び仲介する者（案内者、朗読者及び専門の手話通訳を含む。）を提供すること。
　(f) 障害者が情報を利用する機会を有することを確保するため、障害者に対する他の適当な形態の援助及び支援を促進すること。
　(g) 障害者が新たな情報通信機器及び情報通信システム（インターネットを含む。）を利用する機会を有することを促進すること。
　(h) 情報通信機器及び情報通信システムを最小限の費用で利用しやすいものとするため、早い段階で、利用しやすい情報通信機器及び情報通信システムの設計、開発、生産及び流通を促進すること。

**第10条**　生命に対する権利

　締約国は、全ての人間が生命に対する固有の権利を有することを再確認するものとし、障害者が他の者との平等を基礎としてその権利を効果的に享有することを確保するための全ての必要な措置をとる。

**第11条**　危険な状況及び人道上の緊急事態

　締約国は、国際法（国際人道法及び国際人権法を含む。）に基づく自国の義務に従い、危険な状況（武力紛争、人道上の緊急事態及び自然災害の発生を含む。）において障害者の保護及び安全を確保するための全ての必要な措置をとる。

**第12条**　法律の前にひとしく認められる権利

1　締約国は、障害者が全ての場所において法律の前に人として認められる権利を有することを再確認する。

2　締約国は、障害者が生活のあらゆる側面において他の者との平等を基礎として法的能力を享有することを認める。

3　締約国は、障害者がその法的能力の行使に当たって必要とする支援を利用する機会を提供するための適当な措置をとる。

4　締約国は、法的能力の行使に関連する全ての措置において、濫用を防止するための適当かつ効果的な保障を国際人権法に従って定めることを確保する。当該保障は、法的能力の行使に関連する措置が、障害者の権利、意思及び選好を尊重すること、利益相反を生じさせず、及び不当な影響を及ぼさないこと、障害者の状況に応じ、かつ、適合すること、可能な限り短い期間に適用されること並びに権限のある、独立の、かつ、公平な当局又は司法機関による定期的な審査の対象となることを確保するものとする。当該保障は、当該措置が障害者の権利及び利益に及ぼす影響の程度に応じたものとする。

5　締約国は、この条の規定に従うことを条件として、障害者が財産を所有し、又は相続

し、自己の会計を管理し、及び銀行貸付け、抵当その他の形態の金融上の信用を利用する均等な機会を有することについての平等の権利を確保するための全ての適当かつ効果的な措置をとるものとし、障害者がその財産を恣意的に奪われないことを確保する。

**第13条** 司法手続の利用の機会

1 締約国は、障害者が全ての法的手続(捜査段階その他予備的な段階を含む。)において直接及び間接の参加者(証人を含む。)として効果的な役割を果たすことを容易にするため、手続上の配慮及び年齢に適した配慮が提供されること等により、障害者が他の者との平等を基礎として司法手続を利用する効果的な機会を有することを確保する。

2 締約国は、障害者が司法手続を利用する効果的な機会を有することを確保することに役立てるため、司法に係る分野に携わる者(警察官及び刑務官を含む。)に対する適当な研修を促進する。

**第14条** 身体の自由及び安全

1 締約国は、障害者に対し、他の者との平等を基礎として、次のことを確保する。

   (a) 身体の自由及び安全についての権利を享有すること。

   (b) 不法に又は恣意的に自由を奪われないこと、いかなる自由の剥奪も法律に従って行われること及びいかなる場合においても自由の剥奪が障害の存在によって正当化されないこと。

2 締約国は、障害者がいずれの手続を通じて自由を奪われた場合であっても、当該障害者が、他の者との平等を基礎として国際人権法による保障を受ける権利を有すること並びにこの条約の目的及び原則に従って取り扱われること(合理的配慮の提供によるものを含む。)を確保する。

**第15条** 拷問又は残虐な、非人道的な若しくは品位を傷つける取扱い若しくは刑罰からの自由

1 いかなる者も、拷問又は残虐な、非人道的な若しくは品位を傷つける取扱い若しくは刑罰を受けない。特に、いかなる者も、その自由な同意なしに医学的又は科学的実験を受けない。

2 締約国は、障害者が、他の者との平等を基礎として、拷問又は残虐な、非人道的な若しくは品位を傷つける取扱い若しくは刑罰を受けることがないようにするため、全ての効果的な立法上、行政上、司法上その他の措置をとる。

**第16条** 搾取、暴力及び虐待からの自由

1 締約国は、家庭の内外におけるあらゆる形態の搾取、暴力及び虐待(性別に基づくものを含む。)から障害者を保護するための全ての適当な立法上、行政上、社会上、教育上その他の措置をとる。

2 また、締約国は、特に、障害者並びにその家族及び介護者に対する適当な形態の性別及び年齢に配慮した援助及び支援(搾取、暴力及び虐待の事案を防止し、認識し、及び報告する方法に関する情報及び教育を提供することによるものを含む。)を確保することにより、あらゆる形態の搾取、暴力及び虐待を防止するための全ての適当な措置をとる。締約国は、保護事業が年齢、性別及び障害に配慮したものであることを確保する。

3 締約国は、あらゆる形態の搾取、暴力及び虐待の発生を防止するため、障害者に役立つことを意図した全ての施設及び計画が独立した当局により効果的に監視されることを確保する。

4 締約国は、あらゆる形態の搾取、暴力又は虐待の被害者となる障害者の身体的、認知的及び心理的な回復、リハビリテーション並びに社会復帰を促進するための全ての適当な措置(保護事業の提供によるものを含む。)をとる。このような回復及び復帰は、障害者の健康、福祉、自尊心、尊厳及び自律を育成する環境において行われるものとし、性別及び年齢に応じたニーズを考慮に入れる。

5 締約国は、障害者に対する搾取、暴力及び虐待の事案が特定され、捜査され、及び適当な場合には訴追されることを確保するための効果的な法令及び政策(女子及び児童に重点を置いた法令及び政策を含む。)を策定する。

**第17条** 個人をそのままの状態で保護すること

全ての障害者は、他の者との平等を基礎として、その心身がそのままの状態で尊重される権利を有する。

**第18条** 移動の自由及び国籍についての権利

1 締約国は、障害者に対して次のことを確保すること等により、障害者が他の者との平等を基礎として移動の自由、居住の自由及び国籍についての権利を有することを認める。

 (a) 国籍を取得し、及び変更する権利を有すること並びにその国籍を恣意的に又は障害に基づいて奪われないこと。

 (b) 国籍に係る文書若しくは身元に係る他の文書を入手し、所有し、及び利用すること又は移動の自由についての権利の行使を容易にするために必要とされる関連手続(例えば、出入国の手続)を利用することを、障害に基づいて奪われないこと。

 (c) いずれの国(自国を含む。)からも自由に離れることができること。

 (d) 自国に戻る権利を恣意的に又は障害に基づいて奪われないこと。

2 障害のある児童は、出生の後直ちに登録される。障害のある児童は、出生の時から氏名を有する権利及び国籍を取得する権利を有するものとし、また、できる限りその父母を知り、かつ、その父母によって養育される権利を有する。

第19条　自立した生活及び地域社会への包容

この条約の締約国は、全ての障害者が他の者と平等の選択の機会をもって地域社会で生活する平等の権利を有することを認めるものとし、障害者が、この権利を完全に享受し、並びに地域社会に完全に包容され、及び参加することを容易にするための効果的かつ適当な措置をとる。この措置には、次のことを確保することによるものを含む。

(a) 障害者が、他の者との平等を基礎として、居住地を選択し、及びどこで誰と生活するかを選択する機会を有すること並びに特定の生活施設で生活する義務を負わないこと。

(b) 地域社会における生活及び地域社会への包容を支援し、並びに地域社会からの孤立及び隔離を防止するために必要な在宅サービス、居住サービスその他の地域社会支援サービス（個別の支援を含む。）を障害者が利用する機会を有すること。

(c) 一般住民向けの地域社会サービス及び施設が、障害者にとって他の者との平等を基礎として利用可能であり、かつ、障害者のニーズに対応していること。

第20条　個人の移動を容易にすること

締約国は、障害者自身ができる限り自立して移動することを容易にすることを確保するための効果的な措置をとる。この措置には、次のことによるものを含む。

(a) 障害者自身が、自ら選択する方法で、自ら選択する時に、かつ、負担しやすい費用で移動することを容易にすること。

(b) 障害者が質の高い移動補助具、補装具、支援機器、人又は動物による支援及び仲介する者を利用する機会を得やすくすること（これらを負担しやすい費用で利用可能なものとすることを含む。）。

(c) 障害者及び障害者と共に行動する専門職員に対し、移動のための技能に関する研修を提供すること。

(d) 移動補助具、補装具及び支援機器を生産する事業体に対し、障害者の移動のあらゆる側面を考慮するよう奨励すること。

第21条　表現及び意見の自由並びに情報の利用の機会

締約国は、障害者が、第2条に定めるあらゆる形態の意思疎通であって自ら選択するものにより、表現及び意見の自由（他の者との平等を基礎として情報及び考えを求め、受け、及び伝える自由を含む。）についての権利を行使することができることを確保するための全ての適当な措置をとる。この措置には、次のことによるものを含む。

(a) 障害者に対し、様々な種類の障害に相応した利用しやすい様式及び機器により、適時に、かつ、追加の費用を伴わず、一般公衆向けの情報を提供すること。

(b) 公的な活動において、手話、点字、補助的及び代替的な意思疎通並びに障害者が自

ら選択する他の全ての利用しやすい意思疎通の手段、形態及び様式を用いることを受け入れ、及び容易にすること。
  (c) 一般公衆に対してサービス（インターネットによるものを含む。）を提供する民間の団体が情報及びサービスを障害者にとって利用しやすい又は使用可能な様式で提供するよう要請すること。
  (d) マスメディア（インターネットを通じて情報を提供する者を含む。）がそのサービスを障害者にとって利用しやすいものとするよう奨励すること。
  (e) 手話の使用を認め、及び促進すること。

**第22条　プライバシーの尊重**

1　いかなる障害者も、居住地又は生活施設のいかんを問わず、そのプライバシー、家族、住居又は通信その他の形態の意思疎通に対して恣意的に又は不法に干渉されず、また、名誉及び信用を不法に攻撃されない。障害者は、このような干渉又は攻撃に対する法律の保護を受ける権利を有する。
2　締約国は、他の者との平等を基礎として、障害者の個人、健康及びリハビリテーションに関する情報に係るプライバシーを保護する。

**第23条　家庭及び家族の尊重**

1　締約国は、他の者との平等を基礎として、婚姻、家族、親子関係及び個人的な関係に係る全ての事項に関し、障害者に対する差別を撤廃するための効果的かつ適当な措置をとる。この措置は、次のことを確保することを目的とする。
  (a) 婚姻をすることができる年齢の全ての障害者が、両当事者の自由かつ完全な合意に基づいて婚姻をし、かつ、家族を形成する権利を認められること。
  (b) 障害者が子の数及び出産の間隔を自由にかつ責任をもって決定する権利を認められ、また、障害者が生殖及び家族計画について年齢に適した情報及び教育を享受する権利を認められること。さらに、障害者がこれらの権利を行使することを可能とするために必要な手段を提供されること。
  (c) 障害者（児童を含む。）が、他の者との平等を基礎として生殖能力を保持すること。
2　締約国は、子の後見、養子縁組又はこれらに類する制度が国内法令に存在する場合には、それらの制度に係る障害者の権利及び責任を確保する。あらゆる場合において、子の最善の利益は至上である。締約国は、障害者が子の養育についての責任を遂行するに当たり、当該障害者に対して適当な援助を与える。
3　締約国は、障害のある児童が家庭生活について平等の権利を有することを確保する。締約国は、この権利を実現し、並びに障害のある児童の隠匿、遺棄、放置及び隔離を防止するため、障害のある児童及びその家族に対し、包括的な情報、サービス及び支援を

早期に提供することを約束する。
4 締約国は、児童がその父母の意思に反してその父母から分離されないことを確保する。ただし、権限のある当局が司法の審査に従うことを条件として適用のある法律及び手続に従いその分離が児童の最善の利益のために必要であると決定する場合は、この限りでない。いかなる場合にも、児童は、自己の障害又は父母の一方若しくは双方の障害に基づいて父母から分離されない。
5 締約国は、近親の家族が障害のある児童を監護することができない場合には、一層広い範囲の家族の中で代替的な監護を提供し、及びこれが不可能なときは、地域社会の中で家庭的な環境により代替的な監護を提供するようあらゆる努力を払う。

**第24条** 教育

1 締約国は、教育についての障害者の権利を認める。締約国は、この権利を差別なしに、かつ、機会の均等を基礎として実現するため、障害者を包容するあらゆる段階の教育制度及び生涯学習を確保する。当該教育制度及び生涯学習は、次のことを目的とする。
   (a) 人間の潜在能力並びに尊厳及び自己の価値についての意識を十分に発達させ、並びに人権、基本的自由及び人間の多様性の尊重を強化すること。
   (b) 障害者が、その人格、才能及び創造力並びに精神的及び身体的な能力をその可能な最大限度まで発達させること。
   (c) 障害者が自由な社会に効果的に参加することを可能とすること。
2 締約国は、1の権利の実現に当たり、次のことを確保する。
   (a) 障害者が障害に基づいて一般的な教育制度から排除されないこと及び障害のある児童が障害に基づいて無償のかつ義務的な初等教育から又は中等教育から排除されないこと。
   (b) 障害者が、他の者との平等を基礎として、自己の生活する地域社会において、障害者を包容し、質が高く、かつ、無償の初等教育を享受することができること及び中等教育を享受することができること。
   (c) 個人に必要とされる合理的配慮が提供されること。
   (d) 障害者が、その効果的な教育を容易にするために必要な支援を一般的な教育制度の下で受けること。
   (e) 学問的及び社会的な発達を最大にする環境において、完全な包容という目標に合致する効果的で個別化された支援措置がとられること。
3 締約国は、障害者が教育に完全かつ平等に参加し、及び地域社会の構成員として完全かつ平等に参加することを容易にするため、障害者が生活する上での技能及び社会的な発達のための技能を習得することを可能とする。このため、締約国は、次のことを含む

適当な措置をとる。
  (a)  点字、代替的な文字、意思疎通の補助的及び代替的な形態、手段及び様式並びに定位及び移動のための技能の習得並びに障害者相互による支援及び助言を容易にすること。
  (b)  手話の習得及び聾(ろう)社会の言語的な同一性の促進を容易にすること。
  (c)  盲人、聾者(ろうしゃ)又は盲聾者(もうろうしゃ)(特に盲人、聾者又は盲聾者である児童)の教育が、その個人にとって最も適当な言語並びに意思疎通の形態及び手段で、かつ、学問的及び社会的な発達を最大にする環境において行われることを確保すること。
4  締約国は、1の権利の実現の確保を助長することを目的として、手話又は点字について能力を有する教員(障害のある教員を含む。)を雇用し、並びに教育に従事する専門家及び職員(教育のいずれの段階において従事するかを問わない。)に対する研修を行うための適当な措置をとる。この研修には、障害についての意識の向上を組み入れ、また、適当な意思疎通の補助的及び代替的な形態、手段及び様式の使用並びに障害者を支援するための教育技法及び教材の使用を組み入れるものとする。
5  締約国は、障害者が、差別なしに、かつ、他の者との平等を基礎として、一般的な高等教育、職業訓練、成人教育及び生涯学習を享受することができることを確保する。このため、締約国は、合理的配慮が障害者に提供されることを確保する。

## 第25条  健康

  締約国は、障害者が障害に基づく差別なしに到達可能な最高水準の健康を享受する権利を有することを認める。締約国は、障害者が性別に配慮した保健サービス(保健に関連するリハビリテーションを含む。)を利用する機会を有することを確保するための全ての適当な措置をとる。締約国は、特に、次のことを行う。
  (a)  障害者に対して他の者に提供されるものと同一の範囲、質及び水準の無償の又は負担しやすい費用の保健及び保健計画(性及び生殖に係る健康並びに住民のための公衆衛生計画の分野のものを含む。)を提供すること。
  (b)  障害者が特にその障害のために必要とする保健サービス(早期発見及び適当な場合には早期関与並びに特に児童及び高齢者の新たな障害を最小限にし、及び防止するためのサービスを含む。)を提供すること。
  (c)  これらの保健サービスを、障害者自身が属する地域社会(農村を含む。)の可能な限り近くにおいて提供すること。
  (d)  保健に従事する者に対し、特に、研修を通じて及び公私の保健に関する倫理基準を広く知らせることによって障害者の人権、尊厳、自律及びニーズに関する意識を高めることにより、他の者と同一の質の医療(例えば、事情を知らされた上での自由な同

意を基礎とした医療）を障害者に提供するよう要請すること。
  (e) 健康保険及び国内法により認められている場合には生命保険の提供に当たり、公正かつ妥当な方法で行い、及び障害者に対する差別を禁止すること。
  (f) 保健若しくは保健サービス又は食糧及び飲料の提供に関し、障害に基づく差別的な拒否を防止すること。

**第26条** ハビリテーション（適応のための技能の習得）及びリハビリテーション
1 締約国は、障害者が、最大限の自立並びに十分な身体的、精神的、社会的及び職業的な能力を達成し、及び維持し、並びに生活のあらゆる側面への完全な包容及び参加を達成し、及び維持することを可能とするための効果的かつ適当な措置（障害者相互による支援を通じたものを含む。）をとる。このため、締約国は、特に、保健、雇用、教育及び社会に係るサービスの分野において、ハビリテーション及びリハビリテーションについての包括的なサービス及びプログラムを企画し、強化し、及び拡張する。この場合において、これらのサービス及びプログラムは、次のようなものとする。
  (a) 可能な限り初期の段階において開始し、並びに個人のニーズ及び長所に関する学際的な評価を基礎とするものであること。
  (b) 地域社会及び社会のあらゆる側面への参加及び包容を支援し、自発的なものであり、並びに障害者自身が属する地域社会（農村を含む。）の可能な限り近くにおいて利用可能なものであること。
2 締約国は、ハビリテーション及びリハビリテーションのサービスに従事する専門家及び職員に対する初期研修及び継続的な研修の充実を促進する。
3 締約国は、障害者のために設計された補装具及び支援機器であって、ハビリテーション及びリハビリテーションに関連するものの利用可能性、知識及び使用を促進する。

**第27条** 労働及び雇用
1 締約国は、障害者が他の者との平等を基礎として労働についての権利を有することを認める。この権利には、障害者に対して開放され、障害者を包容し、及び障害者にとって利用しやすい労働市場及び労働環境において、障害者が自由に選択し、又は承諾する労働によって生計を立てる機会を有する権利を含む。締約国は、特に次のことのための適当な措置（立法によるものを含む。）をとることにより、労働についての障害者（雇用の過程で障害を有することとなった者を含む。）の権利が実現されることを保障し、及び促進する。
  (a) あらゆる形態の雇用に係る全ての事項（募集、採用及び雇用の条件、雇用の継続、昇進並びに安全かつ健康的な作業条件を含む。）に関し、障害に基づく差別を禁止すること。

(b) 他の者との平等を基礎として、公正かつ良好な労働条件（均等な機会及び同一価値の労働についての同一報酬を含む。）、安全かつ健康的な作業条件（嫌がらせからの保護を含む。）及び苦情に対する救済についての障害者の権利を保護すること。
(c) 障害者が他の者との平等を基礎として労働及び労働組合についての権利を行使することができることを確保すること。
(d) 障害者が技術及び職業の指導に関する一般的な計画、職業紹介サービス並びに職業訓練及び継続的な訓練を利用する効果的な機会を有することを可能とすること。
(e) 労働市場において障害者の雇用機会の増大を図り、及びその昇進を促進すること並びに職業を求め、これに就き、これを継続し、及びこれに復帰する際の支援を促進すること。
(f) 自営活動の機会、起業家精神、協同組合の発展及び自己の事業の開始を促進すること。
(g) 公的部門において障害者を雇用すること。
(h) 適当な政策及び措置（積極的差別是正措置、奨励措置その他の措置を含めることができる。）を通じて、民間部門における障害者の雇用を促進すること。
(i) 職場において合理的配慮が障害者に提供されることを確保すること。
(j) 開かれた労働市場において障害者が職業経験を得ることを促進すること。
(k) 障害者の職業リハビリテーション、職業の保持及び職場復帰計画を促進すること。
2 締約国は、障害者が、奴隷の状態又は隷属状態に置かれないこと及び他の者との平等を基礎として強制労働から保護されることを確保する。

**第28条** 相当な生活水準及び社会的な保障

1 締約国は、障害者が、自己及びその家族の相当な生活水準（相当な食糧、衣類及び住居を含む。）についての権利並びに生活条件の不断の改善についての権利を有することを認めるものとし、障害に基づく差別なしにこの権利を実現することを保障し、及び促進するための適当な措置をとる。
2 締約国は、社会的な保障についての障害者の権利及び障害に基づく差別なしにこの権利を享受することについての障害者の権利を認めるものとし、この権利の実現を保障し、及び促進するための適当な措置をとる。この措置には、次のことを確保するための措置を含む。
(a) 障害者が清浄な水のサービスを利用する均等な機会を有し、及び障害者が障害に関連するニーズに係る適当かつ費用の負担しやすいサービス、補装具その他の援助を利用する機会を有すること。
(b) 障害者（特に、障害のある女子及び高齢者）が社会的な保障及び貧困削減に関する

　　　　計画を利用する機会を有すること。
　(c) 貧困の状況において生活している障害者及びその家族が障害に関連する費用についての国の援助（適当な研修、カウンセリング、財政的援助及び介護者の休息のための一時的な介護を含む。）を利用する機会を有すること。
　(d) 障害者が公営住宅計画を利用する機会を有すること。
　(e) 障害者が退職に伴う給付及び計画を利用する均等な機会を有すること。

**第29条** 政治的及び公的活動への参加

締約国は、障害者に対して政治的権利を保障し、及び他の者との平等を基礎としてこの権利を享受する機会を保障するものとし、次のことを約束する。

　(a) 特に次のことを行うことにより、障害者が、直接に、又は自由に選んだ代表者を通じて、他の者との平等を基礎として、政治的及び公的活動に効果的かつ完全に参加することができること（障害者が投票し、及び選挙される権利及び機会を含む。）を確保すること。
　　(i) 投票の手続、設備及び資料が適当な及び利用しやすいものであり、並びにその理解及び使用が容易であることを確保すること。
　　(ii) 障害者が、選挙及び国民投票において脅迫を受けることなく秘密投票によって投票し、選挙に立候補し、並びに政府のあらゆる段階において実質的に在職し、及びあらゆる公務を遂行する権利を保護すること。この場合において、適当なときは支援機器及び新たな機器の使用を容易にするものとする。
　　(iii) 選挙人としての障害者の意思の自由な表明を保障すること。このため、必要な場合には、障害者の要請に応じて、当該障害者により選択される者が投票の際に援助することを認めること。
　(b) 障害者が、差別なしに、かつ、他の者との平等を基礎として、政治に効果的かつ完全に参加することができる環境を積極的に促進し、及び政治への障害者の参加を奨励すること。政治への参加には、次のことを含む。
　　(i) 国の公的及び政治的活動に関係のある非政府機関及び非政府団体に参加し、並びに政党の活動及び運営に参加すること。
　　(ii) 国際、国内、地域及び地方の各段階において障害者を代表するための障害者の組織を結成し、並びにこれに参加すること。

**第30条** 文化的な生活、レクリエーション、余暇及びスポーツへの参加

1　締約国は、障害者が他の者との平等を基礎として文化的な生活に参加する権利を認めるものとし、次のことを確保するための全ての適当な措置をとる。
　(a) 障害者が、利用しやすい様式を通じて、文化的な作品を享受する機会を有すること。

# Ⅳ 関係法規

(b) 障害者が、利用しやすい様式を通じて、テレビジョン番組、映画、演劇その他の文化的な活動を享受する機会を有すること。

(c) 障害者が、文化的な公演又はサービスが行われる場所（例えば、劇場、博物館、映画館、図書館、観光サービス）を利用する機会を有し、並びに自国の文化的に重要な記念物及び場所を享受する機会をできる限り有すること。

2 締約国は、障害者が、自己の利益のためのみでなく、社会を豊かにするためにも、自己の創造的、芸術的及び知的な潜在能力を開発し、及び活用する機会を有することを可能とするための適当な措置をとる。

3 締約国は、国際法に従い、知的財産権を保護する法律が、障害者が文化的な作品を享受する機会を妨げる不当な又は差別的な障壁とならないことを確保するための全ての適当な措置をとる。

4 障害者は、他の者との平等を基礎として、その独自の文化的及び言語的な同一性（手話及び聾文化を含む。）の承認及び支持を受ける権利を有する。

5 締約国は、障害者が他の者との平等を基礎としてレクリエーション、余暇及びスポーツの活動に参加することを可能とすることを目的として、次のことのための適当な措置をとる。

(a) 障害者があらゆる水準の一般のスポーツ活動に可能な限り参加することを奨励し、及び促進すること。

(b) 障害者が障害に応じたスポーツ及びレクリエーションの活動を組織し、及び発展させ、並びにこれらに参加する機会を有することを確保すること。このため、適当な指導、研修及び資源が他の者との平等を基礎として提供されるよう奨励すること。

(c) 障害者がスポーツ、レクリエーション及び観光の場所を利用する機会を有することを確保すること。

(d) 障害のある児童が遊び、レクリエーション、余暇及びスポーツの活動（学校制度におけるこれらの活動を含む。）への参加について他の児童と均等な機会を有することを確保すること。

(e) 障害者がレクリエーション、観光、余暇及びスポーツの活動の企画に関与する者によるサービスを利用する機会を有することを確保すること。

**第31条** 統計及び資料の収集

1 締約国は、この条約を実効的なものとするための政策を立案し、及び実施することを可能とするための適当な情報（統計資料及び研究資料を含む。）を収集することを約束する。この情報を収集し、及び保持する過程においては、次のことを満たさなければならない。

(a) 障害者の秘密の保持及びプライバシーの尊重を確保するため、法令に定める保障措置（資料の保護に関する法令を含む。）を遵守すること。
  (b) 人権及び基本的自由を保護するための国際的に受け入れられた規範並びに統計の収集及び利用に関する倫理上の原則を遵守すること。
2 この条の規定に従って収集された情報は、適宜分類されるものとし、この条約に基づく締約国の義務の履行の評価に役立てるために、並びに障害者がその権利を行使する際に直面する障壁を特定し、及び当該障壁に対処するために利用される。
3 締約国は、これらの統計の普及について責任を負うものとし、これらの統計が障害者及び他の者にとって利用しやすいことを確保する。

**第32条** 国際協力

1 締約国は、この条約の目的及び趣旨を実現するための自国の努力を支援するために国際協力及びその促進が重要であることを認識し、この点に関し、国家間において並びに適当な場合には関連のある国際的及び地域的機関並びに市民社会（特に障害者の組織）と連携して、適当かつ効果的な措置をとる。これらの措置には、特に次のことを含むことができる。
  (a) 国際協力（国際的な開発計画を含む。）が、障害者を包容し、かつ、障害者にとって利用しやすいものであることを確保すること。
  (b) 能力の開発（情報、経験、研修計画及び最良の実例の交換及び共有を通じたものを含む。）を容易にし、及び支援すること。
  (c) 研究における協力を容易にし、並びに科学及び技術に関する知識を利用する機会を得やすくすること。
  (d) 適当な場合には、技術援助及び経済援助（利用しやすい支援機器を利用する機会を得やすくし、及びこれらの機器の共有を容易にすることによる援助並びに技術移転を通じた援助を含む。）を提供すること。
2 この条の規定は、この条約に基づく義務を履行する各締約国の義務に影響を及ぼすものではない。

**第33条** 国内における実施及び監視

1 締約国は、自国の制度に従い、この条約の実施に関連する事項を取り扱う1又は2以上の中央連絡先を政府内に指定する。また、締約国は、異なる部門及び段階における関連のある活動を容易にするため、政府内における調整のための仕組みの設置又は指定に十分な考慮を払う。
2 締約国は、自国の法律上及び行政上の制度に従い、この条約の実施を促進し、保護し、及び監視するための枠組み（適当な場合には、1又は2以上の独立した仕組みを含む。）

を自国内において維持し、強化し、指定し、又は設置する。締約国は、このような仕組みを指定し、又は設置する場合には、人権の保護及び促進のための国内機構の地位及び役割に関する原則を考慮に入れる。

3　市民社会（特に、障害者及び障害者を代表する団体）は、監視の過程に十分に関与し、かつ、参加する。

**第34条**　障害者の権利に関する委員会

1　障害者の権利に関する委員会（以下「委員会」という。）を設置する。委員会は、以下に定める任務を遂行する。

2　委員会は、この条約の効力発生の時は12人の専門家で構成する。効力発生の時の締約国に加え更に60の国がこの条約を批准し、又はこれに加入した後は、委員会の委員の数を6人増加させ、上限である18人とする。

3　委員会の委員は、個人の資格で職務を遂行するものとし、徳望が高く、かつ、この条約が対象とする分野において能力及び経験を認められた者とする。締約国は、委員の候補者を指名するに当たり、第4条3の規定に十分な考慮を払うよう要請される。

4　委員会の委員については、締約国が、委員の配分が地理的に衡平に行われること、異なる文明形態及び主要な法体系が代表されること、男女が衡平に代表されること並びに障害のある専門家が参加することを考慮に入れて選出する。

5　委員会の委員は、締約国会議の会合において、締約国により当該締約国の国民の中から指名された者の名簿の中から秘密投票により選出される。締約国会議の会合は、締約国の3分の2をもって定足数とする。これらの会合においては、出席し、かつ、投票する締約国の代表によって投じられた票の最多数で、かつ、過半数の票を得た者をもって委員会に選出された委員とする。

6　委員会の委員の最初の選挙は、この条約の効力発生の日の後6箇月以内に行う。国際連合事務総長は、委員会の委員の選挙の日の遅くとも4箇月前までに、締約国に対し、自国が指名する者の氏名を2箇月以内に提出するよう書簡で要請する。その後、同事務総長は、指名された者のアルファベット順による名簿（これらの者を指名した締約国名を表示した名簿とする。）を作成し、この条約の締約国に送付する。

7　委員会の委員は、4年の任期で選出される。委員は、1回のみ再選される資格を有する。ただし、最初の選挙において選出された委員のうち6人の委員の任期は、2年で終了するものとし、これらの6人の委員は、最初の選挙の後直ちに、5に規定する会合の議長によりくじ引で選ばれる。

8　委員会の6人の追加的な委員の選挙は、この条の関連規定に従って定期選挙の際に行われる。

9 委員会の委員が死亡し、辞任し、又は他の理由のためにその職務を遂行することができなくなったことを宣言した場合には、当該委員を指名した締約国は、残余の期間その職務を遂行する他の専門家であって、資格を有し、かつ、この条の関連規定に定める条件を満たすものを任命する。

10 委員会は、その手続規則を定める。

11 国際連合事務総長は、委員会がこの条約に定める任務を効果的に遂行するために必要な職員及び便益を提供するものとし、委員会の最初の会合を招集する。

12 この条約に基づいて設置される委員会の委員は、国際連合総会が委員会の任務の重要性を考慮して決定する条件に従い、同総会の承認を得て、国際連合の財源から報酬を受ける。

13 委員会の委員は、国際連合の特権及び免除に関する条約の関連規定に規定する国際連合のための職務を遂行する専門家の便益、特権及び免除を享受する。

**第35条** 締約国による報告

1 各締約国は、この条約に基づく義務を履行するためにとった措置及びこれらの措置によりもたらされた進歩に関する包括的な報告を、この条約が自国について効力を生じた後2年以内に国際連合事務総長を通じて委員会に提出する。

2 その後、締約国は、少なくとも4年ごとに、更に委員会が要請するときはいつでも、その後の報告を提出する。

3 委員会は、報告の内容について適用される指針を決定する。

4 委員会に対して包括的な最初の報告を提出した締約国は、その後の報告においては、既に提供した情報を繰り返す必要はない。締約国は、委員会に対する報告を作成するに当たり、公開され、かつ、透明性のある過程において作成することを検討し、及び第4条3の規定に十分な考慮を払うよう要請される。

5 報告には、この条約に基づく義務の履行の程度に影響を及ぼす要因及び困難を記載することができる。

**第36条** 報告の検討

1 委員会は、各報告を検討する。委員会は、当該報告について、適当と認める提案及び一般的な性格を有する勧告を行うものとし、これらの提案及び一般的な性格を有する勧告を関係締約国に送付する。当該関係締約国は、委員会に対し、自国が選択する情報を提供することにより回答することができる。委員会は、この条約の実施に関連する追加の情報を当該関係締約国に要請することができる。

2 いずれかの締約国による報告の提出が著しく遅延している場合には、委員会は、委員会にとって利用可能な信頼し得る情報を基礎として当該締約国におけるこの条約の実施

状況を審査することが必要であることについて当該締約国に通報（当該通報には、関連する報告が当該通報の後3箇月以内に行われない場合には審査する旨を含む。）を行うことができる。委員会は、当該締約国がその審査に参加するよう要請する。当該締約国が関連する報告を提出することにより回答する場合には、1の規定を適用する。
3 国際連合事務総長は、1の報告を全ての締約国が利用することができるようにする。
4 締約国は、1の報告を自国において公衆が広く利用することができるようにし、これらの報告に関連する提案及び一般的な性格を有する勧告を利用する機会を得やすくする。
5 委員会は、適当と認める場合には、締約国からの報告に記載されている技術的な助言若しくは援助の要請又はこれらの必要性の記載に対処するため、これらの要請又は必要性の記載に関する委員会の見解及び勧告がある場合には当該見解及び勧告とともに、国際連合の専門機関、基金及び計画その他の権限のある機関に当該報告を送付する。

**第37条** 締約国と委員会との間の協力
1 各締約国は、委員会と協力するものとし、委員の任務の遂行を支援する。
2 委員会は、締約国との関係において、この条約の実施のための当該締約国の能力を向上させる方法及び手段（国際協力を通じたものを含む。）に十分な考慮を払う。

**第38条** 委員会と他の機関との関係
この条約の効果的な実施を促進し、及びこの条約が対象とする分野における国際協力を奨励するため、
(a) 専門機関その他の国際連合の機関は、その任務の範囲内にある事項に関するこの条約の規定の実施についての検討に際し、代表を出す権利を有する。委員会は、適当と認める場合には、専門機関その他の権限のある機関に対し、これらの機関の任務の範囲内にある事項に関するこの条約の実施について専門家の助言を提供するよう要請することができる。委員会は、専門機関その他の国際連合の機関に対し、これらの機関の任務の範囲内にある事項に関するこの条約の実施について報告を提出するよう要請することができる。
(b) 委員会は、その任務を遂行するに当たり、それぞれの報告に係る指針、提案及び一般的な性格を有する勧告の整合性を確保し、並びにその任務の遂行における重複を避けるため、適当な場合には、人権に関する国際条約によって設置された他の関連する組織と協議する。

**第39条** 委員会の報告
委員会は、その活動につき2年ごとに国際連合総会及び経済社会理事会に報告するものとし、また、締約国から得た報告及び情報の検討に基づく提案及び一般的な性格を有

する勧告を行うことができる。これらの提案及び一般的な性格を有する勧告は、締約国から意見がある場合にはその意見とともに、委員会の報告に記載する。

第40条　締約国会議
1　締約国は、この条約の実施に関する事項を検討するため、定期的に締約国会議を開催する。
2　締約国会議は、この条約が効力を生じた後6箇月以内に国際連合事務総長が招集する。その後の締約国会議は、2年ごとに又は締約国会議の決定に基づき同事務総長が招集する。

第41条　寄託者
この条約の寄託者は、国際連合事務総長とする。

第42条　署名
この条約は、2007年3月30日から、ニューヨークにある国際連合本部において、全ての国及び地域的な統合のための機関による署名のために開放しておく。

第43条　拘束されることについての同意
この条約は、署名国によって批准されなければならず、また、署名した地域的な統合のための機関によって正式確認されなければならない。この条約は、これに署名していない国及び地域的な統合のための機関による加入のために開放しておく。

第44条　地域的な統合のための機関
1　「地域的な統合のための機関」とは、特定の地域の主権国家によって構成される機関であって、この条約が規律する事項に関してその構成国から権限の委譲を受けたものをいう。地域的な統合のための機関は、この条約の規律する事項に関するその権限の範囲をこの条約の正式確認書又は加入書において宣言する。その後、当該機関は、その権限の範囲の実質的な変更を寄託者に通報する。
2　この条約において「締約国」についての規定は、地域的な統合のための機関の権限の範囲内で当該機関について適用する。
3　次条1並びに第47条2及び3の規定の適用上、地域的な統合のための機関が寄託する文書は、これを数に加えてはならない。
4　地域的な統合のための機関は、その権限の範囲内の事項について、この条約の締約国であるその構成国の数と同数の票を締約国会議において投ずる権利を行使することができる。当該機関は、その構成国が自国の投票権を行使する場合には、投票権を行使してはならない。その逆の場合も、同様とする。

第45条　効力発生
1　この条約は、20番目の批准書又は加入書が寄託された後30日目の日に効力を生ずる。
2　この条約は、20番目の批准書又は加入書が寄託された後にこれを批准し、若しくは正

式確認し、又はこれに加入する国又は地域的な統合のための機関については、その批准書、正式確認書又は加入書の寄託の後30日目の日に効力を生ずる。

## 第46条　留保

1　この条約の趣旨及び目的と両立しない留保は、認められない。
2　留保は、いつでも撤回することができる。

## 第47条　改正

1　いずれの締約国も、この条約の改正を提案し、及び改正案を国際連合事務総長に提出することができる。同事務総長は、締約国に対し、改正案を送付するものとし、締約国による改正案の審議及び決定のための締約国の会議の開催についての賛否を通報するよう要請する。その送付の日から4箇月以内に締約国の3分の1以上が会議の開催に賛成する場合には、同事務総長は、国際連合の主催の下に会議を招集する。会議において出席し、かつ、投票する締約国の3分の2以上の多数によって採択された改正案は、同事務総長により、承認のために国際連合総会に送付され、その後受諾のために全ての締約国に送付される。

2　1の規定により採択され、かつ、承認された改正は、当該改正の採択の日における締約国の3分の2以上が受諾書を寄託した後30日目の日に効力を生ずる。その後は、当該改正は、いずれの締約国についても、その受諾書の寄託の後30日目の日に効力を生ずる。改正は、それを受諾した締約国のみを拘束する。

3　締約国会議がコンセンサス方式によって決定する場合には、1の規定により採択され、かつ、承認された改正であって、第34条及び第38条から第40条までの規定にのみ関連するものは、当該改正の採択の日における締約国の3分の2以上が受諾書を寄託した後30日目の日に全ての締約国について効力を生ずる。

## 第48条　廃棄

締約国は、国際連合事務総長に対して書面による通告を行うことにより、この条約を廃棄することができる。廃棄は、同事務総長がその通告を受領した日の後1年で効力を生ずる。

## 第49条　利用しやすい様式

この条約の本文は、利用しやすい様式で提供される。

## 第50条　正文

この条約は、アラビア語、中国語、英語、フランス語、ロシア語及びスペイン語をひとしく正文とする。

以上の証拠として、下名の全権委員は、各自の政府から正当に委任を受けてこの条約に署名した。

## ●障害者基本法

　　　　　　　　　　　　　　　　　　　　　　　　　〔昭和45年5月21日〕
　　　　　　　　　　　　　　　　　　　　　　　　　〔法　律　第 84 号〕

　　注　平成25年6月26日法律第65号改正現在

目次　　　　　　　　　　　　　　　　　　　　　　　　　　　　　　　　　　　　頁
　第1章　総則（第1条―第13条）……………………………………………………486
　第2章　障害者の自立及び社会参加の支援等のための基本的施策（第14条―第30条）
　　　　　……………………………………………………………………………489
　第3章　障害の原因となる傷病の予防に関する基本的施策（第31条）………………493
　第4章　障害者政策委員会等（第32条―第36条）……………………………………494
　附則（抄）……………………………………………………………………………495

　　第1章　総則

（目的）
**第1条**　この法律は、全ての国民が、障害の有無にかかわらず、等しく基本的人権を享有するかけがえのない個人として尊重されるものであるとの理念にのつとり、全ての国民が、障害の有無によつて分け隔てられることなく、相互に人格と個性を尊重し合いながら共生する社会を実現するため、障害者の自立及び社会参加の支援等のための施策に関し、基本原則を定め、及び国、地方公共団体等の責務を明らかにするとともに、障害者の自立及び社会参加の支援等のための施策の基本となる事項を定めること等により、障害者の自立及び社会参加の支援等のための施策を総合的かつ計画的に推進することを目的とする。

（定義）
**第2条**　この法律において、次の各号に掲げる用語の意義は、それぞれ当該各号に定めるところによる。
　一　障害者　身体障害、知的障害、精神障害（発達障害を含む。）その他の心身の機能の障害（以下「障害」と総称する。）がある者であつて、障害及び社会的障壁により継続的に日常生活又は社会生活に相当な制限を受ける状態にあるものをいう。
　二　社会的障壁　障害がある者にとつて日常生活又は社会生活を営む上で障壁となるような社会における事物、制度、慣行、観念その他一切のものをいう。

（地域社会における共生等）
**第3条**　第1条に規定する社会の実現は、全ての障害者が、障害者でない者と等しく、基

本的人権を享有する個人としてその尊厳が重んぜられ、その尊厳にふさわしい生活を保障される権利を有することを前提としつつ、次に掲げる事項を旨として図られなければならない。
　一　全て障害者は、社会を構成する一員として社会、経済、文化その他あらゆる分野の活動に参加する機会が確保されること。
　二　全て障害者は、可能な限り、どこで誰と生活するかについての選択の機会が確保され、地域社会において他の人々と共生することを妨げられないこと。
　三　全て障害者は、可能な限り、言語（手話を含む。）その他の意思疎通のための手段についての選択の機会が確保されるとともに、情報の取得又は利用のための手段についての選択の機会の拡大が図られること。
（差別の禁止）
**第4条**　何人も、障害者に対して、障害を理由として、差別することその他の権利利益を侵害する行為をしてはならない。
2　社会的障壁の除去は、それを必要としている障害者が現に存し、かつ、その実施に伴う負担が過重でないときは、それを怠ることによつて前項の規定に違反することとならないよう、その実施について必要かつ合理的な配慮がされなければならない。
3　国は、第1項の規定に違反する行為の防止に関する啓発及び知識の普及を図るため、当該行為の防止を図るために必要となる情報の収集、整理及び提供を行うものとする。
（国際的協調）
**第5条**　第1条に規定する社会の実現は、そのための施策が国際社会における取組と密接な関係を有していることに鑑み、国際的協調の下に図られなければならない。
（国及び地方公共団体の責務）
**第6条**　国及び地方公共団体は、第1条に規定する社会の実現を図るため、前3条に定める基本原則（以下「基本原則」という。）にのつとり、障害者の自立及び社会参加の支援等のための施策を総合的かつ計画的に実施する責務を有する。
（国民の理解）
**第7条**　国及び地方公共団体は、基本原則に関する国民の理解を深めるよう必要な施策を講じなければならない。
（国民の責務）
**第8条**　国民は、基本原則にのつとり、第1条に規定する社会の実現に寄与するよう努めなければならない。
（障害者週間）
**第9条**　国民の間に広く基本原則に関する関心と理解を深めるとともに、障害者が社会、

経済、文化その他あらゆる分野の活動に参加することを促進するため、障害者週間を設ける。

2　障害者週間は、12月3日から12月9日までの1週間とする。

3　国及び地方公共団体は、障害者の自立及び社会参加の支援等に関する活動を行う民間の団体等と相互に緊密な連携協力を図りながら、障害者週間の趣旨にふさわしい事業を実施するよう努めなければならない。

（施策の基本方針）

**第10条**　障害者の自立及び社会参加の支援等のための施策は、障害者の性別、年齢、障害の状態及び生活の実態に応じて、かつ、有機的連携の下に総合的に、策定され、及び実施されなければならない。

2　国及び地方公共団体は、障害者の自立及び社会参加の支援等のための施策を講ずるに当たつては、障害者その他の関係者の意見を聴き、その意見を尊重するよう努めなければならない。

（障害者基本計画等）

**第11条**　政府は、障害者の自立及び社会参加の支援等のための施策の総合的かつ計画的な推進を図るため、障害者のための施策に関する基本的な計画（以下「障害者基本計画」という。）を策定しなければならない。

2　都道府県は、障害者基本計画を基本とするとともに、当該都道府県における障害者の状況等を踏まえ、当該都道府県における障害者のための施策に関する基本的な計画（以下「都道府県障害者計画」という。）を策定しなければならない。

3　市町村は、障害者基本計画及び都道府県障害者計画を基本とするとともに、当該市町村における障害者の状況等を踏まえ、当該市町村における障害者のための施策に関する基本的な計画（以下「市町村障害者計画」という。）を策定しなければならない。

4　内閣総理大臣は、関係行政機関の長に協議するとともに、障害者政策委員会の意見を聴いて、障害者基本計画の案を作成し、閣議の決定を求めなければならない。

5　都道府県は、都道府県障害者計画を策定するに当たつては、第36条第1項の合議制の機関の意見を聴かなければならない。

6　市町村は、市町村障害者計画を策定するに当たつては、第36条第4項の合議制の機関を設置している場合にあつてはその意見を、その他の場合にあつては障害者その他の関係者の意見を聴かなければならない。

7　政府は、障害者基本計画を策定したときは、これを国会に報告するとともに、その要旨を公表しなければならない。

8　第2項又は第3項の規定により都道府県障害者計画又は市町村障害者計画が策定され

たときは、都道府県知事又は市町村長は、これを当該都道府県の議会又は当該市町村の議会に報告するとともに、その要旨を公表しなければならない。

9　第4項及び第7項の規定は障害者基本計画の変更について、第5項及び前項の規定は都道府県障害者計画の変更について、第6項及び前項の規定は市町村障害者計画の変更について準用する。

（法制上の措置等）

**第12条**　政府は、この法律の目的を達成するため、必要な法制上及び財政上の措置を講じなければならない。

（年次報告）

**第13条**　政府は、毎年、国会に、障害者のために講じた施策の概況に関する報告書を提出しなければならない。

**第2章**　障害者の自立及び社会参加の支援等のための基本的施策

（医療、介護等）

**第14条**　国及び地方公共団体は、障害者が生活機能を回復し、取得し、又は維持するために必要な医療の給付及びリハビリテーションの提供を行うよう必要な施策を講じなければならない。

2　国及び地方公共団体は、前項に規定する医療及びリハビリテーションの研究、開発及び普及を促進しなければならない。

3　国及び地方公共団体は、障害者が、その性別、年齢、障害の状態及び生活の実態に応じ、医療、介護、保健、生活支援その他自立のための適切な支援を受けられるよう必要な施策を講じなければならない。

4　国及び地方公共団体は、第1項及び前項に規定する施策を講ずるために必要な専門的技術職員その他の専門的知識又は技能を有する職員を育成するよう努めなければならない。

5　国及び地方公共団体は、医療若しくは介護の給付又はリハビリテーションの提供を行うに当たつては、障害者が、可能な限りその身近な場所においてこれらを受けられるよう必要な施策を講ずるものとするほか、その人権を十分に尊重しなければならない。

6　国及び地方公共団体は、福祉用具及び身体障害者補助犬の給付又は貸与その他障害者が日常生活及び社会生活を営むのに必要な施策を講じなければならない。

7　国及び地方公共団体は、前項に規定する施策を講ずるために必要な福祉用具の研究及び開発、身体障害者補助犬の育成等を促進しなければならない。

（年金等）

**第15条** 国及び地方公共団体は、障害者の自立及び生活の安定に資するため、年金、手当等の制度に関し必要な施策を講じなければならない。

（教育）

**第16条** 国及び地方公共団体は、障害者が、その年齢及び能力に応じ、かつ、その特性を踏まえた十分な教育が受けられるようにするため、可能な限り障害者である児童及び生徒が障害者でない児童及び生徒と共に教育を受けられるよう配慮しつつ、教育の内容及び方法の改善及び充実を図る等必要な施策を講じなければならない。

2 国及び地方公共団体は、前項の目的を達成するため、障害者である児童及び生徒並びにその保護者に対し十分な情報の提供を行うとともに、可能な限りその意向を尊重しなければならない。

3 国及び地方公共団体は、障害者である児童及び生徒と障害者でない児童及び生徒との交流及び共同学習を積極的に進めることによって、その相互理解を促進しなければならない。

4 国及び地方公共団体は、障害者の教育に関し、調査及び研究並びに人材の確保及び資質の向上、適切な教材等の提供、学校施設の整備その他の環境の整備を促進しなければならない。

（療育）

**第17条** 国及び地方公共団体は、障害者である子どもが可能な限りその身近な場所において療育その他これに関連する支援を受けられるよう必要な施策を講じなければならない。

2 国及び地方公共団体は、療育に関し、研究、開発及び普及の促進、専門的知識又は技能を有する職員の育成その他の環境の整備を促進しなければならない。

（職業相談等）

**第18条** 国及び地方公共団体は、障害者の職業選択の自由を尊重しつつ、障害者がその能力に応じて適切な職業に従事することができるようにするため、障害者の多様な就業の機会を確保するよう努めるとともに、個々の障害者の特性に配慮した職業相談、職業指導、職業訓練及び職業紹介の実施その他必要な施策を講じなければならない。

2 国及び地方公共団体は、障害者の多様な就業の機会の確保を図るため、前項に規定する施策に関する調査及び研究を促進しなければならない。

3 国及び地方公共団体は、障害者の地域社会における作業活動の場及び障害者の職業訓練のための施設の拡充を図るため、これに必要な費用の助成その他必要な施策を講じなければならない。

（雇用の促進等）

**第19条**　国及び地方公共団体は、国及び地方公共団体並びに事業者における障害者の雇用を促進するため、障害者の優先雇用その他の施策を講じなければならない。

2　事業主は、障害者の雇用に関し、その有する能力を正当に評価し、適切な雇用の機会を確保するとともに、個々の障害者の特性に応じた適正な雇用管理を行うことによりその雇用の安定を図るよう努めなければならない。

3　国及び地方公共団体は、障害者を雇用する事業主に対して、障害者の雇用のための経済的負担を軽減し、もつてその雇用の促進及び継続を図るため、障害者が雇用されるのに伴い必要となる施設又は設備の整備等に要する費用の助成その他必要な施策を講じなければならない。

（住宅の確保）

**第20条**　国及び地方公共団体は、障害者が地域社会において安定した生活を営むことができるようにするため、障害者のための住宅を確保し、及び障害者の日常生活に適するような住宅の整備を促進するよう必要な施策を講じなければならない。

（公共的施設のバリアフリー化）

**第21条**　国及び地方公共団体は、障害者の利用の便宜を図ることによつて障害者の自立及び社会参加を支援するため、自ら設置する官公庁施設、交通施設（車両、船舶、航空機等の移動施設を含む。次項において同じ。）その他の公共的施設について、障害者が円滑に利用できるような施設の構造及び設備の整備等の計画的推進を図らなければならない。

2　交通施設その他の公共的施設を設置する事業者は、障害者の利用の便宜を図ることによつて障害者の自立及び社会参加を支援するため、当該公共的施設について、障害者が円滑に利用できるような施設の構造及び設備の整備等の計画的推進に努めなければならない。

3　国及び地方公共団体は、前2項の規定により行われる公共的施設の構造及び設備の整備等が総合的かつ計画的に推進されるようにするため、必要な施策を講じなければならない。

4　国、地方公共団体及び公共的施設を設置する事業者は、自ら設置する公共的施設を利用する障害者の補助を行う身体障害者補助犬の同伴について障害者の利用の便宜を図らなければならない。

（情報の利用におけるバリアフリー化等）

**第22条**　国及び地方公共団体は、障害者が円滑に情報を取得し及び利用し、その意思を表示し、並びに他人との意思疎通を図ることができるようにするため、障害者が利用し

やすい電子計算機及びその関連装置その他情報通信機器の普及、電気通信及び放送の役務の利用に関する障害者の利便の増進、障害者に対して情報を提供する施設の整備、障害者の意思疎通を仲介する者の養成及び派遣等が図られるよう必要な施策を講じなければならない。

2 　国及び地方公共団体は、災害その他非常の事態の場合に障害者に対しその安全を確保するため必要な情報が迅速かつ的確に伝えられるよう必要な施策を講ずるものとするほか、行政の情報化及び公共分野における情報通信技術の活用の推進に当たつては、障害者の利用の便宜が図られるよう特に配慮しなければならない。

3 　電気通信及び放送その他の情報の提供に係る役務の提供並びに電子計算機及びその関連装置その他情報通信機器の製造等を行う事業者は、当該役務の提供又は当該機器の製造等に当たつては、障害者の利用の便宜を図るよう努めなければならない。

（相談等）

**第23条**　国及び地方公共団体は、障害者の意思決定の支援に配慮しつつ、障害者及びその家族その他の関係者に対する相談業務、成年後見制度その他の障害者の権利利益の保護等のための施策又は制度が、適切に行われ又は広く利用されるようにしなければならない。

2 　国及び地方公共団体は、障害者及びその家族その他の関係者からの各種の相談に総合的に応ずることができるようにするため、関係機関相互の有機的連携の下に必要な相談体制の整備を図るとともに、障害者の家族に対し、障害者の家族が互いに支え合うための活動の支援その他の支援を適切に行うものとする。

（経済的負担の軽減）

**第24条**　国及び地方公共団体は、障害者及び障害者を扶養する者の経済的負担の軽減を図り、又は障害者の自立の促進を図るため、税制上の措置、公共的施設の利用料等の減免その他必要な施策を講じなければならない。

（文化的諸条件の整備等）

**第25条**　国及び地方公共団体は、障害者が円滑に文化芸術活動、スポーツ又はレクリエーションを行うことができるようにするため、施設、設備その他の諸条件の整備、文化芸術、スポーツ等に関する活動の助成その他必要な施策を講じなければならない。

（防災及び防犯）

**第26条**　国及び地方公共団体は、障害者が地域社会において安全にかつ安心して生活を営むことができるようにするため、障害者の性別、年齢、障害の状態及び生活の実態に応じて、防災及び防犯に関し必要な施策を講じなければならない。

（消費者としての障害者の保護）

**第27条**　国及び地方公共団体は、障害者の消費者としての利益の擁護及び増進が図られるようにするため、適切な方法による情報の提供その他必要な施策を講じなければならない。

2　事業者は、障害者の消費者としての利益の擁護及び増進が図られるようにするため、適切な方法による情報の提供等に努めなければならない。

（選挙等における配慮）

**第28条**　国及び地方公共団体は、法律又は条例の定めるところにより行われる選挙、国民審査又は投票において、障害者が円滑に投票できるようにするため、投票所の施設又は設備の整備その他必要な施策を講じなければならない。

（司法手続における配慮等）

**第29条**　国又は地方公共団体は、障害者が、刑事事件若しくは少年の保護事件に関する手続その他これに準ずる手続の対象となつた場合又は裁判所における民事事件、家事事件若しくは行政事件に関する手続の当事者その他の関係人となつた場合において、障害者がその権利を円滑に行使できるようにするため、個々の障害者の特性に応じた意思疎通の手段を確保するよう配慮するとともに、関係職員に対する研修その他必要な施策を講じなければならない。

（国際協力）

**第30条**　国は、障害者の自立及び社会参加の支援等のための施策を国際的協調の下に推進するため、外国政府、国際機関又は関係団体等との情報の交換その他必要な施策を講ずるように努めるものとする。

　　　　第3章　障害の原因となる傷病の予防に関する基本的施策

**第31条**　国及び地方公共団体は、障害の原因となる傷病及びその予防に関する調査及び研究を促進しなければならない。

2　国及び地方公共団体は、障害の原因となる傷病の予防のため、必要な知識の普及、母子保健等の保健対策の強化、当該傷病の早期発見及び早期治療の推進その他必要な施策を講じなければならない。

3　国及び地方公共団体は、障害の原因となる難病等の予防及び治療が困難であることに鑑み、障害の原因となる難病等の調査及び研究を推進するとともに、難病等に係る障害者に対する施策をきめ細かく推進するよう努めなければならない。

## 第4章　障害者政策委員会等

(障害者政策委員会の設置)

**第32条**　内閣府に、障害者政策委員会(以下「政策委員会」という。)を置く。

2　政策委員会は、次に掲げる事務をつかさどる。

一　障害者基本計画に関し、第11条第4項(同条第9項において準用する場合を含む。)に規定する事項を処理すること。

二　前号に規定する事項に関し、調査審議し、必要があると認めるときは、内閣総理大臣又は関係各大臣に対し、意見を述べること。

三　障害者基本計画の実施状況を監視し、必要があると認めるときは、内閣総理大臣又は内閣総理大臣を通じて関係各大臣に勧告すること。

四　障害を理由とする差別の解消の推進に関する法律(平成25年法律第65号)の規定によりその権限に属させられた事項を処理すること。

3　内閣総理大臣又は関係各大臣は、前項第3号の規定による勧告に基づき講じた施策について政策委員会に報告しなければならない。

(政策委員会の組織及び運営)

**第33条**　政策委員会は、委員30人以内で組織する。

2　政策委員会の委員は、障害者、障害者の自立及び社会参加に関する事業に従事する者並びに学識経験のある者のうちから、内閣総理大臣が任命する。この場合において、委員の構成については、政策委員会が様々な障害者の意見を聴き障害者の実情を踏まえた調査審議を行うことができることとなるよう、配慮されなければならない。

3　政策委員会の委員は、非常勤とする。

**第34条**　政策委員会は、その所掌事務を遂行するため必要があると認めるときは、関係行政機関の長に対し、資料の提出、意見の表明、説明その他必要な協力を求めることができる。

2　政策委員会は、その所掌事務を遂行するため特に必要があると認めるときは、前項に規定する者以外の者に対しても、必要な協力を依頼することができる。

**第35条**　前2条に定めるもののほか、政策委員会の組織及び運営に関し必要な事項は、政令で定める。

(都道府県等における合議制の機関)

**第36条**　都道府県(地方自治法(昭和22年法律第67号)第252条の19第1項の指定都市(以下「指定都市」という。)を含む。以下同じ。)に、次に掲げる事務を処理するため、審議会その他の合議制の機関を置く。

一　都道府県障害者計画に関し、第11条第5項（同条第9項において準用する場合を含む。）に規定する事項を処理すること。
　二　当該都道府県における障害者に関する施策の総合的かつ計画的な推進について必要な事項を調査審議し、及びその施策の実施状況を監視すること。
　三　当該都道府県における障害者に関する施策の推進について必要な関係行政機関相互の連絡調整を要する事項を調査審議すること。
2　前項の合議制の機関の委員の構成については、当該機関が様々な障害者の意見を聴き障害者の実情を踏まえた調査審議を行うことができることとなるよう、配慮されなければならない。
3　前項に定めるもののほか、第1項の合議制の機関の組織及び運営に関し必要な事項は、条例で定める。
4　市町村（指定都市を除く。）は、条例で定めるところにより、次に掲げる事務を処理するため、審議会その他の合議制の機関を置くことができる。
　一　市町村障害者計画に関し、第11条第6項（同条第9項において準用する場合を含む。）に規定する事項を処理すること。
　二　当該市町村における障害者に関する施策の総合的かつ計画的な推進について必要な事項を調査審議し、及びその施策の実施状況を監視すること。
　三　当該市町村における障害者に関する施策の推進について必要な関係行政機関相互の連絡調整を要する事項を調査審議すること。
5　第2項及び第3項の規定は、前項の規定により合議制の機関が置かれた場合に準用する。

　　附　則　（抄）

（施行期日）
1　この法律は、公布の日〔昭和45年5月21日〕から施行する。

　　附　則　（平成23年8月5日法律第90号）（抄）

（施行期日）
**第1条**　この法律は、公布の日から施行する。ただし、次の各号に掲げる規定は、当該各号に定める日から施行する。
　一　第2条〔中略〕の規定　公布の日から起算して1年を超えない範囲内において政令で定める日〔平成24年5月21日〕

附　則　（平成25年6月26日法律第65号）（抄）

（施行期日）
**第1条**　この法律は、平成28年4月1日から施行する。〔以下略〕

## 障害者差別解消法
## 事業者のための対応指針(ガイドライン)
不当な差別的取扱い・合理的配慮の具体例

2016年 4月 1日 発行

| 編　集 | 中央法規出版編集部 |
|---|---|
| 発行者 | 荘村明彦 |
| 発行所 | 中央法規出版株式会社 |

〒110-0016 東京都台東区台東3-29-1 中央法規ビル
営　　業　TEL 03-3834-5817　FAX 03-3837-8037
書店窓口　TEL 03-3834-5815　FAX 03-3837-8035
編　　集　TEL 03-3834-5812　FAX 03-3837-8032
http://www.chuohoki.co.jp/

装幀・本文デザイン……株式会社ジャパンマテリアル
印刷・製本…………株式会社リーブルテック
ISBN978-4-8058-5329-0

本書のコピー、スキャン、デジタル化等の無断複製は、著作権法上での例外を除き禁じられています。また、本書を代行業者等の第三者に依頼してコピー、スキャン、デジタル化することは、たとえ個人や家庭内での利用であっても著作権法違反です。

定価はカバーに表示してあります。
落丁本・乱丁本はお取替えします。